JOURNAL

D'UN

VOYAGE EN ITALIE

IMPRESSIONS & SOUVENIRS

F. AUREAU. — IMPRIMERIE DE LAGNY

JOURNAL
D'UN
VOYAGE EN ITALIE

IMPRESSIONS & SOUVENIRS

PAR

Louis-Gaston DE SÉGUR

(Mgr DE SÉGUR)

ATTACHÉ D'AMBASSADE A ROME EN 1842

Publié par les soins et avec une INTRODUCTION du Comte de SÉGUR-LAMOIGNON

DEUXIÈME ÉDITION

PARIS

LIBRAIRIE SAINT-JOSEPH

TOLRA, LIBRAIRE-ÉDITEUR

112, RUE DE RENNES, 112

1882

Tous droits réservés

INTRODUCTION

Ceux qui n'ont connu Mgr de Ségur que prêtre et prélat peuvent éprouver quelque peine à se le représenter dans le monde élégant et frivole, dans les salons d'une Ambassade, jeune homme de vingt-deux ans, brillant, spirituel, artiste, peintre, diplomate, etc... Ils se trompent. Tel ils l'ont connu comme prêtre et prélat, et de plus aveugle, tel ils l'eussent vu dans les salons de Paris et de Rome, causant, riant, admirant ce qui était bon, critiquant ce qui était mal. Ils eussent alors trouvé chez lui, ainsi qu'ils l'ont fait plus tard, cette gaieté, cette bienveillance, cette sérénité, ce calme à la fois et cet entrain, cet amour enthousiaste du beau et du bon, toutes les qualités en un mot, qui ont, pendant les trente-trois ans de son saint ministère, exercé ce prestige, cet attrait, cette fascination, dont sa mort a fait éclater tant de touchants témoignages. Oui, nous prenons, pour garants de notre parole, ses parents, tous les camarades et les amis de sa jeunesse : Mgr de Ségur, après ses trente-trois ans de sacerdoce, était le même que ce Gaston de Ségur, attaché d'Ambassade, sortant de l'atelier de Paul Delaroche et de l'Ecole de Droit. C'était bien le même, avec toutes ses qualités charmantes et ses nobles vertus, surnaturalisées seulement et perfectionnées par un laborieux sacerdoce et par la longue épreuve d'une cécité supportée pendant vingt-six ans avec une héroïque sérénité.

Une chose dans ce *Journal* de sa jeunesse les frappera cependant, et qu'ils n'avaient pu qu'entrevoir, c'est à la fois son admiration passionnée des chefs-d'œuvre de l'art et des beautés de la nature, et la sûreté de goût qu'il apportait à ses jugements. Ils comprendront mieux encore, en lisant les impressions de son séjour à Rome en 1842, l'étendue du sacrifice que Dieu lui infligea en lui retirant la vue. Malgré le soin scrupuleux qu'il eut toujours d'éviter toute parole qui pût ressembler à un regret ou à une plainte, il ne sut se défendre une fois, une seule il est vrai, de s'en épancher avec moi. C'était en 1855 ; j'étais à Rome premier secrétaire d'Ambassade, je logeais chez lui (il était, depuis 1852, Auditeur de Rote) et souvent je l'accompagnais dans ses promenades aux portes de Rome. Treize ans s'étaient écoulés depuis son premier séjour à Rome, en 1842, et il était aveugle depuis dix-huit mois. « La Sainte-Vierge », me dit-il un jour que, de la *Porta Pia*, nous admirions, lui par le souvenir seulement, le merveilleux spectacle de la campagne romaine et l'horizon des montagnes de Tivoli et de la Sabine, « la Sainte-Vierge a bien su ce qu'elle faisait en
» me retirant la vue. Jusqu'au jour où je suis devenu
» aveugle, je me demandais comment elle s'y prendrait
» bien pour exaucer la demande que je lui avais faite
» d'une infirmité pénible qui me laissât la faculté d'exer-
» cer mon ministère. Elle a eu plus d'esprit que moi.
» En me retirant mes yeux, elle m'a frappé à mon en-
» droit sensible, elle m'a enlevé les seules jouissances
» compatibles avec mon renoncement au monde ! » On va voir, en effet, comment il usait de ses yeux et quels élans d'enthousiasme provoquaient jadis en lui la vue

des chefs-d'œuvre de l'art et les grands spectacles de la nature !

C'est donc avec une pleine confiance que nous offrons aujourd'hui aux amis de ses premières années comme à ceux de ses derniers jours le récit fait par lui de son séjour à Rome en 1842, où il passa un an comme attaché d'Ambassade. Chacun l'y retrouvera tout entier. Ce *Journal*, écrit au courant de la plume, sans prétention, au jour le jour, n'était, dans sa pensée, destiné qu'à sa famille. Et je ne me serais pas permis d'abuser d'un manuscrit qu'un heureux privilège a mis entre mes mains, si je ne m'étais assuré que sa publication dût être à la fois un honneur de plus rendu à sa mémoire vénérée et un souvenir précieux pour tous ceux qui l'ont connu.

Il ne m'a non plus semblé inutile de présenter à notre pauvre jeunesse contemporaine, environnée de tant d'écueils, de tant de séductions, se déshabituant chaque jour davantage des goûts nobles et élevés, des mœurs polies et des choses intellectuelles, pour se laisser aller au courant du matérialisme abject dont la Révolution empoisonne notre atmosphère ; il ne m'a pas semblé, dis-je, inutile de produire cet exemple, ce type de jeune Chrétien de grande race, et de montrer combien la foi et l'amour de l'Eglise sont propres à développer et à grandir, bien loin de les étouffer, les facultés mêmes de l'homme d'esprit et de l'artiste.

Mon frère venait de passer six mois dans l'atelier du célèbre peintre Paul Delaroche, et il avait terminé ses examens de Droit, quand mon père résolut de le lancer dans la carrière où quelques-uns de nos ancêtres avaient laissé de glorieux souvenirs. A défaut de la carrière militaire, la diplomatie était presque la seule qui fût ouverte à mon frère et qui pût répondre à ses goûts. Une occasion précieuse s'offrait d'ailleurs.

M. le comte Septime de La Tour-Maubourg, ami d'enfance de mon père et de mes oncles, et dont toute la famille était depuis un demi-siècle en relations intimes avec la nôtre, était ambassadeur de France à Rome. La haute distinction, le caractère et le cœur de cet excellent homme étaient autant de motifs qui s'ajoutaient pour garantir à mon frère un accueil tout paternel et une précieuse direction. On verra, par le *Journal de voyage* du jeune attaché, comment M. de Maubourg justifia ces espérances.

Les personnages nommés par mon frère dans son récit intime, ou les descendants de ceux qui ne sont plus, me pardonneront d'avoir livré leurs noms au lieu de recourir aux trois étoiles souvent nécessaires, toujours si commodes, en pareilles conjonctures. Mais, je ne crains pas de le dire d'avance, la bienveillance et l'angélique charité de mon frère Gaston ont là, comme toujours et partout dans sa vie, su, sans altérer la vérité, tracer des portraits et donner des ressemblances dont ne sauraient s'alarmer les plus délicates susceptibilités. On jugera du tact exquis, de la finesse et de la bonté, avec lesquels sa plume dépeignait dans son *Journal* les amis et les connaissances que son crayon ou son pinceau reproduisait en même temps dans son *album*.

Je lui laisse maintenant la parole, ne demandant à Dieu qu'une grâce, celle de donner à ces récits de mon frère la même vertu d'édification et le même attrait qu'aux autres œuvres sorties de sa plume et de son cœur pendant son second apostolat.

25 décembre 1881.

E. Comte de Ségur Lamoignon.

JOURNAL

D'UN

VOYAGE EN ITALIE

IMPRESSIONS & SOUVENIRS

I

PROLOGUE

Conversion de M. Ratisbonne.

Paris, 15 février 1842. — Comment puis-je mieux commencer cette suite de récits et d'événements, qu'en racontant ce que j'ai appris de la manière la plus indubitable touchant un *prodige* arrivé à Rome il y a vingt-cinq jours par la bonté de Dieu? Ce récit est véritable, et je le donne ici dans tous ses détails, afin qu'il serve à éclairer ou à consolider dans la foi ceux qui, dans la suite, y jetteront peut-être les yeux.

Vendredi dernier, à notre Conférence de Saint-Vincent de Paul, M. de Gallard nous avait rapporté la conversion de M. Ratisbonne, Juif et âgé de vingt-six ans. Connaissant la piété de M. de Gallard, qui nous transmettait un récit qu'il avait entendu de la bouche même de M. Ratisbonne, frère aîné du converti, je ne pouvais révoquer en doute l'exactitude de ce qu'il nous disait; et je croyais avec joie à une manifestation évidente de la miséricorde de Dieu et de la vérité de la foi catholique. Je le racontai à mon père, à ma mère et à plusieurs autres personnes, qui, sans nier absolument la vérité du miracle, n'avaient pas les mêmes motifs de confiance que moi dans les personnes de qui je tenais l'histoire. Ils m'engagèrent à aller aux informations, et je demandai en conséquence une entrevue à M. l'abbé Ratisbonne, frère aîné de celui qui fut l'objet du prodige; il me l'accorda, et, aujourd'hui 15 février, je me présentai chez lui. Voici ce qu'il me dit touchant son frère; autant que je le puis, je rapporte ses propres expressions :

« Mon frère était, de toute ma famille (laquelle est juive), celui qui avait contre la religion chrétienne et catholique le plus d'éloignement. Depuis seize ans que j'ai eu le bonheur de connaître la vérité divine, il n'avait plus de rapports avec moi; il ne m'écrivait jamais; le reste de ma famille était moins violent et, malgré mon changement de religion, je conservais quelques relations avec elle.

» De sa vie mon frère Alphonse n'avait ouvert un livre de religion; il menait l'existence des jeunes gens du monde, ses liaisons étaient toutes frivoles et dissipées. Mon oncle, riche banquier de Strasbourg, Juif et sans enfants, venait de s'adjoindre Alphonse dans sa maison de banque; il l'avait pris en affection et, sous ce rapport, le plus riche et le plus brillant avenir s'ouvrait devant Alphonse.

» Celui-ci venait d'être fiancé à une jeune Juive, sa cousine, nommée Flore; il en était amoureux fou et était excessivement impatient de l'épouser. Mais, comme elle n'avait que seize ans, on voulait un peu attendre, et pour venir à bout de faire paraître le temps moins long à Alphonse, on l'envoya faire un voyage en Italie. Il devait aussi aller en Grèce. Y a-t-il été? je l'ignore, car il ne m'écrivait pas.

» Le 18 ou 19 janvier dernier, il était à Rome depuis une quinzaine de jours, et déjà il en voulait sortir. Il était exaspéré en quelque sorte de se trouver dans cette atmosphère catholique; il écrivait à sa sœur : « J'ai passé par la rue des Juifs, j'ai été indigné de leur misère; je hais plus que jamais la religion catholique, et j'aime mieux être persécuté que persécuteur, etc., etc... »

» Il y avait à Rome, en ce moment, un homme fort pieux, protestant converti, le baron de Bussierre. Alphonse Ratisbonne fut lui faire une visite, comme simple devoir de société. M. de Bussierre lui parla de religion avec beaucoup de chaleur; l'autre, comme de raison, se moquait de ce qu'on lui disait. M. de Bussierre lui proposa une médaille de la Sainte-Vierge immaculée. Alphonse tourna la chose en ridicule, la refusant, et lançant des sarcasmes contre cette superstition. Enfin, soit par politesse, soit par un sentiment avant-coureur des admirables choses qui allaient bientôt se passer en lui, il cessa ses résistances, et se laissa mettre la médaille au cou, ou dans sa poche, je ne me rappelle plus. Puis il partit.

» Maintenant, » me dit M. l'abbé Ratisbonne, « je vais vous donner lecture de la lettre de M. de Bussierre et de celle de mon frère lui-même. » Il prit ces lettres, et commença par celle de M. de Bussierre.

« Je passais en voiture (c'est M. de Bussierre qui parle), le 20 janvier, dans la rue *dei Condotti* pour aller faire une commission à l'église et au couvent de Saint-André. Je sortais de chez les La Ferronnays, plongés dans la douleur par la mort de M. de La Ferronnays père; moi-même j'étais fort triste. Je vois Alphonse sortant d'un café, je lui propose de le prendre et de lui faire voir l'église de Saint-André. Il accepte, monte dans ma voiture et nous arrivons à l'église. Nous descendons et nous entrons. On faisait les préparatifs du service de M. de La Ferronnays. Alphonse me demande pour qui est ce service. C'est pour ce pauvre La Ferronnays, lui dis-je, que j'ai eu le chagrin de perdre il y a trois jours. Il avance avec indifférence en examinant l'église, et moi, je monte au cloître où je fais ce que j'avais à faire. Au bout de dix à douze minutes environ, je redescends dans l'église, je cherche Alphonse, et je l'aperçois agenouillé sur les marches de l'autel, dans la chapelle de l'Auge-Gardien. J'approche, je l'appelle; pas de réponse; je le touche, il ne bouge pas; je le touche de nouveau plus fortement; enfin, il tourne la tête, et je vois son visage baigné de larmes. « Que Dieu est bon! » dit-il. Je ne pus obtenir que cela de lui. Puis, montrant M. de la Ferronnays, dont le corps était exposé dans une autre chapelle : « Il faut que ce saint homme ait bien prié pour moi! » Après quelque temps il s'était calmé; son visage était non pas changé, mais transfiguré. « Je veux un confesseur, » me dit-il avec une expression qu'il m'est impossible de rendre. Je veux être baptisé. Ce que j'ai vu et ce qui m'est arrivé, je ne peux le dire qu'avec la permission d'un prêtre : car de telles choses ne se racontent qu'à genoux. »

» Je le menai de suite chez le père de Villefort qui lui ordonna de parler. Voici ce qu'il dit alors : « Quand je fus dans l'église, lorsque vous fûtes parti, je regardai autour de moi. Tout à coup toute l'église disparut à mes yeux, je ne vis plus que la chapelle de l'Ange-Gardien, vers laquelle je marchai malgré moi, poussé d'une manière irrésistible. Quand j'y fus, je vis la Sainte-Vierge, telle qu'elle est représentée sur ma médaille; elle me fit signe de me mettre à genoux, et je fus obligé de m'y mettre; elle ne me parla point, mais je compris tout cependant. Je ne puis vivre sans être baptisé (1). » Le père

(1) Notez que dans la chapelle de l'Ange-Gardien, il n'y a pas d'image ni de statue de la Sainte-Vierge.

de Villefort mit Alphonse en rapport avec plusieurs théologiens qui lui trouvèrent une aptitude extraordinaire pour l'intelligence des mystères et sur les questions les plus savantes. Il saisissait tout avec une science et une clarté qui les confondait, entre autres le cardinal Mezzofante (1). De plus, circonstance non moins merveilleuse, il rencontra un protestant et sa femme, protestante aussi, qui, depuis trois mois, résistaient à la Grâce, et, par des arguments de profonde théologie, il les convertit presque complètement.

» On s'occupe maintenant à Rome de dresser des procès-verbaux authentiques de ce prodige admirable, non moins évident ni moins surnaturel que celui de saint Paul. Alphonse est maintenant au couvent des Jésuites, où il fait sa retraite préparatoire au Baptême, à la sainte Communion et à la Confirmation. Je dois lui servir de parrain ; car c'est l'enfant adoptif que le Ciel m'a envoyé ; il ne s'appelle plus Alphonse, mais Marie. »

Telle est, à bien peu de chose près, la lettre de M. de Bussierre, que M. Ratisbonne eut la bonté de me lire. A la fin de cette lettre, son frère Alphonse ajoutait quelques lignes ; autant que je me les rappelle, les voici presque textuellement ; si quelques mots sont changés, le sens ne l'est pas, Dieu le sait : « Mon très cher frère, tu sais de quelle manière la miséricorde de Dieu a éclaté pour moi. Je t'ai fait bien du mal, je t'ai donné bien des chagrins ; pardonne-les-moi. Remercie Notre-Seigneur avec moi. »

Puis M. Ratisbonne me lut une autre lettre de son frère, écrite quelques jours après et conçue à peu près en ces termes : « Ce qui me réjouit dans ma conversion.

---

(1) C'est ce qui fait qu'au lieu de dix ou douze mois, comme c'est la coutume, on réduisit à dix jours le temps de sa préparation au baptême. Le sentiment chrétien lui avait été donné avec une merveilleuse abondance.

c'est que l'on ne peut y voir que le doigt de Dieu seul. Aucun motif humain n'a pu me porter à changer de religion. Est-ce l'intérêt? Mais le mien n'était-il pas plutôt de rester ce que j'étais? Un attrait secret? Mais tu sais combien je haïssais la religion catholique. Des lectures antérieures? Mais tu sais que jamais de ma vie je n'ai ouvert un livre de religion. Mes liaisons? Mais tous mes amis, toutes mes connaissances étaient mondaines et antireligieuses. J'écris à Flore, ma fiancée, que j'aime tant et qui est si digne d'être aimée, que je persévère dans mes engagements, si elle se fait catholique, et de cœur ; sinon, j'entrerai dans un cloître, de l'ordre le plus austère, et j'y finirai ma vie. Le premier livre religieux que j'aie ouvert de ma vie m'a présenté ces paroles quand j'y jetai les yeux pour la première fois : « Une telle conversion, si elle n'était pas le résultat d'un miracle, serait elle-même le plus grand des miracles. » Que je suis heureux de connaître la vérité et la lumière! que je plains maintenant ceux de ma famille qui ne la voient pas! Ma conversion miraculeuse est, je l'espère, destinée à produire une grande impression ; elle aidera au retour religieux qui agite notre époque. Déjà toute Rome est émue ; et j'espère que ma conversion sera suivie de bien d'autres. J'ai été présenté au Saint-Père, qui m'a reçu avec la plus grande bonté. Je ne croyais pas être en la présence du Vicaire de Notre-Seigneur et du Pasteur des pasteurs, mais en la présence d'un père ; il me caressait, m'embrassait ; il me donna un crucifix et une médaille à son effigie. J'avais apporté une centaine de médailles de la Sainte-Vierge, qu'il bénit. Je compte me servir à l'avenir de cette médaille. J'entre en retraite au couvent des Jésuites, afin de ne pas salir ma robe blanche. J'ai été baptisé dans l'église de Jésus, au milieu d'un concours immense de monde; tout ce que Rome possède de pieux, de distingué et de curieux assistait à la cérémonie. Tout s'est passé dans le plus grand ordre; l'émotion était extrême. Mgr le Vicaire Apostolique officiait; M. Dupanloup m'a adressé une admirable exhortation. J'ai reçu la Communion et la Confirmation. Adieu, mon très cher frère; je ne pourrai t'écrire pendant ma retraite. Tu recevras cette lettre sans doute le jour de la Purification; quelle joie tu vas avoir ! Signé : « Marie-Alphonse. »

« Telle est la lettre d'Alphonse lui-même », me dit M. Ratisbonne, en me faisant remarquer le ton chrétien et instruit et calme qui régnait dans cette lettre; cela m'avait déjà vivement frappé.

Je me retirai ensuite, le remerciant mille fois de la bonté avec laquelle il m'avait reçu et communiqué ces précieuses lettres.

Qui pourra maintenant se refuser à l'évidence de la lumière ? Que dira l'incrédule ? niera-t-il les faits ? Dans sa bonté toute-puissante, Dieu a fait un grand miracle; heureux celui qui en profitera pour affermir sa foi, pour l'acquérir même s'il ne l'a pas ! Mais celui qui fermera les yeux à la lumière, ne retirera du bienfait céleste que la condamnation de son obstination et de son incrédulité orgueilleuse.

J'atteste la vérité de tout ce récit, que je viens de faire. Dieu m'est témoin que je n'ai rien avancé de faux.

II

Départ pour Rome. — Avignon. — Marseille. — Livourne. — Cività-Vecchia.

Mon départ, retardé de jour en jour, est enfin fixé pour le 22 ou le 23 février. Mon père s'étant arrangé pour le mieux, suivant son habitude, trouva moyen de si bien enguirlander et compromettre MM. Guizot, Désages et compagnie, qu'ils furent obligés de m'accorder des dépêches. Voilà donc mes frais de route et d'installation payés par le gouvernement, ce que nous n'espérions pas quoique nous le demandassions. C'est toujours une petite consolation au milieu de l'attristement du départ.

Sans la Foi et les admirables pensées qu'elle met au cœur du fidèle, comment pourraient se supporter d'aussi dures séparations? Autant elles sont déchirantes quand on les envisage selon les vues de la nature, autant elles sont calmes et pieuses quand la religion vient les montrer sous leur véritable aspect. Elles sont même salutaires pour guérir notre pauvre penchant à fixer nos affections sur la terre et à oublier celles de l'éternité, seules dignes de nous. Forcément, dans les séparations d'avec les êtres que nous chérissons le plus, nous nous rejetons dans le sein de cette douce religion qui nous promet une réunion sans fin, sans troubles, sans craintes. Accordez-la-nous, mon Dieu, cette perpétuelle union dans le ciel, et à cet effet faites de nous tous des saints et des saintes !

Le 23 février, à dix heures un quart du matin, je quitte ma bonne, ma trop bonne maman, si indulgente pour mes faiblesses, et à qui mon absence va causer un si grand vide. Mon cœur se serre à cette pensée ; mon Dieu, soyez la consolation et le soutien de ma pauvre maman ! Je quitte mes sœurs, si aimables pour moi, avec qui j'étais si uni, si frère ; ma petite chère Olga, innocente devant Dieu, et qui à mon retour aura déjà atteint cet âge fatal de la connaissance du bien et du mal. Je quitte cette maison où j'ai passé de si doux moments, où j'ai continué, depuis trois hivers, l'œuvre de ma conversion, miséricordieusement commencée aux Noüettes par le bon Dieu (1). La veille j'avais embrassé une dernière fois ma grand'mère (2), elle aussi si tendre et si indulgente pour moi, et avec qui j'ai eu tant de pieuses conversations. J'avais également embrassé mes oncles, ma tante Louise de Lamoignon (3), mes cousines, etc.

---

(1) Durant le cours de ses études, Louis-Gaston de Ségur avait subi la triste influence de l'indifférence en matière religieuse qui régnait alors dans la plupart des collèges. Sans être hostile, bien s'en faut, à la religion, il en avait négligé les salutaires pratiques. Mais dès qu'il eut repris sa place au foyer de la famille, dès l'âge de dix-neuf ans, son âme généreuse, touchée de la Grâce de Dieu qui l'appelait à jouer un si grand rôle, embrassa, avec une ardeur qui ne se démentit jamais depuis, les pratiques de la doctrine catholique. C'est ce qu'il appelle *Sa conversion*. Le souvenir des dernières années qu'il passa au collège, sans fréquenter les sacrements, lui était très pénible et il n'en parlait jamais sans un profond sentiment d'amertume.

(2) La comtesse de Ségur, née d'Aguesseau, arrière-petite-fille de l'illustre chancelier et la dernière de sa race.

(3) La vicomtesse de Ségur de Lamoignon, femme du comte Adolphe de Ségur, lequel était frère puîné du père de Mgr de Ségur. En épousant sa cousine, Louise de Lamoignon, il avait obtenu du Roi Louis XVIII l'autorisation d'ajouter à son nom de Ségur celui de Lamoignon, et il avait été substitué à la vicomté-pairie de son beau-père, le vicomte Christian de Lamoignon.

Je pars avec mon bon père, avec mon cher Anatole (le pauvre Edgard m'avait quitté la veille en pleurant) (1); nous arrivons à la cour des Diligences; M. D***, toujours affectueux et bon pour moi, y arrive aussi pour me dire adieu. Onze heures sonnent, et j'embrasse mes chers et fidèles compagnons.

Me voilà donc parti, m'éloignant de ma famille, de mon cher Paris, de tout enfin, — et cependant emportant tout avec moi, puisque je vous avais et que je vous ai toujours, ô mon Dieu, qui le matin vous étiez donné à votre pauvre enfant! Toujours avec moi, vous êtes mon ami fidèle, mon père, ma mère, mon frère, tout enfin! J'avais espéré que maman pourrait vous recevoir ce matin à côté de moi; ce m'eût été bien doux de vous savoir dans son cœur si chagrin, si affecté; mais elle en avait été empêchée par l'absence du bon abbé Plâtrier et par l'obligation de boire pendant la nuit et le matin. Elle l'a bien regretté. Mon père aussi avait été averti trop tard.

Dans le coupé de la Diligence, avec moi est un jeune homme et un Anglais, jeune aussi et assez aimable. Le soir de ce triste 23 février, il me fit rire pendant plus d'un quart d'heure par un mot qu'il répondit à une marchande de rafraîchissements. A la portière celle-ci se présente et d'une voix mielleuse et insinuante : « Voulez-vous du bon lait chaud, messieurs, du bon vin, de la bonne bière, du bien bon cidre, du bien bon lait chaud? — Daonnez-moi du cognac, » demande l'Anglais. — Je n'en ai pas, monsieur, j'ai du bien bon lait chaud. » — Ici un grand : « Nô! » prononcé à l'anglaise, retentit et me fait rire de bien bon cœur, ainsi que mon autre compagnon de route. « Nô! Daonnez-moi une verre d'eau »; lequel termina

---

(1) Anatole marquis de Ségur, frère puîné de Mgr de Ségur; il était alors âgé de dix-huit ans. Edgard, comte de Ségur Lamoignon, le plus jeune des trois frères, âgé alors de seize ans, était encore au collège.

l'histoire. Le temps avait été beau pendant le jour, il se brouilla la nuit et, le lendemain, il plut toute la journée.

Le 25, au matin, à quatre heures environ, nous arrivons à Chalon ; l'Anglais nous quitte pour prendre le bateau à vapeur de la Saône, ce que j'aurais fait aussi, vu la fatigue de la Diligence, si ma place n'avait été payée jusqu'à Lyon, et si mes malles n'avaient été avec moi sur la même voiture. Le soir nous arrivons à Lyon à six heures. Les abords de cette grande ville sont très imposants, ce sont de hautes et belles montagnes, dites montagnes du Beaujolais, les premières que j'aie jamais vues. Je n'ai pu juger de la ville elle-même, à cause de l'obscurité ; le Rhône y est large et superbe.

Je vais loger à un mauvais hôtel, appelé, je crois, *hôtel des Papins*, en face du bateau à vapeur que je devais prendre le lendemain matin à six heures. J'y écris un mot à maman, qui s'inquiète sur moi, j'en suis sûr, d'autant plus que j'étais parti un peu souffrant. Le lendemain, 26 février, samedi à six heures et demie, nous nous embarquons sur le Rhône pour être à Avignon le soir vers six heures. Il y a 70 lieues à faire ; ce n'est pas mal marcher que de les faire en onze heures.

Le Rhône est un fleuve magnifique, grave et sauvage tout à la fois. Les bords sont presque sans interruption garnis de hauts rochers ou de montagnes ; les villages et les châteaux, perdus entre la largeur du fleuve et la masse imposante de ces roches et de ces montagnes, semblent des jouets d'enfants ou des décorations de théâtre. J'ai fait le croquis de deux des sites qui m'ont le plus frappé.

A trois heures nous franchissons le fameux et immense pont Saint-Esprit, sous les arches duquel les eaux du fleuve font le plus singulier crochet ; pour entrer juste au milieu de l'arche qui a quatre pieds environ de largeur de plus que le bateau, il faut se diriger vers le milieu du pilier de droite de l'arche sous laquelle on veut passer, et alors le courant dont j'ai parlé prend le bateau et, le poussant de droite à gauche, le lance au milieu de l'arche. Il n'y a, du reste, aucun danger à courir, et jamais on n'entend parler d'accidents arrivés là.

A six heures nous débarquons à Avignon, dont nous apercevions les hauteurs depuis quelque temps. Ces hauteurs sont couronnées par les restes immenses de l'ancien palais des Papes, du commencement du quatorzième siècle. Nous voyions trois grosses tours se découper en noir sur l'horizon éclairé par le soleil couchant, et les souvenirs qu'elles éveillaient en moi me causaient une singulière et vive impression.

Le peu que j'ai vu d'Avignon m'a paru laid, triste et sale. Là j'ai entendu pour la première fois parler le patois provençal, mélange tantôt dur, tantôt assez harmonieux du français et de l'italien. Tous parlent au besoin le bon français, mais avec l'accent du cru. On m'avait fort exagéré l'irruption des portefaix qui s'offrent à porter les bagages des voyageurs. Cela a été très calme avec moi : je me suis arrangé avec deux de ces hommes qui, moyennant l'un trente sous, l'autre vingt, m'ont porté tout mon bagage à la Diligence de Marseille.

Cette Diligence est la correspondance des Messageries Royales ; mais elle les remplace, à peu près comme une mégère, mariée à un veuf, remplace une première femme douce et aimable. Pour 8 francs, il est vrai, ce n'est pas cher ; mais on n'en a même pas pour son argent. J'étais dans le coupé, place du milieu, entre un jeune ecclésiastique d'Avignon et un ancien officier d'Afrique, tous les deux très bons et aimables. Ce dernier disait qu'une armée de cent missionnaires servirait plus à la pacification de l'Algérie que les soixante-dix mille hommes de troupes que l'on y entretient. C'est, en effet, un singulier moyen d'avoir la paix que d'envoyer la guerre, et d'acquérir la confiance et l'affection des Arabes que de les tuer et de faire sur tout ce qu'ils possèdent ces épouvantables expéditions appelés razzias.

Nous passons la nuit dans notre boîte trop petite dans toutes les dimensions ; le dimanche matin, 27 février, à dix heures et demie nous arrivons à Marseille par le plus magnifique temps.

A l'entrée de la ville, je vis des oliviers dans les champs pour la première fois ; c'est un vilain arbre que l'arbre de la paix, il est chétif et semble sale et rabougri. Ses feuilles sont poudreuses et d'un vert fade. Il fait bien d'être l'emblème d'une aussi bonne chose que la paix ; car sans cela on ne se détournerait pas pour le regarder.

De l'entrée de Marseille j'aperçois pour la première fois la Méditerranée. Sa couleur est bleu presque pur ; je croyais exagéré ce que l'on dit de cette couleur bleue, mais ce n'est que l'exacte vérité. La mer le paraît d'autant plus à Marseille qu'elle est bordée de roches blanches qui tranchent davantage que la terre ordinaire.

Des femmes marseillaises sortaient d'une petite église dans les faubourgs de la ville. Leur coiffure est singulière et très jolie; sur leur bonnet elles mettent un grand chapeau noir, de charbonnier, qu'elles nouent sous le menton. Leurs jupes sont courtes, on voit bien trois pouces de leurs jambes au-dessus des chevilles; de plus elles ont de grands mantelets de couleur, à larges garnitures frisées et tuyautées, qui les enveloppent et complètent un ajustement très gracieux. Les hommes presque tous sont plus ou moins marins, et portent les vêtements de laine du marin. Presque tous aussi ont un petit chapeau de feutre gris, la coiffure provençale. Le fond en est rond et peu élevé, et les bords un peu retroussés ont de trois à quatre pouces de largeur. Quand il fait du soleil, on abaisse le côté retroussé. Ces charmants petits chapeaux se plient, se serrent comme de la toile sans se gâter le moins du monde; de plus ils sont très légers. J'en ai acheté un pour l'Italie, afin d'économiser le beau chapeau de paille *de cérémonie*. C'est avec mon chapeau marseillais que j'irai faire mes tournées artistiques. En revenant, je compte bien en apporter à mon père et à mes frères pour les Nouettes (1); je suis sûr qu'ils trouveront cette coiffure plus commode que la vulgaire casquette.

Au débarqué de la Diligence, je me rends à l'hôtel Beauvau, que m'a indiqué notre cousin Amédée de Ségur. C'est bien le meilleur hôtel que j'aie encore habité. Ma chambre très confortable et très spacieuse donne sur le port, que j'embrasse ainsi d'un coup d'œil. Je suis au midi; il y a une bonne cheminée, un bon lit; le tout pour deux francs par jour !

Les gens de l'hôtel sont fort polis et très obligeants; la nourriture est excellente. Depuis mon départ de Paris, je n'avais pour ainsi dire pas pu faire ma toilette. A Lyon, c'est à peine si j'avais eu quelques minutes le matin à mon réveil. Je me délectai donc à me laver, à me peigner, à me brosser, etc., et tout frais et dispos, j'allai de là à la messe, dans une jolie petite église tout près de l'hôtel.

A trois heures j'y revins pour les vêpres; mais, au *Magnificat*, le respect humain m'obligea à me retirer; en effet, je me trouvais le seul homme dans la nef, où il n'y avait que des femmes. Il est probable que les hommes ont l'habitude de se tenir dans les bas-côtés. J'étais si embarrassé de me voir ainsi en évidence que je profitai du mouvement causé par le *Magnificat*, qui se chante debout, pour me frayer un passage au milieu du beau sexe. Jamais je n'avais assisté à des vêpres plus malencontreuses.

(1) Château situé dans l'Orne, auprès de Laigle, appartenant au comte de Ségur depuis 1822, et où se passèrent toute notre enfance et notre jeunesse.

28 *février*. — Journée magnifique, l'air est pur et doux. Je reçois des lettres de ma chère maman, d'Anatole et des mes quatre bonnes sœurs ; ce sont les premières depuis mon départ. Chère famille, comme elle m'aime ! Je prie de tout mon cœur notre bon Seigneur Jésus de la bénir et de la combler de ses biens.

1ᵉʳ *mars*. — Jour de mon départ pour l'Italie. Le temps est charmant quoique le ciel ne soit pas aussi pur qu'hier. Le matin, dans ma petite paroisse adoptive et passagère, je reçois le très cher et très sacré corps de notre Sauveur ; s'il m'arrive quelque accident en route, je ne serai pas au dépourvu, portant avec moi et en moi l'auteur éternel de mon salut. Que Dieu est bon de venir ainsi au-devant des craintes et des besoins de sa créature ! Et, nous autres, que nous sommes incompréhensibles et insensés de ne pas être tout dévoués au service d'un pareil Maître !

Joinville, dans son histoire de saint Louis, écrit à propos de ces voyages maritimes une petite phrase charmante de naïveté. Après avoir raconté qu'il s'était confessé et qu'il avait reçu l'absolution avant son départ, il ajoute : « Car bien fol est qui se met en si périlleux danger avec des péchés mortels sur la conscience ! » Je ne conçois pas, en effet, que l'idée des dangers de la mer, dangers sans remède, et amenant une mort souvent lente que l'on a le loisir d'envisager dans toutes ses horreurs, et à laquelle il n'y a aucun moyen de se soustraire, je ne conçois pas, dis-je, que cette idée ne ramène pas à Dieu, au moins momentanément, tout cœur où la foi n'est pas complètement éteinte. Mon Dieu m'a garanti d'un si grand malheur, qu'il en soit mille fois béni !

A cinq heures nous levons donc l'ancre, à la vue de l'immense multitude de badauds, encore plus nombreux, s'il est possible, à Marseille qu'à Paris. Marseille est une ville vraiment très remarquable ; ses fortifications, que nous laissions derrière nous, et entre lesquelles nous apercevions son immense port plein de navires, faisaient un assez bel effet. Elle a surtout l'avantage d'être peuplée de marins de nationalités diverses, et leur costume si négligé et si pittoresque donne aux rues et aux maisons les plus insignifiantes un certain *chic* que l'on chercherait vainement ailleurs.

A l'entrée du port, j'étais juste en face de ma fenêtre, à l'hôtel Beauvau, et si la distance m'eût permis de l'apercevoir, je l'aurais encore vue ouverte, comme je l'avais laissée quelques minutes avant. Nous sommes une vingtaine de passagers aux premières, dont trois ou quatre dames et une dizaine d'Anglais. Je retrouve parmi ces derniers mon jeune Anglais de la Diligence ; il va à Constantinople.

C'est un fort aimable homme ; outre une très jolie figure, il a de bonnes manières, plus de vivacité que n'en ont généralement ses compatriotes, beaucoup de gaieté, et un grand courage pour parler et écorcher le français. Il ne craint pas de faire des fautes, seule manière d'apprendre une langue. Parmi ces fautes de langage, il y en eut quelques-unes de vraiment comiques. Ainsi il appelait le roi de Sardaigne ; « le roi de Sardine » ; au lieu de chef des Arabes, « chef des Arabaques ». Il racontait qu'il avait apporté d'Alger « une beurnouss superbe à une dame », qu'ayant un jour, à Constantinople, demandé à un Turc du feu pour allumer son cigare (il est, paraît-il, défendu à un mahométan de donner du feu à un chrétien), le Turc avait posé du feu par terre en lui disant : « Tenez, chienne ! alors moi je pris une battonne et je lui cassai son pipe. » Il disait aussi un refrain de chanson : « Vive l'amor et le tabaque ! »

Nous ne pouvions nous empêcher de rire à toutes ces phrases ; au demeurant, ce bon jeune homme est très aimable et très poli, qualités d'autant plus estimables, qu'elles ne sont pas communes chez MM. les Anglais.

Je retrouve aussi sur le bateau un de mes anciens camarades de pension, Bourqueney. Il était avec son père, qui semble le meilleur homme du monde, et qui l'accompagnait jusqu'à Naples. Son fils, est, en effet, attaché à l'ambassade de Constantinople, où son oncle, le baron de Bourqueney, est ambassadeur.

Le capitaine est un charmant homme; il s'appelle M. Challier; il est encore jeune, je ne crois pas qu'il ait plus de trente-deux ans. Il passe pour un officier très distingué. Ce qu'il a de très agréable c'est l'esprit français et parisien, et cette politesse de manières que l'on trouve à Paris plus que partout ailleurs, et dans la bonne société de Paris seulement. Il a voyagé de toutes les façons et dans toutes les contrées du monde. Il a traversé en tous sens, et à pied la plupart du temps, toute l'Amérique du Sud; et, chose vraiment édifiante, chaque jour, depuis treize ans qu'il va de la sorte, il a fait son journal; ce qui m'encourage singulièrement à continuer le mien.

Parmi nos passagers, il y a aussi un M. de L*** et sa femme, tous deux fort bien, et... très malades. Le pauvre mari n'a pas couché une seule nuit en bas dans sa cabine; il les a passées toutes deux sur le pont.

Le soir, à mesure que nous avançons en pleine mer, le vent s'élève et nous commençons à danser. Le cœur un peu barbouillé, je me couche à sept heures tout habillé, craignant de n'avoir pas le courage de me rhabiller le lendemain matin. Il paraît que je m'endors bien vite, car je m'étais mis au lit avant la fin du dîner, et je ne me suis pas aperçu du moment où les autres ont quitté la table. Bien m'en a pris de m'endormir si vite, car nous avons eu, paraît-il (pendant mon sommeil je ne m'en suis heureusement pas aperçu), un très gros temps, qui a rendu malades la plupart des voyageurs.

Le lendemain, 2 mars, le temps était plus calme ; avec le jour, le vent faiblissait, et, vers dix heures, nous ne bougions presque pas. Le soleil était superbe. Aussi, à dix heures environ, je pus dessiner les côtes de France à Antibes. A midi ou une heure, nous avions dépassé notre France, et, vis-à-vis des côtes de la Savoie, je faisais un croquis des immenses montagnes couronnées de neige, que nous apercevions au-dessus du niveau de la mer, à plus de vingt lieues de distance. A trois heures, nous étions à la hauteur de l'extrémité nord de la Corse; nous en apercevions également les montagnes et les neiges.

Je n'ai pas mal au cœur ; cependant je ressens de temps à autre ce poids sur le creux de l'estomac, si absorbant, si hébétant, qui est le premier degré du mal de mer. On ne ressent aucune douleur, et néanmoins on ne fait rien, on n'a de courage à rien, même pour dîner, pour se coucher; on remet *à tout à l'heure* tout ce qui exige un mouvement ou un effort; la tête tourne; enfin, on est dans un état éminemment désagréable, mais non douloureux.

Le soir, ayant la perspective de me lever et de m'habiller le lendemain, à l'ancre et sans mouvement du bateau, je prends sur moi de me déshabiller; je n'avais pu faire l'effort de descendre dîner; je m'étais fait monter du pain, de la gelée de viande et des confitures sur le pont. Je ne souffrais pas cependant, mais j'étais sur mer, et c'est tout dire.

Après une excellente nuit, ou plutôt au milieu d'une excellente nuit, à trois heures du matin, je me réveille au bruit que l'on faisait sur le pont. Nous étions à Livourne et nous jetions l'ancre.

3 mars. — Je me lève de très bonne heure, afin d'être prêt et de descendre à terre le plus tôt possible, ou du moins de pouvoir dessiner et écrire. En effet, pendant que le commandant remplit auprès des autorités de la police et de la douane les formalités prescrites, je mets mon petit journal au courant. Un de nos Anglais me dit qu'il a « une mission spécifique », au lieu de mission spéciale ; et à huit heures environ je descends dans une barque, armé de mon album et de mon crayon.

Le jour était nébuleux le matin ; à onze heures le soleil paraît et dissipe tous les brouillards. Vue de la mer, Livourne offre un très joli coup d'œil ; elle singe la ville fortifiée. En dedans et de près, elle est moins agréable ; ses rues sont sales, ses maisons assez laides, et l'ensemble est triste et ennuyeux. La mer était d'une charmante couleur : vert d'eau, pure et transparente ; je tâcherai de rendre cette jolie nuance si je colorie la petite vue que j'ai prise du bord du *Rhamsès*.

J'étais dans le canot avec six personnes, et entre autres avec M. et madame de L*** ; ils débarquaient, pour aller de Livourne à Pise, et de Pise à Florence. Après avoir pris à la douane les passeports de ceux qui descendaient définitivement sur le sol toscan, nous entrons dans la ville par un canal assez laid. Sur le bord travaillaient des forçats, liés deux à deux par une chaîne attachée à leur ceinture et à leurs jambes. Leur vêtement consistait en une culotte courte, rouge ou jaune, et un petit bonnet de même couleur. Pour deux hommes il y a un gardien armé d'un fusil et prêt à tirer sur eux à la moindre tentative de révolte ou de fuite. Nous en avons vu un armé en outre d'un... parapluie.

Nous sortons de notre canot ; là commence une scène italienne : c'est la discussion du prix. Après plus de dix minutes, pendant lesquelles je hasardai avec assez d'assurance quelques mots italiens, je paye deux francs une course qui en valait un tout au plus, vu surtout notre nombre de sept passagers. Guidés par un monsieur italien qui allait aussi à Florence avec M. de L***, nous avançons dans Livourne.

Toutes les figures que je voyais avaient un caractère absolument différent des figures françaises : cheveux noirs, peau basanée, nez aquilin et détaché, jambes assez longues et sveltes ; enfin la vivacité des gestes, l'air *prêt à prendre feu*, et le vêtement consistant en une longue veste, tout cela réuni formait l'aspect italien, tel, du reste, que je me l'étais figuré. Les femmes, assez bien pour la plupart, ont une assez jolie coutume ; c'est celle de porter des voiles blancs qui tombent par derrière jusqu'à la taille, et par devant jusqu'au milieu des cuisses. Il y a une foule de mendiants et de mendiantes ; beaucoup nous demandaient « un sou de France ». Ils ne sont pas valables à Livourne, mais on peut les changer.

Les soldats sont superbes de taille en comparaison des Danois que j'avais remarqués à Copenhague dans mon voyage en Russie ; mais ils sont d'allures un peu ridicules en comparaison des nôtres.

Le pavage des rues est très agréable et très joli : ce sont des dalles de pierre qui font des rues de larges trottoirs.

Nous entrons pour déjeuner dans un café appelé « le Café Minerve ». L'aspect en est tout singulier pour l'étranger ; c'est une enfilade de plusieurs pièces assez sombres, où j'ai compté plus de soixante tables. Il y avait beaucoup de monde ; la consommation principale est le café et le chocolat. J'ai pris là pour la première fois de ce fameux chocolat italien, que je trouve très bon ; il diffère entièrement du nôtre ; il n'est pas sucré, il est noir, mousseux et très léger.

A neuf heures, je retourne au bateau moyennant une trentaine de sous, et je me mets à peindre ce que j'avais *croqué* et remarqué en ville. On avait dit que l'on partirait à midi et demi ; le départ ayant été retardé jusqu'à deux heures, je me mets à faire une vue de Livourne ; j'ai eu le temps de la finir et j'en suis bien aise, car c'est vraiment assez joli.

Nous levons l'ancre à deux heures ; le vent est assez fort, le soleil très chaud ; en somme temps superbe. Il n'y a plus de dames à bord ; tant mieux pour elles, qui ont presque toutes eu le mal de mer, et pour nous aussi, qu'elles gênent toujours plus au moins.

A sept heures nous voyons l'île d'Elbe, où plutôt nous passons auprès, en distinguant confusément la silhouette grise dans l'obscurité. L'idée toujours imposante de Napoléon donnait à ce peu de terre que nous apercevions à peine un caractère saisissant, et nous regrettions tous vivement de ne pas avoir passé là deux heures plus tôt, pendant le jour.

Nous sommes dans un détroit fort difficile, à ce qu'il paraît, et tout notre équipage est à son poste. Le temps est charmant. Obligé à neuf heures de redescendre à cause de l'humidité qui pénétrait nos vêtements d'une sorte de vapeur collante (grâce au sel de la mer), je remercie le bon Dieu de l'excellente traversée qu'il m'a accordée, et la bonne Sainte-Vierge de sa protection toujours maternelle et efficace.

Après une *excellentissima notte*, je me lève en rade de Cività-Vicchia. A sept heures et demie, je fais mes adieux à mes compagnons de route, et avec mon armée de bagages, malles, cartons, sacs, etc... je descends dans une barque et j'arrive à terre.

III

De Cività-Vecchia à Rome. — Arrivée à Rome. — *Hôtel de Franck.*

Sur la terre d'Italie! Cette pensée me fit une vive impression; et j'aurais probablement fait quelques poétiques et romanesques méditations sur ce sujet, sans les soins matériels qu'il me fallut donner à mon bagage. Un mot italien que j'ai su tout de suite est celui-ci : « *pagare* », payer, « *pagato* », payé. Il résume à peu près toutes mes actions à cette heure. *Je paye* le batelier; *je paye* les porteurs jusqu'à la douane; *je paye* les porteurs de la douane; *je paye* mille autres choses que je ne me rappellerais pas sans la note écrite de mes dépenses.

En respirant l'air d'Italie, je respire une certaine audace pour parler l'italien; sur mon bateau, je demande d'un air fort dégagé à mon rameur des nouvelles du Pape; on le disait mort, et il vit encore cependant. Je lui demande si les douanes sont rigoureuses, etc... Il me comprenait, et moi, je le comprenais aussi.

Au débarqué, je suis reçu par un monsieur envoyé par le consul de France à Cività-Vecchia, M. Lysimaque. Ce monsieur me conduit à la douane et va chercher le laisser-passer chez le consul. Il l'apporte et me voilà libéré des visites *assommantissimes* des officiers de police. Le papier que m'avait remis à Paris Monsignor Garibaldi, auditeur de la nonciature, n'était bon à rien.

Je vais déjeuner à un hôtel voisin, aussi vaste que pauvre. Je fais un croquis des fortifications de Cività-Vecchia, et j'attends M. Lysimaque, dont on m'avait annoncé la visite. Deux Anglais du bateau à vapeur, roussâtres et graves, déjeunent au même hôtel; avec une impudence de Robert Macaire, je leur sers de cicerone, parlant pour eux italien au chef, et leur disant aussi quelques phrases d'anglais.

A neuf heures je vais chez M. Lysimaque, le Consul, qui est charmant pour moi et me fait le plus gracieux accueil. Il se charge de tous mes arrangements de douane. A dix heures, je paye les porteurs, les chargeurs (*facchini*), les garçons, le cicerone, etc... Je monte dans une espèce de vieille calèche, fiacre-diligence, devant laquelle on a collé un cabriolet, ce qui fait en tout six places. Je suis au fond, en ma qualité de diplomate, avec un monsieur italien qui parle un peu le français; vis-à-vis sont les deux Anglais. Sans conducteur, nous partons à la merci du postillon.

Au sortir de Cività-Vecchia, on nous arrête; nous payons je ne sais quel droit d'octroi. Après un quart d'heure de perdu, nous nous lançons. Nous longeons la mer sur une route passable, au milieu de vastes champs de bruyères et de broussailles. Toute la route, de Cività-Vecchia à Rome, est un désert inculte, mais parfois pittoresque à cause de cette sauvagerie même. Je me figurais très bien quelques têtes de brigands çà et là. Dieu merci, je n'en vis pas la réalité. La route se compose de montées et de descentes d'une extrême rapidité, coupée de ponts, montants et descendants aussi rapidement avec une arête en dos d'âne au milieu. Çà et là de nombreux troupeaux de bœufs et de chevaux étiques. A la fin du premier relai, nous nous disputons avec les postillons, moi toujours en italien, et nous payons. A la seconde station, nous nous disputons moins. Un Anglais de devant se met en fureur, appelant les postillons des « brigannes », — « une voleur », etc... Nous payons. Au troisième relai, nous payons sans dispute. Le quatrième devait nous mener jusqu'à Rome ; nous l'avons aussi payé. La nuit arrive et Rome n'arrive pas. Toutes les dix minutes je regardais à mes deux grosses malles, derrière la voiture pour voir si quelque adroit « briganne » ne venait pas me les voler.

Notre voiture craquait ; un carreau s'était cassé dans le cou d'un Anglais taciturne ; les roues n'étaient retenues que par un gros clou passé au travers de l'essieu et entortillé de fer blanc. Nous approchons enfin de Rome. A sept heures sonnant, nous entrons dans la Grande Ville, par la *porta Cavallegieri*, derrière le Vatican.

Rome ! Je suis à Rome !!! dans la ville sainte, dans la métropole du monde ! Dans la patrie des arts ! Là était Raphaël ; là sont les tombeaux des grands Apôtres, l'admirable Saint-Paul est là ! Et je forme déjà le projet d'aller lire sur sa tombe les sublimes épîtres qu'il nous a laissées.

« Le vostre passa-porte, signori, » dit la voix très peu poétique d'un employé d'une troisième douane. Adieu les belles idées de Rome ! Voici nos passeports, mon laissez-passer. Le « *Comte Gaston Segure,* » gros comme le bras est exempt de toute attaque, et il peut exempter ses compagnons en se portant leur caution. Il daigne leur rendre ce service important, et tout est bientôt fini. Nous payons un officieux « signore » qui nous avait parlé ; l'Italien peste, dit que Napoléon aurait bien fait de détruire ce gouvernement de traîtres... Nous nous ébranlons de nouveau et nous entrons dans Rome.

Les idées reviennent à mesure que la douane s'éloigne ; je suis à Rome ! voilà mon étonnement.....

Nous tournons une rue : qu'est-ce donc que ces grosses colonnes? Elles bordent la rue d'un côté, nous en sommes à quelques pieds. Le premier, je les reconnais ! c'est Saint-Pierre ! ! ! c'est la colonnade de Saint-Pierre !... quels yeux nous ouvrions ! Je cherche en vain à voir le dôme ; il fait trop nuit. Le souvenirs des deux Apôtres vient bizarrement se mêler dans mes pensées avec le nom de Michel-Ange, et nous quittons la rue qui avait fait naître ces vives et nouvelles sensations. Alors l'idée de Raphaël arrive !...

Je mets sous la spéciale protection de la Sainte-Vierge Immaculée mon séjour à Rome, le consacrant au bon Dieu de tout mon cœur.

Je pense avec un triste plaisir que probablement à cette heure même on se dit à Paris, à la maison : « Gaston est probablement à Rome, à cette heure-ci. » — « à moins », pense ma pauvre chère maman, « qu'il ne lui soit arrivé quelque accident. » Souvenirs de la famille, que le chagrin que vous procurez à celui qui est loin du pays est mêlé de charme et de douceur !

Les boutiques sont presque toutes fermées ; on ne voit pas grand'chose ; les rues me semblent laides et tristes. Nous nous arrêtons sur une place, où un homme me demande. « Me voici, » lui dis-je ; il me donne une lettre. Charles d'Astorg (1) me dit dans ce billet qu'il m'envoie un homme pour me conduire à un bon hôtel, car mon appartement à l'Ambassade n'est pas prêt.

Me voilà déconfit, me voilà abattu, me voilà grognon ! C'était mon premier mécompte.

Mon appartement ne sera prêt que dans une dizaine de jours ! Si maman savait cela !

---

(1) Fils aîné du comte Eugène d'Astorg, général de division, Pair de France, et ami d'enfance de notre famille. Il a continué sa carrière et a été ministre plénipotentiaire en Wurtemberg.

Je prends mes bagages ; je paye le postillon, et je me laisse mener à l'*hôtel de Franck*.

L'homme de Charles d'Astorg, très poli et très brave garçon, me donne en passant de petits renseignements : voici le palais Borghèse, — voici la *via dei Condotti*. Aussitôt le souvenir de M. Ratisbonne me revient, et je m'adresse avec plus de confiance à ma divine protectrice, dont la miséricorde vient d'éclater tout récemment dans cette ville où je suis.

Nous arrivons à l'hôtel, qui a fort bonne apparence ; c'est, je l'ai dit, l'*hôtel de Franck* ; il est situé au bout de la rue *dei Condotti*, près de l'église de Trinité du Mont. Arrivé dans une chambre fort convenable que l'on m'offre et qui n'est pas trop chère, je procède à l'ouverture de mes bagages les plus pressés. Ce qui m'ennuie surtout à la pensée d'être à l'auberge, c'est la perspective d'un nouveau déménagement et de nouveaux empaquetages.

Je mets mon journal au courant. Reiset, puis Charles d'Astorg, mes collègues, me font tous deux une visite aimable et empressée.

Après quelques petits rangements, je fais ma première prière dans la ville Éternelle, dans le centre choisi par Dieu pour le siège de son Royaume sur la terre !

IV

Premières journées à Rome. — Personnel de l'ambassade. — M de Cazalès. — Chapelle de la conversion de M. Ratisbonne. — Première excursion au Forum et au Capitole.

Samedi, 5 mars. — Ma première nuit a été un peu orageuse, grâce aux puces qui pullulent en Italie et surtout à Rome. Cela tient à l'air et à la saleté générale : les vilaines bêtes piquent sans pitié à droite et à gauche. Néanmoins je me lève, encore tout étonné de me voir à Rome !

Je sors à neuf heures et demie; et, chargé de mes dépêches, je prends le *Corso*, la plus belle rue de Rome (qui est assez laide et n'est pas plus large que la rue du Bac à Paris), et j'arrive à l'ambassade, au palais Colonna. La cour est belle ainsi que la porte; au-dessus les armes de France sont peintes sur un grand écusson.

Je suis introduit chez M. le comte de La Tour-Maubourg. Quoique je le susse bien bon, je ne m'attendais pas cependant à être reçu avec tant de bienveillance et de simplicité. Au bout d'une demi-heure, il me semblait que je le connaissais depuis longtemps. Il me garda une grande heure et me proposa à déjeuner. Mais j'avais déjà pris ma « cioccolata », et j'avais à travailler chez moi, à porter des lettres, etc...

Il me dit de revenir avant deux heures pour être présenté à madame de Maubourg (1); c'est ce que je fis, en effet, et M. l'ambassadeur eut la bonté de me présenter à ma nouvelle patronne. Elle me parut gracieuse et charmante, et m'accueillit de la manière la plus obligeante.

Je fus de là chez M. le comte de Rayneval (2), premier secrétaire de l'ambassade, charmant homme si jamais il en fut. Il joint à beaucoup de moyens l'amour du travail, l'esprit, la piété ; il est musicien, il peint, il dessine ; enfin c'est un jeune homme accompli. Il me reçut avec une cordialité tout aimable et nous eûmes bientôt lié connaissance.

Je le quittai pour aller chez M. de Cazalès, pour qui madame Swatchine m'avait donné une lettre de recommandation ; et j'eus le bonheur de le trouver. Agé de quarante ans au moins. M. le comte de Cazalès, homme d'une science profonde et théologien consommé, se fait prêtre. Il ne l'est pas encore ; il n'a pas même encore reçu le sous-diaconat ; il espère consommer le sacrifice de tout lui-même à Notre-Seigneur, à l'époque de la Trinité. Je passai une bien douce et bien charmante demi-heure avec lui. Il eut même la bonté de me reconduire jusqu'à l'ambassade.

Sur notre chemin, il m'arrêta devant une église : c'était Saint-André, où M. Ratisbonne venait d'être miraculeusement converti. Je ressentis une vive émotion en l'apprenant. M. de Cazalès me proposa d'entrer, ce que j'acceptai bien volontiers, et il pria un moment avec moi

---

(1) La comtesse de Maubourg était la fille du marquis de Pange, Pair de France.

(2) Le comte Alphonse de Rayneval était le fils aîné du comte de Rayneval, ancien directeur politique au Ministère des affaires étrangères et mort ambassadeur à Madrid. Son fils a parcouru une carrière aussi brillante que rapide. Il a été successivement ambassadeur à Naples, à Rome et à Saint-Pétersbourg. Partout il a laissé les plus honorables souvenirs de son caractère et de ses capacités.

devant ce même autel de l'Ange-Gardien, heureux témoin du plus touchant et du plus authentique des miracles.

Cette petite chapelle est très simple ; sur l'autel est un tableau représentant l'Ange Gardien ; cela n'a pas l'air d'une fameuse peinture. Le reste de la décoration est simple et même assez laid.

Je sors de ce lieu béni de Dieu avec mon aimable *cicerone*, qui me quitte devant l'*Ambasciata francese*. J'y entre ; M. de Rayneval m'attendait, et, après avoir jeté un coup d'œil sur mon appartement futur, nous sortons ensemble. Il me fit voir tant de choses, que le souvenir m'en échappe. En une demi-heure je vis le Forum, les arcs de triomphe, le Capitole, la Colonne Trajane, la prison de Saint-Pierre et de Saint-Paul, le palais des Césars et le Colisée ! ! Et la grande impression qui planait en quelque sorte sur moi, à la vue de toutes ces ruines de l'antiquité, était ce triomphe si majestueux et si complet du Christianisme sur l'orgueil de Rome païenne ; c'était la grandeur de Dieu opposée à la grandeur des Césars ; c'était, en un mot, l'histoire du monde depuis plus de deux mille cinq cents ans ! Quel spectacle sous les yeux ! quelle ville que Rome ! et que je rends, de toute mon âme, la gloire qui lui est due à ce Dieu vainqueur qui a choisi pour sa capitale la capitale même de ce colossal ennemi qu'il a écrasé !

Ces ruines antiques sont admirables ; ce sont d'immenses blocs de pierre, disposés les uns sur les autres avec une hardiesse et un grandiose merveilleux. Tout y est ausi vigoureux qu'élégant et, si l'on en juge par ses débris, Rome antique devait être une admirable ville.

Mon premier dîner à l'ambassade se passe à merveille et dans la plus aimable société : M. de la Tour-Maubourg, sa belle-sœur, la comtesse Adolphe de Caraman avec son mari ; M. de Rayneval, M. de Cambis, second secrétaire de l'ambassade, Charles d'Astorg, et moi.

M. de Maubourg est un vrai père pour nous, et je vois que ceux qui l'approchent l'aiment autant qu'ils le respectent. La bonté respire sur son visage, et il a le rare talent de joindre une parfaite bonhomie à une parfaite dignité. Madame de Maubourg, jolie et aimable personne, est usée déjà par la souffrance ; elle nous traite tous avec la même bienveillance. Sa sœur aussi, madame de Caraman, a l'air le plus gracieux et le plus prévenant que l'on puisse imaginer ; elle est très jolie. Son mari est un excellent homme, gai, poli, et causant avec beaucoup de charme.

M. de Cambis a une vraie barbe de *lion ;* on dit qu'il a remarquablement d'esprit ; je ne puis le voir encore.

Quant à M. de Rayneval et à Charles d'Astorg, ils sont bien aimables pour moi et bien bons camarades. Reiset (1) aussi veut bien me témoigner de l'amitié.

Il faut avouer que je suis bien entouré, et que je n'aurais guère pu choisir une plus agréable société, si ce choix eût dépendu de moi.

(1) Comte Gustave de Reiset ; a été successivement secrétaire d'ambassade à Turin et à Saint-Pétersbourg, puis ministre plénipotentiaire à Darmsdadt et à Hanovre.

V

Premières relations et premières promenades dans Rome. — Arrivée d'Augustin Galitzine. — L'église du Gesù et la maison des pères Jésuites. — L'ambassade d'Autriche. — Le Palais Doria. — Réception à l'ambassade.

Dimanche, 6 mars. — Temps admirable. Je vais entendre la messe à l'église des *Saints-Apôtres*, où reposent les corps des apôtres saint Philippe et saint Mathias. C'est aujourd'hui la fête de Saint-Vast ou Gaston, et, dans le double but de fêter mon divin protecteur et de consacrer à Notre-Seigneur mon séjour en Italie, je reçois son très sacré Corps, à une petite chapelle à gauche, la chapelle du Saint-Sacrement. Cette église est fort jolie ; elle est simple, mais elle a un air de piété et de recueillement, rare dans les églises d'Italie, toujours très ornées et souvent trop dorées.

Le latin prononcé à la romaine est tout différent du latin à la manière de France. Habitué que je suis à celui-ci, je trouve celui-là singulier et presque ridicule ; je doute que je puisse y habituer mon oreille.

Aujourd'hui c'est le jour des belles toilettes des hommes et des femmes de Rome. Pour la première fois je vois dans les rues et surtout au Corso le costume italien avec ses ornements de mauvais goût et clinquants, mais si gracieux, et avec le voile plié sur la tête. Quelles belles figures d'hommes et de femmes l'on rencontre à chaque moment! Il y a dans ces visages une énergie, un caractère, qui impressionnent vivement. La plupart ont des cheveux épais et magnifiques qui accompagnent parfaitement leurs beaux traits.

Le soir on vient me dire à l'ambassade qu'Augustin Galitzine (1) vient d'arriver. Grande joie pour moi, qui cours le voir un instant. Je le trouve à table avec M. l'abbé Surat, et fatigué du voyage. Je prends avec eux quelques *douceurs*, et nous nous séparons à dix heures, bien résolus de nous visiter souvent.

Déjà les rues de Rome sont désertes, et cependant c'est dimanche. Il paraît que Messieurs les Romains sont ou bien paresseux ou bien réguliers!

Ce même soir il vint à l'ambassade un prince romain avec sa femme; le prince avait une figure contraire à toutes les notions que l'on a de la principauté! La princesse avait l'air fort gai et spirituel. Elle racontait quelques mots assez comiques que lui avaient dits des étrangers qui ne savaient pas bien le français. Je veux les transcrire ici, car ils sont vraiment dignes des « Arabaques » et du « Roi des Sardines ».

Un monsieur, au commencement du carême, lui disait: « Maintenant que le Carnaval est fini, j'espère, princesse, que vous allez être plus modeste. » Il voulait dire plus retirée et moins mondaine.

Un général prussien était resté très longtemps sans rendre visite à un homme beaucoup plus jeune que lui, et qu'il connaissait. Celui-ci le revoyant après cette longue absence lui en demandait la raison. L'autre ne voulant pas dire à un jeune homme : j'ai l'honneur de vous

---

(1) Le prince Augustin Galitzine, fils cadet du prince Pierre Galitzine, cousin germain de notre mère par la sienne, née, comme notre grand'mère Rostopchine, comtesse Protassoff.

dire, etc..., ce qui eût marqué trop de déférence, lui répondit : « Mais je croyais avoir eu le.... plaisir de vous dire que ma femme était morte. »

Un père était sur le point de marier son fils, et, en faisant l'éloge de sa future belle-fille, il disait : « Ce qui me plaît en elle c'est qu'elle n'a pas le cœur gâté. »

Un autre, énumérant les qualités d'une personne qu'il allait épouser, disait à la princesse que ce qui lui faisait faire ce mariage avec plaisir, c'était « l'adresse qu'avait sa future pour la cuisine ».

Ces anecdotes et d'autres encore que j'oublie égayèrent notre soirée. Lancelotti, c'est le nom de la princesse qui les racontait avec beaucoup d'esprit.

7 mars, lundi. — Quels moments impressionnants et admirables je viens de passer ! M. de Cazalès m'a fait visiter l'église du *Gesù* et le couvent des pères Jésuites, et tout ce qui j'y ai vu m'a remué profondément. D'abord, sous un autel de l'église, au milieu d'une chapelle magnifique, repose le corps entier de saint Ignace ! de cet homme tout de feu, qui a bien réellement *consumé* sa vie au service de Dieu, qui avait pour devise et pour pratique cette admirable parole : « *Ad maximam gloriam Dei.* » Il est là, et son âme est au ciel ! Que ne suis-je ce qu'il a été, pour être un jour ce qu'il est !

En face est un bras de saint François-Xavier; cette précieuse relique est dans une chapelle placée vis-à-vis celle de Saint-Ignace.

De l'église nous sommes entrés dans l'intérieur du Couvent, et nous avons rendu visite au père Villefort, dont j'ai parlé au commencement de mon journal, dans la relation de la conversion miraculeuse de M. Ratisbonne. Ce saint religieux est la providence des Français qui sont à Rome ; M. de Cazalès l'appelle « une colombe » de pureté et de simplicité. Il a, en effet, l'air bien bon et pas du tout *jésuitique*.

Le père Villefort nous sert de cicerone, et nous entrons dans un corridor, à gauche duquel est une petite porte. Nous entrons et dans quelle chambre, grand Dieu ! dans la chambre où est mort Saint Ignace ! dans la chambre où il disait habituellement la messe ! Là fut reçu au noviciat mon admirable patron, Saint Louis de Gonzague. Là fut reçu au noviciat Saint Stanislas Kostka. Là Saint Charles Borromée a célébré sa seconde messe. Là Saint François de Sales est venu faire oraison. Là encore venaient parler au Père commun Saint François-Xavier, Saint François Régis, Saint François Borgia. Par cette porte où je viens de passer plus de dix Saints ont passé ! et quels Saints !

Quelle impression produit sur un cœur chrétien la vue de cette chambre merveilleuse ! et de quelle vénération, de quel respect profond je sentais mon cœur pénétré en face de ces murs témoins de tant de ferveur, de tant de prières, de tant de zèle, de piété, de mortifications, de sainteté !

Dans une pièce voisine est un souvenir bien précieux aussi de Saint François-Xavier, l'apôtre des Indes, ce noble et vaste cœur façonné à la manière de celui de Saint Ignace son maître. C'est le parasol sous lequel il fut présenté à un roi puissant, dans les Indes ou au Japon. Ses disciples voulurent l'entourer de pompe, afin de produire une plus grande impression sur ces peuples idolâtres. Ma pensée se figurait le saint couvert de ce parasol, que je voyais là, devant moi, et mon cœur en était tout remué.

Là j'apprends avec un vif plaisir qu'il y a à Rome une Conférence de Saint-Vincent de Paul ; M. de Cazalès qui en fait partie doit m'y conduire, à la première séance, dimanche prochain. Je vais donc vous retrouver, mes chers petits travaux de Paris, si doux à mon cœur et si utiles à ma pauvre âme ! Mon Dieu, quelle bonté à vous de m'envoyer ainsi consolations sur consolations!

Comment assez remercier M. de Cazalès? L'excellent homme! Comme il a l'air simple et bienveillant, et sous quelle modestie il cache la science profonde qu'il a acquise! Je remercierai de bien bon cœur madame Swetchine de m'avoir procuré une pareille connaissance.

Rome est un livre fermé et inintelligible pour quiconque n'a pas la foi, pour quiconque ne l'envisage pas en esprit de foi, et plutôt avec les yeux de l'esprit et du cœur qu'avec ceux du corps. Même ces magnifiques ruines de l'antiquité, même ces chefs-d'œuvre de l'art, dont elle est remplie, ont besoin d'une pensée chrétienne pour être estimés ce qu'ils sont, et pour élever l'âme à des hauteurs dignes d'elle. J'aime déjà ces murs sacrés de Rome; plus je les vois, plus je les respecte. Qui, d'ailleurs, ne respecterait, qui n'aimerait la ville où Notre-Seigneur a placé le siège de son Vicaire et de son successeur en ce monde, où il s'est plu à réunir les Saints de tous les temps et de tous les pays, et où il a déposé les précieux trésors de sa croix, de sa crèche, et des instruments de sa Passion? Je n'ai pas encore vu Rome artistique, j'ai commencé à voir Rome chrétienne; que je suis heureux de ce que j'en ai déjà entrevu!

Une chose à laquelle je ne puis m'habituer est la quantité vraiment étonnante d'ecclésiastiques que je rencontre dans les rues. Comme tous portent le tricorne, auquel mes yeux ne sont pas encore faits, je les remarque plus qu'un autre. Et comme il y a en outre beaucoup de religieux de tous les ordres, l'aspect d'une rue de Rome est absolument différent d'une rue de Paris. J'avoue que j'aime peu le tricorne, et qu'à mon sens il n'ajoute pas de dignité à l'apparence de ceux qui le portent. J'ai même vu déjà plusieurs enfants, âgés peut-être de douze ou treize ans, en soutane et coiffés de ce fatal tricorne. Sont-ce des séminaristes? Je l'ignore; mais ils me semblent même trop jeunes pour cela. Le fait est que leur vue me produit un singulier effet.

Le soir du 7 mars, je fais mon entrée dans le grand monde de Rome ; M. de Maubourg me présente à l'ambassade d'Autriche ; il y avait une nombreuse réunion. Je retrouve là l'aimable et excellent M. Odier et sa charmante femme. Il peint et travaille énormément, et compte prolonger son séjour à Rome. J'en suis bien heureux, car il est impossible d'avoir une plus attrayante société que la leur. Les salons d'Autriche, comme on dit ici, ne sont pas beaux. Ceux de l'ambassade de France les éclipsent totalement. Pour la première fois, je vois là dans le monde des *Monsignori* en habit ecclésiastique. Ils ont des culottes courtes avec des bas violets, et une soutanelle avec un petit manteau. Pour la première fois aussi je vois deux Cardinaux. Ils sont habillés de même que les Monsignori, seulement leurs bas et leur calotte sont rouges, et leur tricorne est garni de riches torsades et de glands d'or.

De l'ambassade d'Autriche, qui est mortellement ennuyeuse, nous allons au palais Doria, chez le prince Doria. En sortant de l'Ambassade, deux valets de pied en grande livrée nous reconduisirent jusqu'à notre voiture avec des torches allumées. C'est un honneur qu'on rend ici aux ambassadeurs et aux Cardinaux. Il en fut de même au palais Doria.

Ce palais Doria est une vraie demeure de prince. Tout y est d'une grandeur, d'un *cossu*, d'un *aristocratique* extraordinaire. Je n'ai vu ni les Tuileries, ni les appartements de nos princes à Paris, mais je doute qu'ils puissent surpasser ceux du prince Doria. Les tentures sont d'anciens brocarts, étoffes magnifiques dont un seul pli remplit la main tant la soie et l'or y sont prodigués. Il y a en outre, dans ce palais, une superbe collection de tableaux, parmi lesquels on remarque de beaux

Raphaëls. Le prince Doria, très jeune encore, est fort beau garçon ; il sort en cela de la catégorie ordinaire des princes romains. Sa femme est miss Talbot, de la grande famille ducale catholique anglaise, et la sœur de la charmante princesse Borghèse qui vient de mourir si jeune à Rome. Elle est moins jolie que ne l'était sa sœur, dit-on ; mais elle est cependant très bien et même belle.

8 *mars*. — Le matin Augustin vient me faire une petite et bonne visite ; nous sortons ensemble et nous entendons la messe dans l'église Saint-André, l'église de la conversion de M. Ratisbonne. Saint-André *del Fratte* est une charmante église ; elle a le même caractère de recueillement que l'église des Saints-Apôtres, dont j'ai déjà parlé et qui est la paroisse de l'ambassade.

Je suis tout content d'avoir près de moi *il mio più caro amico*, et de l'avoir ainsi là devant le bon Dieu. Nous devons entendre ensemble la sainte messe, jeudi ou vendredi prochain, dans la fameuse chambre de Saint Ignace, au Gesù, dont j'ai été si vivement ému hier. J'avais, je crois, oublié de relater que cette chambre était devenue une chapelle ; l'autel est à la place même où Saint Ignace est mort.

Aujourd'hui commencent, à l'ambassade, mes travaux diplomatiques ; M. de Maubourg me donne quelques écritures à faire, et j'ose me vanter d'avoir mieux fait ce travail de copie, que ne l'eût fait feu M. de Talleyrand lui-même. Car il écrivait comme un chat, et je me suis, au contraire, appliqué à former les plus lisibles et les plus beaux caractères. La patrie est sauvée, car me voilà à l'œuvre !

Je n'étais cependant pas en veine de travailler ; car j'avais passé une nuit presque blanche, grâce à une grosse coquine de dent qui me faisait souffrir. En sortant de l'ambassade et de retour à mon hôtel, je me mets à fumer un cigare et mon bobo se calme. Comme j'étais éreinté, je me jette sur mon lit et je m'endors... Mais, hélas! à quelle heure me réveillé-je! à cinq heures et demie; et à cette heure-là même commençait un immense dîner que M. de Maubourg donnait à l'ambassade. Grande fut ma consternation! Je pris cependant bien vite mon parti, me reposant sur l'excessive bonté de M. de Maubourg qui, me sachant souffrant et ne me voyant pas arriver, penserait sûrement que je souffrais davantage. Je fais donc à l'hôtel un mauvais dîner de carême, et je m'habille ensuite pour paraître, après le dîner, à la soirée de l'ambassade.

Mon malencontreux somme m'a fait aussi manquer une visite à la princesse Borghèse; je m'étais présenté la veille au palais Borghèse, et la princesse étant absente, je lui avais laissé ma carte, écrivant sur le revers que j'étais porteur de lettres de France et que je reviendrais le lendemain à cinq heures. O dent! quels malheurs tu produis! et quoique tu sois grosse, les mésaventures auxquelles tu m'exposes me font un effet plus gros encore! Tu aurais bien mérité d'être arrachée, voire même cassée par un dentiste; c'est ce qui t'arrivera, sois en sûre, si tu me fais encore tant soit peu penser que tu es là!

A huit heures donc, j'arrive à l'ambassade; le dîner finissait à peine. M. de Maubourg a la bonté de m'excuser et de rire de mon aventure. Un autre eût pu certes ne pas prendre la chose aussi bien.

Il y avait grande soirée. Je suis présenté au prince Aldobrandini, frère cadet du prince Borghèse. Je revois aussi un homme fort bon, aussi aimable qu'original, attaché à notre ambassade comme clerc national, et dont j'avais fait la connaissance avant-hier; c'est M. l'abbé Lacroix. Sa conversation est spirituelle et assaisonnée d'une grande bonté et d'une piété douce. C'est un homme à anecdotes. Il me citait un assez joli mot du vieux maréchal de Richelieu, à un jeune diplomate, lequel lui demandait des conseils. Le maréchal résuma ainsi ce qu'une expérience de quatre-vingts ans lui avait appris, en fait de diplomatie : « Dites du bien de tout le monde indistinctement, que vous le pensiez ou non. — Demandez tout ce qui viendra à vaquer, — et asseyez-vous quand vous pourrez. » Le diplomate, en effet, ainsi que le courtisan, est perdu, s'il n'a de bonnes jambes et s'il ne peut faire le pied de grue dans les salons et les antichambres des grands personnages.

A l'ambassade vint aussi ce soir un jeune peintre de Naples, appelé M. Morani, dont j'avais vu la veille des compositions assez recommandables. Il demeure au palais Colonna même, et je compte lier plus intime connaissance avec lui ; il paraît modeste et simple, il a de bonnes et agréables manières. Ce serait bien commode pour moi et bien avantageux, si plus tard nous pouvions travailler ensemble.

Il a plu un peu ce matin ; le temps est charmant ; l'air est doux et rafraîchi. Le beau climat, jusqu'ici, que celui de l'Italie !

VI

M. Schnetz, directeur de l'Académie. — La princesse Borghèse. — M. et madame Odier. — Première promenade artistique. — Première visite à Saint-Pierre. — Le Vatican et les Loges de Raphaël. — Concert chez le prince Torlonia.

9 *mars*. — Je ne me comprends en vérité pas ; j'ai honte de moi : de tous les étrangers arrivés à Rome cette année, je suis sûr que je suis le seul qui y ait passé cinq jours pleins sans chercher à voir Saint-Pierre. Bientôt, heureusement, mon état de stupidité, d'ahurissement va cesser, car j'ai l'espoir certain de prendre après-demain possession définitive de mon logement à l'ambassade. Je vais donc enfin me retrouver chez moi. Je vais donc enfin ouvrir et déballer mes malles, avoir mes livres, ne plus regarder les milliers de choses admirables qui sont à voir ici, comme un enfant regarde un livre qu'il ne peut déchiffrer. Cette pensée me sourit singulièrement ; à la grâce de Dieu cependant ; de Dieu qui dispose ce que l'homme propose.

Je vais me présenter au palais Borghèse ; la princesse y était ; elle me fait le plus gracieux accueil, et a la bonté de m'engager à revenir.

Le soir, je dîne chez le comte et la comtesse de Menou,

mes cousins, avec MM. Odier, Schnetz, de Rayneval et madame Odier. Cette aimable et tout artistique compagnie était fort de mon goût. Notre soirée est égayée par l'exhibition de mille caricatures charmantes que madame de Menou possède dans un portefeuille. Ce sont tous les personnages de Rome, hommes ou femmes, prêtant à la caricature. On m'excusera, pour ce motif, de ne pas en faire la nomenclature.

Je peins aujourd'hui dans mon album une vieille femme italienne. C'est chose remarquable, combien ici les femmes, les vieilles surtout, sont débraillées, sales et peu soignées dans leur tenue. Leurs cheveux épais et assez gros généralement ne sont, je crois, peignés et lissés que le dimanche; et sans la bigarrure et la vivacité des couleurs de leurs vêtements, elles auraient l'air absolument sale. J'en rencontre bien peu dans les rues qui aient le costume italien ou romain au complet. Toutes l'ont un peu; cela suffit cependant pour être très original et pittoresque. Il est vrai que cela me paraît ainsi parce que cela est nouveau pour moi.

Les hommes aussi sont très prosaïques. Sauf leur culotte courte et leurs gros mollets couverts de bas blancs, et sauf la forme un peu pointue de leurs chapeaux, ils ressembleraient assez à nos commissionnaires parisiens; je ne parle pas toutefois des figures, toutes énergiques et italiennes.

Le soir, en sortant de chez madame de Menou, je vais faire ma première visite à la comtesse de Rayneval, mère de notre premier secrétaire.

10 mars. — A une heure et demie, après avoir écrit une longue lettre à ma chère maman, je me rends chez M. Odier, *via delle Quattro Fontane*, n° 69. Il me montre deux grandes toiles qu'il a couvertes depuis quatre mois, et où il a rassemblé les plus belles têtes d'étude que Rome et ses environs ont pu lui procurer. La moins grande de ces toiles, haute de douze pieds environ, représente l'apparition de l'Ange aux bergers de Bethléem, lors de la nativité de Notre-Seigneur. Sur le premier plan, il y a un vieillard, fait d'après nature, depuis les pieds jusqu'à la tête, et dans le costume romain, qui est d'un caractère tout à fait noble et énergique. Les autres personnages sont aussi beaux comme nature d'hommes, mais moins finis et moins vigoureux que le premier. L'autre toile est une ébauche de la vie de Saint François d'Assise.

L'aimable madame Odier me reçoit avec une grâce parfaite et me montre ses jolies aquarelles, entre autres, deux anges, copiés d'après le Titien, et qui sont vraiment remarquables comme aquarelles.

Le temps étant gris et *parisien*, nous nous décidons à remettre notre excursion dans la campagne de Rome à un plus beau jour, et nous allons à Saint-Pierre.

M. Odier demeure à l'extrémité opposée de la ville; de sorte qu'il nous faut traverser toutes ces étroites et sombres rues de Rome, pour arriver à la fameuse place. Je le disais bien, il faut regarder Rome avec les yeux du cœur et de l'esprit; car si nous ne l'envisagions qu'avec les deux luminaires que le bon Dieu nous a donnés, nous n'y verrions qu'une ville souvent ordinaire, plus souvent encore laide, sombre et puante.

Nous arrivons au pont Saint-Ange, le seul qui unisse les deux rives du Tibre, dans la traversée de Rome. Ce pont, très élégant et même très beau, est vis-à-vis le Mausolée d'Adrien, lequel se trouve devant le château Saint-Ange. Il est décoré de grandes statues d'anges dans le goût maniéré et *rococo* du chevalier Bernini, dit le Bernin, et placées de même que l'étaient jadis, sur le pont de la Concorde, à Paris, les statues colossales de douze grands hommes français, transportées depuis quelques années dans la cour d'honneur du château de Versailles.

Le Mausolée d'Adrien est une gigantesque et imposante masse de pierres, d'un ton jaunâtre très chaud, magnifique à reproduire en peinture. Au bout d'une rue peu longue, nous descendons de voiture et nous nous trouvons au bas de la place de Saint-Pierre.

Dire l'effet que cette première vue produisit en moi serait chose assez difficile, car, pour être franc, elle ne m'en fit aucun. De minute en minute, pour tâcher de faire arriver une émotion quelconque, je me disais à moi-même : « me voici devant Saint-Pierre ; » et cela ne faisait rien du tout à mon esprit, auquel s'adressait cette réclame. La façade de la basilique me paraît surtout belle de couleur ; les pierres ont ce même ton chaud et roussâtre du Mausolée d'Adrien. Cette façade rappelle plutôt un palais qu'une église. Quant au dôme, je m'attendais à le voir, sans exagération, deux fois plus haut au moins. M. et madame Odier éprouvaient les mêmes impressions que moi.

On me dit que cette place est si vaste, que jamais elle n'est pleine, même le jour de la fameuse bénédiction pascale. Je ne le conçois pas, car la place de la Concorde me semble à peu près double d'étendue. Enfin, quoi qu'il en soit, nous avançons et nous entrons sous le péristyle, qui est, lui, par exemple, une magnifique chose..., rien cependant de si extraordinaire.

Nous entrons, et nous voici dans Saint-Pierre..., qui ne me fait pas plus d'impression en dedans que du dehors! Les fameux anges du bénitier ne m'ont pas l'air déjà si gros, même de près. J'aperçois le baldaquin qui recouvre le tombeau des Saints-Apôtres, et je ne puis croire qu'il n'ait que dix pieds de moins en hauteur que la colonne de la place Vendôme. De près comme de loin, ceci me paraît inexact, inadmissible. De tout près il me paraît avoir de quarante à cinquante pieds.

Saint-Pierre n'a guère l'air d'une église ; en y entrant, je n'ai pas éprouvé ce secret besoin de prier qui agite le cœur à l'entrée de la moindre église de campagne. Madame Odier partageait en cela encore mes impressions, et cela me rassurait ; j'étais bien aise de n'être pas seul de mon avis, lequel me semble un peu vandale, un peu barbare.

Devant le maître-autel, il y a une chose, cependant, qui m'a fait une immense impression : c'est le tombeau de Saint Pierre et de Saint Paul. Là, j'ai fait ma prière, et je n'aurais pu m'empêcher de la faire. Une quantité de lampes y brûlent nuit et jour, et donnent à cet endroit de l'église, dit de la *Confession*, une grande solennité. A part cela, j'ai honte de le répéter, rien ne me fait l'effet, dans Saint-Pierre, de mériter les admirations qu'il a produites. Ce que je ne peux pas me figurer, encore une fois, c'est la colonne de la place Vendôme, un peu plus haute seulement que le baldaquin de la Confession des Apôtres. Cela me passe et confond toutes mes idées. Il faudra absolument que j'y revienne, que j'y reste, que j'y réfléchisse ; car il serait honteux de n'avoir rien admiré dans ce qui fait l'admiration de tout le monde. Au fond de cette impassibilité opiniâtre, je sens cependant qu'il y a quelque chose de hors nature dans l'endroit où je me trouve. Mais ce sentiment est vague et confus ; l'autre domine.

M. Odier me montre les tableaux en mosaïque ; c'est une chose vraiment merveilleuse que d'avoir pu reproduire ainsi en pierres les touches de la peinture à l'huile et ces tons *vieux*, que l'huile seule produit, lorsqu'une centaine d'années a passé sur un tableau. La *Transfiguration* de Raphaël est surtout quelque chose de prodigieux, comme finesse, comme couleur, comme harmonie, comme *peinture*. Je ne parle pas de l'immensité du travail auquel la vie d'un homme n'a certes pas pu suffire. La différence qui existe entre cette reproduction de la *Transfiguration* et la belle copie que j'en ai vue tout récemment à Paris,

ne s'aurait s'imaginer ; ce n'est plus le même tableau.
Autant celui-ci a de finesse, de grâce, d'air et de vie, autant l'autre me paraît maintenant lourd, cru de ton et grossièrement fait. Je l'admirais bien, cependant, avant d'avoir vu son rival en mosaïque, et surtout l'original de Raphaël.

Que de beautés dans cette œuvre de Raphaël ! Et, malgré cela, je ne conçois pas comment Poussin a dit que la *Transfiguration* était un des trois plus beaux tableaux qui eussent jamais été faits. Il aurait, ce me semble, pu le dire, si la toile avait été coupée en deux, et si on eût retranché toute la scène du possédé. Le haut, en effet, la transfiguration même, est de toute beauté ; c'est sublime. Notre-Seigneur vole dans l'air ; il est au milieu, non pas de blanc et de jaune, mais au milieu de lumière et d'atmosphère. Il y a, en réalité, trois sujets dans la même toile : 1° la Transfiguration ; 2° le possédé ; 3° l'Évangéliste qui écrit l'histoire et de la transfiguration et du possédé. Et quoique le peintre soit Raphaël, c'est une faute capitale de composition. Cela m'a toujours frappé, moins pourtant à Saint-Pierre, que partout ailleurs, à cause de la supériorité de la couleur et du dessin.

Après la *Transfiguration*, la plus belle mosaïque est la *Communion de Saint-Jérôme*, dont l'original est du Dominiquin. Encore un tableau très beau sans doute, mais dont j'ai peine à concevoir la réputation universelle. M. Odier trouvait comme moi que la touche en était surchargée de petits moyens et de *ficelles ;* des petits plis, des petits muscles, des petites bosses, qui donnent, surtout au corps du Saint, un aspect tout tremblotant. Je ne trouve pas non plus dans ce tableau un sentiment très grand de foi. J'ai vu mille peintures, où ce sentiment, première qualité de la peinture religieuse, était plus énergiquement et plus profondément exprimé.

Il y a encore une mosaïque superbe d'un tableau

énorme du Guerchin, représentant l'ensevelissement et l'apothéose de Sainte Pétronille. Il y a notamment la tête et le corps de Notre-Seigneur, descendant du Ciel pour prendre à lui la Sainte, qui sont d'une énergie étonnante. Ce morceau a tout à fait le caractère de la beauté divine.

Mais, à côté de ces belles reproductions des chefs-d'œuvre de l'art, on voit de grandes *croûtes* bleu d'outremer, rouge fade, jaune fade, gris sale, à qui l'on a fait malheureusement l'honneur de la mosaïque, et qui se perpétueront ainsi aussi longtemps que Saint-Pierre.

Une chose bizarre dans cette immense église, c'est que je n'ai pas vu un seul autel (et Dieu sait cependant combien il y en a !), je n'en ai pas vu un seul surmonté d'un tabernacle. Cette absence de la maison de Dieu donne à Saint-Pierre un caractère de temple abandonné ou non encore consacré. Il paraît cependant que le très Saint-Sacrement est dans une chapelle latérale ; nous ne l'avons pas vue. Ce n'est pas très bien que d'aller dans une maison sans se présenter devant le maître du logis, surtout quand il est si bon et si attrayant !

Au bout d'une heure environ, nous sortons de Saint-Pierre ; je commençais à en avoir assez ; nous tournons à gauche et nous montons les fatigants escaliers du Vatican. Le Vatican n'a pas l'air d'un palais ; et il me semble que c'est une demeure peu digne du Prince spirituel de la terre, et du Pasteur de tous les Chrétiens. En montant l'escalier, M. Odier me faisait remarquer des linges qui séchaient pendus à une fenêtre. Le Musée était fermé ; mais les *Loges* sont toujours ouvertes et nous les allons visiter. Elles sont bien gâtées, sauf quelques-unes, et plus encore par les retouches de quelques maladroits *croûtons* que par le temps et l'humidité. Je préfère les lithographies que j'en ai à ces originaux avariés. Outre qu'elles ne présentent pas de traces de dégradations, elles ont une finesse et une noblesse que je ne retrouve pas au même degré dans la peinture à fresque. Raphaël, disons-le, n'y a pas touché ; il n'a fait que donner les cartons et surveiller ses élèves.

Le jour est affreux, gris, triste, brumeux, et il fait assez froid. Nous rentrons à moitié satisfaits de notre excursion.

Le soir j'accompagne M. de Maubourg chez le prince Torlonia, le Rothschild de Rome. Il donnait un concert énorme; on chantait l'opéra entier de *Moïse*. Je trouvai cela fort ennuyeux, et il paraît que ce n'était pas fameux en effet. Les chœurs étaient bons, mais pas les *solos*. Mais ce qui était *bon*, c'était la tête d'un monsieur que je n'ai pu m'empêcher de *croquer* le soir même, en rentrant, sur mon album. Il avait une grosse mèche de cheveux qui lui partait de dessus l'oreille, à peu près au milieu de la tête, et qui venait lui couvrir un œil et un sourcil jusqu'au nez. Une autre mèche plus légère ondulait sur le collet de son habit. Il s'est mis devant moi, me regardant à travers sa mèche. J'ai été obligé de me lever et de déguerpir, pour ne pas lui rire au nez. On se peigne, monsieur, on se peigne, dans un pays civilisé surtout !

VII

Exposition de *croûtes* par des artistes vivants. — Promenade aux flambeaux au Vatican. — La sculpture antique.

11 *mars*. — Temps magnifique, beau soleil, pas un nuage, mais vent du nord très violent. C'est ce qu'on appelle ici la *Tramontana*, parce que ce vent vient d'au delà des Apennins et se glace en passant sur leurs sommets neigeux, *trans montes*. Le vent du midi, ou plutôt du sud-ouest, vent lourd, énervant et étouffant, s'appelle le *scirocco*.

Je fais le matin une visite au bon père Villefort, chez qui je trouve le comte Georges de Caraman, frère de celui que j'ai vu à l'ambassade.

A deux heures je vais à l'ambassade, où M. de Maubourg m'avait prescrit de me trouver; et après avoir copié la dépêche par laquelle il demande au Ministre des affaires étrangères Paul de Malaret (1) comme attaché, il me mène voir, à la place du Peuple, une exposition de peinture-

---

(1) Paul d'Ayguesvives, baron de Malaret, devenu depuis le beau-frère de Mgr de Ségur, par son mariage avec sa sœur aînée. Il a été successivement secrétaire d'ambassade à Berlin et à Londres, puis Ministre plénipotentiaire à Hanovre, à Bruxelles, à Turin et à Florence.

croûtes d'artistes vivants. Mais voilà qu'arrivés à la place d'Espagne, entre les grands escaliers de la Trinité du Mont et la *via dei Condotti*, M. de Maubourg a la malheureuse idée de déposer des cartes chez des gens qu'il croyait sortis. Il les trouve au logis et est obligé d'entrer. Pendant ce temps je lui propose d'aller de mon côté faire une petite visite à M. de Cazalès, et nous nous séparons, nous donnant rendez-vous en haut de l'escalier de la Trinité du Mont. M. de Cazalès sortait; je l'accompagne un moment, puis je vais au lieu du rendez-vous.

Couchés sur les marches de l'escalier, des hommes en costume italien complet se cherchaient leurs... dans les cheveux. C'était la première fois que je voyais ce *naïf* spectacle autrement que dans des dessins. J'en croquai un groupe sur mon portefeuille; mais les coquins, habitués à ce qu'on les dessine, furent avertis par le petit coup de sifflet de l'un d'eux et changèrent de place. Un d'eux, celui-là même, je crois, qui avait sifflé, s'approcha alors de moi et je lui dis que, s'il voulait se tenir là devant moi un moment, je lui donnerais une pièce d'argent. En effet, il posa pour moi sur les marches, à la face du soleil et d'une dizaine de badauds et d'enfants arrêtés pour regarder. Je lui donnai deux *pauls* (1 fr. 10 cent) et, selon l'habitude nationale, il me demanda davantage. Mais ce qui prouve qu'il avait assez reçu, c'est qu'il se contenta de deux baïoques (10 centimes) que j'ajoutai aux premiers.

M. de Maubourg me trouva le crayon à la main, et il me conduisit aux croûtes de la place du Peuple. Comme tableaux, c'était détestable, mais, comme croûtes, c'était très remarquable et hors ligne; surtout *une famille*, une scène de *pillage dans une église de Venise, Roméo et Juliette*, le *Samaritain charitable*, et quelques autres dont le souvenir m'échappe. C'était la croûte dans tout son éclat!

Le soir à sept heures et demie une partie fine avait été organisée par M. Georges de Caraman; il s'agissait d'aller visiter aux flambeaux les statues du Vatican. M. Visconti était le cicerone. M. de Caraman me proposa d'être du nombre des visiteurs, ce que j'acceptai avec empressement. La société se composait de huit ou neuf Torlonia, de M. et madame Adolphe de Caraman, M. et madame de Meyendorf, M. et madame Odier, M. l'abbé Lacroix, d'Astorg, M. Visconti et moi. Arrivés au Vatican, nous en grimpons les longs escaliers, et, arrivés aux fameuses galeries, on allume les torches, c'est-à-dire que l'on réunit quatre gros cierges de cire et qu'on les allume après les avoir entourés d'un demi-cercle de tôle qui, en dépassant la flamme, laisse le spectateur dans l'ombre et reflète une vive lumière sur la statue.

La première de ces magnifiques productions de l'art antique est la *Minerva medica*, ainsi appelée à cause d'un serpent qui est à ses pieds. C'est une statue de premier ordre et qui est, cependant, trop peu connue. Son mérite principal, ainsi que celui de toutes les autres que nous avons vues, est une simplicité, un ensemble, qu'on serait tenté de dire presque trop *naturels*, s'il était permis de qualifier ainsi la plus noble et la plus sublime représentation de la nature humaine. Les draperies sont magnifiques, légères et fermes.

Nous voyons ensuite les autres chefs-d'œuvre que possède le Vatican et qu'il faudrait une journée entière pour dépeindre et analyser. Les statues qui m'ont le plus frappé sont : le *Torse antique*, le *Phocion*, le *jeune Apollon au lézard*, le *Silène tenant Bacchus*, la *Modestie*, *Démosthènes*, *Ménandre*, *Pausilippe*, le *Laocoon*, la tête *d'Auguste* jeune homme, laquelle ressemble à Bonaparte consul d'une manière incroyable, la *Femme endormie*, la tête de *Jupiter Olympien*, *l'Apollon du Belvédère*, et enfin le *Discobole*. Dans cette dernière statue, toute la vie, toute l'énergie sont concentrées dans le bras et dans l'épaule qui vont lancer le disque ; ce qui nous montre la profondeur d'observation que les anciens apportaient à leurs œuvres d'art. De nos jours on aurait craint de la mollesse ou de l'exagération.

Le *Phocion* est un chef-d'œuvre ; il y a une draperie entre autres, qui l'enveloppe jusqu'au-dessus des genoux et n'a que deux plis de haut en bas et deux de droite à gauche ; c'est une merveille de grandiose et de simplicité. Cette statue est la prédilection de M. Odier, et en cela il ne montre pas un mauvais goût.

A côté est une statue moins grande, mais pleine d'une grâce, d'un naturel charmants. C'est le jeune Apollon, de Phidias. Son bras gauche est levé et s'appuie sur un arbre, de la main droite il tient un petit stylet pour en percer un lézard grimpant après l'arbre. Quel goût et quelle composition !

Dans le *Silène tenant Bacchus* enfant, il y une expression de vie et de tendresse que je n'avais jamais vue à ce point dans aucun antique. Les mains et les jambes, ainsi que les pieds, réunissent au même degré la force, la beauté, l'élégance.

La statue de la *Modestie* est la plus gracieuse et la plus parfaite composition, je crois, que j'aie encore vue. Je ne me figure pas la perfection de l'art portée à un plus haut point pour représenter un corps de femme et un mouvement. Et quelle noblesse, quelle simplicité de pose ! quelle absence complète de recherche !

Que dire encore des poses, des détails, de l'ensemble des statues de *Démosthènes, Ménandre, Pausilippe*? Ces bras et ces mains du grand orateur grec, cette pensée profonde et cette idée subite qui absorbe Ménandre, cette main où il appuyait sa tête et qu'il vient de retirer, ces doigts qui ne sont pas encore refermés ! cette mollesse noble de la pose de Pausilippe ! tout enfin, dans ces chefs-d'œuvre, n'est-il pas inaccessible à la critique la plus difficile ? Que de beauté et de grandeur, que de bonté et de majesté dans la tête du *Jupiter Olympien!* Et dans celle d'*Apollon du Belvédère!* Comme on voit là, comme on saisit que le Paganisme était le culte de la beauté, et que, cette beauté, l'homme faisait, pour l'atteindre à son plus haut point, tout l'effort dont il est capable!

Et, cependant, quels dieux à adorer, que des dieux beaux et qui ne sont que beaux! Combien ce culte insensé devait laisser l'esprit vide et le cœur sec et froid! La vue de ces chefs-d'œuvre de l'art païen ne doit-elle pas avoir pour premier effet de nous porter à remercier le beau et bon et vrai Dieu d'avoir dessillé les yeux de la pauvre humanité, et de nous avoir appelés à un culte spirituel, seul digne du Seigneur et seul digne aussi de notre âme, la plus sublime de ses créations?

Notre expédition avait duré une heure et un quart environ. Je rentre chez moi après avoir accompagné jusque chez lui le bon et aimable abbé Lacroix, qui demeure dans la même rue que moi et avant le palais Borghèse.

VIII

Messe dans la chapelle Saint-Ignace au Gesù. — Première séance de la société de Saint-Vincent de Paul. — Procession de la *Mater dolorosa*. — Messe dans la chambre de Saint-Louis de Gonzague. — La Villa Médici. — Les Catacombes de Sainte-Agnès.

12 mars. — Temps magnifique, air doux et léger. A huit heures, j'accompagne mon bon ami Augustin et M. Surat à la chapelle de Saint-Ignace, de Saint-François-Xavier et des admirables hommes dont j'ai parlé plus haut. M. Surat y célèbre ce très saint et très auguste sacrifice que le père Ignace de Loyola restait une heure entière à terminer, tant étaient profondes son émotion et son angélique piété ! Là aussi, je reçois à côté d'Augustin et avec lui ce même très aimable Sauveur que Saint Louis de Gonzague remerciait avec une affection si tendre quand il avait le bonheur de communier, et en la compagnie duquel il s'oubliait pendant plusieurs heures ! Que cette foi, que cet amour sont loin de nous ! et que de motifs de confusion en moi-même !

Après le déjeûner, je vais dans mon petit appartement, à l'ambassade, et avec une jubilation d'autant plus grande qu'elle avait été plus longtemps comprimée, je commence à ouvrir mes malles et paquets et à tout ranger. M. de Maubourg m'a fait meubler mes deux chambres avec une élégance vraiment excessive. De charmants rideaux, des chaises, des tables, des commodes toutes neuves, une bonne cheminée à la prussienne, des papiers à la dernière mode, des plafonds avec des arabesques selon la coutume d'Italie; tout y est. La plupart des affaires contenues dans ma grosse caisse, les livres surtout, sont gâtées, froissées ou même déchirées. Ma caisse était trop lourde et trop peu solide pour une si longue épreuve. C'est un enseignement pour la prochaine migration que j'aurai à faire.

Le soir je devais aller chez madame de Menou et chez la princesse Borghèse. Mais un accès de paresse m'obligea à remettre au lendemain ces devoirs de société. Le paresseux aime beaucoup à remettre *à demain*.

Dimanche, 13 mars. — Pour changer, temps magnifique, presque trop chaud.

A deux heures, je vais prendre Augustin et nous allons ensemble, avec M. de Cazalès, à la Conférence de Saint-Vincent de Paul. La séance était déjà commencée. Il y avait au moins une quinzaine de membres présents. Il paraît qu'en tout on est une vingtaine. Le président est un Allemand, je crois, M. le baron de Bock ; le trésorier est le prince Borghèse et le secrétaire M. de Montaigu. Fondée depuis un mois seulement à Rome, la petite société est encore dans l'enfance, et l'on s'en aperçoit bien à une certaine irrégularité de formes, à une lenteur de manœuvres, que le temps seul et l'expérience peuvent corriger.

Je suis présenté par M. de Cazalès à plusieurs jeunes gens dont j'avais déjà entendu avantageusement parler, entre autres à M. de La Bouillerie, à M. de Gontaut; je connaissais déjà M. de Montaigu.

Après la séance, Augustin et moi nous allons à Saint Louis des Français entendre prêcher Mgr de Forbin-Janson, Evêque de Nancy. Son sermon était si mauvais, que je m'en allai avant la fin. Comme cela arrive souvent, on m'a dit que cette fin était meilleure que le commencement. Saint-Louis est une charmante église, riche, propre, bien entretenue, et ornée avec autant de soin que de goût. Tout y est marbre poli, dorure ou peinture. Je n'ai pas eu le temps de voir s'il y avait de bons tableaux.

Le soir, je fais à la princesse Borghèse la visite que j'avais remise hier *à demain*, heureux que ce demain soit tombé aujourd'hui. Elle me reçoit avec beaucoup de bonté et me présente à son fils aîné, le prince Marc-Antoine Borghèse. Sur son visage on voit l'empreinte des affreux chagrins que lui a infligés la mort presque simultanée de sa femme et de trois enfants, dans l'espace de quinze jours. Il est pieux comme un ange, et pratique avec un zèle exemplaire cette religion consolatrice qui seule le soutient et l'encourage.

Je retrouve chez la princesse Borghèse le président de notre conférence de Saint-Vincent de Paul, avec qui je cause assez longtemps et qui me paraît un bon et digne homme. Là aussi je suis présenté à M. de Bussierre, qui a joué un si grand rôle dans la conversion de M. Ratisbonne. Ce M. de Bussierre, au dire de toutes les personnes qui le connaissent et qui m'en ont parlé, est un saint et en même temps un homme d'infiniment d'esprit. Il en a bien l'air ; la bonté, l'affabilité et la vivacité respirent sur son visage. Je compte bien cultiver sa connaissance, qui ne peut m'être qu'agréable et avantageuse sous tous les rapports.

Aujourd'hui avait lieu dans plusieurs rues de Rome, et spécialement au Corso, une procession où l'on portait l'image de la Sainte-Vierge, dite *Mater dolorosa* ; c'était en l'honneur de la Passion (aujourd'hui dimanche de la Passion). En tête marchait un homme portant une chose dorée, avec la statue, dorée aussi, de la Vierge, et une grande croix. Derrière venaient quelques soldats, puis un prêtre, puis le peuple, lequel était assez nombreux. J'avoue que cette procession, que je vis défiler à cinq heures et demie, quand je me rendais pour dîner à l'ambassade, avait un air que je n'aimais pas. Plusieurs personnes avaient leur chapeau sur la tête, et cela, joint à la singulière tournure de la statue et de tout ce que l'on portait, donnait à la procession quelque chose de profane et de ridicule.

14 mars. — Pour la première fois depuis mon arrivée ici, il y a un orage ; encore n'est-il pas fort. En un instant les rues se sont séchées et, demain matin, s'il ne pleut pas d'ici là, il fera aussi sec qu'avec le soleil d'hier.

Je me décide à terminer par le baume d'acier, remède souverain, mes douleurs de dent qui durent toujours. Je vais, en effet, chez un dentiste que Reiset m'a indiqué et qui se nomme Castellini. Il m'arrache ma dent avec habileté, et quoique ce fût une grosse, une vraie mollaire, je n'ai presque pas souffert. Maintenant que c'est fini, je suis enchanté. Cette douleur sourde m'absorbait ; grâce à Dieu, voilà une dent qui ne se fera plus jamais sentir.

15 mars. — Le matin je vais avec Augustin entendre la messe dans la chambre de Saint-Louis de Gonzague, mon bienheureux patron. C'est dans les combles du Collège Romain que se trouve cette chambre transformée en chapelle. On ne voit de souvenir matériel du Saint qui y a tant prié Dieu, que la porte conservée avec soin et par laquelle on ne passe plus. Les murs sont couverts par une tenture rouge qui assurément n'existait pas autrefois ; du reste, cette petite chapelle est fort jolie. A côté se trouve une autre chapelle beaucoup plus grande et plus belle ; c'est là que Saint Louis de Gonzague a prononcé ses vœux. On conserve dans une armoire, placée au fond de la chapelle, plusieurs fioles très précieuses ; elles contiennent, l'une de la farine, l'autre de l'huile, l'autre du vin, de l'eau, etc..., multipliés par la puissante intercession de l'admirable Saint, dont le souvenir vivifie ces lieux. Il y a là aussi un de ses autographes, ainsi qu'un de Saint Charles Borromée, son contemporain, qui lui fit faire sa première communion.

Je reçois des lettres ou plutôt un paquet de lettres de ma très chère famille. Depuis quatorze jours je n'avais pas eu cette consolation ; Dieu soit béni de me l'avoir envoyée !

A une heure je vais faire une visite à M. Schnetz, directeur de l'Académie de France à Rome, et qui demeure au palais de l'Académie, la Villa Medici. La situation est digne des grands artistes qui y ont séjourné tour à tour et qui peut-être y séjourneront encore. L'endroit le plus élevé et d'où l'on découvre tout Rome et ses environs, jusqu'aux ravissantes montagnes de Frascati et de la Sabine, est un belvédère situé au milieu du jardin. De là le panorama de Rome est admirable. Le jardin, très vaste, tout planté en chênes verts, ne présente jamais la triste nudité de l'hiver ; et, dès qu'il y a un rayon de soleil, le directeur de l'Académie peut, s'il le veut, s'imaginer qu'il est en plein été. Cet arbre reste, comme le genre sapin, toujours vert ; ses feuilles sont de la grandeur de celles du laurier-rose, mais plus souples ; elles ont la couleur de la feuille d'olivier ou de saule.

Le portique de la Villa Medici est charmant ; on dit que Michel-Ange y a touché. Il y a une élégance et une solidité rares dans l'arcade d'entrée et dans les deux colonnes qui l'accompagnent. Toutes les statues et les bas-reliefs qui tapissent les murs donnent à l'ensemble de la façade une richesse d'un bon goût remarquable.

Le soir, comme tous les mardis, grand dîner à l'ambassade. Cette fois je ne m'endors pas comme il y a huit jours. Parmi les personnages éminents il y avait le Prince Royal de Bavière, et la fameuse *Reine de Beauté*, du tournoi d'Eglington, donné il y a deux ans en Angleterre, lady Seymour. Elle a une trentaine d'années et est, en effet, très belle. Sa beauté est agréable en ce qu'elle a l'air d'être une excellente et très simple personne. Il n'y avait qu'un seul abbé, ou Monsignor. C'est la coutume en Italie qu'ils puissent paraître le soir dans le grand monde, quoique prêtres. Plusieurs, il est vrai, portent l'habit ecclésiastique, sans être prêtres, mais c'est l'exception. Je commence à m'y habituer, et cela ne me choque plus ; les premières fois cela me semblait presque inconvenant.

Mon appartement, hélas! ne sèche pas vite, et je crains de ne pas pouvoir l'habiter avant douze ou quinze jours.

16 *mars*. — Temps magnifique, ciel bleu sans nuage, vent du nord quelquefois un peu aigre.

M. Georges de Caraman avait eu hier la bonté de me proposer de prendre part à une expédition fort intéressante ; il s'agissait de visiter les Catacombes de Sainte-Agnès-hors-les-Murs, les plus récemment découvertes, et par conséquent les mieux conservées. Il y a quatre Catacombes jusqu'ici connues ; celles de Sainte-Agnès, celles de Saint-Sébastien, celles de Saint-Laurent et celles de Sainte-Priscille. Il vient donc me prendre à une heure et demie et nous allons à la petite église de Sainte-Agnès, à une demi-lieue de Rome. Nous étions cinq : M. de Caraman, Valentine de Caraman, jeune personne très agréable et âgée au plus de quatorze ans et demi ou quinze ans, un général polonais, moi et un jeune homme que je ne connais pas.

Notre cicerone était un père Jésuite, célèbre archéologue, qui s'occupe spécialement des Catacombes et qui s'appelle le père Marchi.

En l'attendant, nous entrons dans la jolie et antique

église de Sainte-Agnès. On y descend par un long escalier qui aboutit au bas de l'église; de chaque côté de l'escalier sont des inscriptions tumulaires chrétiennes, tirées des Catacombes.

Après avoir fait notre prière, nous examinons l'église. Elle est très propre et très jolie. Le maître-autel, sous lequel repose le corps de la Sainte, est un peu massif ainsi que son baldaquin ; mais, à droite et à gauche, il y a deux anciennes colonnes de marbre blanc à veines violettes, appelé brèche violette, qui sont de la plus grande beauté. Elles sont cannelées comme les colonnes Corinthiennes, et chaque cannelure est elle-même cannelée; cela produit le plus élégant effet d'architecture.

A gauche de l'église, dans le bas-côté, est une grande inscription latine du Pape Damase, à la louange de Sainte-Agnès. Cette inscription est en vers, et comme les lettres et les mots ne sont pas séparés, elle est fort difficile à lire.

Nous arrivons aux Catacombes, à la porte desquelles nous attendons le père Marchi une demi-heure; enfin il arrive et nous entrons. On a construit extérieurement une petite cabane en plâtre, dont la clef est confiée à un gardien.

Cette porte une fois ouverte, on descend un escalier d'une quinzaine de marches et on se trouve dans le premier corridor de ces antiques cimetières des chrétiens. On nous donne à chacun un cierge pour nous éclairer, et avec deux guides nous avançons. Les corridors sont très étroits, il en est peu où l'on puisse passer deux de front. La plupart sont tellement bas, que l'on est obligé d'ôter son chapeau. Ils sont creusés dans une espèce de matière volcanique et sablonneuse appelée de la *Pouzzolane*. C'est noir avec des parcelles blanchâtres, et tellement friable que l'on conçoit à peine qu'il n'y ait pas d'éboulements à chaque moment. A gauche et à droite de ces corridors, et depuis le sol jusqu'en haut sont pratiquées des excavations, en forme de tiroirs, dans lesquelles on étendait les corps des morts. Ces corps présentaient, ainsi couchés horizontalement, le flanc aux spectateurs, et sur le devant on fermait l'ouverture avec une longue tablette de marbre, où l'on gravait les inscriptions. Pour les martyrs, au lieu d'inscription, on figurait une palme, et à côté du corps ou de la plaque, on mettait dans une petite niche une fiole pleine du sang du généreux soldat de Jésus-Christ. Maintenant toutes ces excavations sont vides. Dans la plupart cependant j'ai trouvé, mêlés à la poussière et au sable de la pouzzolane, des ossements plus ou moins conservés; les uns étaient friables et s'en allaient en poudre entre les mains ; d'autres étaient durs et secs ; comme souvenir, j'en pris un petit fragment.

En voyant tous ces débris humains, je ne pouvais m'empêcher de songer à la folie de la gloire du monde : qu'en reste-t-il ? que quelques pincées de cendres.

Nous arrivons, après avoir parcouru deux ou trois corridors, à une petite rotonde un peu plus élevée que moi et pouvant contenir dix à douze personnes. C'était une chapelle chrétienne. Là, il y a seize ou dix-sept siècles, s'offrait le très saint sacrifice de la messe ! ! ! et par quels prêtres ! et devant quels chrétiens ! Dans la première de ces chapelles que nous voyons, est le tombeau de trois martyrs, qui servait d'autel ; les trois corps ont été exhumés et portés dans des églises ; la place seule et les pierres restent. Toute la voûte est couverte de peintures, représentant des sujets tirés de l'Evangile et de l'Ancien Testament. Il y avait surtout le sujet du *Bon Pasteur* représenté à plusieurs reprises.

Ceci ne contribue guère à confirmer l'opinion de MM. les Protestants, qui prétendent que les Chrétiens primitifs excluaient les images de leurs temples et les regardaient comme de l'idolâtrie. Les Catacombes de Sainte-Agnès datent du second siècle de l'ère chrétienne, et elles sont remplies d'images ! Que peuvent-ils dire à cela ? Les martyrs étaient-ils des idolâtres ?

Plus loin, dans un autre corridor, nous trouvons une seconde chapelle, ou plutôt l'*église*, le principal lieu des assemblées religieuses. La voûte est plus élevée que partout ailleurs, elle a bien huit ou neuf pieds ; le chœur est séparé du corps de la chapelle par deux colonnes qui soutiennent un cintre en pierre. A droite et à gauche sont des autels sur des tombeaux de martyrs. Au fond est un siège de pierre, sur lequel s'asseyaient les Papes, ou, à leur défaut, les Évêques. Là ils célébraient le Saint-Sacrifice, là ils confirmaient, là ils prêchaient les fidèles qui étaient dans le bas de la chambre et dans les corridors voisins. Là aussi ils recevaient les vœux de virginité que les jeunes Chrétiennes venaient faire à leurs pieds.

Dans un des tombeaux vides de cette antique et vénérable église, je prends un petit morceau de marbre tumulaire, pour en faire un serre-papier. C'est un souvenir d'autant plus précieux, qu'étant ainsi pris dans l'église même il est bien probable que ce marbre a couvert le corps d'un martyr et d'un saint. C'est avec respect que je le conserverai.

J'ai dit que, dans cette église, il y a plusieurs autels ; ils sont au nombre de neuf ; autre argument à l'adresse des Protestants qui prétendent que c'est, sinon une idolâtrie, du moins une dérogation à la coutume des anciens Chrétiens de n'avoir qu'un seul autel par temple. En voici neuf dans une chapelle où trente personnes pourraient à peine tenir !

Comme les corridors et les chapelles sont tous semblables, je m'arrête et remonte au jour avec un guide pour attendre le reste de la compagnie. Je prends un livre et je lis en attendant la sortie de M. de Caraman.

J'ai négligé de dire que nous étions descendus au second étage, ou plutôt au second plan des Catacombes. C'est dans les corridors de celui-ci que nous avons vu la grande chapelle pontificale.

En somme, les Catacombes m'ont fait impression, mais pas autant que je le supposais ; nous étions trop nombreux. Il y avait des Anglais intrus ; l'un d'eux fumait son cigare ! Est-ce convenable ? Fumer dans les Catacombes ! Je compte bien y revenir, après la semaine sainte, et seul avec l'abbé Lacroix, si compétent en antiquités chrétiennes, ou bien avec le bon M. de Cazalès. Voilà des cicerone capables de montrer les Catacombes et d'animer ces voûtes antiques et vénérables par les souvenirs chrétiens sans lesquels elles ne sont que d'insipides et sombres souterrains !

A cinq heures nous nous remettons en route. L'air est pur et le temps ravissant. Les charmantes montagnes bleues de Frascati et de Tivoli se détachent sur le ciel à l'horizon. L'air de Rome a ce caractère d'être d'une limpidité, d'une clarté singulières. On aperçoit les objets les plus éloignés nettement et distinctement, sans cette espèce de brume qui existe presque toujours en France.

La belle chose que l'Italie !

IX

Arrivée de Paul de Malaret. — Loterie. — Messe dans la chambre de saint Stanislas Kotska. — Le Pape à Sainte-Marie-Majeure. — Commencement de la Semaine Sainte; le dimanche des Rameaux.

17 mars. — Arrivée de Paul de Malaret à Rome. J'étais à l'ambassade quand il m'a fait appeler. Je ne l'ai presque pas trouvé changé, et lui ne m'a pas non plus trouvé différent de notre vieux temps (1).

Tout content que j'étais de revoir l'ami de toutes nos insipides années de pension, de pénibles souvenirs sont venus se mêler à ce sentiment de joie. La vue de Paul me rappelait et me rappelle encore les trop longues années que j'ai passées avec lui dans l'oubli du meilleur des maîtres, des pères, des amis. Quel changement en moi depuis ma séparation d'avec Paul! Que d'actions de grâces ai-je à rendre au bon Sauveur d'avoir jeté sur moi qui le délaissais son regard miséricordieux, de m'avoir réveillé et appris à le connaître! Pour lui témoigner ma reconnaissance, quelle vie je dois mener, quels efforts je dois faire! Pourquoi ne les fais-je pas, pourquoi la pra-

(1) Il y avait cinq ans que nous nous étions quittés, au sortir de nos études dans la pension Muron, à Paris.

tique ne suit-elle que si lâchement et de si loin la connaissance des plus doux et des plus sacrés devoirs ?

Le soir, à l'ambassade, madame de Maubourg, ou plutôt madame de Caraman, tire une loterie pour les pauvres. J'avais pris deux billets, et, par les soins obligeants de l'excellente madame de Caraman, je gagne deux lots que je désirais le plus vivement entre tous les autres : une petite statue de la Sainte-Vierge en terre cuite, et un encrier de bronze doré, fort joli.

Il y avait une chose charmante, que madame de Maubourg a gagnée par le même *heureux hasard-Caraman*; c'était une petite terre cuite de M. Gruyer, représentant un enfant pleurant et demandant l'aumône sur le tombeau de sa mère.

Tous les lots, du reste, étaient charmants, et madame de Caraman s'était arrangée pour répartir tout cela selon les goûts des principaux preneurs de billets.

18 *mars*. — Le matin, Augustin Galitzine et l'abbé Surat viennent me prendre pour aller ensemble entendre la messe dans la chambre où est mort saint Stanislas Kotska. A l'endroit où ce jeune homme vraiment angélique a expiré, et dans la position où il était à son dernier moment, on a placé une statue de marbre blanc et noir qui le représente ; d'une main il tient son crucifix, et c'est sur l'image de son Sauveur qu'il tourne son dernier regard.

Il n'y a qu'à Rome qu'on sait garder de pareils souvenirs. Il est bien heureux pour la postérité que tous ces admirables saints n'aient pas demeuré à Paris ; il ne resterait plus trace de leur passage. Ici, au contraire, tout se conserve, et Dieu sait combien la vue et la présence de ces souvenirs, de ces restes vénérables, augmente la piété, ranime la foi et excite à la pratique du bien !

M. Surat me disait ce matin même un mot très énergique à ce sujet et qui rend bien la pensée : « A Rome, ce n'est pas l'air que l'on respire, c'est la foi ! » Où, en effet, serait-il ce centre de foi et d'ardeur religieuse, si ce n'est dans la ville où réside le Vicaire de Notre-Seigneur, le successeur du grand apôtre Pierre, et où se sont en quelque sorte donné rendez-vous les plus grands saints de tous les temps et de tous les pays ?

A quatre heures et demie Augustin et M. Surat viennent me prendre de nouveau pour me conduire à une cérémonie bien intéressante ; le Pape devait, à cinq heures, arriver à Sainte-Marie-Majeure, pour y adorer le Saint-Sacrement et pour y gagner les indulgences du Jubilé. En effet, il est arrivé à l'heure dite avec tous les Cardinaux ; nous l'attendions sur les marches de la basilique. Depuis quelque temps, les voitures rouge et or des Cardinaux passaient devant nous, et nous faisaient présager la prochaine arrivée du Pape. Enfin des gardes à cheval sont arrivés au galop pour dégager le passage, et la voiture du Saint-Père a défilé devant nous. Elle était attelée de six chevaux, et peinte rouge et or. Devant et derrière étaient environ cinquante gardes-nobles à cheval. Sur le passage du Pape tout le monde s'est agenouillé ; il donnait à droite et à gauche sa bénédiction. Ma vue basse m'a empêché de bien distinguer ses traits, ni même l'ensemble de son visage. J'ai vu seulement qu'il était en soutane blanche avec un camail rouge, et qu'il était de haute taille.

Nous sommes entrés à l'église par une porte latérale pendant qu'il entrait par la porte principale du milieu. Le Saint-Sacrement était exposé, et on chanta les Litanies des Saints, puis le Salut. Pendant le Salut donné par un cardinal, le Pape s'est avancé près de l'autel et a encensé le Saint-Sacrement. C'était chose touchante que de voir cette majesté du Pape, la plus immense qu'un homme puisse posséder ici-bas, s'humilier et s'anéantir devant la majesté infinie de Notre-Seigneur Jésus-Christ.

En revenant j'ai dîné avec Augustin ; c'était la vigile de

de Saint-Joseph, fête d'obligation à Rome, et jour de *magro stretto*, maigre strict, c'est-à-dire que l'usage du lait, du beurre et des œufs est interdit. Qui se douterait que nous avons cependant fait un excellent dîner? C'est ce qui nous est arrivé grâce à d'excellents poissons frits dans l'huile, et à d'autres mets que je ne saurais expliquer, mais qui étaient au moins aussi bons qu'avec l'assaisonnement ordinaire.

19 *mars* — Le matin, après avoir entendu la messe à la belle église du Gesù, je reste à l'ambassade jusqu'à midi. Paul vient me prendre, et je le mène voir ce que M. de Rayneval avait eu la bonté de me montrer le lendemain de mon arrivée, c'est-à-dire le Forum, le Capitole, les ruines des temples païens, la prison Mamertine, et enfin le Colisée. Le Colisée surtout est gigantesque, et ses pierres ont, malgré leur muette solitude, une singulière puissance pour remuer le cœur. Paul était vivement impressionné de tout ce que nous voyions.

20 *mars*. — Dimanche des Rameaux et commencement de la Semaine Sainte.

Je commence ma journée par entendre la messe à l'église du Gesù, car la messe solennelle à laquelle nous devons assister à Saint-Pierre est mêlée de tant de cérémonies curieuses et inusitées, que la plus forte dose de recueillement qu'un esprit humain puisse s'imposer ne saurait y suffire. Je vais donc entendre ma véritable messe, et je m'habille ensuite en diplomate. C'est la première fois que je porte mon uniforme d'attaché ; il est charmant et nullement gênant ; mon épée est celle que portait mon arrière-grand-père de Ségur comme conseiller d'État et sénateur sous l'empire.

A neuf heures, M. de Maubourg, madame de Caraman et madame la marquise de Lillers (Edmond), ainsi que Reiset et moi, nous partons pour Saint-Pierre. Le temps était clair, on ne peut pourtant dire beau, car il faisait un vent violent qui soulevait beaucoup de poussière.

Déjà une quantité de voitures stationnaient sur la place de la Colonnade, que je trouve plus grande que lors de ma première visite.

Nous entrons dans la Basilique, laquelle me paraît aussi beaucoup plus grande. On conduit M. de Maubourg, Reiset et moi à la tribune du Corps diplomatique ; nos deux dames vont à des places réservées pour les femmes de distinction, de chaque côté du maître-autel. Toutes les dames présentes étaient vêtues de noir, selon l'étiquette, ce qui fait un bel effet.

Le fond du chœur de Saint-Pierre était fermé par une grande draperie rouge et or, haute au moins de 80 ou 100 pieds. Au milieu était adossé le trône du Souverain-Pontife, sur une estrade élevée de plusieurs marches et recouverte d'un immense tapis rouge.

L'office était commencé lorsque nous sommes arrivés ; les rameaux étaient bénits et la distribution venait d'en commencer. Le Pape était assis sur son trône, entouré de plusieurs dignitaires, Cardinaux, Evêques, camériers et prélats, que je ne connais pas et que, du reste, je n'ai pas pu distinguer. Il avait une soutane blanche et un camail rouge comme toujours et sur la tête la mitre blanche. Entre son trône et l'autel il y avait une distance d'une centaine de pas ; dans cet espace, et à la droite de l'autel, étaient d'abord la tribune du Corps diplomatique où je me trouvais ; ensuite les Cardinaux, Archevêques et Evêques, les prélats, les *monsignori*, et tous les corps religieux ou civils. Leurs longues files s'étendaient jusqu'à la grande draperie qui fermait le fond. Au-dessus d'eux, dans des tribunes, étaient les princes de maisons souveraines, entre autres Dom Miguel de Bragance. De l'autre côté du maître-autel, et toujours dans l'intervalle qui le séparait du trône pontifical, étaient encore les Cardinaux, Archevêques, Evêques et prélats, qui entouraient ainsi le Pape des deux côtés. En face de nous étaient les personnes à qui le Pape avait accordé la faveur de recevoir une palme de sa main. Leur nombre montait à cent environ. Puis venaient les grands dignitaires que j'ai mentionnés. Au-dessus d'eux et faisant pendant aux tribunes royales, étaient d'autres tribunes, vides en grande partie ; les enfants de Don Carlos seuls les occupaient.

Lorsque M. de Maubourg entra dans notre tribune, je l'y suivis, et comme il alla se placer au plus haut bout de la tribune, lequel est réservé aux *grands* ambassadeurs, j'eus l'air un moment d'usurper la place de l'ambassadeur d'Autriche. Heureusement que Reiset vint de suite m'avertir et que l'ambassadeur d'Autriche n'était pas encore arrivé.

La distribution des rameaux commençait, ai-je dit. Les Cardinaux quittent leurs places et s'avancent au milieu ; ils saluent le maître-autel et, se mettant en file les uns derrière les autres, ils approchent tour à tour du trône pontifical. Sur la première marche ils s'agenouillent, puis sur la seconde, et ainsi jusqu'à la septième et dernière. Ils approchent ensuite du Saint-Père, baisent le rameau bénit qu'il soutient avec ses deux mains, baisent sa main droite recouverte d'un gant brodé d'une croix, ainsi que son genou droit. Le Pape alors leur donne la palme et ils se retirent après avoir fait un profond salut. Dans leurs grands costumes les Cardinaux étaient superbes : ils portaient de grandes chapes comme nos prêtres pour la bénédiction du Saint-Sacrement ; l'étoffe était du brocart d'argent, et la longue pèlerine ronde qui couvre les épaules était en velours rouge brodé d'or. Ils portaient sur la tête la mitre blanche unie. Après eux venaient les Archevêques, les Evêques, puis les prélats, puis quantité d'autres personnages ecclésiastiques ou civils.

Que le Pape doit être fatigué et ennuyé de cette longue

cérémonie ! Plus de quatre cent cinquante rameaux à donner ainsi !

Cependant un changement s'était opéré dans le cérémonial, après le défilé des Cardinaux. Ce n'était plus la main et le genou droit que l'on baisait, c'était la *mule*, c'est-à-dire la pantoufle violette, brodée d'une croix d'argent, que le Pape porte au pied droit.

On vient nous chercher à notre tour pour aller recevoir nos palmes. Nous faisons un immense circuit, par derrière le maître-autel, et nous arrivons en face de notre tribune où M. de Maubourg était resté. J'avais aperçu, sur mon passage, Paul auprès de l'autel. Nous attendons un bon quart d'heure, pendant lequel le Pape continue toujours à distribuer des palmes.

Enfin, nous avançons à notre tour au milieu du chœur en face du trône ; l'ambassadeur d'Autriche était le premier, puis venait le comte d'Oultremont, ministre de Belgique, puis un troisième diplomate, puis moi. A mesure que nous approchions, j'étais ému, et le cœur me battait fortement quand je m'agenouillai sur la première marche de l'estrade pontificale. Après les trois génuflexions, je me suis prosterné avec respect et avec joie devant le Pasteur commun de tous les chrétiens, j'ai baisé avec amour son pied et la palme qu'il tenait à la main et qu'il m'a remise avec un air de bienveillance et de bonté profondes. La figure de ce bon Pape est vénérable autant que possible, il a une physionomie sainte et recueillie ; c'est un beau vieillard, qui se tient droit, et qui a une voix vibrante, étonnante pour ses soixante-dix-sept ans. Son nez n'est pas rouge comme on me le disait, et il n'a pas le moindre indice de cancer, comme le bruit s'en était répandu à Paris. Tout le monde s'accorde ici pour faire son éloge, et pour dire que c'est un saint homme.

Ma palme était longue de deux pieds environ. C'est

une tresse artistement faite de feuilles de palmier préparées et découpées. Il y en a de trois sortes : les plus grandes, qui ont quatre pieds au moins, et qui se donnent aux Cardinaux, aux Archevêques, aux Évêques et aux prélats en général, ainsi qu'aux ambassadeurs de première classe ; les moyennes, dont était la mienne, qui sont distribuées aux autres personnes de marque ou privilégiées ; enfin celles de troisième taille, qui consistent en un simple rameau d'olivier, et qui sont données aux collèges ecclésiastiques, aux chantres de la chapelle pontificale, etc...

Nous rentrons à notre tribune, et après avoir remis nos gants et nos épées (que l'étiquette ne permet pas de porter en s'approchant du Pape) et avoir repris nos chapeaux, nous repartons de nouveau pour la procession des Rameaux.

Le Pape était descendu de son trône, il avait revêtu une longue chape rouge et or, et avançait lentement porté sur sa *sedia gestatoria* par douze hallebardiers et chambellans ; au-dessus de sa tête on portait un immense dais de velours rouge à huit supports dorés ; à droite et à gauche étaient les deux grands et fameux éventails de plumes blanches au bout d'un long manche doré. Il tenait en main une palme.

En avant nous avions vu défiler tous les prélats, Évêques et Cardinaux, tenant leurs rameaux bénits. Nous attendions notre tour, près de la Confession de Saint-Pierre. Lorsque le Saint-Père passa, tout le monde se mit à genoux. J'ai de nouveau assez bien vu sa vénérable figure ; il était pâle et tenait les yeux fermés ; le balancement et le mouvement de la *sedia gestatoria*, pendant la marche, lui fait, paraît-il, très mal, et, s'il ne fermait ainsi les yeux, sa tête ne pourrait le supporter.

Nous sommes entrés dans la procession, une trentaine de pas après le dais du Pape, et nous nous sommes avancés ainsi jusqu'à la grande porte. Le milieu de l'église était vide et entouré de grenadiers pontificaux. Des gardes du corps ou gardes nobles étaient rangés de chaque côté de l'enceinte réservée entre le maître-autel et le trône.

Au moment où nous avons voulu suivre le cortège qui était sorti dans le vestibule ou portique de la basilique, on nous a fermé la porte au nez à cause d'une cérémonie du rituel qui doit y avoir lieu et qui exige la fermeture des portes. En effet, deux jeunes chantres, qui étaient restés en dedans de l'église et dont les voix étaient ravissantes, ont chanté certaines antiennes, auxquelles on répondait du dehors. On a ouvert les portes, après que le porte-croix eut frappé trois fois avec le bois de la croix, et la procession a repassé de nouveau et est rentrée.

Nous sommes aussi revenus à notre tribune, et la messe a commencé.

Elle était célébrée par un cardinal-prêtre, le cardinal autrichien Schwarzenberg, assisté de deux prélats. Le Pape était sur son trône.

La musique était de toute beauté; les chantres étaient placés dans une tribune près du maître-autel; leurs voix étaient douces et fortes à la fois; on les entendait parfaitement, et Dieu sait ce qu'il faut pour se faire entendre dans Saint-Pierre!

Mais, malheureusement, je ne pus assister jusqu'à la fin de la cérémonie. Je me sentais pris d'un malaise général; l'air de Rome produit, dit-on, très souvent cet effet aux nouveaux arrivants. Que ce fût l'effet du climat ou du carême romain, le fait est que je me sentais fort peu à l'aise. On chante la Passion de Notre-Seigneur; je l'entends tout entière assis : debout, je ne l'aurais pas pu. Quand elle fut finie, mon malaise augmentant, je prends congé de M. de Maubourg, je quitte la tribune et l'église et je saute dans une voiture qui me ramène à l'ambassade.

Il m'est arrivé bien des fois déjà de ces mésaventures critiques ; plusieurs fois à Paris, aux Noüettes, lors de mon voyage en voiture de Moscou à Saint-Pétersbourg, et ici, déjà, à Rome, une ou deux fois. Chaque fois j'ai demandé à la Sainte-Vierge qu'elle suspendît ou atténuât les douleurs jusqu'au moment où je pourrais me soigner et il ne m'est pas encore arrivé d'être trompé dans mon espoir. Lors de mon voyage en Russie, le fait a été des plus extraordinaires ; car je suis resté deux jours dans cet état de malaise en voiture et j'ai pu, sans m'arrêter en route, arriver jusqu'au terme. Dans les petites choses comme dans les grandes, notre bonne Mère vient à notre aide ; qu'elle daigne continuer toujours à me protéger ainsi !

A quatre heures, reposé et remis de ma petite épreuve de la matinée, je vais à Saint-Louis des Français, où j'entends un excellent et magnifique sermon de l'abbé Dupanloup sur la Croix : le bon M. de Cazalès était près de moi : nous sommes revenus ensemble, tous deux enchantés de notre sermon.

21 *mars*. — Temps affreux : il pleut presque toute la journée ; je la passe à dessiner et peindre dans ma chambre.

Paul de Malaret, qui avait assisté à la cérémonie d'hier, me communique les impressions qu'il en a reçues, et elles s'accordent assez avec les miennes : c'est-à-dire que l'ensemble de tout cela n'a guère de caractère religieux ; c'est trop spectacle, trop théâtre, comme effet *général* ; c'est bien ce que j'avais trouvé aussi ; mais, dans bien des détails que j'ai vus de près et que j'ai été en conséquence plus à même d'apprécier, il y a un grand et saisissant aspect de religion. Ainsi la distribution des rameaux est une cérémonie pleine de ce sentiment que la religion seule inspire, et qui rappelle singulièrement que l'on est chrétien, devant le Père commun des Chrétiens, et dans un temple catholique, dans la maison consacrée à Dieu.

22 *mars*. — Toute la matinée le temps est menaçant; il fait assez froid.

Madame de Maubourg, toujours aussi aimable pour moi, a la bonté de me donner un superbe cierge, venu de Lorette, pour faire le pendant de ma palme des Rameaux.

A trois heures, je sors avec Paul pour aller chez Augustin et M. Surat. Nous devions visiter ensemble les Catacombes de Sainte-Agnès. J'espérais que nous serions seuls et que nous pourrions ainsi les visiter à notre aise ; mais arrivés là-bas, nous nous trouvons en nombreuse compagnie. Notre cicerone ne survenant pas, et l'heure avançant, Paul et moi nous remettons la partie à un autre jour, et nous rentrons chez nous.

Pour revenir à Rome, car Sainte-Agnès est hors les murs à une demi-lieue environ, nous passons par la *Porta Pia*, construite par Michel-Ange, et qui néanmoins est laide, de mauvais goût, mesquine, etc... C'est une bévue de Michel-Ange.

A peine sommes-nous rentrés, que la pluie, la grêle, l'orage commencent à tomber avec violence. Toute la soirée la pluie tombe par torrents. Pour me consoler, on me dit qu'une fois que cela commence ici, il n'y a pas de raison pour que cela finisse. Les pauvres curieux de la Semaine Sainte doivent être contents dans leurs hôtels d'où ils ne peuvent sortir !

Ce soir, si j'avais été seul et si Paul, après être venu à l'ambassade, ne fût aussi revenu avec moi à l'hôtel, j'aurais eu pour 17 *paoli* (9 francs) de voiture. Ici, en effet, il n'y a pas de tarif pour les fiacres même en plein jour et pour l'intérieur de la ville. On est par conséquent à la merci des cochers, qui souvent profitent et abusent du besoin qu'on a d'eux pour vous piller impitoyablement. De plus, quand même on s'est résigné à se laisser ainsi gruger et voler, on ne peut souvent trouver de fiacre aux deux moments où ils sont le plus nécessaires, c'est-à-dire, lorsqu'il pleut, et le soir. On est contraint de prendre des voitures de remise, ce qui coûte 13 *paoli* par soirée. Les chevaux romains marchent très bien; ils ne payent pas de mine, sont petits, laids, maigres; quelquefois cependant de simples fiacres vont comme le vent.

X

Visite au R. P. de Géramb. — Cérémonies de la Semaine Sainte. — Chapelle Sixtine. — Carême à Rome. — Communion pascale. — Le jour de Pâques; bénédiction papale. — Illumination de Saint-Pierre. — Saint-Paul *in viâ latâ*. — Girandole du Château Saint-Ange.

23 mars, Mercredi Saint. — Après avoir entendu la sainte messe à ma chère église du Gesù, je rentre à l'ambassade et je deviens pendant une heure et demie ou deux heures machine à écrire. Il ne faut guère d'intelligence en vérité au début pour être un rusé diplomate en temps de paix. Nous n'avons pour ainsi dire rien à faire, à composer encore moins. Aussi ces messieurs mes collègues en prennent-ils à leur aise, et moi de même à leur exemple.

A trois heures, M. Surat et Augustin me conduisent chez un homme dont tout le monde a entendu parler et qui est désormais une des curiosités de Rome ; c'est le R. P. de Géramb, procureur général de la Trappe à Rome, et fixé par conséquent ici probablement jusqu'à la fin de sa vie. Le père Géramb est un gros trappiste, qui a l'air très original, très singulier même et fort peu *trappiste*. Il a beaucoup d'esprit et de vivacité, aussi beaucoup de bonté et d'affabilité. Agé de soixante-cinq ans au moins, il porte une longue barbe grise, et il est vêtu de l'habit de son ordre, tout blanc. Il est très dodu, et on ne dirait pas, à le voir, qu'il a passé dix-huit ans dans les terribles austérités de la Trappe.

Sa cellule est un joli petit salon, bizarrement orné de bustes du Pape, de statuettes de la Sainte-Vierge, d'une tête de mort, d'un crucifix ; et à côté de cela, de bons fauteuils dernière mode, avec des petits coussins à droite et à gauche, et des *installations* que ne refuseraient pas une dame à la mode.

La conversation du père de Géramb est très agréable ; malgré des saillies et des originalités comiques, il règne dans ses paroles un ton de piété qui console un peu de son joli salon. Il a été fort aimable pour nous, il m'a demandé de revenir chez lui, puisque je devais rester longtemps à Rome.

Ce soir la pluie tombe de plus belle. Amédée de Ségur-Montaigne, mon cousin, arrive à Rome, mais en passant seulement et pour la Semaine Sainte. Il loge au même hôtel que moi, hôtel d'Allemagne, tenu par Franck, *via dei Condotti*. Je ne conçois pas qu'à cette époque il ait pu trouver à louer un appartement quelconque. La concurrence des voyageurs est immense. Franck a cent quarante chambres à louer ; il y a plusieurs jours déjà, toutes étaient habitées ou retenues. La mienne, qui est très convenable, n'est pas chère du tout.

24 mars, Jeudi Saint. — Dégoûté déjà des cérémonies trop pompeuses de Saint-Pierre, j'avais formé le projet de n'aller voir aujourd'hui que la Cène, où le Pape sert de ses mains douze personnes représentant les douze Apôtres. La Cène devait avoir lieu à midi environ ; j'avais fait mes arrangements en conséquence. Parti à dix heures et demie, je comptais arriver à Saint-Pierre à onze heures, et lire pendant une heure, en attendant l'arrivée du Pape dans la salle de la Cène.

Mais un vieil aphorisme me fut démontré une fois de plus aujourd'hui, c'est que « l'homme propose et Dieu dispose ». Ne voulant presque rien voir, j'ai tout vu et très bien vu. Paul et bien d'autres, voulant tout voir, n'ont rien ou presque rien vu.

A dix heures donc je vais endosser mon uniforme, et je prends en passant Reiset, Paul et Léopold de Saint-Maurice, son compagnon de voyage; nous partons ensemble pour Saint-Pierre. Le temps était toujours gris et laid; à notre arrivée à la basilique, il pleuvait même assez fort. Nous demandons la *Camera della Cena*, et on nous dit de monter. Nous montons; la *Camera della Cena?* — à droite, — à gauche, — en haut. — Enfin nous arrivons, mais non pas dans cette salle si désirée; nous entrons dans la Chapelle Sixtine, où se célébrait la messe Pontificale.

C'était la première cérémonie qui devait avoir lieu aujourd'hui. Après devait suivre la Bénédiction au peuple, puis le Lavement des pieds, puis enfin et en dernier lieu, la Cène.

J'entre dans la tribune diplomatique, toujours placée au premier rang et au meilleur endroit. Dès lors je perds Paul de vue; je ne l'ai revu et retrouvé qu'à l'hôtel d'Allemagne, à mon retour. La messe en était à la Préface. J'étais bien aise de l'entendre, car, dans les églises de Rome, le Jeudi Saint, il n'y a et ne doit y avoir qu'une seule messe, dite par le curé; et je n'avais pu assister aujourd'hui à cette messe.

Le fameuse Chapelle Sixtine m'a paru assez laide; je dois, il est vrai, avouer que je n'y voyais presque rien, à cause de la fumée des cierges et de la poussière occasionnée par la foule des spectateurs. Je n'ai pas seulement pu voir la *place* du Jugement dernier de Michel-Ange.

A gauche, dans le fond, était le trône du Pape; il était

assis, avec une calotte blanche sur la tête. Après la messe, le Saint-Père est allé processionnellement porter le Très Saint-Sacrement à la Chapelle Pauline. Tous les Évêques et les Cardinaux le précédaient, revêtus de magnifiques chapes de drap d'argent. Chacun portait à la main un cierge allumé.

Devant moi huit d'entre eux attendaient le Pape avec le dais de soie blanche et or, qui devait couvrir le Saint-Sacrement. En effet, le Pape est arrivé portant le Saint-Ciboire recouvert d'une étoffe de soie blanche et or.

Dire l'expression du visage de Grégoire XVI portant le corps de Notre-Seigneur est chose impossible. Je n'ai jamais vu plus de recueillement, de dévotion, d'humilité que sur les traits de ce saint vieillard. Sa tête inclinée sur le vase sacré, ses yeux presque fermés, ses lèvres agitées par moments par les prières qu'il disait de cœur plus encore que de bouche, me touchaient et me pénétraient jusqu'au fond de l'âme. Tout le monde éprouvait la même impression. Ainsi le Chef de l'Eglise remplissait envers ses enfants un de ses principaux devoirs, en les édifiant et en leur montrant, par son exemple, ce qu'eux-mêmes doivent être.

Le corps diplomatique sortit à la suite de la procession; la foule avait voulu faire irruption et se mêler à nos rangs, mais les gardes l'avaient retenue. Ces gardes ont le costume du seizième siècle, du temps de la Ligue. Ils ont des armures, des hallebardes, et des casques surmontés d'une belle aigrette rouge. C'est Raphaël qui a dessiné lui-même les modèles de tous ces costumes.

Première cohue pour sortir de la grande salle dans laquelle donne la porte de la Chapelle Sixtine. Je parviens à me glisser entre les gardes, les batailleurs, les foulés, les foulants, et je suis quelques membres du corps diplomatique. J'arrive avec eux sur les balcons latéraux de la place de Saint-Pierre, pour assister à la

Bénédiction que le Pape va donner *urbi et orbi*. Cette bénédiction n'est cependant pas la plus solennelle ; celle-ci se donnera le jour de Pâques.

Toute la foule était sur les marches de l'église, ce qui peut donner une idée de l'immensité de la Place.

Au bout de quelques minutes, le Saint-Père a paru au balcon, à la fenêtre du milieu, au-dessus de la grande porte d'entrée. Il était entouré des Évêques et des Cardinaux, et porté sur sa *sedia gestatoria*, sous le dais. Un profond silence s'est fait dès qu'il a paru ; on n'entendait plus que le bruit des fontaines qui ornent la Place. De temps à autre, j'entendais la voix du Pape, lisant quelques prières avant la Bénédiction.

Le moment solennel est enfin arrivé. Le Pape s'est levé ; on le distinguait très bien à cause de la grande chape blanche qui le couvrait. Puis, étendant les deux bras en l'air, il a laissé tomber sur ses enfants prosternés sa sainte bénédiction. Refermant ses bras sur la poitrine, il semblait vouloir les presser tous sur son cœur. Au même instant tous les tambours des régiments présents battirent aux champs ; les cloches sonnèrent à toute volée, et le canon du Château Saint-Ange annonça à toute la ville que son Pontife venait de la bénir.

Ce moment est plein de solennité, de grandeur et de recueillement ; et ce qui ajoute encore à la majesté de la cérémonie, c'est la manière simple et grandiose avec laquelle Grégoire XVI officie.

Les Évêques assistants lurent les bulles d'indulgences accordées à tous ceux qui étaient présents ; et, du haut du balcon, ils jetèrent ensuite au peuple les deux feuilles de papier sur lesquelles ces indulgences étaient mentionnées. Deux ou trois cents hommes et femmes du peuple se précipitèrent pour se disputer ces feuilles.

Le Pape se retira ensuite de la fenêtre ; nous aussi de notre tribune, et nous allâmes en toute hâte dans l'aile droite de Saint-Pierre, où allait se faire le *Lavement des pieds*.

Nous entrons dans la tribune diplomatique, toujours à la place privilégiée, en face des sièges réservés aux douze pèlerins. Au fond, à notre droite, était le trône pontifical. Au milieu de la salle une foule immense. Un quart d'heure environ après notre installation, le cortège est arrivé. Ce bon Saint-Père a passé à quatre pas de moi, et je l'ai vu là mieux que partout ailleurs. Il avait toujours sa même contenance humble et vénérable ; il portait la mitre. Quand il se fut assis sur son trône, on commença la lecture du passage de l'Évangile racontant le véritable Lavement des pieds.

Une fois la lecture finie et après qu'on eût porté le Saint-Evangile au Pape qui le baisa, on lui présenta un linge dont il se ceignit, et il s'avança vers le banc où les douze pèlerins étaient assis. Ils étaient vêtus de robes de laine blanche et avaient sur la tête une espèce de bonnet blanc assez haut et d'une largeur égale dans leur hauteur. Au lieu d'être douze, ils étaient treize, en mémoire d'un miracle arrivé sous le Pontificat de Saint-Grégoire le Grand, à cette même cérémonie du Lavement des pieds. Pendant que le Pape Saint Grégoire lavait les pieds aux représentants des Apôtres, un ange apparut et vint se mettre parmi eux. En souvenir de ce prodige, le nombre des pèlerins fut, depuis ce temps, porté à treize.

C'était un bien touchant spectacle que le Souverain Pontife lavant ainsi les pieds de pauvres mendiants, et humiliant, à l'exemple de Notre-Seigneur, Sa Majesté devant eux. Grégoire XVI remplit toutes ces fonctions avec un air si pénétré, son attitude est si bien en harmonie avec ce qu'il fait, que sa seule vue touche et remue le cœur. Et puis le contraste de ce respect et de cette vénération que toute la foule témoigne au Vicaire de Jésus-Christ, avec son humilité en la présence de ce même Jésus qu'il remplace, fait encore une vive impression. La foule était compacte, immense. Il y avait bien quatre mille personnes dans cette aile de l'église où avait lieu le Lavement des pieds. Les femmes étaient dans des tribunes en face de nous et à côté du banc des pèlerins. Le Pape lavait les pieds du quatrième, quand nous sommes sortis de la tribune pour aller prendre place dans la salle de la Cène.

Nous traversons Saint-Pierre en biais, pour gagner une petite porte par laquelle le corps diplomatique devait passer pour monter dans la salle. Là, deuxième et terrible mêlée. Toute la foule s'y précipitait, et le commun des mortels voulait se faire passer pour nous autres, les élus! aussi les hallebardiers cuirassés criaient-ils, se jetant sur les intrus, frappant de droite et de gauche. Je ne sais comment je n'ai reçu aucun horion, et ce fut fort heureux, car ces braves hallebardiers exaspérés n'y allaient pas de main-morte, et je suis sûr qu'il ont fait bien du mal à ceux qui étaient à leur portée.

Echappé au danger et au tumulte, bien inconvenant quand on réfléchit au lieu où il se passait, je monte jusqu'à la fameuse salle, et je me trouve dans notre tribune, juste en face de la table de la Cène et à la meilleure place. M. de Rayneval et Reiset étaient là, arrivés à l'avance, ainsi que messieurs et mesdames Odier, de Lillers, de Caraman, mademoiselle de Rayneval, lady Seymour, madame de Meyendorf, etc...

La salle, ou plutôt la galerie, était immense ; elle se trouve au premier étage, donnant sur la place de Saint-Pierre, et à droite de la fenêtre d'où le Saint-Père donne la grande Bénédiction, à la gauche donc du spectateur placé devant la façade de la Basilique.

Il y avait trois ou quatre mille personnes dans le milieu de cette galerie, pressées, serrées comme dans un étau, rouges, suant et criant. En face de nous était dressée une table longue avec treize couverts. Devant chaque pèlerin était la statue de l'Apôtre qu'il représentait. Après un quart d'heure d'attente, les pèlerins sont arrivés, et peu après eux les Évêques, les Cardinaux, puis enfin le Pape. Il avait la robe blanche, le camail de velours rouge et la calotte blanche. Il lava d'abord les mains des treize convives, lesquels prirent place à côté les uns des autres, et tournés vers nous. Alors des Évêques ou des prélats arrivèrent tenant chacun une assiettée de soupe; le premier Évêque se mit à genoux devant le Pape, qui prit l'assiette et la donna au pèlerin du bout de la table. Un second Evêque arriva tenant une seconde assiettée pour le second pèlerin, et ainsi de suite.

L'expression profonde d'humilité joyeuse que le Saint-Père apportait à cette action si simple, lui donnait un touchant caractère. Il marchait très lentement.

Comme la distribution des autres mets devait être semblable à celle que nous venions de voir, nous quittons nos places, nous sortons et nous allons retrouver nos voitures. Je reconduis madame de Lillers qui n'avait pu découvrir son domestique. Quand je rentrai à l'ambassade, il était deux heures.

Le temps était affreux, et je trouve mon Paul tout désenchanté de la Semaine Sainte à Rome. Ce pauvre garçon avait été dans les foules, et foulé, ce qui généralement contribue peu à faire goûter les cérémonies publiques, surtout quand elles durent trois heures de suite.

Pour moi, qui avais eu peu à m'inquiéter de ma personne et de ma place, je sortis de Saint-Pierre beaucoup plus édifié que scandalisé. J'avoue que je ne m'attendais pas à remporter cette impression, et c'était à cause de cette méfiance que j'éprouvais quelque répugnance à y aller. Mais s'y j'avais été obligé de me mêler à la foule, je ne pense pas que j'aurais eu la folie de mettre le pied dans Saint-Pierre ; c'eût été vouloir chercher la fatigue, l'ennui, le plus complet scandale, la perte de plusieurs heures, peut-être et même probablement des coups, des bousculades et des *renfoncements*, le tout pour ne rien voir du tout.

Et néanmoins, malgré ma satisfaction personnelle, je persiste à trouver que cette pompe religieuse et ces cérémonies qui parlent plus aux yeux qu'au cœur, seraient plus heureusement placées dans la semaine de Pâques que dans la Semaine Sainte, si ce n'était un anachronisme. La joie est un sentiment qui cherche toujours à se manifester à l'extérieur, et qui serait en harmonie avec ces belles cérémonies publiques. La douleur, au contraire, fuit le bruit, l'expansion, et cherche la solitude, le silence et le recueillement. C'est l'opposition de cette pompe extérieure avec les sentiments qui doivent remplir un cœur chrétien aux approches du Vendredi Saint, qui cause, en partie cette sorte de gêne que l'on éprouve à Saint-Pierre pendant la Semaine Sainte.

25 *mars*, *Vendredi Saint*. — Aujourd'hui, jour de silence général et de recueillement, jeûne complet de cérémonies à Saint-Pierre, de choses extérieures. A une heure, je vais, en compagnie de M. Surat, d'Augustin, de Paul et de M. de Saint-Maurice, entendre prêcher M. Dupanloup à Saint-Louis des Français.

M. Dupanloup nous donne un admirable sermon sur les douleurs de Notre Seigneur et Sauveur Jésus-Christ, expliquant avec autant de cœur que d'éloquence les paroles qu'il a prononcées sur la Croix durant son agonie. Admirable chose que la parole humaine quand elle s'applique aux œuvres de Dieu ! quelles impressions elle fait naître, et combien est grand notre malheur d'en perdre si tôt le fruit, et de sortir du temple où on l'a entendue, pour retourner à ses affaires, aussi peu converti qu'auparavant.

26 *mars, Samedi Saint.* — Le temps est superbe, le ciel bleu, mais il fait froid. Suivant ce dont nous étions convenus précedemment, madame de Lillers vient me prendre et nous allons à Saint-Pierre pour assister à une messe dite *Messe du pape Marcel*, laquelle ne se chante que le Samedi Saint et à la Chapelle Sixtine. En voici l'origine.

Vers le milieu du seizième siècle, le Pape Marcel, qui régna très peu de temps, ayant trouvé des inconvénients liturgiques à la musique dans les églises, avait résolu de l'interdire désormais. Le Cardinal Palestrina, musicien fameux, lui demanda de suspendre cette interdiction, proposant en même temps de composer la musique d'une messe, pour prouver qu'on pouvait faire de la musique *religieuse* et en harmonie avec les graves cérémonies qu'elle accompagne. Le Pape y consentit; Palestrina composa la messe, et elle fut trouvée si belle que le Pape changea d'avis et abandonna sa défense. C'est cette fameuse messe que nous devons entendre.

Nous montons les longs et superbes escaliers qui conduisent à la Chapelle Sixtine et nous y entrons. Il y avait très peu de monde; j'étais seul dans la tribune diplomatique. Le Pape n'était pas encore là, et la messe ne devait commencer que dans une heure. On récitait l'office du matin, on lisait les douze prophéties; puis on chanta les Litanies des Saints.

Après avoir lu tout bas ce que l'on chantait, je regardai la Chapelle Sixtine; je pouvais la voir cette fois, car il faisait clair et les rideaux des fenêtres ouverts laissaient pénétrer la lumière.

Au fond est la grande fresque de Michel-Ange, son célèbre *Jugement dernier*. Je ne sais, si, considéré de près, il est très détérioré; de loin, il me paraît très intact. L'ensemble en est imposant et grandiose. Les figures semblent sortir du mur, et l'exagération de muscles et de formes, qui apparaît dans la gravure, disparaît complètement dans la peinture. L'original ne me semble pas du même ton que la belle copie de Sigalon, exposée, à Paris, au musée des Beaux-Arts. Il y a, dans l'œuvre de Michel-Ange, une unité de couleur qui donne à l'ensemble de la composition un air doux et grave à la fois, et qui produit un admirable effet. De plus, le ciel est bien plus foncé que celui de la copie de Sigalon.

Toute la Chapelle Sixtine est peinte à fresque ; et comme elle est presque grande comme l'église de Saint-Thomas d'Aquin à Paris, je n'ai pas eu le temps d'examiner autre chose que le *Jugement dernier*. J'y reviendrai seul, lorsque les cérémonies de la Semaine Sainte seront terminées.

Vers onze heures, le Pape est arrivé ; il s'est agenouillé au pied de l'autel, puis il s'est rendu à son trône pour assister à la messe, laquelle a commencé aussitôt. Cette fois, c'était bien la messe, la véritable messe. On pouvait la suivre avec tout le recueillement désirable, d'autant plus que la musique simple et magnifique de Palestrina ne respire en aucune manière la cérémonie profane. C'est le première fois que je me souvienne d'avoir été porté au recueillement par la musique pendant un office religieux. Le *Gloria* surtout est admirable.

Au moment du *Gloria*, les signes de deuil qui couvraient l'autel ont disparu ; les tambours des régiments placés devant Saint-Pierre ont battu aux champs ; les cloches de la ville se sont mises en branle et les canons du Château Saint-Ange ont tiré plusieurs salves.

Déjà, en effet, apparaît la joie de la Résurrection après le deuil de toute la Semaine.

De suite après la communion du Cardinal officiant, on a entonné l'*Alleluia* et les Vêpres. Après quoi, la cérémonie a fini et le Saint-Père a donné sa Bénédiction.

J'étais enchanté d'avoir pu prier à Saint-Pierre et d'avoir assisté, non pas à un spectacle imposant, mais à une belle et simple solennité religieuse. Je suis persuadé que c'est la foule des curieux qui donne aux autres cérémonies auxquelles j'ai assisté cette apparence peu chrétienne qui scandalise bien des personnes.

Au surplus, si l'on me demandait un plan de conduite pour assister le mieux possible aux cérémonies de Saint-Pierre, je répondrais par le conseil que le bon père Villefort m'a donné à moi-même, et dont j'ai apprécié l'excellence par ma propre expérience : « Voyez en la per-
» sonne du Pape la personne sacrée de Celui qu'il repré-
» sente ; et les honneurs qu'on lui rend, choquants pour
» ceux qui ne voient en lui que l'homme, vous paraî-
» tront non pas seulement justes et convenables, mais
» encore bien indignes de sa souveraine et sublime Ma-
» jesté. Ne vous inquiétez pas de ce que vos voisins font
» d'irrégulier ; s'ils causent, s'ils rient, s'ils ont une
» contenance inconvenante ; occupez-vous de vous-
» même, et tâchez de vous conserver dans une attitude
» modeste et simple. Répondez simplement aussi et na-
» turellement si l'on vous parle. Si on vous tient des
» discours déplacés dans une église, faites entendre sans
» affectation que ce n'est pas le lieu de parler de la
» sorte ; et vous sortirez assurément très satisfait de vos
» expéditions de Saint-Pierre. »

J'ai suivi ces excellents conseils, et, Dieu aidant, je m'en suis bien trouvé.

J'étais rentré à l'ambassade à une heure. Quand je revins le soir à mon hôtel de la *via dei Condotti*, je fus frappé du splendide clair de lune qui éclairait la ville. L'air était tellement limpide et les rayons de la lune si vifs, que la blancheur des murailles faisait mal aux yeux, les ombres étaient noires et tranchées. La place Colonna était superbe éclairée de la sorte. C'est une jolie place carrée, au milieu du Corso à peu près, et au centre de laquelle s'élève la fameuse colonne Antonine qui a servi de modèle à la colonne de la place Vendôme à Paris.

Aujourd'hui, Samedi Saint, il paraît que c'est la fête des charcutiers, ou du moins des jambons. Toutes leurs boutiques sont illuminées. Sur chaque jambon est une lampe allumée, et, au fond de la boutique, il y a redoublement de lumières autour de la statue ou de l'image de la Madone, laquelle se trouve dans toutes les boutiques de Rome. A ce propos, je répare un oubli que j'ai commis le 19 mars, fête de Saint-Joseph, au sujet d'un usage assez curieux qui règne ici : ce sont les cuisiniers ambulants, qui font en plein air des espèces de croquettes ou des fritures de riz, de farine et de saindoux. Ils appellent cela des *Fritelli*. Le dimanche des Rameaux qui n'était pas jour de jeûne, j'ai acheté deux ou trois de ces *fritelli* et je les ai trouvés très bons. Il y en a encore aujourd'hui dans les rues.

A partir de midi, on a fait partir toute la journée, dans les rues, des pétards qui éclataient avec un bruit terrible. C'est par anticipation de la joyeuse solennité de demain, jour de Pâques. La seule chose à désirer c'est que le temps soit aussi beau qu'aujourd'hui.

Voilà donc le Carême fini ! quoiqu'il ne me fasse pas mal, grâce à l'indulgence romaine, je suis bien aise de pouvoir reprendre un genre de vie un peu plus substantiel ; j'en éprouve le besoin pour mes yeux et tout l'ensemble de mon individu.

Il faut *ne pas vouloir* faire son carême pour ne pas l'observer à Rome. Plusieurs fois par jour on peut prendre diverses espèces de liquides (sauf le vin et le lait) en vertu de l'adage religieux : « *liquida non frangunt;* » tels que eau sucrée, limonade, bière, et la *cioccolata* à l'eau, à laquelle il est même permis le matin d'ajouter une mouillette de pain, « *la misericordia* ». Avec cela, il n'y a que deux jours seulement de maigre. En vérité, le mérite de la pénitence n'existe plus ; l'obéissance seule est en jeu.

27 *mars, dimanche de Pâques.* — Beau temps ! Je vais de bonne heure aux *Santi Apostoli,* paroisse de l'ambassade, pour y faire mes Pâques. Je ne mentionne la chose ici, que pour parler de la coutume établie à Rome de délivrer des billets de communion pascale, et de flétrir publiquement ceux qui, ne pouvant représenter ces billets à leurs curés, sont convaincus de n'avoir pas rempli le devoir pascal.

Quoi qu'on en puisse dire, je crois que cette mesure produit infiniment plus de bien que de mal ; avec les idées et la foi surtout des Italiens, c'est une loi qui paraît toute naturelle ; et la singularité, l'arbitraire même qu'elle semble avoir de loin, pour nous autres, les soi-disant émancipés de la liberté de conscience, disparaissent de près. Grâce à cette obligation de la communion pascale, la pensée de se soustraire au précepte de l'Eglise et à la coutume traditionnelle ne vient pas en esprit aux Romains. Je sais qu'il doit y avoir des malheureux qui font de mauvaises communions, et qu'il vaut mille fois mieux en pareille matière s'abstenir que profaner ; mais je vois qu'ici le nombre doit en être bien limité. En France, à Paris, la thèse serait tout autre ; une telle mesure serait déplorable pour bien des raisons.

Sur le billet de communion pascale qui m'a été remis de suite après que le prêtre m'eut donné le corps de Notre-Seigneur, sont écrites en latin ces paroles que je traduis : « Communié à Rome, dans la très sainte église bâtie par Constantin en l'honneur des douze Apôtres, — temps pascal, année 1842. »

A neuf heures et demie, M. de Maubourg, le comte Hippolyte de La Rochefoucauld, le marquis de Lillers, Reiset et moi, nous partons pour aller entendre à Saint-Pierre la messe solennelle Pontificale de Pâques.

L'ambassade avait déployé tout son luxe, et certes son luxe n'est pas *piqué des vers.* M. l'ambassadeur portait son grand uniforme tout brodé d'or, avec le grand cordon de Charles III d'Espagne, blanc et bleu. Sa voiture et les harnais étaient magnifiques, et quand on m'en a dit le prix, j'ai cessé de m'étonner de leur magnificence ; ils ont coûté cinquante mille francs. Les cochers, laquais, etc.., étaient chamarrés d'or d'une façon *ébouriffante ;* de plus, luxe particulier à Rome, il y avait deux coureurs, *dorés sur tranche*, ayant sur la tête une espèce de toque d'or surmontée de plumes tricolores ; l'un courait en avant de la voiture, l'autre l'accompagnait à la portière.

Nous avions trois voitures de gala ; Reiset et moi, nous étions dans la seconde, très riche aussi, quoique moins ornée, et avec de superbes laquais. La troisième était pour les *gentilshommes* de l'ambassade, autre usage romain. Il y avait ainsi en tout dix laquais, postillons et coureurs ; nous faisions révolution dans les rues par où nous passions. La plupart saluaient l'ambassadeur ; quelques-uns, plus humbles et nous prenant, nous aussi, pour quelque chose, nous saluaient également avec respect.

A dix heures, nous arrivons à Saint-Pierre, par un beau ciel et un temps pur et ravissant. Nous entrons, comme toujours, par les grandes arcades de droite, au bout desquelles finit l'escalier du Vatican, et sur lesquelles donne une des portes du portique de Saint-Pierre. En haut des arcades, et au moment que nous allions tourner à gauche pour entrer dans la Basilique, par le péristyle ou portique, on nous annonce que le Pape va descendre et que, si nous voulons attendre un instant, nous verrons cette descente que l'on dit très majestueuse.

Nous n'avons pas eu, en effet, à regretter ces quelques minutes d'attente. Je n'ai rien vu de plus admirable et de plus imposant que cette marche lente et triomphale du Pape et de tout son cortège. D'abord marchent les monsignori et les prélats, deux à deux; puis viennent des diacres avec la croix Pontificale des petites cérémonies ; puis des prélats, portant, l'un la tiare à trois rangs de couronnes, l'autre la mitre des grandes cérémonies ; un troisième, un quatrième portant d'autres mitres moins riches, mais cependant encore bien belles. La tiare et les mitres sont blanches, toutes brodées d'or et de pierreries.

Après un court intervalle s'avancent les Evêques, la mitre blanche en tête, et deux à deux également. Ensuite viennent les Cardinaux, et enfin, après tout le Sacré Collège, apparaissent la croix Pontificale des grandes solennités et l'immense et élégant dais de soie blanche rehaussée d'or qui se porte au-dessus du Saint-Père. Assis et porté sur sa *sedia gestatoria* (trône portatif), je le voyais descendre majestueusement les degrés insensibles du long escalier et approcher peu à peu. Il était revêtu d'une grande chape de soie blanche et or, et avait sur la tête une mitre de drap d'or. Huit Evêques ou prélats tenaient les soutiens du dais. Le Pape nous donne sa bénédiction en passant : tous nous étions à genoux, selon la règle.

Au moment que les premiers prélats, en tête du cortège, étaient entrés sous le portique, la musique d'un régiment postée là avait entonné des airs de réjouissance ; tous les tambours battaient en même temps et les cloches sonnaient à toute volée. Spectacle admirable et, qui mieux est, spectacle vraiment et absolument religieux, sans rien de profane ! Nous nous levons quand le Pape est passé, et nous nous mettons à la suite du cortège. J'étais ravi ; c'était bien la belle joie, le triomphe de Pâques ! C'était bien la grande et universelle réjouissance de Jésus-Christ ressuscité ! qu'il est grandiose et touchant le culte rendu à Dieu par l'Eglise Catholique !

et de quelle consolation se sont privés les pauvres hérétiques qui n'ont vu dans tout cela qu'une idolâtrie !

Je ne conçois pas, à la vue d'une cérémonie semblable à celle que j'avais là sous les yeux, d'autres sentiments que le respect, la joie, la foi. Qu'un protestant, en ces jours, doit être mal à l'aise dans Saint-Pierre ! Comme il doit sentir par où pèche sa malheureuse secte !

Le Saint-Père va se placer sur un trône disposé sur le côté gauche du chœur, sur une estrade, en face de notre tribune diplomatique. Un autre, ainsi qu'au dimanche des Rameaux, s'élevait au fond du chœur.

A ce moment, tous les membres du Sacré-Collège, ainsi que les Evêques et les prélats, viennent successivement lui baiser la main ou le pied et recevoir sa bénédiction. Quand cette cérémonie fut finie, on chanta Laudes, et après commencèrent les préparatifs de la messe Pontificale.

Des deux côtés du maître-autel s'avancèrent les Evêques assistants, au nombre d'une douzaine, portant chacun une des pièces du costume sacerdotal. Un Cardinal placé devant le Pape, à qui d'autres Cardinaux et prélats avaient déjà enlevé sa grande chape et sa mitre, le revêtait des habits sacerdotaux et prenait au fur et à mesure des mains des Evêques assistants ce qui lui était nécessaire.

Quand le Pape fut revêtu complètement du costume sacerdotal, il descendit du trône et, entouré des Cardinaux et des Evêques, il fit lentement et d'un air profondément recueilli le tour de l'enceinte où nous nous trouvions, passant ainsi devant le trône principal du fond du chœur, devant les Evêques, les prélats, les gardes nobles, enfin devant notre tribune. Il arriva ainsi à l'autel. Le Saint-Sacrifice commença.

Après l'*Introït* et au moment du *Kyrie Eleison*, le Saint-Père revint à son trône du fond en traversant directement le chœur dans toute sa longueur. Il y resta pendant le *Gloria* et jusqu'à la consécration.

Au moment de l'Evangile, il se leva et ôta sa mitre. L'Evangile fut lu en avant du maître-autel, en face de nous, sur un pupitre entouré de huit clercs portant des cierges. Après la récitation en latin, un diacre grec le récita de nouveau en grec. Cette double lecture se fait en mémoire de l'union momentanée qui eut lieu jadis, après le concile de Florence, entre l'Eglise et les Grecs schismatiques, lesquels retombèrent malheureusement bientôt dans leurs erreurs. Un peu après le Canon de la Messe, le Pape quitta son trône et retourna à l'autel où il resta jusqu'au *Pater*.

Au moment de la Communion, un des Cardinaux assistants apporta de l'autel au Saint-Père les espèces consacrées, et le Pape communia sur son trône ; il est impossible de distinguer s'il était assis ou à genoux. Une bizarre coutume veut que le Pape boive le sang de Notre-Seigneur contenu dans le calice avec un chalumeau d'or. J'ignore qui a introduit cet usage.

Quand le Pape eut communié, il resta quelque temps les mains jointes et pieusement absorbé dans son action de grâces ; puis le même Cardinal lui apporta le Saint-Ciboire et il communia les Cardinaux-diacres. La fin de la messe fut couronnée par la bénédiction que le Pape donna à haute voix, et avec les mêmes paroles qu'en France et partout : « *Benedicat vos omnipotens Deus, Pater, et Filius, et Spiritus Sanctus.* »

Cette belle cérémonie m'aurait satisfait encore davantage, si je n'avais été gêné et pressé tout le temps ; les membres du corps diplomatique étaient tous là au complet, et en outre une quantité d'autres personnes s'étaient mêlées à nous, grâce à un habit brodé et à une épée au côté.

De plus j'avais pour voisins deux hommes, parlant tout

haut de costumes, de broderies, d'habits, etc... et cela pendant toute la durée de la cérémonie. Si l'on joint à ces agréments la chaleur produite par la foule et la *presse*, on ne s'étonnera pas que j'aie moins goûté la cérémonie ; le plaisir était acheté cher.

Nous sortons enfin, pour nous rendre sur le balcon, d'où nous avions déjà, le Dimanche des Rameaux, assisté à la Bénédiction Pontificale.

Il était midi un quart. Le temps était beau, quoique le soleil se fût caché. Toute la foule sortit de Saint-Pierre et se répandit sur la place. Avec les troupes il pouvait y avoir quinze à vingt mille personnes.

A midi et demi le cortège pontifical arriva ; nous aperçûmes les lumières des cierges, la croix, et enfin le dais blanc avec le Souverain Pontife assis et porté sur sa *sedia gestatoria*.

Un grand silence se fit aussitôt dans toute la place, mais non pas à notre tribune, où il fallut plusieurs *chuts*, pour faire taire d'inconcevables et inconvenants bavards.

J'entendais très distinctement la voix du Pape, lorsqu'il récita la prière qui précède la Bénédiction. Le moment solennel arriva enfin ; et le Pape se levant bénit avec quatre grands signes de croix les quatre parties du monde. Un instant après, il se leva de nouveau de son trône et donna une nouvelle bénédiction à ceux qui étaient là présents.

Pendant ce temps les cloches sonnaient à toute volée, le bruit des tambours et de la musique des régiments se mêlait au tonnerre des canons du Château Saint-Ange, et augmentait par leur solennel retentissement cette grande pompe religieuse.

Un petit incident m'empêcha cependant de goûter pleinement, de *savourer* l'admirable scène que j'avais sous les yeux. C'était un grand monsieur qui s'était placé juste devant moi et qui a gardé sur la tête son tricorne jusqu'au moment même de la Bénédiction. Dès que le Pape avait paru au balcon de la *Loge* du portique, tout le monde s'était découvert, mon monsieur et deux ou trois autres exceptés. Et comme j'étais derrière ce chapeau aussi gênant pour la vue, que contraire aux sentiments de la foi et des convenances, je me sentais agacé et distrait, malgré moi, de l'objet principal.

En sortant, nous passons devant les voitures des Cardinaux, montées jusqu'au premier étage par les cours intérieures du Vatican. Il y en avait dans le nombre d'admirablement belles. Elles sont toutes rouges, noires et or ; les chevaux sont presque tous noirs et caparaçonnés de harnais garnis de soie rouge.

M. l'ambassadeur monte dans son superbe équipage, nous aussi dans nos voitures respectives, et nous revenons à l'ambassade à une heure. Nous faisons avec une grande jubilation notre rupture de Carême. A trois heures et demie nous allons à Saint-Louis entendre un excellent sermon de M. Dupanloup, et M. de Maubourg m'invite à être à l'ambassade à six heures et demie pour aller voir la fameuse illumination de Saint-Pierre. Le dîner était remis à huit heures.

A six heures et demie, en effet, M. l'ambassadeur, M. et madame de Caraman, Alfred de Maubourg et moi, nous montons dans une bonne voiture découverte, et nous nous rendons à la place Saint-Pierre. Nous avions conservé un des débris de notre splendeur du matin : les deux coureurs étaient encore là. Seulement ils précédaient tous deux la voiture, armés de torches de résine enflammées. Ils tenaient la flamme près de terre et derrière eux, de sorte que le cocher apercevait les ruisseaux et les petits accidents de terrain à éviter. De temps en temps, pour raviver la flamme, ils faisaient le moulinet avec ces grandes torches en feu, et c'était d'un charmant effet. Tout le monde nous regardait passer comme des bêtes curieuses.

Arrivés au pont Saint-Ange, nous commençons à apercevoir l'illumination, ou plutôt le dôme de Saint-Pierre couvert de feux. Il est impossible de rendre le ravissant effet de ce dôme enflammé. On aurait dit une flamme transparente renfermée dans une grande cloche renversée, ayant la forme du dôme. Ce qui était de plus charmant c'était cette transparence de la lumière, laquelle ressortait d'autant plus que le ciel était couvert et sombre.

Quelle vie et quel centre de foi que cette ville de Rome, où la plus grande réjouissance de l'année est la plus grande fête de l'Eglise, et où les plaisirs les plus profanes se trouvent en quelque sorte idéalisés et transformés en joies religieuses ayant Dieu pour objet! Cette pensée me remplissait moi-même de joie, et jamais je n'avais été de si bon cœur à aucune fête ni réjouissance publique.

A travers une foule immense, nous arrivons à la Place et là se développe devant nous cette magnifique façade embrasée, qui resplendit majestueusement au milieu de l'obscurité. Quelles lignes admirables dessinaient les lumières! quelles proportions à la fois gigantesques et harmonieuses! et avec quel art les lampions étaient distribués pour ne rien faire perdre de l'aspect général de la façade, et cependant sans rien surcharger!

Nous ouvrions des yeux énormes, regardant et regardant encore; c'était toujours la même chose et toujours aussi beau! Nous étions dans la voiture, arrêtés à peu près au milieu de la Place. Tout à coup une vive lumière brille au sommet de la Croix, en haut du Dôme, et au même instant toute cette immense coupole, toute la façade, toute la colonnade entourant la Place scintillent de flammes éclatantes! Ce changement fut magique; en un instant tout Saint-Pierre était, à la lettre, éblouissant de clarté.

Ces grandes illuminations se font au moyen de pots à feu disposés d'avance, et dont la mèche est couverte de menus copeaux. Au signal donné par celui qui allume le sommet de la Croix, les allumeurs (et chacun n'est chargé que de deux pots) touchent le bois avec une mèche, et comme ces copeaux s'enflamment instantanément, le changement de décoration est subit. L'homme qui allume la Croix a 10 piastres ou 60 francs ; les autres sont payés proportionnellement au danger qu'ils courent. Que l'on juge de la quantité d'allumeurs nécessaires pour exécuter le changement à vue dont je viens de parler ! Aussi ne trouvai-je pas la somme excessive, quand M. de Maubourg me dit que la dépense montait à 5,000 piastres, 26 à 28,000 francs.

A huit heures et demie, nous rentrons de la même brillante façon que nous étions partis, et nous dînons comme des affamés.

28 mars. — En revenant de l'ambassade, j'entre dans une petite église du Corso, que j'avais toujours trouvée fermée lorsque je m'étais proposé de la visiter. C'est l'église bâtie sur l'emplacement même de la maison de Saint Paul. C'est là qu'il écrivit l'épître aux Ephésiens ; c'est là encore qu'il était lorsqu'il fut arrêté, et qu'on le garda en attendant qu'on le mît avec Saint Pierre dans la prison Mamertine. On peut, d'après cela, juger de l'impression que tous ces souvenirs produisirent sur mon cœur. Tout ce qui se rattache aux Saints et surtout à Saint Paul a je ne sais quoi de si mystérieux et de si imposant !

Cette église, qui s'appelle Saint-Paul *in viâ latâ*, est elle-même assez jolie, très petite et propre ; comme décoration, elle n'offre rien de remarquable.

Le soir, je dîne chez Augustin ; à sept heures et demie,

Mgr Pacca vient chercher Augustin et M. Surat pour les mener voir la *Girandola*, ou feu d'artifice, du Château-Saint-Ange. Je pars de mon côté, et vais prendre Paul qui m'attendait à l'hôtel pour nous rendre chez l'abbé Lacroix, qui nous avait proposé de voir de chez lui le feu d'artifice. Il loge au troisième étage, et son appartement a un grand balcon ou plutôt une terrasse à pic sur le Tibre, presque en face du Château Saint-Ange. Il y avait chez lui beaucoup de monde venu dans le même but que nous.

A cet appartement se rattache un souvenir historique assez curieux. C'est dans ces mêmes chambres que Benvenuto Cellini, le célèbre sculpteur-ciseleur, se réfugia après avoir commis je ne sais quel gros assassinat, ce qui lui était, malgré son génie artistique, assez familier. La maison appartenait à un Cardinal qui le protégeait, et une loi défendait de violer le droit d'asile. Benvenuto resta là trois ou quatre mois sans sortir ; au bout de ce temps, son protecteur ayant eu envie d'une place ou d'une faveur quelconque à la Cour, le pape régnant ne la lui accorda que sous la condition qu'il chasserait de chez lui son dangereux hôte. Et le Cardinal ayant préféré la place à Benvenuto, celui-ci fut obligé de se sauver.

Cependant la *Girandola* commença, continua, traîna en longueur et finit ; le tout était un peu maigre, quoique beau cependant. Après cela, M. Lacroix, Paul et moi, nous allâmes finir la soirée chez la princesse Borghèse qui nous reçut, comme à son ordinaire, avec une bonté et une affabilité charmantes.

En revenant à notre hôtel, Paul me raconta un mot assez comique prononcé dans les émeutes de Toulouse l'année dernière. Parmi les assaillants-émeutiers, se démenait un jeune héros à la longue crinière romantique et républicaine. Il est arrêté par une brigade de gendarmes qui l'empoigne, l'entoure et le traîne au violon. Lui, se posant en héros vaincu et croisant les bras à la mode des Romains de comédie : « Me voilà donc sans défense, dit-il, au milieu d'une soldatesque effrénée ! » Un soldat lui répond : « Allons, va prendre ton rang de taille au violon, *vieux Spartacus!* » en lui enfonçant son chapeau d'un coup de poing. Le *vieux Spartacus* m'a semblé assez piquant et digne d'être conservé.

Il fait beau, mais très froid ; M. de Caraman, que j'ai vu chez l'abbé Lacroix, me disait que les montagnes de Frascati et des environs de Rome sont toutes couvertes de neige. Depuis l'arrivée de Paul, il fait un bien désagréable temps ; aussi est-il médiocrement frappé du *beau ciel d'Italie.*

XI

Place Trajane. — Saint-Pierre-ès-Liens. — *Moïse* de Michel-Ange.
— Vatican, première visite. — Saint-Pierre. — Caractère et type
des Romains. — Mon installation à l'Ambassade.— Messe à la
Confession de Saint-Pierre. — Crypte de Saint-Pierre. — Ascension du dôme. — Grand bal à l'ambassade d'Autriche. — Le Musée des Etrusques et M. de Witte.

29 *mars*. — Après le travail de l'Ambassade, je vais à la place de la colonne Trajane, tout près du palais Colonna. Le milieu de cette place forme une vaste excavation de 10 à 11 pieds de profondeur, entourée de petits murs et de grilles pour empêcher les accidents. A l'une des extrémités se trouve la fameuse colonne Trajane, autour de laquelle se développe une double rangée de débris d'autres colonnes plus petites qui formaient jadis un portique autour de la colonne centrale. Celle-ci m'a semblé, ainsi que la colonne Antonine de la place Colonna, de la même hauteur que celle de la place Vendôme. On distingue très bien encore les motifs des bas-reliefs sculptés anciennement; mais n'ayant pas mon lorgnon ni aucun supplément d'yeux auxiliaires, je n'ai pu voir le détail des scènes qu'ils représentent. Ce sont, m'a-t-on dit, les triomphes de Trajan, que ce prince exposait là par pure *humilité*.

La couleur de la Colonne serait superbe à peindre; le ton général en est jaune fauve [avec de grandes *salissures*, si je puis ainsi parler, de couleur noirâtre. De place en place aussi perce encore la blancheur du marbre; car la colonne aussi bien que le socle sont en marbre blanc. Le socle est bien plus détérioré encore que la Colonne; on dirait qu'on a allumé tout autour de grands feux, dont la chaleur l'a fait éclater en certains endroits. Il est presque noir, avec des veines jaune ocre et aussi avec des fissures blanchâtres. Les angles sont usés par le temps et par la pluie, et ces ravages imposants donnent à l'ensemble du monument un aspect en quelque sorte vénérable.

Il est surprenant combien la vue de ces grands débris de l'antiquité produit d'émotion et fait naître des pensées élevées. L'œil parcourt malgré lui les siècles qui se sont écoulés devant ces pierres, et l'imagination fait revivre là, sous les yeux, ces anciens vainqueurs du monde, dont les restes de gloire sont attestés par quelques fragments de marbre, par quelques tronçons de colonnes. Ces pensées qui se reproduisent devant toutes les ruines que j'ai vues déjà, laisseraient dans le cœur une certaine tristesse, si la vue de la Croix ne venait expliquer cette décadence et célébrer la gloire divine. On voit le vainqueur debout devant le vaincu, et c'est ce contraste qui fait trouver au cœur chrétien tant de charmes à la contemplation des ruines païennes.

Au pied de la colonne Trajane sont couchés sur le sol deux immenses tronçons de colonnes en granit; elles mesurent bien 15 à 18 pieds de circonférence. Les débris des monuments romains présentent toutes ces proportions gigantesques dans leurs matériaux. Là où, de nos jours, nous mettons dix pierres, ils en mettaient deux ou trois, et ce doit être là, à mon sens, un des secrets du grandiose et de la solidité de leurs constructions.

Le reste de la Place est encore parsemé des fûts de colonnes qui entouraient le portique. Elles sont de granit gris, de même que les deux fragments dont je viens de parler, et ont peut-être cinq ou six pieds de tour. La plupart sont brisées au quart ou au tiers de leur hauteur primitive; une seule est presque entière et d'une seule pierre. Quelle puissance de machines fallait-il aux Romains pour remuer et dresser de pareilles masses!

30 mars. — Il fait un temps superbe, quoique assez frais encore le matin. Mais le soleil commence à *cuire*.

A sept heures et demie, Augustin vient me prendre, et je rejoins avec lui Mgr Morlot (1), évêque d'Orléans, M. Surat et le secrétaire de Sa Grandeur, qui tous deux marchaient en avant. Les Galitzine connaissent depuis longtemps l'évêque d'Orléans; Augustin est venu en partie avec lui jusqu'à Rome, et ils logent au même hôtel. Mgr Morlot allait ce matin à *San Pietro in Vincoli* (Saint-Pierre-ès-Liens), pour y vénérer les chaînes du Prince des Apôtres que l'on y garde, et pour y célébrer la messe.

Cette église est assez éloignée; elle est bâtie sur le mont Esquilin, à droite de Sainte-Marie-Majeure. Pour y arriver, on monte une vilaine petite ruelle bordée de ruines; c'est à cette même place que se trouvait jadis la *voie scélérate* (*via scelerata*), ainsi appelée depuis que Tullie y fit passer son char sur le corps de Servius Tullius, son père. On voit que le souvenir ne date pas d'hier.

Cependant notre petite troupe entre dans l'église. Après avoir fait ma prière et pendant que Mgr Morlot et M. Surat se préparent à leur messe, j'examine l'église et j'aperçois une grande statue à droite et près de la porte de la sacristie. Augustin m'avertit que c'est le *Moïse* de Michel-Ange! Je ne m'attendais pas à le voir, de sorte que cette nouvelle me fit impression. Oserai-

(1) Depuis archevêque de Tours, archevêque de Paris et cardinal.

je avouer que mon espoir fut bien déçu, et qu'au lieu d'un chef-d'œuvre, je trouvai une statue maniérée, disgracieuse, plus semblable à un grand faune qu'au roi des prophètes. La tête est ridiculement petite pour le corps, et de plus les cheveux sont coupés tout courts; la figure a une expression presque féroce et très peu noble. Les deux rayons lumineux sont représentés par deux petites *cornes* qui se font jour à travers les cheveux. La barbe, fort belle et très grandiose du reste, est d'une telle longueur qu'elle figure plutôt des serpents que des rouleaux de poils. Mais ce qui est admirable et tout à fait digne de Michel-Ange, un des plus beaux morceaux de sculpture que j'aie vus, ce sont les bras et les mains. Il y a là un dessin, une vie, une chaleur bien rares dans le marbre. De plus, le marbre dans ces parties est poli par le temps et a une teinte jaunâtre, douce et flatteuse à l'œil. Je n'aime pas beaucoup la grande draperie qui couvre les jambes, et qui paraît un peu tortillée, à la manière du Bernin, c'est-à-dire du mauvais goût par excellence. Les jambes seraient superbes sans une espèce de pantalon qui cache presque jusques aux chevilles des formes magnifiques; les pieds, qui sont nus, sont des chefs-d'œuvre.

Moïse est assis. Les jambes paraissent trop longues et trop fortes pour l'ensemble. Debout, la statue aurait au moins dix et même douze pieds de hauteur.

C'est pourtant cette statue qui, malgré les critiques que je formule, passe pour le chef-d'œuvre de Michel-Ange. Elle a bien ce grand cachet, cette puissance, cette largeur de manière qui dénote Michel-Ange et qui le fait reconnaître dans toutes ses œuvres; mais je ne puis trouver méritée cette terrible réputation.

M. de Rayneval, à qui j'ai communiqué ces fâcheuses impressions premières, m'a dit qu'il fallait s'accoutumer à cette statue, et que lui, l'ayant vue souvent, il l'admirait profondément. Mais il a bien reconnu ce que j'avais senti moi-même, c'est qu'il ne fallait pas chercher là de sentiment religieux, pas plus que dans aucune production de Michel-Ange. C'est une statue de demi-Dieu qu'il faut aller voir, et ne pas se préoccuper d'autre chose.

Autour du *Moïse* est l'architecture assez laide du tombeau destiné au Pape Jules II. Plusieurs statues sont dans des niches toutes d'un goût plus ou moins mauvais. Elles sont l'ouvrage d'un élève de Michel-Ange, lequel a donné les dessin du mausolée pour la partie d'architecture ; il m'est impossible d'y retrouver son génie.

Mgr Morlot arrive et célèbre la messe avec une grande dévotion ; quand elle fut finie, et quelques minutes après, on vint nous chercher de sa part dans l'église où nous étions restés, pour nous faire voir les précieuses reliques, objet de notre pèlerinage.

Sur un autel, dans une petite chapelle ouvrant sur la sacristie, sont les chaînes de fer du bienheureux Apôtre Saint-Pierre, renfermées dans une boîte d'argent ciselé. Un prêtre les en tira et nous les fit baiser à tous. Il nous présenta d'abord le cercle s'ouvrant avec des charnières, qui entourait le cou de l'Apôtre prisonnier, puis il le fit toucher à notre cou. La chaîne très bien conservée est composée de vingt anneaux longs environ de deux pouces et de forme ovale. Au vingtième anneau on a soudé avec de l'argent quatre anneaux des chaînes de l'Apôtre Saint Paul, compagnon de souffrances et de martyre de Saint Pierre, actuellement son compagnon dans la gloire du ciel et la vénération des peuples.

Je venais de lire le passage des *Actes des Apôtres* qui rapporte les détails de la miraculeuse délivrance de Saint Pierre par le ministère d'un Ange (1), et j'étais vivement et religieusement ému quand j'approchai mes lèvres de

---

(1) *Actes des Apôtres*, chap. XII, vers. 3-19.

ces anneaux sacrés qui touchèrent le corps du Chef de l'Eglise, et qui s'ouvrirent miraculeusement à la voix de Dieu même. Nous fîmes tous toucher aux chaînes les chapelets ou autres objets de piété que nous portions sur nous. Je fis toucher au cercle de la chaîne, là où fut enserré le cou de Saint Pierre, et aux anneaux de celle de Saint Paul, le chapelet de Jérusalem que ma grand'-mère Ségur m'a donné il y a trois ans.

Après avoir bien considéré cette vénérable relique, nous avons été voir quelques tableaux que renferme la sacristie. Il y a un Dominiquin, représentant la délivrance de Saint Pierre, tableau très remarquable et qui jouit d'une réputation méritée ; il y a surtout un soldat endormi sur le premier plan à droite, qui est plein de naturel et d'énergie ; la tête de l'ange libérateur est charmante. Les personnages peuvent avoir 2 pieds de hauteur.

Là aussi est un grand Saint-Augustin, de l'école espagnole, très beau et d'une magnifique expression.

Un peintre copiait une charmante étude du Guide représentant l'Espérance.

Dans l'église même il y a une foule de *croûtes*, au milieu desquelles ressort un joli tableau du Guerchin ; c'est Sainte Marguerite martyre. Mais ce tableau manque, comme beaucoup des œuvres du Guerchin, du caractère chrétien, sans lequel il n'y a pas de peinture religieuse.

En retournant à l'hôtel, mes compagnons me firent remarquer un détail que je n'avais pas encore observé, c'est que les rues et surtout les ruelles de Rome sont horriblement sales ; à l'appui de cette assertion, nous avons rencontré deux témoins irrécusables dans la personne de deux chiens morts, laissés là gisant au milieu d'une rue. Il est vrai que nous voici à l'époque où on tue les chiens errants à Rome, à cause de la chaleur qui commence et qui peut leur donner de dangereuses maladies.

Je dîne à l'hôtel Franck avec Paul ; nous étions au

milieu d'Anglais et d'Anglaises qui avaient des figures plus ou moins hétéroclites; d'abord un nouveau marié et sa femme, pour laquelle il est très aimable; mais comme il est sourd d'une oreille, dès qu'on lui parle il tourne la tête de manière à présenter la bonne, pantomime qui n'a rien de poétique. Sa belle-mère, grand type britannique, maigre, décorée de cheveux blancs roussâtres; à côté d'elle, un vieux gentleman, qui n'aime pas les têtes de poisson et à qui on ne sert que cela. Toute la table parle anglais; on se croirait à Londres.

31 mars. — A une heure, M. Surat et Augustin viennent me prendre à la Chancellerie de l'ambassade et nous sortons pour aller au Vatican ouvert aujourd'hui jeudi. Il n'est public que deux jours par semaine. A un coin de rue, nous rencontrons l'abbé Lacroix, qui nous prend à la remorque et nous entraîne chez un peintre italien pour voir un grand tableau destiné au roi de Piémont. Ce peintre est M. Podesti, et son tableau est une grande *galette* représentant le Jugement de Salomon. Jaune cru, bleu cru, rouge cru, vert cru, chairs blanches, etc... Les ombres sont si transparentes qu'on dirait un assemblage de bocaux avec des liqueurs de différentes couleurs; en un mot: galette. Il y a cependant deux bonnes choses: la femme qui retient le bourreau, la vraie mère, a un mouvement naturel; puis, la physionomie de l'enfant que le bourreau va pourfendre est très bien rendue; Salomon a l'air d'un roi Mérovingien.

Chose bizarre! l'Italie, si féconde jadis en grands peintres, est devenue stérile tout à coup; les artistes vivants ne cherchent pas à profiter des admirables modèles que leur ont laissés leurs devanciers. Ce M. Podesti est, dit-on, un des grands peintres de l'Italie moderne!

De là, laissant Augustin, je vais avec M. Surat au Vatican. Il fait un temps *admirabilissime*, à l'ombre surtout, car le soleil est déjà bien vif. Nous arrivons au pont

Saint-Ange, d'où nous revoyons toujours avec le même plaisir cette imposante masse du Château Saint-Ange, si heureusement couronné de l'Archange Michel.

Nous arrivons sur la belle place de Saint-Pierre, dont le raisonnement et la comparaison font seuls apercevoir l'immensité. Nous prenons à droite les beaux escaliers du Vatican, construits à l'ancienne manière italienne en pierres et en briques. Les marches sont seulement bordées de pierre; le milieu en est en briques sur champ, disposées en biais, et large de trois ou quatre pieds au moins; la marche étant très peu élevée, on gravit plutôt un plan incliné qu'un escalier véritable.

Les cours intérieures du Vatican sont superbes. Ces quatre rangées d'arcades superposées les unes aux autres, et toutes de cette couleur si chaude et si belle de la pierre d'Italie, produisent un grand et charmant effet. Le Vatican n'a pas l'air énorme; mais il en est pour lui comme pour Saint-Pierre, c'est un trompe-l'œil, un effet d'optique. Nous avons parcouru ses interminables galeries et nos jambes témoignaient *profondément* de la grandeur du Vatican. Dire ce que nous avons vu en une seule heure paraît fabuleux. Outre une grande partie de la galerie des statues, nous avons parcouru les longues files de tapisseries représentant horriblement les tableaux de Raphaël. Nous avons vu un monde de têtes antiques, de bras, de torses, de fragments de toute sorte. Dans une même salle, nous avons vu la *Transfiguration* de Raphaël, la *Communion de Saint Jérôme* du Dominiquin, la *Vierge de Foligno* et le *Couronnement de la Sainte-Vierge* de Raphaël!! J'étais abasourdi; aussi n'ai-je guère vu, à vrai dire, que la place où étaient ces chefs-d'œuvre, et ne puis-je pas dire que je les ai *vus;* ce sera pour une autre visite.

De la salle de la *Transfiguration*, nous sommes passés dans les fameuses *stanze* où sont les merveilleuses fresques de Raphaël : l'*Ecole d'Athènes,* la *dispute du Saint-*

Sacrement, l'Incendie, la Messe, l'Apparition des Apôtres Saint Pierre et Saint Paul à Attila, Saint Pierre délivré par l'Ange, la Vision de Constantin ou sujet du *Labarum*, sa *victoire*, son *baptême*, sa *présentation au Pape*, etc.., et d'autres encore dont les noms m'échappent.

Ces incomparables merveilles dont nous a gratifiés le génie de Raphaël sont malheureusement toutes peintes à fresque et commencent à s'altérer ; elles ont des fissures noires et la peinture se détache par écailles.

De tout ce que j'ai entrevu aujourd'hui, ce qui m'a le plus frappé, c'est : une *tête de Saint Etienne* par Pérugin, dont je n'ai jamais, je crois, vu la pareille pour l'expression ; une *tête de Saint François d'Assise*, du même, autre chef-d'œuvre ; puis l'Enfant Jésus de *la Vierge de Foligno* et en général toute cette admirable composition ; puis enfin, le *Couronnement de la Sainte-Vierge* par Raphaël, dans sa deuxième manière, où toutes les têtes et les poses sont dignes, s'il est possible, des Saints auxquels elles se rapportent.

En sortant, j'ai fait voir rapidement à M. Surat les *loges* de Raphaël, après quoi nous sommes sortis, mais par le derrière des cours du Vatican, de sorte que nous nous sommes trouvés derrière Saint-Pierre.

Quelle immense et admirable masse que ce Saint-Pierre ! On en aperçoit le dôme à moitié chemin de Civita-Vecchia, et il est bâti dans un fond ! Là où nous nous trouvions, nous en voyions la base dans un large fossé muré, profond de quarante à cinquante pieds. Nous allions, nous allions toujours, tant ses proportions sont énormes ! Nous arrivions à un bel édifice attenant à la Basilique, c'est la Sacristie. Chaque chanoine y a deux chambres à lui, et ils sont trente ; et, à côté de Saint-Pierre, cet édifice, contenant, outre ces soixante chambres, toutes celles qui servent aux objets du Culte, semble un joujou d'enfant ! Nous entrons dans les galeries de la

Sacristie, qui en forment en quelque façon l'antichambre ; superbes galeries, toutes recouvertes des plus beaux marbres et vraiment dignes de Saint-Pierre !

De là nous pénétrons dans Saint-Pierre ; nous n'étions encore qu'à la hauteur du maître-autel, malgré tout le chemin que nous avions parcouru depuis la sortie du Vatican. Après avoir prié au tombeau des Apôtres, nous contemplons cette église, à laquelle on pourrait appliquer ce mot que Saint Augustin adressait à Dieu : « Beauté toujours la même et toujours nouvelle ! »

J'éprouve déjà et vivement ce que l'on m'avait prédit pour Saint-Pierre, qu'il fallait s'y habituer et y réfléchir. Maintenant je trouve tout ce que j'y vois colossal, surhumain ; et cette proportion hors nature me pénètre d'un sentiment d'admiration, et me dit que ceci ne peut être que la maison de Dieu. C'est trop grand pour l'homme seul. Chose très singulière, presque risible même, dans Saint-Pierre, on va, on va toujours, sans arriver ! quand on réfléchit à la distance de la porte d'une église ordinaire à l'autel, et que l'on reporte ensuite cette distance à Saint-Pierre, on est stupéfait de la trouver huit, dix, ouze fois comprise dans la longueur de l'église.

Nous sortons enfin de la métropole de tous les Chrétiens, fatigués et les jambes brisées. Nous prenons un fiacre et nous rentrons chez nous enchantés de notre excursion. Quoique je n'aie vu, je le répète, que la *place* de tous ces chefs-d'œuvre, je suis très content d'en avoir aussi entrevu l'ensemble ; désormais je pourrai y aller tout droit et sans hésitations.

M. de Lillers, chez qui j'ai dîné, me raconte une histoire incroyable à propos des statues antiques dont je lui parlais. Dernièrement un Anglais, voyageant en Italie, s'était arrêté à Florence. Dans une des places de cette ville, se trouve une fontaine ornée des plus beaux bronzes antiques qu'on puisse voir. Un surtout, la statue d'un

Faune, était d'une perfection plus remarquable encore que le reste. Notre Anglais était devenu, à la lettre, amoureux du Faune. Il avait fait tout au monde pour l'avoir ; il avait proposé de l'acheter ; inutile, le refus avait été si catégorique, qu'il n'y avait plus d'espoir. Il fait néanmoins le pari qu'il l'aura bon gré, mal gré ; et un beau jour, en plein midi, il re rend sur la place près de l'objet de son affection, avec des ouvriers. Il fait tout tranquillement dévisser de son socle cette lourde statue de bronze, l'enveloppe et la fait mettre dans une voiture attelée, tout le public croyant que c'était par ordre du gouvernement pour quelque réparation ou un déplacement. Mon Anglais part avec son Faune, arrive à Livourne, s'embarque, revient en Angleterre, et... l'on n'en entend plus parler ! Qui fut stupéfait ? les Florentins ! Ils en furent réduits à prier le voleur amoureux de laisser surmouler son cher Faune, et ce que l'on voit maintenant sur la fontaine c'est la statue moderne coulée dans ce moule.

1er *avril*. — Temps affreux, il pleut presque sans interruption.

Ne pouvant aller rien voir aujourd'hui à cause de ce joli temps, j'en profite pour mettre par écrit, de peur de les oublier, quelques observations que j'ai faites ou que l'on m'a suggérées.

D'abord sur le peuple romain. Il est, paraît-il, très bon en général ; l'air du pays les rend parfois un peu *vifs*, et les pousse à donner le petit coup de couteau (*la stillettata*), par manière de raisonnement. Mais, outre la rareté du fait, cela n'arrive qu'entre gens de la basse classe, et lorsqu'ils sont excités par le vin ou par la colère et la dispute. Du reste, soit dit entre parenthèses, je n'ai pas encore vu un Romain ivre ; je n'ai même pas encore vu un vrai cabaret ; peut-être le Pape a-t-il l'heureuse idée et le pouvoir de les prohiber. Un seul point sur lequel ils ne badinent pas, c'est l'honneur de leurs femmes, filles ou sœurs.

S'ils découvrent la moindre chose qui y porte atteinte, tôt ou tard arrive le coup de couteau vengeur.

Ils ont un singulier mélange de fierté et de bassesse. Ils vous tendent la main et vous demandent l'aumône, sans s'imaginer que, sauf pour les pauvres, il y a honte à le faire ; pour vous engager à leur donner la moindre chose, ils vous défilent des compliments, des phrases plates et mielleuses. Mais, à côté de cela, si vous dites quelque mot dur, si vous parlez haut, vous voyez votre homme prendre la mouche, se fâcher, en un mot redevenir Romain.

Les Romains sont paresseux et surtout très négligents. J'en viens d'avoir une preuve ce matin même. Hier soir, m'étant aperçu que j'avais emporté par mégarde la clef de ma chambre, au lieu de la laisser à l'Ambassade, afin que mon petit domestique puisse en fermer les fenêtres pendant la nuit, je la remets à un des gens de l'Ambassade, lui recommandant de la donner de suite au maître d'hôtel ; il remet la clef ce matin, sous prétexte que le maître d'hôtel était couché, comme s'il n'avait pu, la chose même étant vraie, aller fermer les fenêtres d'une chambre dans le palais Colonna même.

Quant à leur tenue, ils m'ont l'air plutôt sales que propres ; ce qu'ils ont presque toujours cependant de bien, ce sont leurs bas, généralement blancs, et portés avec des culottes courtes. Ils sont toujours sans tache, et même sans cette teinte grise si commune aux bas blancs de maints Français.

Les femmes du peuple ont un charmant costume, mais elles sont sales et débraillées presque toutes. Leurs magnifiques et épais cheveux noirs sont ornés de pendeloques, de longues épingles à tête, de grands peignes circulaires et dorés, de rubans, etc..., et à côté de cela, ils ne sont ni lisses ni brillants, comme les cheveux beaucoup plus ordinaires de nos Françaises. Leurs fichus sont très gracieusement arrangés par devant, de manière que tous les plis se réunissent en bouffant un peu au creux de l'estomac; cette mode, par exemple, les décollette beaucoup, quoique sans indécence. Elles rentrent tous ces plis dans un corsage très souvent de couleur rouge vif; les manches sont longues et collantes, et de la même couleur que le corsage; elles portent avec cela une jupe de couleur et un grand tablier blanc. Leur robe est courte; on voit leurs chevilles et la naissance de la jambe. Quant à la coiffure, quand elles ne sont pas en cheveux, elle consiste simplement en un morceau carré de toile ou de laine, qu'elles plient en quatre et qu'elles posent sur la tête, de sorte que leur front, leur cou et leur dos sont garantis du soleil. Quelquefois, sur ce carré de toile blanche, elles mettent une autre pièce de laine à rayures ou de couleur unie. D'autres fois encore, au lieu de ce carré de toile ou de laine blanche, elles se couvrent la tête, le cou et le buste, avec un grand voile de mousseline, à la manière des femmes de Livourne.

Le chapeau des hommes est plus ou moins pointu, selon qu'ils viennent de la campagne ou qu'ils habitent la ville; ceux-ci les portent moins pointus; les gens de la campagne ont tout à fait le chapeau classique italien. Ils en retroussent le bord d'un côté, ce qui donne à leur physionomie quelque chose d'original et de hardi.

Les marchands ont une triple analogie avec les marchands russes : 1° ils ne font à peu près rien de bon, de solide; 2° ils ont une petite image ou une statuette de la Sainte-Vierge dans leurs boutiques, et ils allument une lampe devant elle; 3° enfin, ils surfont indignement, et qui ne sait pas marchander avec eux, est perdu. Les petits marchands surtout sont impudents; j'ai eu dernièrement pour 5 pauls (2 fr. 75), une petite peinture que l'on me faisait 15 pauls (16 fr. 10). La proportion n'est pas toujours aussi forte, mais l'habitude est de demander le double.

2 avril. — Même temps qu'hier à peu près : froid, pluie et boue.

Enfin, arrive le jour de mon installation définitive dans mon appartement de l'ambassade, au palais Colonna! La joie que me causait la susdite installation tempéra l'amertume du quart d'heure de Rabelais, en quittant l'hôtel. La carte à payer fut chère. Ma chambre, il est vrai, n'était qu'à 3 francs par jour, ce qui était fort raisonnable, vu la saison; mais ce qui me reste sur le cœur, ce sont les paires de bougies jaunes moitié suif, à 44 sous, un petit pot de confitures moitié raisiné, moitié groseille, à 3 fr. 25; et plusieurs autres bagatelles semblables. Le garçon qui m'avait servi prétendait que je lui donnasse 16 francs de pourboire ou de *bonne main* (*buona mano*), comme ils disent ici; mais on pense bien que je ne me suis pas laissé *carotter* ainsi.

Enfin, après bien du mouvement et du mal, je suis complètement installé. Tout est en ordre dans mes deux pièces, dont je veux faire ici la description minutieuse. J'aurai tant de plaisir, plus tard, à retrouver tous ces petits souvenirs du passé et des bontés de cet excellent M. de Maubourg.

Voici d'abord le plan de l'ensemble. Mon appartement est situé dans une petite maison dépendant de l'ambassade, et dans le jardin du palais Colonna, en façade sur la rue de la *Pilotta*, qui sépare et le jardin, et ma maisonnette dudit palais. Pour entrer chez moi, il y a deux voies : on peut passer ou par le palais de l'ambassade, en traversant le pont jeté sur la rue qui le réunit au coin du jardin, ou par la rue Pilotta même; il y a, en effet, une porte au bas de l'escalier qui descend sur la rue, du premier étage au rez-de-chaussée; le premier étage que j'habite, est de plain-pied avec le jardin. Le plus souvent je passe par l'ambassade. Je n'ai qu'une dizaine de pas à faire pour traverser le jardin, puis le pont; on n'aurait même pas le temps, en cas de pluie, d'être mouillé.

Quand on entre chez moi, on se trouve d'abord dans mon salon, qui est charmant. Il a dix-sept pieds de longueur et quinze de largeur. Il est tendu de papier vert clair moiré, le plafond est peint à fresque, à la mode italienne, avec des arabesques, des filets et des fleurs, sur fond blanc et vert, de différentes nuances. Le plancher est en briques taillées, comme les dalles blanches et noires des salles à manger et des antichambres en France. Mon salon a deux fenêtres donnant sur la *via Pilotta* et au couchant; par là, je puis voir, de l'autre côté de la rue, M. de Maubourg, dont le cabinet a une fenêtre en face de la mienne, ainsi que M. de Rayneval et Charles d'Astorg, qui sont en face aussi, au second étage.

Mon ameublement est aussi joli que complet : une table ronde, un grand bureau, une armoire, une commode, une table carrée, un grand canapé, une cheminée à la prussienne, une bibliothèque, huit chaises et un grand fauteuil. Quel prince est mieux installé que moi ?

A gauche de la cheminée, entre celle-ci et la fenêtre, est un grand cabinet garni de portemanteaux et de tablettes. De l'autre côté de la cheminée, est une armoire en placard dans le mur.

En face de la cheminée, est la porte de ma chambre à coucher. Comme toutes les portes italiennes, elle est un peu basse; elle n'a guère plus de cinq pieds dix pouces. Ma chambre à coucher est plus petite que le salon, mais non moins jolie; elle a neuf pieds de largeur sur seize de longueur. Faisant face à la porte, on a, quand on entre, une belle et grande fenêtre, donnant au midi, sur le jardin de l'ambassade; à droite est une jolie petite cheminée; à gauche, dans le fond, est mon lit.

La chambre est tapissée de papier jaune d'or moiré, le plafond est jaune aussi et peint d'arabesques; le carrelage est semblable à celui du salon. L'ameublement en est très simple, mais joli et confortable : un excellent lit avec rideaux, une grande table carrée longue, une plus petite qui me sert de prie-Dieu, une table de nuit et cinq chaises.

Véritablement, M. de Maubourg m'a soigné là comme si j'eusse été son fils. Dieu sait si je ressens toutes ses bontés pour moi et si je suis prêt à les reconnaître!

Madame de Maubourg n'est pas moins charmante pour moi; il y a deux jours, elle m'a encore donné deux médailles du Pape, sur un simple désir que j'avais énoncé la veille et qui lui a été rapporté. Je vois bien la vérité de ce que Reiset me disait le soir même de mon arrivée à Rome, quand il est venu me voir à l'hôtel : « Mon cher, nous mangeons notre pain blanc le premier; nous sommes trop heureux. » Que dirai-je donc, moi que l'on gâte, que l'on soigne bien plus encore que Reiset, et à qui l'on donne logement, table, etc., de manière à me rendre, en quelque sorte, l'enfant de la maison?

4 avril. — Jour de l'Annonciation, fête remise du 25 mars, et chômée à Rome.

Je sors de chez *moi* à six heures et demie et, selon ce qui était convenu, je vais prendre M. Georges de Caraman pour entendre la messe à Saint-Pierre. Je n'avais jamais assisté à une messe ordinaire dans la grande cathédrale du monde chrétien; celle que j'entendis aujourd'hui était accompagnée de circonstances bien propres à m'impressionner. D'abord ce n'était pas sur un autel ordinaire que s'offrait le Saint-Sacrifice; c'était dans une chapelle souterraine, placée sous le baldaquin et sur les corps des deux Princes de l'Église, sur le tombeau de Saint-Pierre et de Saint Paul. Le prêtre officiant avait aussi quelque chose de particulièrement intéressant; c'était un jeune Anglais, nommé M. Hair, ordonné prêtre depuis huit jours, et célébrant par conséquent une de ses premières messes. Son père est un catholique très fervent ; M. l'abbé Hair a déjà trois frères prêtres, et le dernier, tout jeune encore, veut aussi embrasser l'état ecclésiastique. Quelle joie et quelle bénédiction pour un père de cinq enfants de les voir tous appelés au plus sublime des ministères !

Quand M. de Caraman, qui est parent de M. Hair, me proposa d'assister à cette messe, je fus enchanté. Malheureusement, le temps était affreux, et ce ne fut qu'en ouvrant et en refermant successivement le parapluie, que nous pûmes arriver à Saint-Pierre sains et saufs, ou plutôt sains et *secs*. Nous suivîmes l'abbé Hair, qui était déjà prêt, dans l'église souterraine, et nous arrivâmes à la chapelle vénérable.

M. de Caraman et moi nous étions seuls. La chapelle n'était éclairée que par la lueur des cierges de l'autel et par une faible échappée de jour, venant d'en haut, par une ouverture grillée. Au fond, devant l'autel, étaient les corps des deux grands Apôtres, cachés par leurs images.

J'étais devant Saint Pierre !!! devant Saint Paul !!! les deux grands Saints par excellence ! l'un, choisi par Notre-Seigneur pour le remplacer sur la terre ! l'autre, converti miraculeusement et envoyé aux nations païennes pour leur prêcher la foi et la vie ! quelle foule de sentiments et quel respect profond envahissent le cœur dans un pareil lieu !

Après la messe, à laquelle la sainteté du lieu où elle se célébrait ajoutait encore de la solennité, nous allâmes visiter l'église souterraine, la crypte de Saint-Pierre. Comme église, elle n'a rien de remarquable ; elle renferme plusieurs mosaïques très anciennes, plusieurs tombeaux de Papes et de Saints.

Il y a les chapelles de Sainte-Hélène, de Saint-André, de Saint-Longin, de Sainte-Véronique.

Parmi les tombeaux des Papes, j'ai remarqué celui de Boniface VIII, si célèbre par ses violents démêlés avec Philippe le Bel; sa figure est très douce sur le marbre que l'on voit là; il est, ainsi que tous les autres, couché sur son tombeau, les mains jointes et semblant prier ou dormir.

Là aussi, est le tombeau et la statue de Nicolas V, qui termina le long et trop fameux schisme d'Occident. Il a une figure presque ridicule de *simplicité*, quoique empreinte de bonté. Là, enfin, j'ai vu le tombeau d'un homme qui a été l'objet de bien des attaques et de calomnies abominables contre la Papauté et l'Eglise Romaine, le Pape Alexandre Borgia. Sa figure est régulière, grave et austère, dans la statue de marbre étendue sur son mausolée.

Après notre visite dans la crypte qui appartenait à l'ancienne basilique de Constantin, nous restons encore quelques moments dans Saint-Pierre, admirant une fois de plus l'immensité et la puissance de ce magnifique temple. Nous en sortons tous les trois pour aller déjeuner, en attendant que le cortège pontifical passât pour se rendre à une cérémonie. Le temps était si mauvais, que nous apprenons au café qu'il ne passera pas. Nous prenons, pour nous consoler, un mets italien, appelé du *mischio* ; c'est tout simplement un mélange de café noir et de chocolat. Ce dernier domine tellement, qu'on ne sent presque pas le goût du café; en tout cas c'est très bon.

Je retournai de là à mon logement, à l'ambassade. Je ne suis pas encore blasé sur le bonheur d'être *chez moi* tout à fait; d'autant plus, ainsi que je l'ai dit, que j'y suis à merveille.

Il fait froid, il pleut, il grêle; qui pourrait se douter qu'on est en Italie ?

5 avril. — Pluie, temps gris et triste.

Le soir, grand dîner de vingt-huit personnes à l'ambassade. De même que dimanche dernier, M. de Maubourg avait réuni à dîner les évêques français en ce moment à Rome, de même il réunit aujourd'hui toutes les belles dames de la ville : la princesse Doria, la princesse Torlonia née Colonna, la comtesse Cini, et quelques autres encore.

6 avril. — Le matin le soleil brillait, mais à midi le *scirocco* a commencé à souffler et à rendre le temps lourd, couvert, orageux et énervant.

A neuf heures, M. Surat, Paul et moi, nous allons à Saint-Pierre, où Augustin devait nous attendre avec Mgr Pacca, neveu du cardinal, pour monter à la coupole de Saint-Pierre. Tous deux étaient exacts au rendez-vous; mais, avant de faire notre ascension, Mgr Pacca nous mène visiter le trésor de la sacristie.

Cette sacristie est, à elle seule, un vrai palais; les galeries qui y conduisent et dont j'ai déjà parlé, sont tapissées des plus beaux marbres; c'est un digne appendice, un digne prolongement de Saint-Pierre.

On nous montre d'abord la croix de vermeil et de lapis-lazuli, ainsi que les magnifiques chandeliers qui servent au Pape lorsqu'il officie à Saint-Pierre. C'est Michel-Ange qui a donné les dessins de ces sculptures et ciselures magnifiques, aussi élégantes et légères que graves et solides. Dans les piédestaux des chandeliers et aux quatre extrémités des bras de la Croix sont de grands médaillons de cristal de roche taillé et ciselé, sorte de tour de force quand on réfléchit à la dureté de la matière et à la grandeur de ces morceaux.

Après cela, on nous fit voir les calices : plusieurs sont en or massif; le plus beau, qui ne sert jamais qu'au Pape et dans les grandes solennités, est tout en or, et parsemé des plus beaux diamants. Il y en a de très gros dans le nombre ; ils viennent d'une reine d'Angleterre.

L'ostensoir, qui fait pendant à ce riche calice, est également en or avec des diamants ; mais ceux-ci sont moins beaux comme eau, comme limpidité ; on me le disait du moins, car, pour moi, je n'y voyais aucune différence. Un autre ostensoir est en ambre, orné de pierreries de diverses espèces, entre autres d'un rubis énorme. Un autre ostensoir encore avec des rubis-balais montés sur or; un quatrième en cristal de roche ; un cinquième en vermeil et plus élevé que les autres, donné par un Empereur d'Autriche.

Mgr Pacca nous fit ensuite montrer l'ornement pontifical du Pape Saint Léon le Grand, conservé comme une relique. Il est en soie bleu foncé avec une profusion de broderies d'or et d'argent. Par devant surtout ces broderies sont d'une richesse et d'un goût merveilleux. Mais combien plus riche et plus admirable était le cœur du grand et saint Pontife qu'a recouvert jadis ce vêtement !

Nous vîmes encore d'autres ornements de la plus grande magnificence; plusieurs étaient en drap d'or broché d'argent; il y en a un brodé en Chine et envoyé de Chine au Pape; il est tout en soie, de couleurs vives et brillantes.

Nous procédâmes ensuite à notre expédition aérienne. Nous avions 410 pieds à monter; Saint-Pierre en a 426 de hauteur, mais il faut défalquer les 16 pieds de la hauteur de la Croix qui surmonte la coupole.

Nous entrons donc dans un des quatre piliers qui supportent le dôme; chacun de ces piliers a 206 pieds de tour ! 162 pieds d'élévation ! quelles gigantesques proportions ! Ils sont habités par un nombre énorme de personnes préposées à l'entretien de l'église; Saint-Pierre est, dit-on, une vraie colonie.

Après avoir grimpé, grimpé... puis, monté, monté encore, monté toujours, nous arrivons à la hauteur du sommet de la façade qui regarde la Place ; avant d'entrer dans l'église, nous nous avançons sur la plate-forme qui s'étend au-dessus du péristyle ; nous trouvons là, quoi ? une maison ! et une assez grande maison encore.

Nous nous approchons du bord de la plate-forme et nous apercevons tout Rome, mais en miniature ; la place *San Pietro* nous semblait toute petite. Je levai les yeux sur une des statues des douze Apôtres qui garnissent le bord de la façade ; sa main seule était aussi grosse que mon corps tout entier.

Nous entrons dans l'église ; nous nous trouvons sur la première balustrade ou corniche circulaire, faisant le tour de la coupole à l'intérieur, et au-dessus de l'inscription qui y règne : « *Tu es Petrus et super hanc Petram œdificabo Ecclesiam meam et tibi dabo claves regni Cœlorum.* » Cette balustrade a 390 pieds de tour ! Les lettres de l'inscription ont 6 pieds de hauteur !

Et quand j'abaissais mes regards dans l'église, comme tout était diminué, amoindri ! cet immense Baldaquin n'était plus rien du tout ; les deux colosses qui soutiennent la Chaire de Saint-Pierre au fond du chœur semblaient à peine grands comme nature ; les hommes étaient de petites choses noires se remuant. Ces mosaïques de la coupole, qui d'en bas semblent si fines et si belles, sont, vues de près, de grossières applications de petits carrés de couleurs heurtées et crues d'un pouce carré au moins. Ainsi, pour un œil d'ange, à l'expression douce et gracieuse, il faut une vingtaine de ces morceaux : de près, c'est inimaginable de grossièreté, de dureté.

Nous n'avions plus *que* 155 pieds à monter pour arriver au sommet de la voûte du Dôme. Un phénomène extraordinaire, quand on est sur la corniche intérieure, ou balustrade, dont je viens de parler, c'est qu'en s'interpellant même à voix basse d'une extrémité du diamètre de la coupole à l'autre, on s'entend parfaitement quoique l'on soit séparé par une distance de 130 pieds! Le son glisse le long de la voûte et arrive clair et net. Paul était en face de moi et paraissait tout petit : je lui parlais tout bas et il m'entendait.

Après avoir monté encore, nous arrivons à une seconde corniche au-dessus de la première ; l'effet était le même, seulement plus accentué encore ; à peine voyions-nous un homme assis en bas contre un confessionnal.

Pour la seconde fois nous sortons de l'intérieur de l'église ; là commencent les ascensions plus difficiles. Aucune ne présente le moindre danger, car aucune ne se fait en dehors. Paul et moi, nous passons par un passage oblique et nous grimpons, à l'aide de perches plantées là en guise d'échelles, jusqu'au sommet de la courbe du Dôme.

De là, quelle vue immense! Quand le temps est clair, on voit très bien la mer à l'horizon. L'énorme Château Saint-Ange semble de là-haut un petit pâté ; que l'on juge de ce que paraît le reste en comparaison? Malheureusement le soleil est absent, et la brume nous empêche de jouir de l'admirable panorama déroulé autour de nous.

Nous continuons à monter, et nous parvenons au soutien de la boule, lequel peut avoir une vingtaine de pieds de long ; une échelle de fer s'élève à pic au milieu : c'est par là que l'on atteint la boule que surmonte finalement la Croix. J'y entre le premier de la bande, Paul me suit, puis M. Surat, Augustin, puis enfin leur domestique.

La boule qui soutient la Croix a 7 ou 8 pieds de diamètre, par conséquent de 24 à 25 pieds de circonférence. Elle est en cuivre, garnie intérieurement d'une charpente en fer. De petites ouvertures sont ménagées pour donner de l'air et du jour. La chaleur y était, cependant, étouffante, car le soleil l'avait frappée toute la matinée. Malgré cela, je m'assieds sur la charpente, je tire mon album et mon crayon, que j'avais emportés, et, dans la boule du Dôme de Saint-Pierre, je *croque* à la hâte une petite tête d'ange et une croix, et je croque aussi la charpente intérieure de la boule. Je ne fis la croix qu'en bas de l'échelle, après être redescendu avec mes compagnons à quelques pieds plus bas.

Nous redescendons après nous être reposés là-haut, et une fois redevenus simples habitants de la terre ferme, nous nous dirigeons vers un mauvais café, où nous déjeunons d'un grand appétit. De même que tous les cafés italiens, celui-ci était orné de peintures à fresque, et le plafond était voûté. Le tout était aussi laid que sale.

Après quoi, nous revenons chez nous, les jambes rompues par la fatigue. Le soir, j'ai la corvée d'un grand bal chez le comte de Lutzow, ambassadeur d'Autriche. Les appartements du *palazzo [di Venezia* sont d'une bien vilaine simplicité. Des draperies sont imitées sur les murs par des peintures à fresque. Je n'ai pas aperçu le buffet et la salle des victuailles ; il paraît que c'était d'un primitif étonnant. Le bouillon était sur le feu dans trois grandes marmites de cuivre, avec un marmiton tout de blanc habillé pour le servir. Les glaces étaient sur une espèce de table-buffet, enveloppées dans du papier, et les domestiques qui les transvasaient dans les soucoupes les maniaient avec leurs doigts... Le reste à l'avenant.

J'ai vu là des têtes incroyables appartenant à l'un et l'autre sexe. Je m'abstiens de nommer les plus étonnantes.

7 *avril*. — Temps de giboulées, soleil chaud, lourd, et pluie, pluie et soleil toute la journée ; le soir, pendant que j'écris mon journal, averse torrentielle et tonnerre. En somme, sauf quelques rares exceptions, le temps est

bien désagréable depuis que je suis à Rome. Quoiqu'au mois d'avril, il n'y a pas encore de feuilles aux arbres, il fait froid ou il pleut, et un manteau n'est de trop que pendant deux ou trois heures au milieu du jour. Paul de Malaret est tout désenchanté de l'Italie, d'autant plus qu'il ne reçoit aucune nouvelle des siens, ce qui le tracasse et l'inquiète.

8 avril. — A 9 heures et demie, je vais déjeuner chez M. de Witte, le savant antiquaire, et nous allons ensuite visiter avec trois autres personnes de sa connaissance le fameux musée Etrusque du Vatican.

Je dois avouer que je m'y suis copieusement ennuyé, quoiqu'il y ait des choses vraiment intéressantes, curieuses et même belles; telle, par exemple, qu'une assez grande quantité de bijoux d'or trouvés dans le tombeau d'un magistrat romain. Ainsi encore : un char en bronze, très petit, très bas, très simple et très lourd, avec timon pour deux chevaux; un lit en fer sur lequel les anciens déposaient les cadavres que l'on ne brûlait pas; on mettait ce lit dans le tombeau et le mort étendu dessus ; — des coupes charmantes ; — des marmites et bouilloires de formes très gracieuses et imitant les trépieds. En somme, et malgré la richesse du musée Etrusque, le plus beau, dit-on, qui existe, je n'y ai guère trouvé d'autre intérêt que la curiosité, et je n'ai pas envie d'y revenir.

A mon retour à l'ambassade, je me mets au travail. Je venais de ramasser la boue des sales rues où j'avais passé en revenant de Saint-Pierre. Toutes les rues intérieures de Rome sont affreuses, tristes, boueuses; jamais ou presque jamais on ne les balaye ; elles sont presque toutes étroites et irrégulières : les boutiques ont une apparence minable. En somme la Rome moderne et matérielle est aussi laide que la Rome chrétienne et artistique est belle. Or comme celle-ci est incomparablement belle, celle-là est incomparablement affreuse.

XII

Visite à Owerbeck. — La galerie Corsini. — La basilique et la statue de Sainte-Cécile. — L'Académie de France, exposition des œuvres des pensionnaires. — Tableau de M. Papety. — Anecdote arrivée à une abbé en administrant l'Extrême-Onction. — Départ d'Augustin Galitzine.

10 avril. — Temps magnifique, mais vent du nord (*tramontana*) très froid.

Après notre déjeuner, M. de Caraman, M. de Rayneval et moi, nous allons chez M. Morani, ce jeune peintre italien que j'avais déjà vu une fois à mon arrivée à Rome. Il venait de terminer une peinture destinée à un plafond, et représentant Zéphyr enlevant Psyché dans les airs. C'est de la peinture facile, mais molle et *moderne*. En plafond, cependant, peut-être cela fera-t-il un certain effet.

De chez M. Morani nous allons chez un peintre bien autrement connu et qui mérite aussi sa réputation, M. Owerbeck. M. Odier nous en avait parlé avec de grands éloges, il avait été chez lui et avait vu des cartons et des dessins très remarquables.

Nous arrivons donc à la porte d'Owerbeck, lui-même vint nous ouvrir. Sa figure est une vraie bénédiction pour un peintre de portraits; j'en ai peu vu qui fassent autant d'impression et dont les traits aient plus de caractère. Il est grand, très maigre, très pâle; teint de poitrinaire ou d'ascète; yeux graves et mélancoliques, flétris et cerclés de bleu, des cheveux rares, assez longs par derrière et rejetés au-dessus des oreilles; pas de barbe ni de moustaches; grandes mains maigres et osseuses, pleines *d'expression*, enfin, grande robe de chambre plissée, brune, garnie de fourrure et à larges manches, une toque plissée de velours noir sur la tête. Voilà à peu près l'image d'Owerbeck, protestant converti et fervent catholique; il semble le sentiment religieux incarné; tout en lui, comme dans sa peinture, respire la foi; et ce cachet si énergique joint à l'air naturel le plus grave, je dirai même le plus triste, fait qu'on ne l'aborde qu'avec un certain respect. Telle est du moins l'impression que j'ai ressentie devant lui. « Cet homme-là n'a jamais dû plaisanter, » disait en sortant M. de Rayneval.

Comme sa peinture aussi, Owerbeck est de trois siècles en retard; il est de 1500; il semble un portrait vivant d'Holbein.

Il a pris l'art à son enfance, ne s'occupant pas des progrès qu'il a faits depuis. Il peint et dessine selon la première manière du Pérugin; Raphaël n'a pas encore paru pour lui : ce n'est pas à dire pour cela que ses tableaux soient sans mérite; bien au contraire, ils ont de rares et admirables qualités. D'abord ce sentiment religieux véritable, si rare de nos jours. On voit, devant sa peinture, que c'est sa pensée qu'il a traduite sur la toile, de même qu'on la traduit par la prière. Un tableau est, je n'en doute pas, pour Owerbeck une action de piété, l'expression d'un vif sentiment qui a besoin de sortir et de se manifester au dehors. Ensuite, dans toutes ses compositions, se remarque une grande naïveté de pose et de composition, une très heureuse compréhension de la draperie, et un *parti pris* de plis grandement et gracieusement conçu. Peut-être de temps en temps y a-t-il un peu de *pastiche*, d'imitation ou au moins de souvenirs ; mais quoi de parfait sous le soleil ? Et une fois que l'on emprunte aux autres, n'est-ce pas encore un talent que de prendre chez les meilleurs ?

Il y avait dans son atelier six dessins ou cartons des quatre Évangélistes et de deux Apôtres qu'il va peindre pour une chapelle. Le Saint-Luc et de Saint-Jacques le Mineur sont gracieux et superbes ; ils ont un *style* étonnant, ce qui est bien rare chez un artiste moderne. Ce ne sont pas là des *bonshommes* habillés en apôtres, ce sont les Apôtres eux-mêmes, tels que nous nous les représentons ; en un mot, cela a du caractère, du *style;* c'est de la vraie et belle peinture religieuse.

Il avait aussi dans son atelier le carton d'un grand tableau composé pour une ville d'Allemagne ou de Hollande, et déjà exécuté en grand. C'est le triomphe des arts sous la protection de la Sainte-Vierge. Quoique l'on retrouve un peu trop là l'*Ecole d'Athènes* et la *Dispute du Saint-Sacrement* de Raphaël, cette composition ne laisse pas d'être une œuvre capitale. Un défaut que j'y ai remarqué cependant, c'est que l'on ne comprend pas de suite le sujet.

Dans deux autres petites esquisses, j'ai trouvé peu des qualités et beaucoup des défauts du Pérugin. En somme Owerbeck est un grand artiste et un saint homme du seizième siècle.

11 avril. — Temps clair et pur, mais très froid : même avec un bon manteau je me sens tout transi. Ainsi va le monde. On s'imagine arriver dans un printemps perpétuel quand on met le pied sur le sol de l'Italie, et l'on est tout surpris et déconcerté de voir la pluie succéder au vent, le froid au vent, la pluie au froid, et la grande chaleur à tout cela. Je vis actuellement de souvenirs et d'espérances. Il faisait si beau les dix premiers jours après mon arrivée à Rome, et bientôt il va faire si beau encore !

J'avais confié à M. de Witte, ce bon et aimable *Etrusque*, mes chapelets, crucifix et médailles pour les remettre au père Vaures, pénitencier français à Saint-Pierre et ayant ses entrées chez Grégoire XVI ; il s'est chargé de les faire bénir et indulgencier par Sa Sainteté. Je vais les chercher, enchanté de la joie que l'envoi en fera à tous les miens, et plus enchanté encore du profit qu'ils en tireront devant Notre bon Seigneur.

Je ne conçois guère l'opinion qu'ont de la miséricorde de Dieu ceux qui attaquent les Indulgences. S'il remet la peine éternelle par l'absolution du confessionnal, pourquoi l'amour qu'il nous porte ne lui ferait-il pas remettre la peine même temporelle? Je ne vois pas plus de difficulté à comprendre et à accepter l'Indulgence qu'à comprendre et à accepter l'Absolution. Mais, dit-on, pourquoi, en récitant telle prière plutôt que telle autre, en priant sur tel chapelet, devant tel crucifix, telle image, plutôt que devant d'autres? Parce qu'il l'a voulu ainsi, doit-on simplement répondre, ce me semble. Et que dire à cela, en effet, à moins d'attaquer le pouvoir divin de l'Eglise, c'est-à-dire, toute la religion chrétienne?

Une chose que j'ai apprise dernièrement du bon et savant M. de Cazalès, et qui montre de quel sublime caractère est revêtu le Souverain-Pontife, c'est que la simple possession de tout objet de piété, chapelet, crucifix ou médaille, bénit par le Pape, emporte avec soi indulgence plénière à l'article de la mort ! bien entendu quand on a l'intention de gagner cette indulgence, et les dispositions nécessaires. Quel bonheur pour moi de penser que mes chers parents vont bientôt avoir ces précieux objets auxquels s'est attachée tout spécialement la miséricorde de Dieu.

A midi je vais avec M. de Caraman voir la belle galerie de tableaux du prince Corsini. Celui-ci est absent et son musée, très difficile à visiter quand il est à Rome, est actuellement ouvert tous les jours.

La galerie se compose de neuf salles, dont quelques-unes sont remplies de belles et excellentes choses. Voici salle par salle la *dissection* que j'ai faite de chaque tableau, méthode précieuse pour les mieux graver dans la mémoire (1).

1re *Salle*. — Deux *Vues de Venise*, du Canaletti (2), eaux charmantes, air, soleil, profondeur.

2e *Salle*. — Rien de bien remarquable.

3e *Salle*. — *Ecce Homo* du Guerchin (3), très beau, mais manquant de noblesse. Un autre *Ecce Homo* de Carlo Dolci (3), plus beau à mon goût, mais d'une peinture *léchée*. *Paysage*, de Botta (4), chaleur et lumière. Magnifique *Portrait de Philippe II* d'Espagne, par le Titien (2), chef-d'œuvre de naturel, de vie. Au fond de cette salle est un curieux souvenir de l'antiquité romaine ; c'est un siège curule, en marbre blanc et de forme très gracieuse ; j'en fais le croquis sur mon album.

4e *Salle*. — Douze tableaux de Callot (4); ce sont les divers épisodes de la *Vie d'un lansquenet;* peinture fine et originale, composition animée et très intéressante. *Chasse au tigre*, de Rubens (2); le tigre est superbe. La composition a été copiée par Horace Vernet dans sa chasse aux Lions. *Hérodiade*, du Guide (2), avec la tête de Saint Jean-Baptiste. Hérodiade est commune et laide, la tête du Saint est magnifique. *Martyr de Saint Pierre*, du Guide (3), vigueur et couleur, chose rare chez le Guide. *Saint Jérôme dans le désert*, du Titien (1); couleur admirable, draperie rouge et linges blancs très beau; la tête semble trop petite. *Portrait d'homme* par Vandyck (2), poussé au noir; yeux vivants et pleins de feu. La *Maîtresse de Raphaël*, par Jules Romain (3); couleur vive et vraie; yeux ex-

(1) J'indique par les numéros 1, 2, 3, 4, et 5 la dimension des tableaux, le numéro 1 indiquant les plus grands et 5 les plus petits.

pressifs et enchâssés avec une grande poésie; la couleur des joues est naturelle et éclatante. Un petit Jules Romain (4); vilain style; peint par *bosses*. *Mort d'Adonis* par Ribeira (1); belle couleur et dessin bien meilleur que d'habitude.

5° *Salle*. — *Sainte-Agnès*, par Carlo Dolci (3); couleur vive, peu naturelle; composition naïve. Jolie *tête de Vierge* de Carlo Maratte (3); naïveté et grâce, mais peinture molle, grise et peu soignée. *Notre-Seigneur et la Samaritaine*, du Guerchin (1); magnifique couleur, sombre et grave; grande noblesse. Joli tableau de *l'Adoration des Mages*, par Guerardo Della Notte (3); effet de lumière; cadre charmant avec des anges en argent et cette inscription : « *Post partum Virgo*. » (Vierge après l'enfantement). *Tête de Notre-Seigneur*, par Luca Giordano (1), belle couleur. *Mater Dolosora* et *Ecce Homo*, tableaux ovales du Guide (3); brosse vigoureuse, belle expression surtout dans la Vierge. *Sainte-Famille*, tableau très rare est très précieux de Michel-Ange (4). L'Enfant Jésus endormi est superbe et gracieux; la tête de la Sainte-Vierge est délicieuse, mais manque de noblesse; Saint Joseph, avec un bonnet rouge est magnifique. La couleur est belle et parfaitement conservée; les chairs sont vivantes.

6° *Salle*. — Collection de chefs-d'œuvre. *Etude*, de Rubens (3); tête admirablement brossée. *Tête*, d'Holbein (3); homme avec une toque; admirable de nature, de vie, de modelé, de dessin; un peu trop de fadeur et de dureté dans la couleur. En somme tableau superbe. *Portrait d'homme*, de Jules Romain (3); énergie de dessin et de couleur; main superbe; très bonne et belle peinture. *Tête*, de Giorgione (3); superbe, aussi riche et énergique que Titien. *Portrait d'homme*, de Murillo (3); excellent, lumière étonnante, couleur un peu fausse. *Deux enfants* en pied, du Titien (2); vêtements blancs admirables d'har-

monie, de couleur. *Vieille femme*, de Rembrandt (3);
transparence et unité de couleurs surprenante; fait
avec rien. Un *Cardinal assis*, d'Albert Durer (2); beau,
mais je l'aime peu. *Portrait d'homme* avec cravate de
guipure et un grand front, par Vandyck (3). Ce portrait
est un des deux ou trois plus beaux et plus complets que
j'aie encore vus; tout s'y trouve réuni au même degré,
le dessin, la couleur, le naturel, la vie, la noblesse, la
force, la grâce. A mon goût, c'est, de toute la galerie,
l'œuvre la plus remarquable et la plus parfaite. *Luther et
sa femme*, de Holbein (4); ces portraits, peu finis, mais
pleins de cette délicatesse et de ce soin qui caractérisent
Holbein, sont, dit-on, ceux du grand hérésiarque et de sa
digne épouse, la religieuse défroquée. Elle est loin d'être
jolie; lui, a l'air d'un gros bourgeois sensuel et bien fier.
Tête de vieillard, par Rubens (3); tête de profil, cheveux
bouclés et frisés; plein de *chic* et de couleur. Copie
superbe du fameux *portrait de Rubens*, peint par lui-
même, de Campiglia (3); admirable de couleur et de vie.
Portrait d'un Cardinal avec une sonnette, d'Albert Durer (3); chef-d'œuvre dans toute l'acception du mot;
étude approfondie et exacte de la nature, modelé, couleur vraie, douce et agréable, soin admirable; plus beau
peut-être qu'Holbein. Portrait d'un *Cardinal Farnèse*, du
Titien (3); admirable couleur, modelé, vie; le camail
rouge est fait en frottis de laque sur ocres ou sur gris,
ce qui donne une grande transparence. *Doge de Venise*,
du Tintoret (2); grandiose, vigueur, superbe draperie.
Ecce Homo, de Léonard de Vinci (5); petit tableau que je
n'aime pas beaucoup. *Marie Stuart* (5); peinture fine; la
malheureuse reine n'est pas aussi jolie là qu'elle en a la
réputation; la figure est trop grasse.

7ᵉ *Salle*. — *La Vierge tenant l'enfant Jésus*, de Murillo (1);
tableau fameux; couleur magique; peu de dessin,
mais surtout *pas du tout* de noblesse; c'est une mendiante

et son petit garçon. *Esquisse*, de Rubens (3); couleur splendide; c'est Notre-Seigneur insulté et couronné d'épines. *Grand paysage*, de Gaspard Poussin (1); admirable couleur, pleine d'un effet mystérieux qui convient si bien aux grands paysages; eaux superbes, profondes. *Grande esquisse*, de Luca Giordano (1), surnommé *Luca fa presto* (Lucas fait vite), à cause de sa facilité : brosse étonnante. *Notre-Seigneur conduit au Calvaire*, de Garofalo (2); tête de Notre-Seigneur superbe; couleur admirable, fini, dessin; mais peu d'expression. *La Femme adultère*, de Titien (2); onze têtes dans une toile de cinq pieds sur trois, et qui ne semblent pas trop pressées; couleur étonnante, mais vilains types et mauvais dessin. *Jugement dernier*, de Fiesole (*Fra Angelico*) (3); étonnante peinture, admirable. *L'Écorchement de Saint-Barthélemy*, de Louis Carrache (2); magnifique expression du Saint; belle couleur. *Paysage*, de Nicolas Poussin (3), bien clair et bien conservé. *Saint Jérôme en prière*, de Michel-Ange de Caravage (4); j'en ai le dessin original à Paris; j'ai été enchanté d'en retrouver ici l'original en peinture.

8º *Salle*. — *Têtes*, de Francia (3), à la manière du Pérugin et aussi belles; couleur superbe. *Paysage*, de Nicolas Poussin (2), placé au-dessus de la porte; faux effet de ciel; arbres, terre et bas du tableau admirables. *Paysage*, de Claude Lorrain (3); lumière et transparence de jour étonnantes; arbres légers. *Ouragan*, par Gaspard Poussin (3); couleur terrible et digne du sujet. *Saint Pierre reniant Notre-Seigneur*, de Valentin (1); vigueur et couleur; trop de noir, le sujet trop peu indiqué. *Sainte-Famille*, de Nicolas Poussin (3); tête de l'Enfant Jésus charmante; plein de lumière; en somme, cependant, je l'aime peu. *Sénèque dans le bain*, de Michel-Ange de Caravage (2); couleur et effet général superbes. *Pietà* de Louis Carrache (1); genre de Michel-Ange; couleur belle et sombre. *Sénateur toscan*, de Bronzino (2), en habit rouge ; énergie étonnante. *Notre-Seigneur au jardin des Oliviers*, du Corrège (4) ; belle lumière. *Multiplication des pains dans le désert*, par Palma (2) ; grandiose et belle composition, et couleur très harmonieuse.

9° *Salle*. — *Étable et bœuf*, de Téniers (2) ; clairs-obscurs étonnants ; beaucoup plus de fini que d'habitude. *Prométhée et le Vautour*, de Salvator Rosa (1) ; couleur et dessin admirables ; sujet horrible traité avec énergie. *Portrait de femme*, de Bronzino (2) ; tête d'une couleur magnifique. *Portrait de femme*, du Titien (3) ; admirable peinture ; la femme est galonnée et couverte d'un capuchon noir ; lumière, couleur, vie et solidité. Au-dessus *portrait* superbe, d'un inconnu, plein de lumière. *Antiope endormie et Jupiter en Satyre*, du Titien (2) ; couleur admirable et chairs vivantes. *Marine*, de Joseph Vernet (3) ; très belle, mais mal placée au-dessus d'une porte.

En résumé, une des principales observations que j'ai faites ainsi que M. de Caraman est que nous trouvons dans Gaspard Poussin une grande monotonie, une grande uniformité de style, quoique ses tableaux soient tous très beaux. Pour le reste, ce que nous trouvons de plus capital, c'est : le *Portrait d'homme avec guipures*, de Vandyck ; la *Maîtresse de Raphaël*, par Jules Romain ; le *Portrait de Cardinal*, d'Albert Durer ; les *portraits* d'Holbein ; la *vieille* de Rembrandt ; et, ensuite, comme curiosité surtout, la *Sainte-Famille*, de Michel-Ange ; et la collection des douze Callot.

Cette galerie Corsini est donc, quoi qu'on en dise, très riche, et je suis fort content de l'avoir vue à fond. Plusieurs personnes ont l'air d'en faire fi.

En sortant du palais Corsini, M. de Caraman me conduit dans une charmante église du Transtevère, appelée Sainte-Cécile. C'est-là en effet qu'était le palais des Cécilius, habité par leur illustre descendante, c'est là que la Sainte martyre a souffert pour la foi, et c'est là que repose son corps. A droite de l'église, en entrant, on voit l'étuve de l'ancienne salle de bains, où sainte Cécile avait été enfermée pour y être étouffée. Préservée miraculeusement, elle fut décapitée sur le pavé de marbre de la salle même par un licteur. Outre le spectacle toujours si imposant et si vénérable des lieux témoins d'un martyre, il y a sous le maître-autel et en évidence, une très remarquable statue de la Sainte. Elle est, dit-on, de Maderna, qui l'a exécutée *d'après nature*, lorsqu'au seizième siècle, son tombeau fut ouvert, et qu'on trouva le corps dans le même état de conservation qu'au moment même de la mort, malgré une distance de près de quatorze siècles. La jeune martyre est couchée sur le côté avec une grâce qui n'ôte rien à la noblesse et à la gravité de la pose. La tête est à moitié tranchée, mais elle n'est pas détachée du tronc, de sorte qu'il n'y a rien de hideux ; la figure est tournée vers la terre et l'on ne voit que le derrière de la tête ; ses bras à demi croisés se replient modestement sur sa poitrine, et ses deux mains ont l'une trois doigts ouverts, l'autre un doigt seulement étendu, symbole muet et pathétique de l'affirmation par la mourante de la trinité et de l'unité de Dieu. C'est une statue magnifique et qui justifie la haute réputation dont elle jouit.

Après avoir passé le Tibre sur le pont *Sexto*, nous arrivons devant le palais Mattéi, dont M. de Caraman me fait rapidement visiter la cour ; elle est toute tapissée de bas-reliefs, de bustes et de sculptures, qui lui donnent un caractère tout oriental ; seulement le soleil n'y pénétrant jamais, les pierres et les marbres ont pris une couleur sombre et grisâtre.

12 *avril*. — Paul de Malaret a enfin un logement ; il y entre aujourd'hui, enchanté de quitter son coquin d'hôtel, où on le grugeait sans pitié depuis près d'un mois. Il a choisi un appartement très joli, mais trop éloigné de nous ; il y a plus de vingt minutes de route de

chez lui à l'ambassade. Ce pauvre Paul n'est pas très enthousiasmé de Rome ; l'appétit, j'espère, lui viendra en mangeant.

13 avril. — Depuis quatre ou cinq jours le froid augmente ; malgré mon manteau, j'ai très froid ; nous avons, paraît-il, la même température qu'aux mois de décembre et de janvier,

Je vais avec Paul à l'Académie de France. Il y avait une exposition de tableaux et de statues, œuvres des artistes pensionnaires de l'Académie. Le morceau principal de cette pauvre exposition est un grand tableau de M. Papety. Le sujet est assez obscur et surtout assez ignoblement traité. C'est la représentation de tout ce qui procure aux hommes le bonheur. Mais, entendons-nous : quel bonheur ? et quels hommes ? Le bonheur du phalanstère ! et les disciples de Fourier ! Ceci nous est expliqué par l'ensemble du tableau et plus encore par deux *amis* et une *amie* qui lisent dans un coin à droite un grand papier où est écrit *en rouge* : « Fourier. » Voilà donc ce sujet, qui aurait pu être si grand, si élevé, si poétique, tombant, grâce au fouriérisme, dans la matière et dans les sens. Aussi, dans le tableau de M. Papety, rien ne parle-t-il au cœur ni à l'esprit. Or il me paraît qu'un tableau, étant la représentation d'une pensée quelconque, doit avant tout parler sinon au cœur, du moins à l'esprit. Et quand ce tableau est sérieux, il ne doit pas se contenter de parler à l'esprit, mais doit encore l'élever. Ici rien de tout cela. La seule pensée que j'aie conçue en voyant tous ces groupes, c'est que M. Papety ne comprend rien au vrai bonheur, consistant dans la joie du cœur et dans le travail de l'intelligence.

A part ces critiques fondamentales, et matériellement parlant, cette peinture a de grandes qualités. Le ciel est lumineux autant que possible, mais les arbres sont lourds et trop crus. Les chairs des personnages sont quelquefois trop rousses, les ombres quelquefois aussi trop transparentes, trop jaunes, ce qui leur ôte de la solidité. Le peintre a voulu, je crois, faire un tour de force; je ne trouve pas qu'il ait réussi. Il a, en effet, assemblé toutes les couleurs les plus vives, je dirai même les plus *violentes*, espérant les harmoniser, ce qu'il n'a pu faire. Ainsi, sur un ciel bleu et blanc vifs, se détachent deux grosses masses d'arbres vert foncé et heurté; le lieu de la scène est un gazon vert émeraude, avec mille fleurs aux plus vives couleurs; sur ce gazon sont couchés et groupés des hommes et des femmes avec des vêtements bleu *pur*, blanc *pur*, jaune de chrome *pur*, orange, rouge, de toutes les couleurs et d'un *pur* continu; sur le tronc d'un des arbres est un trophée de fruits, de cors de chasse et d'attributs divers; dans un arbre est un paon tout entier, dans l'autre deux tourterelles blanches tranchant sur le vert foncé, etc., etc...

Malgré tout cela, je le répète, il y a de la lumière, du brillant, et l'étoffe d'un bon peintre, mais, hélas! hélas! hélas! d'un bon peintre fouriéristico-phalanstérien!

En face du tableau de M. Papety est une abominable *croûte* représentant Saint Sébastien: le saint ressemble à un crétin ivre mort.

Inutile de parler des autres médiocrités.

Demain matin, Augustin doit partir pour Naples, et, de là pour Gênes, Lyon et Paris. Je vais dîner avec lui pour la dernière fois pour bien longtemps peut-être. Mon bon Augustin, si pieux et de si bon exemple! son absence va laisser un vide dans mon cœur. Mais le bon Dieu est là, toujours prêt à calmer tous nos chagrins et à nous tenir lieu de tout. Lui seul est l'ami fidèle, qui ne change pas, qui ne nous quitte pas. Bien malheureux celui qui ne connaît pas cette amitié de Notre-Seigneur!

M. Surat nous raconte ce soir une anecdote arrivée à M. l'abbé Desjardins dans sa jeunesse, laquelle anecdote

M. Desjardins lui-même lui avait racontée. Elle est assez burlesque pour être conservée.

Il y avait huit jours qu'il était ordonné prêtre. On vient un soir le chercher en grande hâte pour administrer un mourant. Il part avec un autre prêtre, car c'était la première fois qu'il avait à exercer ce ministère et il ne connaissait pas les usages. Il arrive et fait les onctions saintes, récite les prières, en un mot, administre l'Extrême-Onction. Quand tout fut fini, on s'occupa de serrer les saintes huiles, les linges, etc... M. Desjardins s'aperçoit alors, qu'au lieu de l'huile des mourants, il a, dans sa précipitation, pris à la sacristie l'huile des catéchumènes, destinée aux onctions du Baptême ! grand embarras et consternation de ce pauvre abbé ! il ne savait trop que faire, et songeait à aller chercher les autres huiles, quand une femme qui était présente, s'approcha et lui dit : « Mon bon monsieur, ne vous donnez pas cette peine-là : ce n'est pas nécessaire ici, car... voyez-vous,... le malade... était mort déjà quand on vous a envoyé chercher ; c'était seulement pour la forme !... » — « Comment, mort ! » s'écrie M. Desjardins stupéfait du nouvel incident. — « Oui, monsieur ; mais d'ailleurs ça ne fait rien : car il n'était pas catholique, il était Juif...! » — Pour le coup c'en était trop : administrer l'Extrême-Onction : 1° avec les huiles des catéchumènes ; 2° à un mort ; 3° à un Juif mort !!! Abasourdi, le jeune novice s'en retourna peu satisfait des débuts de sa carrière sacerdotale ;... heureusement il ne l'a pas continuée sur le même ton.

A dix heures, je sors enfin avec Augustin, qui m'accompagne jusque dans le Corso, et là nous nous embrassons en nous disant adieu... quand nous reverrons-nous ? Dieu le sait : à sa sainte volonté ! un jour arrivera, jour bienheureux, où nous serons réunis en Notre-Seigneur sans la crainte de nous séparer jamais. La douce et bonne chose que l'amitié chrétienne !

XIII

Le palais Farnèse, le comte Ludolf et sa famille. — Le comte de Cambis. — Anecdotes sur Henri Monnier et M. Romieux. — Etudes aux musées du Vatican. L'atelier de M. Odier. — Saint-Clément, la Scala-Santa, Saint-Jean de Latran; la table de la sainte Cène. — Le Colisée et les Romains modernes. — Anecdote sur Mgr de Clermont-Tonnerre.

15 avril. — Ma fête! le jour de ma naissance! aujourd'hui j'ai vingt-deux ans; que de fois ma pauvre chère maman, mon père, mes frères, mes sœurs vont penser à moi dans le courant de cette journée! cette pensée serrerait mon cœur, si votre douce consolation n'était là, ô mon Dieu, pour me faire tout supporter avec paix et tranquillité! que deviendrais-je sans vous? et à qui aurais-je recours dans mes petits chagrins?

Je déjeune à dix heures avec ce bon M. de Witte, qui, comme je l'ai dit, s'était si obligeamment chargé de remettre mes chapelets, crucifix et médailles au père Vaures, grand pénitencier français, pour les faire bénir par le Pape. Après un bon petit déjeuner de garçon, je vais faire ma première visite à l'appartement de Paul de Malaret, très joli et très propre, mais fort cher et très éloigné de l'ambassade.

Au retour il pleuvait à verse, de sorte que j'arrivai

trempé chez moi. Comme il n'y a pas de gouttières aux toits des maisons dans ces vilaines rues de Rome, le vent pousse sur les infortunés piétons des nappes d'eau qui tombent de haut et les aspergent en dépit des parapluies. De plus, quand par hasard il y a des gouttières, des bouts de tuyaux avançant de trois ou quatre pieds sur la rue, ajoutent aux susdites nappes des filets d'eau plus perfides encore et plus meurtriers. Je ne conçois pas que l'on n'améliore pas un peu ici le système pluvial.

Le soir, à l'ambassade, concert improvisé : M. de Rayneval, chef d'orchestre et orchestre complet à lui tout seul ; madame de Maubourg, voix haute ; Paul, voix moyenne ; M. de Rayneval, voix de basse ; Charles d'Astorg, voix moitié basse. On chanta le *Comte Ory*. M. de Maubourg trouvait que cela lui rappelait les chats du quartier, mais c'était un peu sévère. Certains passages étaient très beaux ; dans les autres on reconnaissait l'air, c'est déjà quelque chose. Madame de Maubourg se comparait à une chatte abandonnée sur les toits.

Le courrier arrive dans la soirée, et nous apporte la nomination officielle de Paul comme attaché à l'ambassade de France à Rome. Le pauvre garçon ne soupirait qu'après cela ; le voilà assuré de son sort et bien content ; moi aussi.

16 avril. — Le temps est doux mais orageux. Nous ne sommes pas encore au bout des pluies et du mauvais temps.

M. de Rayneval et M. de Caraman partent pour une tournée artistique en Sicile. Ils comptent y rester un mois ou cinq semaines. Voilà une de ces parties fines qui me font venir l'eau à la bouche ! Quel pays, en effet, à voir et à dessiner ! et en quelle aimable et intelligente compagnie ! Il n'y a qu'un petit obstacle qui s'oppose à mon envie de les accompagner, c'est que ces expéditions-là coûtent trois piastres par jour environ (16 francs), sans compter le voyage et les *extra*. Et un pauvre attaché sans traitement n'a pas 600 francs à dépenser comme cela par mois en plaisirs.

M. de Rayneval avait un costume de voyage étonnant : par-dessus sa redingote noire il portait une espèce de petite jaquette paletot, toute courte et en toile blanche : et au lieu de casquette ou chapeau civilisé quelconque, il avait un petit chapeau marseillais gris, à larges bords, avec un grand ruban noir pour l'attacher; par-dessus tout cela un grand manteau dans lequel il se drapait. C'est dans ce costume qu'il traversa Rome pour aller chercher la Diligence de Naples. Charles d'Astorg qui l'y accompagna nous dit qu'il était horriblement mal placé, étant dans une sorte de rotonde, le dos à la portière, et n'ayant que le carreau pour appuyer sa tête. Après trente-six ou quarante heures de route, le pauvre garçon sera terriblement moulu et éreinté. Quant à M. de Caraman, il ne part que le soir, et il a un peu plus de chance pour sa place.

A dix heures, M. et madame de Menou, qui étaient venus passer l'avant-soirée à l'Ambassade, me mènent au palais Farnèse, chez le comte Ludolf, ambassadeur de Naples. J'y avais déjà été quelquefois, mais toujours avec M. de Maubourg. M. de Ludolf est un homme fort spirituel et aimable. Madame de Ludolf fait les honneurs de chez elle avec une grâce, et, si l'on peut parler ainsi, avec une bonhomie parfaite. Ils ont un fils de vingt-trois ans, jeune homme charmant, gai, poli et bon enfant. Toutes les fois que j'ai eu occasion de le rencontrer depuis que je suis à Rome, j'ai toujours eu du plaisir à causer avec lui.

Chez le comte Ludolf, de même que dans tous les salons de Rome, il y a une table de jeu, non pas de whist, mais un vrai *tapis vert*, quoique là il soit rouge, où l'on joue à l'écarté, et où l'on peut perdre jusqu'à six et huit cents francs dans sa soirée. Hier cette table était bien garnie de joueurs et de parieurs ; M. de C... et R... y étaient ; R... gagna six piastres (32 francs) : C... avait commencé par perdre, mais après il se rattrapa, et comme il jouait très gros jeu, je crois qu'il est sorti content. On me disait que dernièrement il avait gagné dans sa soirée plus de six cents francs. R... n'est pas *joueur :* il ne joue que pour passer le temps, et il paraît que ce passe-temps ne lui réussit pas, car dernièrement aussi il se plaignait d'être *à sec*. A qui la faute ?

Parmi nos collègues, Reiset est très aimable et très bon camarade ; il a reçu Paul à merveille ; malheureusement, il ne vient pas très souvent le soir à l'ambassade, quoiqu'il loge à quelques pas, et dans le palais Colonna même. Cambis a un tout autre genre, genre original et paradoxal. Je ne suis pas plus lié avec lui après deux mois que le premier jour ; outre qu'il a dix ou onze ans de plus que moi, il a toujours l'air préoccupé de lui-même, et sa conversation, ordinairement tranchante et peu suivie, n'apporte pas un grand charme dans sa société. Il nous divertit quelquefois, presque tous les jours même, par les opinions excentriques et les paradoxes qu'il émet sur toutes matières. C'est pour s'amuser, assure-t-on, qu'il les dit, et il n'en croit rien au fond. Je l'espère pour lui ; mais, en attendant, c'est fatigant pour les auditeurs. L'autre jour ne soutenait-il pas que l'orgueil et l'humilité étaient très compatibles ensemble et pouvaient se rencontrer dans la même personne ? que, l'orgueil retranché du monde, les hommes ne seraient plus rien et ne pourraient plus rien faire de bon ni de grand ? que Racine écrivait moins bien que Victor Hugo ? que Racine et La Fontaine n'écrivaient pas la même langue, Racine écrivant en *français*, et La Fontaine en *gaulois*? que l'on ne peut vivre à Paris, étant garçon, à moins de trente mille livres de rente ? etc., etc... Je ne sais pas s'il ne préfère pas Ingres à Raphaël, comme Victor Hugo à Racine ; en tout cas, il lui préfère infiniment Rubens. Il me disait également que je ne saurais jamais l'italien si je prenais des leçons... Enfin, une série de paradoxes si forts que nous en rions tous sans nous gêner, et que M. de Maubourg nous dit quelquefois devant Cambis lui-même : « Ne vous scandalisez pas, messieurs, de cette foule de paradoxes ; M. de Cambis n'en croit pas lui-même un mot. » Il faut par exemple, lui rendre cette justice, jamais il ne se fâche, même quand on lui fait entendre qu'il n'a pas le sens commun ; il a un très bon caractère. M. de Rayneval et moi, nous nous débattons toujours contre lui. Ce n'est certes pas l'esprit qui lui manque, tout le monde le reconnaît ; mais je crains bien qu'à ce jeu, il ne se le fausse complètement. Quand il est embarrassé par un argument, il dit invariablement : « Oh !... Ceci est une grande question!... » Je me pince les lèvres pour ne pas lui rire au nez quand il prononce sa phrase.

Cependant le temps se passait chez M. de Ludolf ; j'attendais depuis une heure que quelqu'une de mes connaissances demeurant aux environs du palais Colonna me permît de l'accompagner pour retrouver mon chemin. Enfin, M. Morani, le peintre napolitain qui demeure au palais Colonna même, sort à minuit et je pars avec lui ; mais, hélas ! il pleut, et nous n'avons ni voiture, ni parapluie. Nous quittons cependant le palais Farnèse, et nous arrivons à l'Ambassade mouillés et crottés de la belle manière. Il pleuvait à verse, il tonnait ; enfin, le temps était affreux.

17 avril. — Encore pluie à verse, tonnerre et grêle ce matin. Le temps finit par se dégager, quoiqu'il reste menaçant et orageux. J'ai assisté, à notre église des Saints-Apôtres, à la messe des soldats. Un régiment était rangé et l'entendait ; pour se mettre à genoux ou pour se relever, le clairon sonnait deux ou trois notes. Tous ces militaires à genoux formaient un spectacle très imposant et bien différent de ce que l'on voit en France.

On a raconté ce soir à l'ambassade quelques histoires qui m'ont semblé drôles et que j'ai recueillies. Un jour, Henri Monnier se présente chez un portier et lui demande : « M. Henri Monnier est-il ici ? » — Non, monsieur, il ne demeure pas ici, il n'y est pas. » — « Si fait, il y est, car c'est moi qui suis Henri Monnier... » et il part. Le lendemain, il revient grimé et méconnaissable : « M. Henri Monnier ? » — « Il n'est pas ici, monsieur. » — Si fait, car c'est moi, et je suis ici ! »... et il s'en va comme la première fois. Un autre jour encore, et grimé d'une façon différente, il revient à la même porte : M. Henri Monnier ? » — « Ce n'est pas ici » — Si fait, reprend encore le mauvais plaisant ; c'est moi qui suis Henri Monnier. » — « Si vous revenez, lui réplique le portier exaspéré, je ne vous répondrai plus que par des coups de bâton, entendez-vous ? » — Et Henri Monnier s'en retourne chez lui, se met à son bureau et écrit à quelques-uns de ses amis : « Cher ami, j'ai changé de logement ; je demeure actuellement telle rue tel numéro (la rue et le numéro de son portier mystifié) : venez ce soir fêter mon installation ; nous ferons un souper d'amis. » Le soir, un ami se présente chez le portier de la nouvelle maison d'Henri Monnier : « M. Henri Monnier ? » — « Ah ! vous voilà encore ! attendez ! »... Et l'infortuné ami reçoit pour toute réponse et pour tout souper une volée de coups de bâton. Un second ami arrive ; même question, même réponse ; et tous les invités subirent le même sort. Telle est l'anecdote ; *se non é vero, é ben trovato.*

Autre histoire. M. Romieux, ancien préfet, mauvais plaisant aussi, entre un jour chez un portier ; il le salue très poliment, s'assied, lui demande de ses nouvelles, de celles de sa femme, de ses enfants, lui parle des locataires, de la dame du premier, du monsieur du second, de la politique, du temps, etc... D'abord le portier répond, quoique étonné de cette visite d'un inconnu. Enfin, ne sachant ce que voulait ce monsieur qui s'implantait et prenait racine chez lui, il s'impatiente : « Enfin, monsieur, que voulez-vous ? qu'est-ce que tout cela signifie ? » — « Mais rien que de très naturel, mon ami ; j'ai vu sur la porte de votre loge : *parlez au portier ;* et j'ai parlé au portier. » Et profitant de la stupéfaction du concierge ébaubi, il sort lestement sans encombre.

19 *avril.* — J'avais obtenu du majordome du Vatican la permission de faire des croquis dans les musées. Par un temps lourd, énervant, et par un fort scirocco, je vais à Saint-Pierre, bravant ainsi la fatigue pour commencer mes études. On me refuse l'entrée, ma permission devait être visée par un monsieur quelconque, qui ne les vise que le matin et à l'autre extrémité de Rome ! Singulière façon d'encourager les artistes et de développer les arts. Chaque tentative d'étude est entourée de difficultés, de vexations, sans but et sans utilité aucune. Quand on veut copier un tableau, il faut demander la permission de copier celui-là ; on n'a pas le droit d'en copier un autre. Pour faire des croquis comme je comptais en faire, on m'oblige à des formalités comme si je devais faire une œuvre extraordinaire, et encore ma permission n'est-elle valable que pour un mois. On est plus large et plus grand que cela en France ; chez nous cependant on n'a pas la prétention d'être aussi artiste qu'ici.

La distance de Saint-Pierre au palais Colonna est très grande ; il me faut trois quarts d'heure pour y aller, sans m'arrêter et en marchant d'un pas raisonnable. A mon retour, pour me consoler de ma mésaventure, je finis un petit portrait d'Alfred, le fils de M. de Maubourg ; je l'avais commencé il y a quelques jours, et, Dieu aidant, il a bien réussi. Son père et sa mère sont enchantés.

Alfred est un charmant enfant, plein de cœur et d'esprit; il vient d'avoir huit ans, et il est assez grand pour son âge; sa figure, sans être régulièrement belle, a un caractère très remarquable; pour moi, elle me plaît infiniment et j'éprouvais un grand plaisir à la peindre. Je voudrais bien la faire à l'huile, mais je ne crois pas en avoir le temps. Les yeux de cet enfant sont d'une expression je dirai presque magnifique; dès qu'il s'anime un peu, ils expriment une énergie, une profondeur de pensée, bien singulières à cet âge. Dans l'habitude, ils ont cet air de bonté et de gravité douce, qui caractérisent si heureusement la figure de M. de Maubourg.

20 *avril* — Encore de la pluie, après un temps lourd et un pénible scirocco. Le matin, je vais déjeuner chez M. et madame Odier, toujours aussi aimables pour moi qu'au premier jour. Ils demeurent un peu loin du quartier de tout le monde; mais cet inconvénient est bien compensé d'abord par le voisinage de Sainte-Marie-Majeure, ensuite et surtout par la charmante petite maison qu'ils ont pour eux seuls et qui possède un ravissant jardin, planté d'orangers et de citronniers superbes.

M. Odier avait un atelier dans sa maison, mais il n'en a pas trouvé le jour convenable, et il en a pris un autre à quelques portes plus bas, lequel est beaucoup plus clair et plus propice à la peinture. Il m'y conduisit avant le déjeuner et j'y vis un grand tableau qu'il est en train de peindre et qui se présente parfaitement. C'est celui dont j'ai parlé déjà à l'état d'ébauche et qui représente Saint François d'Assise distribuant du pain aux pauvres, à la porte de son couvent. Il y a dans le groupe, déjà fort avancé, du premier plan une lumière et un coloris qui m'ont frappé. C'est attaqué avec verve et énergie, c'est monté de ton d'une manière surprenante, et brossé avec un véritable talent. Si le Saint réussit, et si la fin répond au commencement, cette peinture sera, je crois, une des meilleures de M. Odier, et elle trouvera en France de nombreux appréciateurs.

Madame Odier, que tout le monde sait si aimable et charmante personne, peignait aussi quand nous sommes arrivés. Elle avait un modèle de femme avec un ravissant costume du pays. J'avais heureusement apporté mon album, de sorte que je me mets à côté de madame Odier, et *croque* à l'aquarelle le modèle qu'elle copiait. Après le déjeuner, nous reprenons notre œuvre, et cette partie artistique ayant si bien réussi, je dois revenir vendredi ; il y aura un autre modèle avec un costume différent du premier (car il y a des variétés à l'infini dans l'habillement des femmes italiennes), et je me propose de renouveler souvent dans l'avenir ces sortes de parties de plaisir. M. Odier est d'excellent conseil ; il aime et comprend la belle peinture.

Toute la journée, depuis midi jusqu'à 8 heures, pluie à verse, temps sombre et triste. Je vois et expérimente la vérité de ce que M. de Maubourg me disait, qu'ici il n'y a pas de printemps, et que l'on ne quitte l'hiver avec ses froids et ses pluies que pour l'été avec ses chaleurs souvent aussi désagréables.

21 *avril* — Je reçois un excellent petit paquet de lettres, dont la lecture me fait passer de doux moments. Combien l'absence fait apprécier ceux que l'on aime véritablement ! Combien elle rend indulgent pour leurs défauts dont elle efface le souvenir pour ne plus laisser subsister que celui de leurs bonnes qualités !

Après la Chancellerie, où, depuis trois jours, nous n'avons rien à faire, *rien* à la lettre, je pars avec Paul et Cambis pour aller à Saint-Jean de Latran. M. de Cambis ne devait pas être de la partie, et j'avoue que je redoute un peu sa compagnie ; il ne trouve rien de beau, et dès lors il glace toute espèce d'admiration. Je désirais d'ailleurs aller à cette fameuse église, cathédrale de Rome et métropole de l'univers, en quelque sorte comme à un pèlerinage ; et avec Cambis, qui n'est pas trop pèlerin, je je ne pouvais suivre mon idée.

Saint-Jean de Latran est très loin de l'ambassade. Il est derrière le Colisée et de beaucoup ; pour y aller il nous faut plus d'une demi-heure. Mais si jamais chemin paraît court, c'est certainement celui-là ! A peine, en effet, est-on sorti que l'on débouche sur la place du Capitole. Le Forum et ses souvenirs si grandioses se déroulent sous vos yeux. A droite vous longez le palais des Césars, à gauche des ruines antiques plus belles, plus intéressantes les unes que les autres, pour arriver enfin au Colisée, ce sublime édifice que le cœur et les yeux ne peuvent se lasser de contempler ! Derrière le Colisée est la longue rue, appelé « *Via di San Giovanni di Laterano* », au bout de laquelle à une grande distance on aperçoit le haut de la facade de la basilique.

Dans cette rue, à main gauche, est la petite église de Saint-Clément, Pape, un des premiers successeurs de Saint-Pierre ; c'est une des plus anciennes et peut-être la plus curieuse des églises de Rome ; elle a, en effet, conservé son caractère très primitif, et possède une crypte souterraine remplie des peintures à fresque les plus intéressantes, les plus concluantes au sujet des dogmes chrétiens et des cérémonies religieuses des temps apostoliques. Nous voulions y entrer, mais elle était fermée : de midi à 4 heures, toutes les églises à Rome sont fermées, à l'exception des basiliques ; les gardiens, sacristains, etc... font la sieste. Je me propose bien d'y revenir.

Nous avançons et nous arrivons enfin à la place de Saint-Jean de Latran, laquelle, quoique étendue, est laide et insignifiante. Au milieu, cependant, s'élève un magnifique obélisque de 99 pieds de hauteur sans son piédestal. Il est placé devant une des facades de la basilique. Cette façade heureusement n'est pas la principale ;

elle se trouve presque derrière l'église, un peu à droite. Nous avançons du côté de la grande façade, longeant non pas l'église, mais un gros palais qui s'est mis à côté de Saint-Jean comme pour en cacher la vue. En face de nous était l'édifice qui renferme la *Scala Santa*, l'Escalier Saint. Ce sont les degrés que Notre-Seigneur Jésus-Christ monta et descendit plusieurs fois pendant sa Passion, à Jérusalem, en allant du palais de Pilate chez Anne, Caïphe et Hérode. Si j'avais été seul, je l'aurais gravi à genoux comme doivent le faire les pèlerins, mais je ne le pouvais étant avec des compagnons.

Entre le bâtiment de la Scala Santa et la Basilique de Saint-Jean, on voit une échappée de paysage, la plus ravissante qu'il soit possible d'imaginer. Au premier plan les ruines magnifiques d'un immense aqueduc, dont les arcades, roussies par les siècles et le soleil, s'étendent à une grande distance ; et, au fond, les montagnes bleues de Frascati, de Tivoli et de la Sabine, parsemées de villas et de hameaux.

Cambis trouvait la grande façade de Saint-Jean de Latran affreuse, j'avoue ne pas partager du tout son opinion ; je la trouve au contraire très belle et très élégante. Elle a certainement des défauts, mais dans son ensemble elle rappelle le grandiose de Saint-Pierre et a cette large élégance propre aux monuments d'Italie. Les pierres sont rougies et jaunies par l'ardeur du soleil, et ce ton chaud et puissant suffit presque seul à faire trouver beau un édifice.

Au-dessus de la façade se dressent de nombreuses statues, au milieu celle de Saint Jean-Baptiste, patron de l'Église de Rome avec Saint Pierre et Saint Paul. Toutes ces statues, sculptées du temps du Bernin, sont d'un goût détestable, et semblent des danseurs de corde, mais l'ensemble fait oublier les détails et offre en tout un aspect brillant, riche et imposant. La porte principale de l'église est en bronze et d'une grande finesse de ciselure ; elle est d'un métal tout particulier, qui n'a été employé nulle part ailleurs.

L'intérieur de Saint Jean de Latran, que je ne m'arrêterai pas longtemps à décrire, est d'un mauvais goût très remarquable ; d'affreuses statues d'apôtres, montées sur de lourds morceaux de marbre gris travaillé, accompagnent très bien un lourd et immense plafond tout doré. Quant au pavé, il est en mosaïque et magnifique. Le maître-autel est d'un gothique bâtard, doré, peint, très laid enfin ; mais ce qui lui donne une beauté supérieure à toute celle que l'homme peut atteindre, c'est le précieux trésor qu'il renferme. Là, sous l'autel, est déposée la tête, le *chef* de Saint Jean-Baptiste, le précurseur du Christ.

La chapelle du Saint-Sacrement est d'aussi mauvais goût que le reste ; mais c'est elle, pour le coup, qui renferme un beau trésor ! Une chose très consolante en Italie, c'est de voir combien on respecte Notre-Seigneur dans le Très Saint-Sacrement. Il est bien peu de personnes qui ne se mettent à genoux quand elles passent devant l'autel où Il repose ; témoignage de foi qui touche même les impies et les indifférents.

Un clerc nous mena voir, quand nous eûmes examiné l'église, une précieuse relique, à laquelle se rattachent de sublimes souvenirs ; c'est la table sur laquelle Notre-Seigneur célébra au Cénacle la Sainte Cène avec ses Apôtres, et sur laquelle par conséquent fut institué le Sacrement de l'Eucharistie. Elle est en cèdre du Liban et assez bien conservée pour son antiquité ; elle est carrée ou à peu près et de 5 à 6 pieds sur chaque face. Au reste c'est une table toute simple ; les clous se voient encore en plusieurs endroits. Elle est recouverte d'une glace et placée le long du mur d'une petite chapelle éclairée par trois lampes. Devant la glace est un rideau que l'on soulève pour la montrer. Je compte bien revenir seul pour prier et méditer devant des objets aussi dignes de vénération. Rien ne vaut, en pareille matière, les expéditions solitaires.

Le même clerc nous fit voir ensuite un ancien cloître où le grand Constantin a été baptisé. C'était la première fois que la religion chrétienne avait soumis un Empereur romain, détruisant ainsi sans retour les antiques folies du Paganisme et montant glorieusement sur un trône qu'elle ne devait plus quitter. Nous ne pûmes voir cependant la place même où Constantin fut baptisé; elle était fermée en ce moment. On nous fit seulement parcourir une galerie qui règne autour d'une cour carrée et qui faisait jadis partie du cloître. Cette galerie, soutenue de colonnettes gothiques ravissantes de grâce, de légèreté et d'élégance, contient, outre des débris du plus beau gothique, des objets pieux auxquels se rattachent encore des souvenirs chrétiens. Ainsi, nous voyons là la chaise pontificale, en marbre blanc et ornée de colonnettes et de mosaïques byzantines, où siégeaient les Papes au temps de Saint Sylvestre.

Plus loin, le clerc nous montre une colonne de marbre, provenant du temple de Jérusalem, et que la tradition dit s'être brisée de haut en bas lors de la mort de Notre-Seigneur. On la voit bien là brisée de la sorte, mais j'avoue que la tradition ne me semble guère certaine.

Plus loin encore est une table de marbre soutenue par quatre petites colonnes; la plaque de marbre indique la taille de Notre-Seigneur d'après les anciennes traditions; je me suis mis au dessous, j'étais moins grand d'un pouce à peu près, ce qui donnerait à Jésus-Christ la taille de cinq pieds six pouces au moins.

Au milieu de la cour est un puits que l'on nous dit être présumé celui de la Samaritaine; c'est possible, mais je confesse un peu mon incrédulité à cette tradition, ce puits n'ayant aucun caractère oriental ou hébreu, et de plus étant en marbre blanc, peu commun, je crois, dans les campagnes de la Judée.

Ces traditions, ou légendes, quand même je n'y apporte pas une grande confiance, me font toujours plaisir. Elles témoignent la foi vive de ce pays et un respect touchant pour les objets auxquels se rattachent des souvenirs chrétiens.

Après avoir congédié notre guide avec quelques petites pièces de monnaie, nous sortons et nous reprenons ensemble le chemin du Colisée. Là Cambis nous quitte. Paul et moi nous entrons, admirant ce vrai *colosseum* et ranimant ses vieilles murailles par nos nombreux souvenirs. Martyrs, gladiateurs, bêtes féroces, Césars romains, tout cela reparaissait devant nous. Et sur ce même sol, où les soldats et les témoins de Jésus-Christ déployaient jadis une si sublime énergie, où le Peuple-Roi réunissait les débris de tous les peuples du monde qu'il avait soumis, sur ce même sol, d'indolents et lâches ouvriers romains, race dégénérée, indigne d'habiter une pareille cité, faisaient avec toutes ces grandes évocations le plus étrange contraste. Au lieu de cette vigueur et de cette puissante ardeur, inséparable dans notre esprit du mot de *Romain*, nous voyions de grands flâneurs, travaillant avec leurs manteaux théâtralement drapés, voiturant d'un pas d'une lenteur vraiment comique de petites brouettes, souvent vides. Nous en avons observé un entre autres qui, pour traverser ainsi le Colisée, s'est reposé deux fois; entre chaque étape il avait fait neuf ou dix pas, et cela, je le répète, avec une lenteur, une mollesse qui provoquaient nos rires; sa brouette était vide ! Peuple indolent et paresseux, si jadis vos ancêtres avaient été aussi actifs que vous, ils eussent en vérité fait de belles conquêtes! et de beaux monuments ! Tout en riant, on ne peut au fond se défendre d'une sorte d'indignation.

Je finis ma journée par la Conférence de Saint-Vincent de Paul, laquelle commence à marcher. Dieu bénira sans doute cette petite œuvre, si simple et si parfaitement bonne et utile. Nous avons le bonheur de posséder dans nos rangs plusieurs saints hommes qui la soutiennent et la font prospérer. Tel est le président, le baron de Bock, protestant converti, et qui a déjà, à cause de sa conversion, beaucoup souffert pour la Foi. Tel est encore M. de Stackelberg, Russe converti aussi, secrétaire de la Conférence, saint homme au dire de tous; M. de Bussierre, le grand et zélé convertisseur de Rome, l'abbé Véron, l'abbé de la Bouillerie, etc... A la dernière séance, cinq membres nouveaux avaient été admis.

Il me revient une anecdote assez piquante que Paul de Malaret me racontait ce matin à la chancellerie. Mgr de Clermont-Tonnerre était, il y a quelques années, archevêque de Toulouse. Quoique plein de charité et d'autres vertus précieuses, il était parfois assez dédaigneux et se rappelait un peu trop sa haute naissance. Un jour un pauvre gentilhomme vient le trouver et le supplie de lui accorder une faveur. Pour appuyer sa demande, il lui rappelle que son père a été autrefois employé à son service. « En effet, dit Mgr de Clermont-Tonnerre, je crois me rappeler qu'un des vôtres fut jadis mon porte-queue; » et cela avec un air hautain qui piqua au vif le pauvre gentilhomme. « Cela se peut bien, Monseigneur, lui répliqua-t-il, car, depuis plusieurs générations, dans ma famille, nous tirons le diable par la queue! » Qui fut attrapé et puni ? Le noble prélat ne sut que répondre ; et ce n'était que justice.

XIV

Frascati, villa Aldobrandini; Tusculum, Grotta-Ferrata, couvent de Saint-Nil. — Basilique de *Saint-Paul hors les Murs.* — Pyramide de Sextus. Temple de Vesta. — Villa Borghèse. — Enterrements et prédication. — Galerie Sciarra, le *joueur de violon,* etc. — Histoire d'un enterrement au Canada. — Un déjeuner champêtre.

22 avril. — Vrai temps d'Italie! admirable, délicieux, soleil chaud tempéré par un léger vent du nord, mélange si heureux que l'on a déjà oublié les horribles journées passées.

Après le travail de la chancellerie, je vais chez madame Odier, ainsi qu'elle avait bien voulu m'y inviter la dernière fois que je la vis, et je dessine avec elle un costume de femme italienne.

Le lendemain, je vais au Vatican, non pas pour y dessiner, car c'est aujourd'hui jour de balayage, mais pour voir et choisir ce par quoi je commencerai lundi. En sortant de l'Ambassade, j'entre dans l'église des Saints-Apôtres, où se faisaient les *Quarante Heures.* C'est ici un bien touchant usage. Les Quarante Heures sont permanentes, elles ont lieu chaque jour dans chacune des églises de Rome tour à tour. Le but est la glorification du Saint-Sacrement, le soutien et l'exaltation de l'Église, la fin des schismes et des hérésies. Aux Saints-Apôtres tout le fond de l'église était tendu de draperies blanches, le maître-autel était couvert de cierges, et à une hauteur de vingt-cinq à trente pieds le Saint-Sacrement s'élevait environné de flots de lumières. Le coup d'œil de la messe qui se célébrait en ce moment était magnifique.

Arrivé au Vatican, je me décide pour le *Torse antique* : je passerai ensuite au *Phocion*, puis aux tableaux de Raphaël.

En sortant du Vatican, je suis entré à Saint-Pierre. Comment ne pas entrer à Saint-Pierre, quand on est à la porte? Après avoir fait une prière au tombeau des Apôtres, je comptai par curiosité le nombre de pas qu'il y avait dans quelques-unes des directions différentes de ce colossal édifice. Dans toute la longueur intérieure, je comptai 310 pas ordinaires; dans la largeur du transept, 240 pas, et dans la largeur de la nef, 154. Quelles proportions étonnantes!

24 avril. — Madame de Caraman m'avait proposé hier d'être d'une partie qui devait avoir lieu aujourd'hui, pour aller à Frascati et à Tusculum. J'avais accepté avec d'autant plus de plaisir que M. et madame Odier devaient en être, ainsi que Paul.

Je me lève à quatre heures. Le temps est superbe, doux, frais, sans nuages. Après avoir expédié plusieurs petites affaires pressées et assisté à la messe, car c'est dimanche, je monte en voiture à sept heures avec madame de Caraman, et nous allons chercher les Odier qui nous attendaient. Nous étions dans une charmante petite voiture de M. de Maubourg : il n'y a pas de portière et on n'a qu'à sortir le pied pour être à terre. Nous marchions bon train, car la voiture était attelée des quatre bons et beaux chevaux de l'ambassadeur. Aussi atteignons-nous bien vite Saint-Jean de Latran, d'où nous commençons à apercevoir la délicieuse campagne de Rome.

La vapeur du matin et la distance nous empêchaient de bien distinguer les belles montagnes vers lesquelles nous nous dirigions, mais en avançant les lignes se débrouillaient, le bleu azuré et transparent de ces charmantes collines se dessinait davantage sur le ciel pur et lumineux. A chaque moment madame Odier me faisait admirer un côté, j'en faisais admirer un autre à M. Odier, lequel en montrait un plus beau encore à madame de Caraman, et ainsi de suite; notre promenade était une série d'admirations et d'exclamations.

La superbe façade de Saint-Jean de Latran était éclairée par les rayons du soleil levant, et sa masse se détachait en lumière sur le ciel bleu, tandis que, sur le premier plan, nous avions la *porta San Giovanni*, taillée au milieu d'un immense aqueduc en ruines, dont la longue file d'arcades s'étend à perte de vue dans la campagne romaine. Le contraste de ce ciel bleu pur, de cette façade éclatante de lumière et des graves et gigantesques débris des aqueducs, produisait de ces effets que la peinture est impuissante à rendre.

Jusqu'à notre arrivée à Frascati, c'est, tous les cent pas, un nouveau et admirable point de vue offert à l'avidité du crayon de l'artiste. Tantôt les premiers plans ne se composent que des longues plaines de la campagne de Rome, et les derniers que de la ligne des montagnes de Frascati et de Tivoli. Tantôt nous n'apercevions ces ravissantes montagnes qu'à travers les arcades ruinées d'un aqueduc, ou entre deux masses de ruines roussâtres et brûlées par le soleil. Par derrière, nous voyions les grandes lignes des aqueducs, et pendant longtemps, au-dessus d'elles, la brillante façade de Saint-Jean de Latran.

La *porta Fourba*, plus loin que celle de San Giovanni, offre encore un de ces paysages que je n'ai vus qu'ici et dans les tableaux des grands maîtres qui les ont reproduits. Car je retrouve dans les tableaux de Raphaël, de

Paul Véronèse, du Titien et surtout de Poussin, ces lointains, ces montagnes, ces accidents de terrain et ces mélanges, que la nature seule d'Italie peut fournir, des tons chauds et brillants des premiers plans, et du bleu pur et vaporeux des derniers.

La *porta Fourba* est percée dans un aqueduc bâti par Sixte V, et qui a une longueur de cinq lieues. A droite, aussi loin que la vue peut aller, on aperçoit les arcades de l'aqueduc, à gauche et tout près de la *porta Fourba*, un immense et épais pilier de l'aqueduc de Néron. Il est tout entier recouvert de lierre. A côté se dresse encore un arceau de ce vieil aqueduc, et sous cet arceau on aperçoit le bleu des montagnes et la suite de l'aqueduc de Sixte V.

A moitié chemin environ et à droite de la route s'élèvent des ruines dignes du Forum et du Colisée. Là était, dit-on, une ancienne caserne de vétérans. On voit de loin tout un pan de murailles se détacher en noir sur la lumière du ciel; d'immenses fenêtres sont encore très bien conservées, et font un effet pittoresque, si complètement beau, que l'on croirait volontiers tout cela arrangé par un peintre, si on en voyait la représentation en peinture.

Après une heure et un quart de marche nous arrivons aux montées, c'est-à-dire à la montagne de Frascati. Là, à mesure qu'on s'élève, commence une série de vues que je ne puis ni ne veux décrire, pour ne pas répéter toujours : admirable, ravissant, délicieux. Que l'on se figure seulement devant soi cinq ou six plans de montagnes dont les dernières d'un bleu à peine plus foncé que le ciel, et les premières couvertes d'oliviers et d'arbres dont le feuillage plus clair et plus vif faisait le plus brillant contraste, le tout parsemé de villas, de *fabriques*, et couronné par la villa Aldobrandini, et par le pittoresque village de Frascati ; et derrière soi, une immense étendue de plaines, terminée au midi par la mer, et au milieu de laquelle apparaît Rome dans le lointain. La couleur de ces lignes magnifiques était de plus en plus bleue et vaporeuse à mesure que la distance augmentait, et c'est à peine si, à l'horison, l'œil en distinguait la limite. Sur le bord de la route s'élevaient des arbres superbes, entre autres des oliviers de quarante à cinquante pieds de hauteur au moins, et des cyprès comme je n'en ai jamais vu ; quelques-uns avaient des troncs de cinq à six pieds de tour.

A neuf heures nous arrivons à Frascati ; nous débarquons à une superbe auberge, pompeusement intitulée : « *Nobile locanda e trattanda* », noble lieu où on loge et on mange. Les salons en sont d'une richesse étonnante : parquet en mosaïques, tentures de soie, de dentelles et de mousseline. D'une terrasse charmante l'on apercevait l'admirable plaine de Rome et la mer, encadrée à droite par les premières maisons et la porte de Frascati, et à gauche par les villas Conti et Aldobrandini, entourées de majestueuses et sombres masses de verdure. Le contraste de ces tons si graves avec la blancheur des maisons et la couleur azurée et légère de l'horizon produisait un effet qu'il est impossible de s'imaginer quand on ne l'a pas vu.

Le prix du splendide hôtel où nous étions descendus est d'une modicité étonnante : pour un énorme et vraiment superbe salon à trois fenêtres, pour une salle à manger tendue de dentelle et de mousseline, pour une belle chambre à coucher et la jouissance de la terrasse, le prix fait tout d'abord et sans marchandage fut de deux piastres, ou dix francs cinquante centimes par jour. Que coûterait en France ou en Angleterre, un pareil appartement dans un pareil hôtel ?

Nous allons à la villa Aldobrandini, qui appartient aux Borghèse. Le parc contient des eaux admirables ; on les a conduites de cascades en cascades du haut de la montagne, à mi-côte de laquelle est située la villa, et, devant la maison, elles retombent en jets d'eau et en cascades magnifiques. Ces belles eaux, environnées d'énormes touffes de chênes verts, semblent une de ces délicieuses décorations de théâtre où tout est arrangé pour l'effet. La villa en elle-même n'est pas très belle, extérieurement du moins ; mais au dedans, elle est charmante et surtout d'une propreté qui fait plaisir à voir dans ce pays. Le vestibule dans lequel on entre d'abord offre un spectacle peut-être unique ; car d'un côté on aperçoit les eaux et le parc, et de l'autre cette immense campagne de Rome dominée par tout Frascati.

La villa Conti est loin d'être aussi belle ; nous aurions dû la voir en premier lieu. La maison est triste et a l'air d'une manufacture. Le jardin cependant est rempli d'arbres énormes et très beaux.

Après ces deux courses nous déjeunons et avec des appétits de voyageurs. Paul de Malaret, qui était venu à cheval, devait surtout avoir l'estomac creux ; le pauvre garçon passa toute sa journée à califourchon, quittant le cheval pour l'âne et repassant de l'âne au cheval.

Nous avions, en effet, fait amener des ânes pour monter à Tusculum et à Grotta-Ferrata. Il y en avait cinq, un pour chacun de nous. Celui de madame de Caraman était tout petit et trapu ; celui de madame Odier était le plus beau ; M. Odier avait pris le plus petit, tout roux, tout râpé, tout écorché, tout misérable ; Paul avait le plus fringant et le plus grand ; moi j'en avais choisi un petit, gris et très bon.

Ici commencent les grands plaisirs ; nous étions en gaieté à cause du temps, du pays et de nos tournures respectives.

Après avoir traversé Frascati, dont la place est très jolie, nous montons continuellement jusqu'au haut de ces collines ; à chaque moment, de chaque côté, c'étaient des vues plus admirables les unes que les autres. J'étais désolé de ne pouvoir rien dessiner, et cette désolation me fit former le projet, que j'exécuterai Dieu sait quand, de venir passer trois ou quatre jours à Frascati, pour *croquer* sans pitié tout le pays.

A gauche, nous passons devant un couvent de capucins, dont les murs blancs faisaient un charmant effet au milieu de la verdure et des divers tons de la montagne. Sur la route, à l'entrée du petit chemin qui conduit au couvent, était une jolie image de Madone.

Un peu au-dessus est la villa de la Reine de Sardaigne, appartenant au prince de Canino. C'est à la porte de cette villa que se passa, il y a vingt ans, la fameuse aventure du prince de Canino. Son secrétaire prenait l'air à la fenêtre, quand il fut subitement entouré de brigands qui l'enlevèrent croyant prendre le prince, dont ils espéraient tirer une riche rançon. Le secrétaire ne trahit pas son maître et ne se découvrit que dans les montagnes. Le prince, comme on peut le croire, paya sa rançon.

Actuellement, il n'y a plus de voleurs dans ces parages ; l'excès de leur audace causa leur destruction.

Devant la villa Canino il y a un groupe de pins d'Italie d'une hauteur et d'une beauté admirables ; ils semblent de grands parasols destinés à ombrager la maison pendant les chaleurs de l'été. Il y a aussi de très beaux cyprès, dont la forme allongée et l'épaisseur font un heureux contraste avec ces pins, dont le feuillage ne couvre que le sommet et s'étale comme la toile d'un parapluie.

En continuant de monter, nous arrivons à peu près au sommet de la montagne et non loin de Tusculum ; quand on est à cette hauteur, on voit se dérouler devant soi une vue qui semble une féerie, un jeu de l'imagination. Au fond, à gauche, toujours la mer et, devant, la campagne de Rome ; au troisième plan, Frascati, au second, tout le flanc de la montagne que l'on vient de gravir, et, au centre de la verdure si variée dont elle est couverte, le couvent des austères Camaldules, d'où est sorti et où a vécu si longtemps le Pape Grégoire XVI ; sur le premier plan, des arbres et des fleurs bordant l'antique voie romaine de Tusculum, sur laquelle nous marchions. C'était un merveilleux spectacle.

Cependant nous approchons de Tusculum; chaque côté de la route est semé de débris de pierre et de marbre provenant de l'antique cité, antérieure à Rome, comme on le sait. Nous arrivons au théâtre, encore parfaitement conservé, et dont les dix gradins de pierre, en demi-cercle, pouvaient contenir de quatre à cinq cents personnes. En nous reposant sur ces gradins, nous remarquons combien ce lieu est sonore et bien choisi pour la récitation des vers. Aussitôt, Paul et moi, nous montons sur la scène, élevée de deux pieds au-dessus du sol, et nous débitons à la compagnie émerveillée la scène d'Achille et d'Agamemnon dans l'*Iphigénie* de Racine. J'étais Agamemnon, et Paul, Achille. Ce théâtre est le monument ancien le mieux conservé que j'aie encore vu. Derrière la scène est le lieu ou les acteurs se retiraient, la *coulisse;* on y remarque encore les pierres carrées dont on tapissait les murailles en forme de mosaïque. Ces pierres, ou je crois plutôt ces briques, sont incrustées dans un ciment dont on enduisait tout le mur. Ce genre de construction se retrouve dans presque toutes les ruines antiques. Une chose bizarre, c'est que les acteurs étaient obligés de traverser une rue pour monter sur la scène. Il est vrai que la *via*, qui existe encore aujourd'hui, n'a que cinq pieds de largeur ; le trajet n'était pas long.

Près du théâtre, sont les restes d'une piscine ou réservoir d'eau ; elle était voûtée et soutenue par de nombreux piliers ; la voûte s'est écroulée, mais les piliers, aussi bien que le dallage, sont en très bon état encore. A côté de cette piscine est un aqueduc, à l'entrée duquel étaient des bains et une charmante petite fontaine. Cet endroit est rempli de violettes, ces dames en font provision.

Nous étions là, sur le sommet de la montagne, de sorte que nous jouissions de la vue dans toute son étendue, dans toute sa magnificence, et de tous les côtés.

A l'opposé de Rome nous apercevions l'énorme *Monte Cavi*, près du sommet duquel est un pittoresque village, appelé *Rocca di Papa*. C'est dans le vallon qui nous sépare du Monte Cavi que se trouve Grotta Ferrata, un peu plus à droite. Sur le versant de la montagne de Frascati, est la villa en ruines que l'on a cru longtemps être celle de Cicéron; au dire des antiquaires modernes, il paraît que c'est une erreur et que cette villa appartenait à Tibère. Tant pis pour elle !

C'est de là que la vue des montagnes est surtout magnifique. Après le Monte Cavi, il y en a quatre ou cinq, dont la couleur va en dégradant, à mesure que la distance augmente; les dernières sont de ce bleu clair dont je ne puis me lasser de parler; ce sont les Apennins. Sur un plateau qui joint le Monte Cavi à une autre montagne est le lieu où Annibal campa avec ses Carthaginois, après la terrible bataille de Cannes. Il avança même bien plus près encore de Rome, car on assure qu'il alla jusqu'à la *Porta Pia*, jusqu'aux murailles même de la ville, à la lettre.

De ravissants effets de nuages se produisaient en ce moment; certains endroits étaient plongés dans l'ombre, d'autres étaient vivement éclairés, l'effet en était pittoresque et extraordinaire.

Sur les ruines de la villa Cicéron-Tibère, je cueille des violettes que j'enverrai en souvenir à mes frères et sœurs. Les gazons, dans ces montagnes, sont remplis des plus charmantes fleurs ; madame de Caraman et madame

Odier, avaient chacune un énorme bouquet champêtre.

La descente était très rapide, et madame de Caraman, dont la peur croissait à chaque pas, ne se jugea en sûreté que quand elle fut remise à terre, à la grande satisfaction, du reste, de son baudet.

Au bout de trois quarts d'heure, nous arrivons à Grotta Ferrata. Le couvent des Grecs catholiques qui s'y trouve, outre ce qu'il a de curieux en lui-même, renferme de superbes fresques du Dominiquin. Elles représentent les traits de la vie de Saint Nil, solitaire. Pour tout ce qui n'exige pas de grands mouvements, Dominiquin est admirable ; aussi voit-on là des choses qui, vraiment, méritent la fatigue de la course, entre autres, la fresque représentant le miracle qu'opéra Saint Nil, en guérissant un enfant possédé. Il ordonna à un diacre de mettre une goutte d'huile bénite dans la bouche de l'enfant, pendant qu'il prierait, et le Saint obtint ce qu'il demandait à Dieu.

Dominiquin a tiré de ce touchant sujet le plus beau parti possible. A gauche est Saint Nil, de profil et priant, il est superbe; au milieu est l'image de la Sainte-Vierge, devant laquelle est l'huile, et le diacre en prend avec la main droite; la main gauche est dans la bouche de l'enfant qu'elle tient ouverte. L'enfant se raidit sur ses jambes ; son corps contracté par la douleur, est reployé en arrière, ses bras sont étendus et ses mains rigides et crispées ; il est pâle, ses yeux sont tout tournés. Toute la figure de l'enfant, depuis le bout du pied jusqu'au bout des mains, est un chef-d'œuvre digne de Raphaël et des premiers maîtres. Je préfère même infiniment le possédé de Grotta Ferrata à celui de la *Transfiguration*, et M. Odier partage mon avis.

Le Père soutient l'enfant; sa figure respire la foi, et contraste avec la frayeur de quelques autres enfants, et avec l'inquiétude et l'attente d'une femme, à genoux sur le devant et tenant un tout petit enfant.

Cette fresque a, de plus, l'avantage d'être en très bon état de conservation.

Il y a encore, dans cette chapelle, deux figures du même Saint, l'une en prière, l'autre debout, qui sont fort remarquables.

L'intérieur de la cour du couvent serait charmante à dessiner ; un côté est soutenu par de vieilles colonnes rouges et noirâtres, dont la hardiesse et l'élégance font ressortir d'une façon saisissante la simplicité des murs environnants.

En sortant de cette cour, nous nous reposons un moment, et j'en profite pour faire cinq croquis de nos cinq ânes, afin de les faire figurer dans un dessin de notre promenade. Après quoi, nous enfourchons de nouveau nos modestes montures et nous revenons à Frascati par un chemin joli et court.

A trois heures et demie, nous repartons par le même délicieux temps que le matin, seulement avec un peu plus de poussière. J'étais fatigué et je dormis en voiture, madame de Caraman en faisait autant.

A cinq heures et demie, nous rentrons à l'Ambassade, ravis de notre expédition.

25 avril. — Jour de la naissance d'Anatole, à qui je souhaite et envoie de Rome à Paris, une bonne et excellente fête. Si, lui, ne peut m'entendre, que le bon Dieu daigne ne pas laisser mon vœu stérile !

A une heure, M. et madame de Maubourg, ainsi que madame de Caraman, me prennent avec eux pour aller à Saint-Paul-hors-les-Murs, une des sept basiliques majeures de Rome. Avant 1823, elle était très belle et très intéressante ; mais un terrible incendie la détruisit de fond en comble, et la nouvelle église n'a guère de beau que sa grandeur et sa simplicité.

Une escouade de forçats passait là, quand nous y entrâmes ; ils sont employés aux travaux de la nouvelle église. Leur vêtement est de laine brun clair, rayé de brun plus foncé; la plupart ont une chaîne rivée à chaque jambe et qu'ils traînent en marchant.

Dans la cour où l'on travaille les marbres, le Bénédictin qui nous conduisait nous fit voir de magnifiques blocs d'albâtre oriental, envoyés en présent par Méhémet Ali, pacha d'Égypte, au Pape. Cet albâtre, blanc mat et veiné bizarrement de magnifiques raies et de taches jaunes transparentes, fait un admirable effet. On sciait une colonne de ce même albâtre, longue au moins de vingt-cinq pieds et d'une circonférence de huit à dix pieds au moins. Cette matière est si estimée, qu'un cube de dix pouces se vend 80 piastres, 420 francs environ. Les ouvriers, chargés de la travailler, n'ont demandé pour salaire que les débris qui resteraient des blocs.

Au retour, M. de Maubourg me montra plusieurs monuments pleins d'intérêt, et que je ne connaissais pas encore; ainsi, la pyramide de Caius Sextus, qui lui servit de tombeau et qui fut élevée en quarante jours, sous Auguste; le temple de Vesta, petit, mais un des plus élégants et des mieux conservés qui se voient à Rome; la maison du démagogue républicain Rienzi; enfin, une haute colline, faite de main d'homme, et formée non pas de terre ni de pierres, mais de morceaux de *pots* vernis et brisés. Les antiquaires se creusent la tête pour expliquer cette montagne de débris de pots. S'il y a longtemps qu'ils font cette recherche, ne serait-ce pas là la cause pour laquelle ces pauvres savants ont la tête si *creuse*? Ils participent de leurs ports!

En rentrant, je vais avec Reiset dessiner d'après nature; nous descendons dans le Forum de Trajan, et là, nous croquons la belle colonne Trajane, assis sur les débris des colonnes du Portique; quel beau parti un paysagiste pourrait tirer de ce point de vue!

A cinq heures, je vais dîner chez Reiset avec M. de

Souza, attaché à la Légation de Portugal ; et après le dîner, nous montons dans le charmant équipage de Reiset, qui nous mène à la villa Borghèse. Je ne connaissais pas encore cette ravissante promenade. Les points de vue y varient à l'infini et sont plus pittoresques les uns que les autres. Les arbres sont magnifiques et de toutes les espèces. Malheureusement, la ville Borghèse est dans le « mauvais air » *la mala aria*, ce qui l'empêche d'être habitée et d'être fréquentée pendant la saison des chaleurs.

Le temps était doux et charmant ; il avait fait si chaud pour la fête d'Anatole, que j'avais endossé le matin les habits d'été.

26 avril. — Temps superbe, 17 degrés de chaleur. Je vais au Vatican et je commence enfin mes études ; je mets en place les lignes du superbe *Torse antique*; mais, n'ayant pas mes lunettes, je ne puis pas l'achever ni même le bien étudier. Je finis par une visite aux *stanze* de Raphaël et aux autres galeries appelées *le Camere*, les chambres de Raphaël. Décidément, de toutes les peintures que j'ai vues jusqu'à ce jour, aucune n'approche de la *Madone de Foligno*, de Raphaël. C'est le seul tableau où je ne trouve rien à redire ; depuis le haut jusqu'au bas de la toile, Raphaël a atteint la perfection de l'art de peindre, autant qu'un homme peut le faire.

Le soir, nous voulions aller au Colisée au clair de lune, Paul, M. de Saint-Maurice et moi. Mais la lune ayant la maladresse d'être terne et noyée ce jour-là, nous allons jusqu'au Forum, et arrivés là, nous décidons que nous ne verrions rien au Colisée ; nous remettons la partie à demain.

Avant cet essai de promenade manqué, j'avais été faire une visite à madame de Rayneval. En passant par le Corso, je vis une chose bien impresionnante et d'un effet terrible ; c'était un enterrement aux flambeaux. Des deux côtés de la rue marchaient, au nombre de cent au moins, des religieux en file l'un après l'autre. Une quarantaine d'entre eux portaient des cierges allumés, dont la lueur éclairait le corps, porté, au milieu de leurs rangs, par quatre *sacconi* ou pénitents, sur une espèce de litière. Je ne sais si on le portait à l'église ou au cimetière. Un drap noir recouvrait le cadavre. C'est ici la coutume d'enterrer les morts à visage découvert. C'est ainsi que j'ai vu, il y a quelques jours, à l'église du Gesù, un père Jésuite mort et attendant dans l'église même qu'on célébrât son service funèbre. Il était étendu sur une sorte de canapé portatif, revêtu des habits sacerdotaux, avec un crucifix dans les mains. C'était un vieillard, le père Finetti, à ce que j'ai appris. L'enterrement que je voyais passer ce soir avait l'air d'une fantasmagorie. Au milieu de la nuit (il était 10 heures), la lumière vacillante des cierges agités par la marche éclairait à demi ces longues robes brunes de religieux; les grands sacs blancs des quatre *sacconi* portant le corps et le chant lugubre des psaumes faisaient une impression saisissante.

C'est une chose qui me semble bien entendue d'environner ainsi la mort de cérémonies propres à vivement impressionner les vivants ; il y a plus de chance de leur en faire tirer quelque profit. La vue d'un cadavre rappelle plus fortement à l'homme irréligieux ou dissipé qu'il sera un jour semblable à ce qu'il a devant les yeux, que ne le fait la vue d'un cercueil.

29 *avril*. — Une autre chose qui paraît singulière à nos yeux d'étrangers, dans les églises de Rome, c'est la prédication. Ce matin, en allant, selon mon habitude, entendre la messe dans l'église du Gesù, je suis arrivé pendant un sermon, ou, plutôt, une instruction. C'était un père Jésuite qui prêchait. A un pilier était adossée une espèce de table haute de cinq pieds, longue et large d'autant ; au milieu de cette table et appuyé au mur était

un fauteuil, et d'un côté un petit escalier de quelques marches pour y arriver. Le prédicateur monte sur cet échafaudage, sans surplis et dans le costume habituel des Jésuites, et de là il parle à l'auditoire qui entoure son estrade, tantôt assis, tantôt debout, gesticulant habituellement beaucoup et se promenant quelquefois d'un bout des planches à l'autre. Ceux qui prêchent mal se démènent et se trémoussent sur leur tribune, criant beaucoup et ayant toujours l'air en colère, à cause de l'accent italien.

C'est chose fort singulière de prime abord que de voir ainsi un prédicateur des pieds à la tête. Je suppose que la pantomime et les gestes doivent être une étude importante et toute spéciale pour ceux qui, en Italie, se destinent à la prédication.

Après le travail de la chancellerie, je me rends à la galerie Sciarra, une des plus riches de Rome. J'avais peu de temps à moi; aussi ai-je été tout droit au fameux tableau de Raphaël appelé *Il Sonatore*, *le Joueur de violon*. C'est un simple portrait de jeune homme, tenant en main un archet de violon. Il y a des amateurs distingués qui préfèrent ce tableau, si simple qu'il soit, à la *Transfiguration;* quoique trouvant cette préférence un peu exagérée, je dois avouer que, dans *le Joueur de violon*, il y a une perfection de peinture, de couleur, de dessin, de composition, aussi extraordinaire que dans les plus merveilleux chefs-d'œuvre de Raphaël. Je ne me figure pas quelque chose de plus beau que ce portrait. Il y a une telle hardiesse et une telle facilité, jointes à un fini presque minutieux des moindres détails, que l'on ne sait vraiment que penser de toutes ces beautés réunies en un si petit espace. La couleur, en outre, est d'une conservation étonnante, et en examinant avec attention, on voit combien Raphël employait les *glacis* et les *frottis*. Il rendait admirablement la nature. Une vérité que cette belle peinture du *Sonatore* démontre plus évidemment que jamais, c'est que le plus ou moins grand talent d'un maître dépend du soin plus ou moins grand qu'il apporte à *copier*, à *imiter* la nature. Dès qu'il invente, qu'il cherche des effets qui n'existent pas dans son modèle, dès qu'il a un système et un parti pris, il manque son but. Il peut plaire à l'œil, mais il ne représente plus la nature, les chairs ne sont plus vivantes, les articulations ne s'emmanchent plus ; les figures ne peuvent plus se remuer, marcher, *vivre* en un mot. Raphaël est le premier, parce qu'il a le mieux rendu la nature. Il ne l'a pas embellie, mais il l'a vue dans son côté noble, et il a eu le talent nécessaire pour rendre ce qu'il voyait presque aussi bien que l'original même. Quel soin dans les détails, et comme les effets de la masse sont cependant observés et conservés ! Quelle leçon que la vue d'un pareil tableau !

Dans cette même salle de la galerie Sciarra, est un Léonard de Vinci, représentant deux femmes vues jusqu'à mi-corps à peine ; l'une est couverte d'un voile et représente la Modestie, l'autre, revêtue de riches et élégants vêtements, figure la Vanité. Il y a là une finesse de modelé, une perfection de dessin et d'expression vraiment inimaginables ; la femme vaine est surtout un chef-d'œuvre en ce genre. La bouche a un de ces sourires fins et bons que Léonard de Vinci excelle à rendre, les yeux sont pleins d'esprit et de vie. On voit dans les draperies les frottis et les glacis sur des fonds ou blancs ou gris jaunâtres ; pour les rouges et les verts surtout cette manière de peindre est excellente et donne une transparence de tons impossible à atteindre autrement.

Le troisième chef-d'œuvre de cette salle est un grand tableau du Pérugin, haut de 7 à 8 pieds et large de 5 à 6. Il ne contient qu'une seule figure, mais une qui, à elle seule, en vaut bien cent ; c'est Saint Sébastien attaché à une colonne et percé de flèches ; sa tête et ses yeux ont cet immense et admirable sentiment que Pérugin savait si bien exprimer, le sentiment de l'amour divin, de la paix et de la joie intérieures, de l'espoir et de la foi ! Bien des gens trouvent qu'en ce point il a surpassé Raphaël, et je serais assez porté à le trouver aussi. Quelquefois il pèche un peu par la forme, mais ici il a atteint toute la majesté et toute l'élégance de son inimitable élève. La peinture du *Saint-Sébastien* est conservée d'une manière surprenante.

Le soir, je vais chez le comte Ludolf ; il y avait de la musique, et une musique délicieuse. Une grosse dame, nommée madame Furrmann, chantait comme un rossignol. Pendant un des entr'actes, j'étais à côté de M. Morani, mon peintre du palais Colonna, et il me parlait de notre récente excursion à Grotta-Ferrata et des fameuses fresques du Dominiquin. Il me demande si je n'ai pas vu au-dessus, dans la même chapelle, des portraits de prophètes, du Dominiquin également. Je n'en avais pas vu un seul. « Où donc sont-ils ? » lui dis-je. « Sur le *Cornichon*, dans un espace de cinq pieds au-dessus du *Cornichon*, » me répond M. Morani (Il voulait dire la *Corniche*). Je faillis lui éclater de rire au nez, et je crains même qu'il ne se soit aperçu de quelque chose ; d'autant plus que Paul de Malaret, qui avait de loin entendu le colloque, vint lui parler des fresques de Grotta-Ferrata et se fit répéter l'admirable « *Cornichon* » deux ou trois fois. Je ne savais où me cacher pour rire à mon aise avec mon coquin de Paul qui avait ainsi jeté de l'huile sur le feu.

1er *mai*. — Fête du *Roa de mon choal !* Pour la Saint-Philippe on avait dès hier soir illuminé la façade du palais Colonna. Ce matin, à dix heures, M. l'ambassadeur, Reiset, d'Astorg, Paul et moi, nous montons dans la superbe voiture dont j'ai parlé à l'occasion de la Semaine Sainte, et nous nous rendons à Saint-Louis des Français pour entendre la messe *Royale*. Nous étions tous en grand uniforme. L'arrivée de l'ambassade à l'église mit en émoi la foule qui y était déjà réunie. Après avoir adoré le Saint-Sacrement, devant lequel on nous avait conduits solennellement pour faire notre prière, on nous fit entrer dans une tribune, à droite de l'église et à gauche de l'autel, dans laquelle arriva peu à peu la plus grande partie du corps diplomatique. En face était la tribune destinée aux pensionnaires de l'Académie de France et au directeur M. Schnetz.

La messe a été célébrée par M. l'abbé Lacroix, clerc national. La musique, assez belle par moments, et surtout au *Kyrie*, était de M. Bazin, élève de l'Académie. Il y avait un monde énorme ; notre tribune était au grand complet ; on pouvait cependant se mettre à genoux et avoir un maintien convenable.

Il pleuvait malheureusement lorsque nous sommes sortis, ce qui fripait un peu les riches livrées des cochers et laquais. Le fameux carrosse, dans lequel je montais pour la première fois, est splendide à l'intérieur ; il est tout tendu de soie blanche ; le ciel est en soie blanche drapée et plissée, tous les plis aboutissant au centre où se trouve une large couronne brodée en or. Au fond de la voiture et au milieu est un grand écusson avec les armes des Maubourg brodées en soies de couleur, en or et en argent.

Du reste nous ne fêtâmes pas autrement la Saint-Philippe, si ce n'est en déjeunant et dînant tous à l'Ambassade.

C'est aujourd'hui aussi, 1er mai, que commence le mois consacré à la Sainte-Vierge ; c'est encore le jour de naissance de ma bonne petite sœur Nathalie, qui a eu ainsi l'esprit de naître sous la protection spéciale de la Sainte-Vierge, et dont je ne puis mieux célébrer la fête qu'en la recommandant tout particulièrement aux bontés de notre Mère commune. C'est enfin, aujourd'hui 1er mai, que commence le mois de la première communion de mes chères sœurs jumelles ! quel doux et heureux présage que de les voir faire l'acte le plus solennel de leur vie religieuse pendant le mois de Marie !

2 mai. — Malgré la pluie, Cambis, d'Astorg et moi, nous allons après la chancellerie à la galerie Sciarra. Je n'en donne pas le compte rendu, salle par salle, parce que je ne l'ai pas vue de la sorte ; Cambis, qui la connaît à fond, me conduisait aux morceaux principaux tantôt d'un côté, tantôt d'un autre.

Outre les trois incomparables chefs-d'œuvre dont j'ai déjà parlé, le *Joueur de violon*, le *Saint-Sébastien* et les *deux Femmes*, la galerie Sciarra contient de superbes tableaux. D'abord, dans la salle du *Sonatore*, un petit Albert Durer, représentant la *Mort de la Sainte-Vierge*. Entourée des Apôtres, la Sainte-Vierge est sur un lit et sur le point d'expirer. L'expression et le fini de tous les visages de ce tableau sont quelque chose de vraiment extraordinaire. Regardés à la loupe, ils sont aussi finis qu'à l'œil nu. La nature n'y est pas vue noblement, elle n'est pas idéalisée ; mais la vérité et la naïveté de l'expression suppléent grandement à ce manque de noblesse. Les moindres détails sont étudiés avec une sorte d'amour. Les vêtements sont tous coloriés par glacis ; quelques-uns sont d'une merveilleuse conservation.

Deux grandes *Madeleines* du Guide font un triste effet au milieu de ces beaux tableaux ; la fadeur et le peu de solidité de cette peinture ressortent davantage ici, à cause des Raphaëls, des Pérugins, des Léonards de Vinci qui l'avoisinent. Le dessin non plus n'en est pas correct, la couleur est affreuse, l'expression froide et fausse, et la nature bien peu noble. Le principal mérite et le seul, je crois, de ces deux toiles, consiste dans une grande facilité de pinceau.

Deux petits tableaux de Claude Lorrain, de ce grand

fabricateur de lumière, ont au plus haut degré cet aspect lumineux dont lui seul a possédé le secret. Ils sont fameux, le plus petit surtout, et méritent leur réputation ; le plus grand produit moins d'effet, et plaît moins, quoiqu'il ait peut-être plus de mérite. Il est bien plus difficile, en effet, de rendre la chaleur rougeâtre du soleil couchant, que la lueur légère et argentée du lever du jour.

Un grand paysage de Poussin, dont le deuxième et les derniers plans sont de toute beauté. L'eau surtout est calme, brillante et d'un aspect solitaire très remarquable.

Un portrait de femme par le Titien, chef-œuvre de couleur, de noblesse, de facilité. Il y a dans les chairs ce moelleux et cette transparence qui donnent tant de vie à la peinture de Titien ; de près, on dirait que tout est de la même couleur, et dès que l'on s'éloigne pour examiner l'ensemble, on aperçoit mille finesses variées de tons, bleuâtres, rosés, pleins de fraîcheur et de vie. Les vêtements de soie sont rouges, bleus et blancs (les couleurs de 1830), et admirablement faits ; ils sont tous peints par frottis. Les couleurs sont tellement vives et fraîches qu'elles semblent sortir de la palette. L'ensemble de toute cette figure présente une noblesse et un grandiose qui dénotent le grand maître.

Un *épisode de l'histoire ancienne de Rome*, par Garofalo, est un tableau de la plus grande beauté. Une Vestale, ayant été informée par M. de Mercure ou d'Apollon qu'il y avait un vaisseau arrêté à l'entrée du Tibre et ne pouvant avancer jusqu'à Rome, lieu de sa destination, alla à l'endroit où était ce vaisseau, lui attacha sa ceinture à la proue, et, tirant ce léger fardeau, le conduisit dans le port de Rome. Garofalo, homme d'un immense talent et digne précurseur du Pérugin et de Raphaël, tira de cette légende un beau parti. Le paysage est très joli et ne manque ni de perspective ni de vérité. L'eau du Tibre est charmante. La Vestale est dessinée avec élégance et facilité. Sa tête est gracieuse et expressive. Sur le rivage se tiennent, sur le premier plan, un homme drapé et un grand prêtre qui sont vraiment dignes du Pérugin ou de Raphaël. Il y a aussi une petite femme à genoux, un peu plus loin, faite à la manière de ces deux grands héros de la peinture.

Une *Sainte famille* de Francia ; genre du Pérugin et superbe peinture, pleine de sentiment. La tête de la Sainte-Vierge est ravissante de douceur, de naïveté, de paix intérieure. Je n'aime pas autant l'Enfant-Jésus. A droite, derrière la Sainte-Vierge, est un religieux, dont la tête est aussi pleine de foi et de recueillement. Je n'aime pas beaucoup non plus la tête de l'autre religieux, placé en pendant du premier, à gauche.

Une magnifique copie de la *Transfiguration*, par Jules Romain, dit-on. Elle est un peu moins grande que l'original ; la couleur a changé et diffère beaucoup de celle de Raphaël ; l'expression de plusieurs têtes est aussi changée. J'aime presque mieux la tête de la femme du premier plan sur la copie que dans l'original du Vatican.

Hier soir, M. de Lillers est venu à l'Ambassade ; il a raconté un trait assez curieux et légèrement burlesque de son voyage en Amérique. Il s'était aventuré jusqu'au centre du Canada avec un Français nommé M. Fayel. Après un séjour d'un mois environ sur les bords de je ne sais plus quel lac, ils firent la connaissance d'un Indien, qui, ne pouvant plus gagner sa vie à cause de ses infirmités, s'était fait devin ou sorcier. Sur le point de mourir, cet homme, se rappelant les anciennes prédications des missionnaires Jésuites, soit par tradition, soit par ses propres souvenirs, demanda à aller au ciel « par la même route que les Français » ; c'est ainsi qu'ils demandent le Baptême, lorsqu'ils désirent se convertir.

M. de Lillers et son compagnon se rendirent chez lui et le baptisèrent; le pauvre homme étant mort le lendemain, ils peuvent espérer avoir donné là une âme à Dieu. Mais c'est quand il fallut l'enterrer que les difficultés commencèrent; que dire? que chanter? quelles cérémonies faire? ni l'un ni l'autre n'en savaient trop rien; cependant se rappelant quelques fragments des psaumes qu'ils avaient lus jadis, ils chantèrent à tort et à travers les versets latins qui leur revinrent dans l'esprit; quand ils ne savaient plus que dire, ils entonnaient le « *Gloria Patri* », or, le *Gloria Patri* revenait à chaque instant, à ce qu'il paraît. Pour un enterrement, l'effet devait en être assez singulier. La population peu difficile fut cependant émerveillée et très édifiée de cette cérémonie, à laquelle heureusement elle n'entendait rien.

M. de Lillers terminait son histoire, quand madame de Rayneval arriva, et sa vue me remit en l'esprit une autre histoire, d'un genre tout différent mais assez comique, arrivée devant elle à M. R... Il y a une huitaine de jours on organisa un déjeuner champêtre, auquel je ne pus assister à cause du travail de la chancellerie. Madame de Rayneval s'y trouvait et s'était placée sur l'herbette à côté de M. R... Chacun des convives avait apporté un ou deux plats. On prie M. R... de découper un poulet, placé près de lui, et voilà le jeune élégant s'escrimant avec ce poulet, lequel était très dur et opposait une résistance opiniâtre; il le tenait piqué sur une fourchette à salade, en bois, appartenant au ménage de madame X... Tout à coup, la fourchette se casse dans le poulet (et d'une!). Madame X... commençait à n'être pas trop contente, quand M. R... pour s'excuser, et croyant que le poulet avait été apporté par un autre convive, se tourne vers sa voisine et, la prenant pour confidente, lui dit : « Comment aussi apporte-t-on un vieux coq comme cela? » — « Mais, monsieur, je n'apporte pas de vieux coqs, » riposte madame X... piquée au vif. Le poulet avait été fourni par elle, et le malencontreux M. R... s'était trompé de confidente. L'infortuné ne trouva d'autre moyen de se soustraire à sa confusion, qu'en fuyant le poulet et la compagnie, et en allant faire des croquis dans les environs.

3 mai. — Paul apprend par une lettre de sa sœur la mort de sa grand'mère de Malaret. La démoralisation que cette nouvelle lui causa attrista aussi ma journée. Il est très affecté de cette perte. Heureusement sa pauvre grand'mère est morte chrétiennement, s'étant confessée et ayant reçu l'Extrême-Onction en pleine connaissance.

4 mai. — L'excellent père Villefort, que j'avais été prier hier soir de dire une messe pour le repos de l'âme de madame de Malaret, avait eu la complaisance de se prêter à tous nos désirs et de s'accommoder à nos exigences d'heure et de lieu. Ce matin donc, je vais avec Paul à la fameuse chapelle de Saint-Ignace, où le père Villefort célébra la messe avec un recueillement et une dévotion dignes du sanctuaire où nous nous trouvions.

Cette amitié que je porte à Paul depuis tant d'années devient plus vive de jour en jour; chose remarquable, elle s'est ravivée, en quelque sorte, elle s'est retrempée, à partir du jour où je suis revenu à Dieu. L'absence commençait déjà, à cette époque, à produire sur cette affection purement humaine son effet ordinaire. Avec la connaissance et l'amour de Notre-Seigneur, cette amitié s'est fortifiée en s'alliant à la charité, seule source solide et honorable de nos affections en ce monde. J'aime bien mieux mes parents et mes amis depuis que la religion est venue me montrer à les aimer en Jésus-Christ. Que rendrai-je au Bon Dieu pour les bienfaits dont il m'a comblé ? « *Quid retribuam Domino pro omnibus quæ retribuit mihi?* »

XV

Bénédiction Papale à Saint-Jean de Latran. — Mon domestique et celui de Paul de Malaret. — Accident de Charles d'Astorg. — Belvédère de la Villa Médici. — L'album de madame de Menou. — Couvent des Franciscains à l'Ara Cœli. — Départ de mesdames de Maubourg et de Caraman.

5 mai. —Jour de l'Ascension. Après la messe, je vais chez M. Odier, voir son tableau de Saint François d'Assise qui avance beaucoup en prenant une grande vigueur.

Après un excellent et amical petit déjeuner, auquel j'étais seul avec M. et madame Odier, nous allons à Saint-Jean de Latran, où le Pape faisait ce qu'on appelle à Rome *una funzione*, une fonction, une cérémonie. Il devait donner sa bénédiction de la Loge de Saint-Jean, comme à Saint-Pierre le jour de Pâques.

Lorsque nous arrivâmes, la place immense de Saint-Jean était remplie de troupes et de peuple. Il y avait surtout beaucoup de paysans avec leurs costumes et leurs coiffures si pittoresques et leur beau teint basané et transparent. Au bout de quelques minutes, les Cardinaux ont paru, puis la Croix et les autres insignes du Pape, puis enfin lui-même, et aussitôt un profond silence se fit dans toute la foule. On entendait très bien la voix du Saint-Père, lisant les prières qui précèdent la Bénédiction. Il se leva, comme à Saint-Pierre et, levant ses deux bras, il bénit tout son peuple agenouillé en sa présence ; moment solennel, dont on ne peut se faire une juste idée que lorsqu'on en a été témoin. La superbe et immense vue que l'on a de Saint-Jean de Latran ajoutait plus de grandiose encore à la cérémonie déjà si grandiose elle-même.

Dans la journée, je fais en rentrant les portraits de madame de Maubourg et de Paul. Pendant que je dessinais, madame de Caraman, qui avait assisté à la Bénédiction de Saint-Jean et qui y avait mené la petite Gabrielle de Maubourg, raconta une scène assez comique dont Gabrielle était l'actrice et l'auteur et qui s'était passée pendant la cérémonie. Avant l'arrivée du Pape, elle avait fait ses prières (elle a deux ans et demi !) ; quand le Pape parut, et au milieu du silence général, elle se mit à crier : « Bonjour Pape ! » ne croyant pas pouvoir mieux témoigner son respect. Cette idée de « Bonjour Pape ! » m'a paru assez comique.

Puisque nous sommes au comique, disons quelques mots de mon domestique. Raffaele, malgré son nom poétique et artistique, est un fier paresseux et son sans-gêne passerait toute permission si nous n'étions en Italie. Il y a quelques jours, en rentrant à midi dans ma chambre pendant qu'il la nettoyait, je trouve mon lit tiré au milieu de la pièce, un matelas par terre plié en deux, et sur le matelas monsieur mon domestique étendu et dormant... à midi ! Il ne faisait même pas chaud ! J'ai été tellement suffoqué que je n'ai presque rien dit. Une autre fois, je le trouve assis à mon bureau et écrivant une lettre, ayant ouvert mon encrier, pris une de mes plumes et probablement aussi de mon papier étalé sur le bureau. Malgré tout, je ne le renvoie pas, car tous sont de même ici ; bien heureux encore quand ils sont honnêtes !

Paul de Malaret n'a-t-il pas trouvé dernièrement le sien, pompeusement appelé César, se peignant dans son salon ? Il a, en plus du mien, l'avantage d'ennuyer ce malheureux Paul par ses phrases de civilité. A la fin de chaque repas, il lui dit solennellement : « *Prosit !* » que cela vous profite ! Toutes les fois que Paul rentre chez lui : « *Ben tornato, Signor Barone ?* » Vous êtes heureusement revenu, monsieur le baron ? et tous les soirs, en le quittant : « *felicissima notte, Signor Barone ?* » Très heureuse nuit, monsieur le baron ! Quand on le sonne, il ne vient pas, et quand on ne sonne pas, il ouvre doucement la porte demandant avec grâce et finesse : « *Ha sonato ?* » Vous avez sonné ?

J'aime encore mieux le mien.

Tous ces jours-ci, je les ai passés à faire ou à terminer les petits portraits de Reiset, de Charles d'Astorg, d'Alfred de Maubourg, etc...; grâces à Dieu, ils ont assez bien réussi.

10 mai. — Jour néfaste ! M. de Rayneval arrive après la plus triste expédition en Sicile. Il a passé tout son temps à souffrir, d'abord de la fatigue de son voyage par terre en diligence, puis du mal de mer, puis d'un poignet démis, puis du mal de mer encore au retour, et enfin de son infernale diligence. Il revient, par dessus le marché, avec une fluxion. Mais tout cela n'est pas le plus triste de l'affaire.

Charles d'Astorg avait été à sa rencontre, à cheval, en compagnie d'Ernest de Rayneval (1), le frère cadet de notre cher secrétaire. Son cheval était vicieux et diffi-

---

(1) Est entré depuis dans les ordres, et s'est fait connaître par sa haute piété, comme vicaire à la Madeleine à Paris, puis à Rome, comme prélat et supérieur de Saint-Louis des Français, où il est mort saintement, il y a quelques années.

cile ; il le savait ; mais comme il monte très bien, il l'avait choisi exprès.

Deux heures après son départ, son cheval commença à se cabrer, à ruer, etc... et pendant tout ce manège, voilà que le pauvre Charles sent une secousse terrible à la poitrine et, perdant presque connaissance, ferme les yeux pendant que le cheval s'emporte. Il n'était pas sur la route, laquelle est en contrebas de deux ou trois pieds ; le cheval saute d'un bond du haut du talus, et la secousse fait tomber à terre Charles toujours sur le point de se trouver mal et ne pouvant plus se conduire. En tombant, il se fait deux trous à la tête, et se meurtrit l'épaule et tout le corps. Sa chute lui fit perdre complètement connaissance. Ernest de Rayneval était bien effrayé, comme l'on peut croire ; heureusement, tout jeune qu'il est, il ne perdit pas la tête, et il conduisit ou traîna Charles, un peu revenu à lui, jusqu'à une fontaine éloignée de deux cents pas, pour laver sa tête couverte de sang. Il le laissa là un moment complètement sans connaissance, et courut bien vite chercher des religieux dans un couvent voisin ; c'étaient des Chartreux ; un d'eux saigna de suite le pauvre blessé, et c'est peut-être cette prompte saignée qui lui a sauvé la vie. La chute était si terrible qu'une plus longue attente eût pu être mortelle. Après la saignée, il reprit ses sens, et on le ramena comme on put à l'Ambassade. Il était pâle comme un mort, et M. de Maubourg, qui le vit rentrer, me dit qu'il avait l'air de marcher et de monter les escaliers comme poussé par une force invisible et mécanique.

Ce ne fut qu'à six heures, avant le dîner, que j'appris ce malheur ; je montai de suite chez Charles, que le chirurgien Baroni achevait de panser. La poitrine était dans un état alarmant ; la tête blessée en deux endroits jusqu'au péricrâne, peau qui entoure l'os de la tête, n'offrait pas tant de danger. Je n'ai rien vu de plus effrayant que la figure de Charles en ce moment ; il était jaune mat et plombé, absolument comme un homme déjà mort ; il ne pouvait ni parler, ni bouger, sans d'horribles douleurs à la poitrine.

Le soir, M. Baroni le trouva un peu mieux ; il amena avec lui, pour passer la nuit près du malade et parer de suite à un accident s'il en survenait quelqu'un, un jeune chirurgien, garde-malade *éprouvé*, et, malgré cette spécialité, garde-malade absolument nul. Heureusement j'eus l'idée de monter chez Charles avant de me coucher pour savoir où il en était. Il me dit alors que l'autre ne comprenait rien et je fus trop heureux de le veiller toute la nuit. Le chirurgien lut et dormit dans la chambre voisine sans se préoccuper du pauvre malade. Les soins consistaient à le couvrir de temps en temps et à lui donner un peu à boire.

Le lendemain, je ne me levai qu'à une heure après midi ; je m'étais couché à six heures du matin. Je reconnus là par expérience le grand malheur des paresseux qui se lèvent à midi. Ma journée fut finie à peine commencée ; et ce n'était qu'à *coups de montre* que je pouvais me mettre au courant des heures.

Tous ces messieurs de l'Ambassade montrèrent leur bonne amitié pour d'Astorg. M. de Cambis, qui, sous ses dehors excentriques et avec sa manie du paradoxe, a bon et très bon cœur, voulait venir passer la nuit ; mais il avait été convenu que le chirurgien serait suffisant, et, ainsi que je viens de le raconter, c'est le hasard seul qui m'avait montré la nécessité de suppléer à l'insuffisance du garde-malade *éprouvé*.

Aujourd'hui, 11 mai, Charles va mieux ; la nuit a été meilleure qu'on ne l'espérait ; M. Baroni est content de son état ; lui-même est gai, il peut se remuer, quoique souffrant très vivement encore de la poitrine.

12 mai. — Jour de la première communion de mes

chères sœurs Sabine et Henriette ! à l'heure où j'écris ces lignes, les voilà à quatre cents lieues de moi, en robes blanches, symbole d'âmes et de cœurs plus purs et plus blancs encore ! Conservez les telles qu'elles sont en ce moment, ô mon Dieu, et faites leur continuer leur carrière chrétienne sans souiller ce beau vêtement d'innocence dont vous les avez revêtues à leur entrée dans la vie ! qu'elles ne perdent pas le fruit de votre visite, comme je l'ai fait autrefois ; car elles n'auraient peut-être pas le bonheur que j'ai eu de revenir à vous que j'avais quitté, et de reprendre goût aux choses excellentes, dont mon ingratitude m'avait rendu indigne !

Charles d'Astorg va étonnemment mieux ; il reprend avec une rapidité que nous ne pouvions espérer ; Paul le veillera cette nuit, et ce sera la dernière où cette précaution sera nécessaire.

13 *mai*. — Je vais aujourd'hui avec M. Odier et M. de Rayneval à la Villa Medici ; nous voulions voir le buste de madame de Caraman, fait par M. Bonassieux, jeune sculpteur français. Ce buste, au dire de toutes les personnes qui l'ont vu, a admirablement réussi. Malheureusement, M. Bonassieux étant absent, nous n'avons pu encore aujourd'hui satisfaire notre curiosité artistique. En place du buste, nous avons été jouir du magnifique panorama de Rome, du haut du belvédère du palais Medici. Ce belvédère est une petite plate-forme ronde, au milieu de laquelle s'élève un pavillon dominant tout Rome et une partie de la campagne romaine. Les lignes du paysage déroulé sous nos yeux étaient admirables, les beaux pins de la Villa Borghèse, à hautes tiges et en forme de parasols, laissaient voir entre eux les montagnes bleues de Frascati et de Tivoli. De l'autre côté, nous voyions toute la ville, couronnée au loin par le majestueux dôme de Saint-Pierre.

Plus près et du côté de la Villa Borghèse, nous avions

le plus délicieux paysage que l'on puisse se figurer. Enchâssée entre les murs en ruines des anciennes fortifications de Rome, une porte était entourée de grands pins d'Italie ; sous la porte, on apercevait la campagne de Rome, ainsi qu'au-dessus des murailles. Quel joli sujet de tableau dans ce morceau de paysage !

Le lendemain, je me sens indisposé et je passe toute la journée dans mon lit. M. de Rayneval, M. de Cambis, ainsi que M. de Maubourg lui-même, eurent la bonté de venir me voir. Mon cher Paul me consacra presque toute sa journée, et, ce qui était mieux encore, toute sa nuit. Il voulut à toute force rester dans mon appartement en cas d'accident nocturne ; malheureusement il se coucha sur un canapé où mon domestique, qui, on le sait, ne se gêne pas, a l'habitude de s'étendre, de sorte que, toute la nuit, il fut persécuté par les puces ; il devint ainsi bien plus intéressant que moi, car je dormis tranquillement dans mon lit. C'est ainsi, concluerait un moraliste pratique, que la vertu n'est jamais récompensée sur la terre. En attendant, je prie Notre-Seigneur de bénir mon bon Paul et de lui rendre au centuple le bien que me fait son amitié.

15 *mai*, jour de la Pentecôte. — Quoique rétabli, je ne sors pas aujourd'hui ; tout mon temps se passe entre ma chambre et celle de Charles d'Astorg. Celui-ci va de mieux en mieux, quoique un petit excès de fatigue ait un peu troublé hier les progrès de sa convalescence.

Bien que nous soyons au 15 mai, il fait froid, et, depuis quinze jours, nous n'avons pas eu deux belles franches journées ; cette année nous nous passerons de printemps.

Le lendemain, à onze heures du matin, je commence une entreprise quelque peu méritoire ; je vais poser chez madame de Menou, qui fait une collection de portraits. Affreuse collection, dont toutes les figures ressemblent, ainsi que Paul l'a très justement découvert, aux messieurs et aux belles dames qui enveloppent les savons. Toute l'ambassade y a passé ; M. de Maubourg a reçu un petit air guilleret, et semble un perruquier endimanché, qui vient de dire un calembour. Madame de Maubourg a un diadème et un air tout princier. M. de Rayneval est assez ressemblant, malgré un air commun et béatement épanoui. M. de Cambis, dont la figure, sans être belle, a cependant beaucoup de caractère, est là tout souriant, tout fadasse, et sa grosse barbe crépue est frisottée et blondine. Reiset semble un garçon coiffeur. Quant à Paul et à d'Astorg, je ne les ai pas encore vus.

Madame de Menou a déjà croqué, ou plutôt écorché de la sorte, la plupart des personnes de la société romaine, étrangers et indigènes. Elle met tout cela dans un album, lequel est déjà presque rempli. Je suis destiné à grossir le nombre des victimes.

Vers trois heures, M. Odier vient me prendre pour aller au couvent des Franciscains de l'*Ara Cœli* et y dessiner quelques études.

M. de Maubourg, voyant très souvent le Père d'Alessandria, supérieur du couvent et général de tout l'ordre, nous avait recommandés à lui. M. Odier avait besoin de têtes de religieux pour son tableau de Saint François, et l'occasion était trop belle pour que je ne l'accompagnasse pas.

Nous allons donc au Capitole où se trouve le couvent d'Ara Cœli. C'est à la place même de l'église actuelle, qu'était autrefois le fameux temple de Jupiter Tonnant, où les triomphateurs venaient déposer leurs trophées. Il paraît que l'on voit encore dans l'église l'emplacement des colonnes de ce temple. Quant au reste du Capitole, où étaient des fortifications, et entre autres la tour de Manlius, célèbre par ses oies, il est couvert par le couvent des Franciscains. Tout en voyant avec joie l'humilité et les prières continuelles des religieux substituées à l'orgueil des anciens Romains et du paganisme, on ne peut s'empêcher de regretter la disparition totale, et jusque au moindre vestige, de ce fameux Capitole.

L'escalier qui monte à l'Ara Cœli est situé précisément en haut des degrés qui mènent au Forum et au Campo Vaccino. Il offre l'aspect le plus pittoresque. Il se compose d'une trentaine de marches, longues de 25 à 30 pieds environ, et terminées par une plate-forme et une petite colonne de pierre, surmontée d'une croix en fer. En face de cette colonne est l'entrée du couvent, composée de trois arcades élégantes, jaunies par le soleil. On passe sous celle du milieu et on arrive à la porte du couvent.

Le Père d'Alessandria nous avait proposé le Frère portier pour modèle ; nous ne voulions pas le refuser ni prendre des airs d'exigence, de sorte que nous nous mettons à l'œuvre, quoique le bon Frère manquât de cet air noble si répandu sur les têtes de religieux italiens. Je réussis assez bien mon croquis.

Ce Frère Sébastien, Fra Sebastiano, nous raconta qu'il avait été autrefois marchand ambulant en Italie, en Allemagne, en Prusse et en Russie, à la suite de l'armée française, du temps de Napoléon. Il parlait bien le français et mieux encore l'allemand. Quant à l'italien, c'était sa langue nationale, puisqu'il était de Milan. Depuis vingt ans, il est religieux dans l'ordre de Saint-François, et employé tantôt à la cuisine, tantôt à la porte du couvent. Il paraît excellent homme, gai, serviable, complaisant. Il posa parfaitement bien.

Le lendemain, nous terminâmes notre séance, et nous comptons revenir à l'Ara Cœli, pour obtenir du Père d'Alessandria un jeune et beau religieux que nous avons entrevu hier.

Rien n'est comparable, comme modèles, à ces têtes de moines. Outre l'expression toujours belle et grave que donne l'habitude de la prière, de la tranquillité et des macérations, la plupart ont la tonsure et la barbe, ce qui donne des effets de lignes et de contours impossibles à trouver ailleurs.

Le temps est encore plus mauvais aujourd'hui qu'hier. Je crains bien que madame de Maubourg et madame de Caraman, qui vont, pour notre malheur à tous, quitter Rome et aller en France par mer, n'aient un mauvais temps pour leur traversée.

18 mai. — Ce triste moment du départ est arrivé ; tout le monde à l'ambassade en est péniblement affecté, à commencer par madame de Maubourg elle-même. Je redoute beaucoup la route et la fatigue d'un si long voyage pour sa maladive et délicate santé ; et, sans voir les choses aussi en noir que quelques-uns de mes collègues, qui la regardent comme perdue et croient qu'elle ne retourne en France que pour aller mourir au milieu des siens, je ne serais pas étonné d'apprendre que la pauvre malade se ressente de cette épreuve. Que Dieu l'accompagne et la préserve de tout mal ! Elle mérite bien une protection spéciale par sa piété, sa bonté, son affabilité et son inépuisable charité pour les pauvres.

On devait, à cause du départ fixé à dix heures, déjeuner à neuf, mais à peine était-on à table, qu'une foule de personnes arrivait pour faire leurs adieux aux deux voyageuses; attention touchante, mais ennuyeuse. Il y avait là mesdames de Dahlberg, de Marescalchi, de Menou, de Rayneval, ainsi que tout le personnel de l'ambassade, et Gounod, le jeune musicien-compositeur.

Quelques instants après le déjeuner, on descendit dans la cour où attendaient les trois voitures, destinées à ces dames et aux enfants, ainsi qu'à M. de Maubourg qui, avec son fils Alfred, les accompagnait jusqu'à Cività-Vecchia.

Madame de Maubourg avait l'air tout triste et elle l'était en effet ; quelques jours avant, elle m'avait manifesté ses craintes de ne plus revenir à Rome, soit par suite d'un changement de poste pour son mari, soit pour une raison plus douloureuse à penser. A dix heures, le cortège s'ébranla et disparut bientôt de devant nos yeux. J'avoue que j'avais le cœur serré. Paul aussi, était très affecté de ce départ.

Reiset part aussi ce soir à onze heures, pour arriver demain matin à Cività-Vecchia et s'embarquer avec ces dames à une heure.

Bon voyage à tous, et, avec la grâce de Dieu, bon retour !

19 mai. — C'est aujourd'hui que ma très chère maman quitte Paris pour aller aux Nouëttes. Je fais de loin des vœux pour son heureux voyage. Mon père et mes sœurs sont déjà partis en avant et installés dans cette charmante campagne des Nouëttes, théâtre des joies de mon enfance. Cette année, je ne verrai pas ce vieux témoin de presque toute ma vie. « Nous n'avons point ici-bas de demeure permanente, » dit Saint Paul ; j'en fais pour la première fois la triste expérience. C'est un sacrifice de plus à faire, que celui de se séparer des lieux où l'on a fixé ses habitudes et ses affections, et parfois ce sacrifice est douloureux. Heureusement, ce qu'on fait pour Notre-Seigneur n'est pas perdu, et ce qui me réconforte et m'encourage singulièrement, c'est la pensée de la céleste et immuable demeure où j'espère arriver, ainsi que tous les miens, par la miséricorde de Dieu. « *Hic diversorium, nobis super astra domus.* »

Le soir, à notre Conférence de Saint-Vincent-de-Paul, nous avons la visite de deux évêques, Mgr de Forbin-Janson et son coadjuteur, Mgr de Joppé *in partibus*. La petite conférence va toujours très bien, et l'expérience amène de grandes améliorations.

XVI

Ricevimento du cardinal de Bonald; principaux personnages. — San Pietro in Montorio. — Fontaine de l'*Acqua Paolina*. — La Villa Pamphili. — Les ruines du Forum et du palais des Césars. — Les lauréats des écoles chrétiennes. — Fête et *tombola* à la Villa Borghèse. — Consistoire et remise du Chapeau cardinalice à Mgr de Bonald.

29 mai. — Aujourd'hui commence à l'Ambassade une cérémonie très intéressante, qui doit durer trois jours. C'est ce qu'on appelle ici un *Ricevimento* ou réception. Mgr de Bonald, archevêque de Lyon, a été créé cardinal il y a un an, et il est arrivé il y a trois jours, pour recevoir le chapeau des mains du Pape dans un Consistoire.

Ce Consistoire doit avoir lieu lundi prochain; mais l'étiquette veut que, trois jours auparavant, le récipiendaire reste dans une maison quelconque, dont il ne peut sortir, afin d'y recevoir tous les cardinaux, évêques, princes romains, religieux, ecclésiastiques et laïques, qui veulent le voir. C'est la réception pendant ces trois jours que Mgr de Bonald fait dans le palais de l'Ambassade et que l'on appelle son *Ricevimento*. Il loge à l'Ambassade, et les salons de grande réception lui sont abandonnés. Jusqu'à midi il reçoit les gentilshommes des cardinaux qui viennent le féliciter. De midi à trois heures, il se repose ; il descend alors pour dîner et la réception recommence à cinq heures.

Aujourd'hui, à trois heures précises, nous étions tous prêts à recevoir Son Éminence. On avait avancé l'heure du dîner à cause du jeûne des Quatre-Temps qui tombe précisément aujourd'hui. Mgr de Bonald parut au bout de quelques instants et M. l'Ambassadeur nous présenta à lui. Il nous reçut de la manière la plus affable et la plus noble. Il est très bien de figure, de taille moyenne, plutôt grande que petite; et quoiqu'il ait cinquante-quatre ans, il a les allures et la tournure d'un homme de trente. Il a l'air d'être ce qu'il est réellement, au dire de tous, c'est-à-dire un saint homme, tout dévoué et tout charitable, et de plus, un homme d'infiniment d'esprit et de dignité.

Après le dîner, nous allâmes nous promener quelques moments dans le jardin du palais, et, à cinq heures, monseigneur rentra pour reprendre sa réception. De cinq à sept heures, ce devaient être les supérieurs et chefs d'ordres religieux; mais il n'en vint que deux.

A huit heures commença le grand *gala*. Tous les salons de l'Ambassade étaient magnifiquement éclairés, les antichambres pleines de domestiques en grande livrée, les escaliers et la cour illuminés.

M. l'Ambassadeur, MM. de Rayneval, Cambis, d'Astorg et moi, nous étions en uniforme. Madame de Rayneval avait bien voulu se charger de faire les honneurs de la fête en l'absence de l'ambassadrice. Mgr de Bonald était debout près de la porte, saluant tous les arrivants et les reconduisant quand ils partaient. Les principaux personnages que je remarquai, furent :

Le cardinal Mezzofante, qui sait quarante-six langues et en parle indifféremment trente-deux. Jadis il était à Bologne, où se trouvaient dans les hôpitaux beaucoup d'étrangers ; et comme ils ignoraient la langue italienne, ils ne pouvaient se confesser et étaient privés, par là, des consolations de la religion. Le cardinal Mezzofante, alors encore simple prêtre, se mit à apprendre quelques langues étrangères pour remédier à ce malheur, et Dieu bénit le pieux et admirable mobile de cette étude. Son Éminence est assez petite, assez maigre et a des cheveux blancs.

Le cardinal Bianchi, de l'ordre des Camaldules, portant son habit de religieux, tout blanc, avec la calotte rouge cardinalice.

Le cardinal Orioli, religieux cordelier, excellent homme, mais qui semble une vraie caricature. Il est tout petit et démesurément gros, et son embonpoint ressort davantage à cause de son vêtement gris.

Le cardinal Bernetti, ancien Ministre Secrétaire d'Etat, ce qui répond en France au Président du conseil, Ministre des Affaires étrangères et intérieures. Il ressemble un peu de figure à mon grand-père Rostopchine. Il est assez grand, et paraît avoir soixante sept ou huit ans. Il paraît que c'est une des fortes têtes du Sacré Collège, et que c'est même sa grande capacité qui a causé sa chute. Il s'opposait, en effet, de tout son pouvoir à la politique de captation et de domination de l'Autriche en Italie, et l'Autriche se démena si bien que le Saint-Siège finit par la débarrasser de ce dangereux adversaire.

Le cardinal Patrizzi, Vicaire général du Pape, administrateur du diocèse de Rome et inspecteur de toutes les Œuvres Pies. Il est grand et assez jeune, d'une figure douce et belle.

Le cardinal Franzoni, Préfet de la Propagande, désigné, selon quelques personnes, comme successeur probable de Grégoire XVI. C'est un très saint et très excellent homme ; il paraît avoir au moins soixante-dix ans, quoiqu'il se tienne assez droit. Il est grand, maigre et ses cheveux sont tout blancs.

Le cardinal Massimo, tout petit et âgé de trente-trois ans seulement ; homme très spirituel, dit-on.

Mgr de Bonald me fit l'effet d'avoir plus de dignité et de noblesse dans sa tenue que les cardinaux italiens. Il était affable et empressé sans précipitation ni brusquerie, gai sans éclats, et conservait toujours sa belle tournure épiscopale.

Le père de Géramb vint aussi, en grand costume de trappiste, augmenté d'une espèce de croix ou cordon, en signe de sa fonction de Procureur général de la Trappe. Il était, comme toujours, très étrange, ne restant pas un moment en place et promenant son gros corps dans tous les coins et recoins des salons. C'est un bien excellent homme, aimé de tous ceux qui rient de lui, mais qui n'était pas plus fait pour la Trappe que moi pour la marine.

Tout le corps diplomatique était à la soirée, en grand uniforme. Jamais jusqu'ici je n'avais vu le palais de l'Ambassade aussi brillant.

Parmi les dames, je remarquai :

La princesse Torlonia, née Colonna, belle jeune femme de vingt ans, dont la beauté était rehaussée par l'éclat d'un immense diadème de diamants et d'un collier plus magnifique encore. Elle était, à la lettre, éblouissante ; et j'ai tâché d'en faire le lendemain sur mon album un croquis qui la rappelle assez quoique fort imparfaitement.

A côté d'elle, était une dame qui n'était ni princesse, ni Colonna, mais la femme d'un simple... apothicaire parisien. A ces *ricevimenti*, en effet, on reçoit tout ce qui se présente ; on n'invite personne ; la porte est ouverte à tous.

La princesse Rospigliosi, née Colonna, avait aussi sur

son front une magnifique parure d'émeraudes et de diamants, montés en guirlande ; elle avait, en outre, au cou un collier d'émeraudes énormes, appartenant à la même parure ; pour pendants d'oreilles, deux énormes poires en émeraudes cabochons. Quoique âgée déjà et sans beauté, elle a un grand air des plus distingués.

La soirée finit à onze heures. Le Cardinal n'en pouvait plus, et nous également.

21 mai. — Suite du *Ricevimento* ; mais nous n'y figurons, comme hier, que le soir. Après le dîner, M. l'ambassadeur ayant entendu M. de Rayneval me proposer une promenade, se mit de la partie et fit atteler sa voiture.

Si Paul eût été avec nous, mon plaisir aurait été complet. M. de Maubourg est si bon et si égal d'humeur et de bienveillance, que je suis enchanté d'aller quelque part avec lui. M. de Rayneval également est un si charmant homme, si plein de franchise, d'entrain, de simplicité, que je me fais fête d'avance d'aller dessiner et peindre avec lui dans le courant de l'été.

Nous allons d'abord à une église située à l'une des extrémités de Rome et sur une hauteur, appelée San Pietro in Montorio. De là on a une admirable vue. Toute la ville de Rome se déroule sous vos yeux, surmontée et comme enchâssée par les charmantes montagnes bleues de Frascati et de Tivoli. L'air était si pur que nous distinguions très bien un village au delà de Frascati, appelé Castel Gandolfo, un autre, non loin duquel nous avons passé dans notre excursion à Frascati, appelé Rocca di Papa. Quoiqu'à cinq lieues de distance, nous voyions très distinctement Frascati, la Villa Conti avec son beau parc, la Villa Aldolbrandini, avec sa forme élevée si pittoresque, la montagne de Tusculum, enfin tous les environs de Frascati et de Tivoli.

Sur le fond bleu des montagnes se détachaient, à

droite, les chaudes et majestueuses murailles du Colisée, la tour du Capitole, l'Ara Cœli, le Pin du jardin Colonna. A gauche, les deux clochers de la Trinité-des-Monts et la façade brillante du palais Médici, enfin les pins de la Villa Borghèse, terminaient la silhouette de Rome.

Plus près et au-dessous de nous, le palais Farnèse, de magnifique architecture et de magnifique couleur (comment ne le serait-il pas, puisqu'il est construit des pierres enlevées au Colisée, meurtre, vandalisme inqualifiables !), le palais Farnèse, disons-nous, borde le Tibre que l'on voit serpenter et se perdre, à droite, dans les inégalités de terrain avoisinant la Basilique de Saint-Paul-hors-les-Murs.

Sur la gauche, enfin, tout à fait, on aperçoit, derrière une colline, le large et majestueux dôme de Saint-Pierre.

Toute cette vue magnifique était éclairée par un beau soleil couchant, et produisait un indescriptible effet.

Derrière nous était la petite église de Saint-Pierre in Montorio, dont les vieilles murailles sont dorées par la chaleur. Le mélange de ces tons d'ocre, de brun rouge, de blanc, de gris, de jaune et d'orange, est si beau que je ne puis me blaser sur le plaisir de regarder et d'admirer toujours.

Nous longeons San Pietro in Montorio, et nous arrivons à un des trois grands aqueducs de Rome, l'*Acqua Paolina*, l'eau Pauline, ainsi appelée du nom du Pape Paul IV Borghèse, qui fit construire les aqueducs nécessaires pour amener l'eau jusqu'à Rome, et qui fit également élever la grande fontaine monumentale que nous avions là sous les yeux. C'est un vaste bassin adossé à un frontispice de marbre et orné de colonnes avec trois arcades. Du milieu de chacune de ces arcades, ainsi que de deux têtes de lion colossales, placées à chaque extrémité, sort une énorme masse d'eau. L'eau Pauline est moins bonne et moins saine que l'eau de la fontaine de Trévi ; elle sent un peu le marécage et n'est pas aussi limpide que celle-ci.

Nous passons devant cette fontaine, d'où Saint-Pierre se présente d'une manière charmante, et d'où l'on aperçoit un immense chêne sous lequel le Tasse venait souvent méditer ; et nous arrivons à la Porte Saint-Pancrace (1), une des plus solitaires et des plus insignifiantes de Rome. La couleur en est cependant superbe comme tout ce qu'on voit ici, objet animé ou inanimé.

On ne peut faire dix pas sans trouver un point de vue qui ferait la matière d'un charmant paysage. Les choses les plus insignifiantes reçoivent de la limpidité et de la clarté de l'atmosphère un éclat tout particulier et qui n'existe à ce degré, assure-t-on, qu'à Rome.

Nous avions encore du temps de reste, et M. l'ambassadeur nous ayant fait remonter dans sa voiture nous conduit à la Villa Pamphili, une des plus délicieuses promenades de Rome. Elle appartient aux princes Doria ; mais elle est malheureusement inhabitable en été, à cause de la *mal'aria*. Ce qui est tout à fait remarquable à la Villa Pamphili, c'est un bois de grands pins d'Italie, dont l'épaisse et originale silhouette se dessine dans le ciel en lignes admirables.

M. de Rayneval qui s'y entend en paysages comme *Monsieur Paysage* en personne, me fit remarquer une échappée de vue sur Saint-Pierre, à laquelle je ne pourrai résister : elle sera *croquée*, c'est impossible autrement, oui, et croquée prochainement, ainsi que les pins.

La Villa Pamhpili contient, en outre, des eaux disposées avec un luxe et une richesse admirables. Devant le Casino, maison où les propriétaires habiteraient s'ils y

---

(1) C'est près de cette porte que, le 2 juillet 1849, fut ouverte la brèche par l'armée française, qui prit Rome d'assaut ce jour-là.

venaient, est un immense parterre du plus mauvais goût. Ce qui en fait l'excuse, c'est qu'on y a dessiné avec des petites haie de buis, dont l'intérieur est rempli de cailloux de couleur, les armes du prince Doria, une colombe, des aigles, des fleurs de lis.

Nous rentrons pour notre *Ricevimento*. A cette seconde réception, je remarquai :

Le cardinal Acton, Anglais, un vrai saint au dire de tous, et qui porte bien le cachet de la sainteté et de l'humilité sur son visage. Il est âgé seulement de trente-deux ou trente-trois ans. Il est assez petit et serait laid sans son expression de piété. Il voulait, paraît-il, se faire Jésuite, il y a un an ; et il n'a ajourné ou abandonné son projet que sur les prières de sa mère, de sa grand'mère et d'autres personnes de sa famille. Le Pape lui conféra, il y a quelques mois, la dignité de Cardinal, et, depuis ce temps, sa vie est encore plus exemplaire et plus édifiante. Ses austérités sont très rigoureuses; il traitait même si rudement son corps, que le Pape lui a fait interdire deux ou trois fois certaines mortifications qu'il s'imposait. Il est plein d'affabilité et de bonté pour tous ceux qui ont quelque rapport avec lui; aussi tout le monde est-il d'accord pour le louer et le respecter.

La princesse Borghèse et sa belle-fille, la princesse Aldobrandini, née princesse d'Arenberg, étaient aussi là, toutes deux couvertes de diamants, selon la coutume des grandes dames romaines en ces sortes de solennités. Elles mettent alors, non pas *leurs* diamants, car ils ne leur appartiennent pas en propre et elles ne pourraient ni les vendre ni les changer, mais les diamants de la famille. Ainsi la princesse Borghèse demande au gardien du trésor Borghèse telle parure, tel bijou; et elle ne les reçoit qu'en échange d'un reçu qui lui est rendu quand elle les rapporte. Il est, en effet, responsable vis-à-vis de la famille. Ces diamants font partie du majorat et sont ainsi forcément conservés de génération en génération.

Le prince Borghèse avait un charmant *habit habillé* de velours noir, mode Louis XVI, garni de boutons en diamants, gilet et culotte en satin blanc, bas de soie blancs, jabot et manchettes de dentelle, et épée blanche avec la poignée couverte de diamants. Il portait parfaitement ce ravissant costume.

A dix heures, sur la fin du *Riccvimento*, je m'éclipse et vais au palais Farnèse, chez le comte Ludolf. Le roi (1) de Bavière y était, mais non pas en roi. Il est affreusement laid, assez grand et maigre ; sa figure est pleine de plis et de bosses, son nez est incompréhensible. Il porte des moustaches comme un sous-officier ; ses cheveux blondâtres sont ou paraissent sales, et, pour couronner le tout, le pauvre monarque est assez sourd, ce qui donne à son parler et à toutes ses manières quelque chose de bizarre. Cependant, il a l'air affable et ne manque pas d'un certain ensemble princier. C'était une soirée aristocratique, royale même, car le prince de Prusse y était également.

22 *mai*. — Temps magnifique comme hier. Après déjeuner, je me mets à dessiner de souvenir les Cardinaux que j'ai remarqués hier et avant-hier. Sur ces entrefaites, Paul et M. de Saint-Maurice viennent me rendre visite, et comme je voulais aller dessiner d'après nature, je leur propose de m'accompagner, ce qu'ils acceptent.

Nous allons donc au Capitole, nous descendons le long escalier qui conduit de l'Ara Cœli au Forum. J'aurais bien dessiné le Forum, mais cela eût été trop compliqué et je désirais enlever mon dessin en une seule séance. Nous longeons donc, en avançant, à gauche, la prison

---

(1) Le roi Louis I.er de Bavière, fort original mais grand artiste. C'est lui qui, en 1848, à la suite de ses folies avec la célèbre danseuse, Lolla Montès, fut obligé par des émeutes populaires d'abdiquer sa couronne au profit de son fils le roi Maximilien.

Mamertine, où furent enfermés Saint Pierre et Saint Paul et, avant eux, Jugurtha, à droite, le Capitole, les ruines du Forum, l'Arc de Triomphe de Septime Sévère, et nous arrivons un peu plus loin que la Colonne de Phocas et les trois colonnes du portique de César, devant les ruines du Palais des Césars.

Sans hésiter, mon choix fut fait : je m'arrêtai avec mes deux compagnons, je m'assis par terre au pied d'un arbre, dans le chemin, et je *croquai* avec bonheur ces admirables ruines. Leur couleur est quelque chose de merveilleux : ce sont des ton d'ocre roussi, se dégradant en des tons plus blancs et plus gris, le tout entrecoupé d'épaisses touffes de lierre ou d'autres plantes grimpantes. Une jolie maison moderne, à forme élégante et svelte, sort du milieu de ces imposantes masses, et tout cela, joint à un ciel admirable et à l'atmosphère pure et transparente de Rome, me remplissait de jubilation. Quel grâce d'avoir reçu de la Providence l'amour des arts! A Rome, plus que partout ailleurs, c'est un sixième sens.

En retournant à l'ambassade, je rencontrai au coin de la place de Venise les *Princes de la Doctrine Chrétienne.* Ce sont les trois enfants des Écoles chrétiennes qui ont le plus brillamment passé leur examen annuel. Le premier s'appelle l'*Imperatore della Cristiana dottrina*, l'Empereur de la doctrine chrétienne ; les deux autres sont les Princes, *i Principi della Cristiana dottrina*. Ces trois héros sont présentés au Pape qui leur accorde à chacun une demande, à moins, bien entendu, qu'elle ne soit exorbitante ou extravagante. Ils vont chez tous les Cardinaux et chez les Ambassadeurs, et partout ils recoivent 2 piastres (10 fr. 50 c.)

Je les ai rencontrés tous les trois en habit de semaine, à la mode des gamins. L'*Imperatore* tenait une grande croix de bois, et un des *Principi* agitait une grosse sonnette, en chantant les litanies de la Sainte-Vierge. Ces trois enfants chantant de tout leur cœur et sans autre mobile que la dévotion, les louanges de la Mère de Dieu, me rappelèrent que j'étais à Rome, et me firent faire une triste comparaison entre cette ville de Dieu et Paris, la ville du monde. Cependant, il ne faut pas trop se plaindre ; si, en France, la dévotion à la Sainte-Vierge est peu vivante encore dans la majeure partie du peuple, elle y renaît chaque jour et s'accroît surtout dans la partie la plus éclairée du pays, chez les gens instruits et bien élevés. Dieu veuille développer de plus en plus ces germes consolants !

A cinq heures M. de Maubourg et M. de Rayneval m'entraînent à une sorte de fête en plein air qui a lieu à la Villa Borghèse. Je croyais que c'était quelque fête populaire du genre de celles de Paris, et dès lors je ne m'en souciais guère. Mais quand j'y fus et que je vis ce que c'était, je fus bien aise d'avoir suivi leurs conseils. Il s'agissait d'une loterie et d'une *Tombola*, au profit des orphelins du choléra.

Tombola veut dire *Loto* ; en effet, c'est un grand loto auquel tout le monde peut prendre part, en achetant une carte (*cartella*), laquelle coûte un paul, et sur laquelle sont quinze carrés vides. On y inscrit les quinze numéros que l'on veut, et on va faire copier ces chiffres sur un registre spécial ; et le jour de la Tombola, on apporte son papier, et à mesure que le crieur public, placé à cet effet sur une estrade, appelle un numéro tiré au sort, on regarde si on l'a sur sa carte et on le marque ; absolument comme au loto.

Le premier qui a un *terne*, trois numéros sur la même ligne, se déclare et gagne dix piastres ; le premier *quaterne* en gagne vingt, et le premier *quine* en gagne quarante. Le premier qui a marqué tous les quinze numéros de sa *cartella*, se déclare, monte à l'estrade et gagne la *prima Tombola*, qui est de 400 piastres ou 2,250 francs ;

s'il y en a plusieurs à la fois, ils partagent après vérification faite sur le registre d'une part et sur la *cartella* de l'autre. La seconde *Tombola* est de 200 piastres, ou 1,125 francs. Elle est gagnée par celui qui remplit sa *cartella* le second ; et, enfin, la troisième *Tombola* échoit à celui qui a marqué le moins de numéros ; elle n'est que de 40 piastres, ou 220 francs.

C'était à cette espèce de loterie que nous allions M. l'ambassadeur, son fils Alfred, M. de Rayneval et moi. Il y avait des tribunes réservées pour ceux qui avaient des billets; M. de Rayneval et moi, nous préférons nous promener et rester en dehors dans la foule. Toute la population affluait : car le peuple romain a une passion particulière pour ce genre de plaisir.

A l'entrée de la Villa, on payait quatre pauls par voiture, et comme il entrait une foule d'équipages, la somme destinée aux orphelins grossit beaucoup de ce côté-là !

Au bout de quelques minutes, nous descendons près de l'endroit où tout se passait. C'était un immense cirque de gazon, entouré de toutes parts d'arbres et de pins d'Italie. Au fond était dressée une grande estrade ornée de tentures rouges et blanches, à laquelle on parvenait par deux longues pentes latérales ; c'est par là que les gagnants devaient arriver à la tribune des juges pour recevoir la *Tombola*, si leur *cartella* se trouvait régulièrement remplie.

Au milieu de l'estrade était une grande boîte en forme de roue creuse et tournant comme une meule à repasser; c'est là qu'étaient les numéros que tirait un des orphelins du choléra. Il passait le numéro tiré à un homme qui l'ouvrait et le passait à un second, celui-ci le passait à un troisième, de sorte qu'il n'y avait pas de fraude possible ; c'était ce dernier qui le proclamait à haute voix. En même temps, sur un tableau placé au-dessus de la roue, un homme posté derrière inscrivait en gros chiffres le numéro tiré dans une des cases du tableau; ceux qui n'avaient pas entendu le crieur pouvaient ainsi s'assurer de leur sort.

A chaque numéro sortant, chacun regardait sa carte et tout le monde, gagnant ou non, paraissait enchanté.

Madame et mademoiselle de Rayneval avaient été se mettre dans une tribune. M. de Rayneval et ses deux frères descendirent avec moi dans la foule. Nous fîmes d'abord le grand tour par derrière l'estrade, puis nous descendîmes au parterre, et nous arrivâmes assez près de l'estrade.

La fête se passait dans le plus grand ordre, pas de dispute, pas de mots grossiers, pas de jurons ni de blasphèmes, pas de cohue ; en revanche beaucoup de joie et de convenance. On entend mieux ici la fête populaire que dans notre brillant Paris. A Paris, le peuple qui assiste à une fête en est un témoin oisif ; ici, il y prend une part active, chacun y apporte personnellemment un intérêt, et dès lors, son occupation l'empêche de faire des sottises.

De plus, à Rome, la plupart des fêtes se rattachent plus ou moins à la religion, et ont ainsi un caractère plus grave et plus imposant. Le peuple aussi est moins turbulent, moins frondeur, moins indiscipliné, moins batailleur que celui de Paris. Il a généralement une habitude de religion qui ne lui permet pas de prendre la déplorable habitude de jurer ou de blasphémer à tout propos ; et, enfin, dernière considération, qui donne plus de piquant et plus de cachet aux fêtes de Rome, les costumes des hommes et des femmes, aussi bien que leurs figures, sont plus beaux et plus nobles que chez nous.

Il y avait dans la foule des mines très comiques, soit par leur attention au numéro crié, soit par leur inquiétude, ou par leur joie, ou leur découragement. Nous faisions entre nous toutes nos remarques et nous nous amusions comme des rois.

Enfin la grande *Tombola* arriva ; elle fut gagnée par **deux** personnes simultanément, un garçon tailleur et un pauvre paysan de la campagne, qui eurent ainsi 200 écus, 1,125 francs, chacun. Lorsqu'on les vit monter à l'estrade il éclata un concert comique de bravos, de ah! mélangés de sifflets jaloux.

Il y en eut quelques-uns qui se trompèrent, ayant commis des erreurs de numéros ; ils furent horriblement hués et sifflés à leur retour de l'estrade.

La seconde *Tombola* fut gagnée peu après, ainsi que la troisième, et tout fut fini de ce côté. Nous sortîmes alors de la foule et regagnâmes la tribune pour voir s'enlever un ballon. Il s'enfla et s'éleva très bien en effet. Après quoi, la fête, étant finie, nous remontâmes en voiture et revînmes chez nous, au milieu de flots de poussière et au pas, à cause de la longue file des voitures.

Avant d'arriver à la Porte du Peuple, par laquelle nous devions rentrer dans Rome, nous longeons assez longtemps les anciennes murailles de Rome, construites en partie par Bélisaire. Elles sont d'une épaisseur prodigieuse et hautes d'une cinquantaine de pieds au moins. Elles sont ornées de belles arcades prises dans l'épaisseur ; je ne sais si ces arcades servaient jadis à quelque usage ; dans les temps modernes, on a été obligé d'en murer la partie basse, parce qu'elles étaient devenues des repaires de voleurs, de bêtes et d'ordures.

Le soir, Mgr de Bonald ne parut pas à l'Ambassade ; je crois même qu'il n'y était pas du tout ; fatigué de sa prison, car il ne pouvait sortir de l'Ambassade pendant la durée de son *Ricevimento*, il s'en était amplement dédommagé aujourd'hui.

23 *mai*. — C'est aujourd'hui qu'a lieu au Vatican la

cérémonie finale de la remise du Chapeau cardinalice. Nous nous y rendîmes tous en uniforme. Le Consistoire commença à dix heures et demie. La salle est fort belle ou plutôt jolie, car elle est peu grande en comparaison des salles ordinaires du Vatican. Nous étions placés à dix pas du trône du Pape, derrière le banc des Cardinaux.

Aucun n'était encore arrivé quand nous prîmes place ; nous étions debout, mais la cérémonie ne devait pas durer longtemps. Les Cardinaux arrivèrent successivement par la porte en face de notre tribune. M. de Rayneval, placé à côté de moi, me nommait ceux qu'il connaissait. Leur costume est magnifique et digne de Raphaël qui en a fourni les dessins. Sur leur tête est la petite calotte rouge, en drap ou en soie. Sur les épaules ils portent une pèlerine ou camail de soie rouge, relevée par derrière, ou plutôt couverte par le capuchon très ample et de couleur violette qui se rattache derrière le cou, couvrant ainsi le dos. Ce capuchon tient à un grand manteau, ou queue, de soie violette également, qui traînerait de six pieds par terre, mais qui est portée par un clerc assistant. Sous le camail est une aube de dentelle, recouvrant la soutane de drap rouge. Les bras sont couverts aussi par l'aube comme chez le prêtre en chasuble. Les bas sont en soie rouge, les souliers à boucles d'or, et le chapeau tricorne rouge avec un gros galon d'or à glands d'or, entourant la forme.

Chaque Cardinal a un jeune clerc, ou chapelain, qui l'accompagne en lui tenant le bras comme pour le soutenir, et un autre pour porter son manteau violet. Ces deux clercs sont en soutane violette avec une petite aube brodée qui leur couvre la moitié des bras et qui ne descend pas plus bas que la ceinture.

Nous vîmes successivement entrer les cardinaux Orioli, Franzoni, Préfet de la Propagande, Patrizzi,

Vicaire général de Rome, Fieschi, Barberini, Mattei, Bernetti, Massimo, Acton, Bianchi, Pallavicini, Lambruschini, Ministre Secrétaire d'Etat, Mezzofante, Pacca, doyen du Sacré-Collège, et âgé de quatre-vingt-six ans. En face de moi vint se placer le cardinal Camerlingue, chargé de l'administration des palais Apostoliques, lequel, en vertu de sa dignité, sera le Pape provisoire, en attendant l'élection faite par le Sacré-Collège, lorsque Grégoire XVI mourra. Je doute cependant que le cardinal Camerlingue actuel enterre le Pape, car il peut à peine se traîner ; il est tout cassé et n'a qu'un souffle.

Grégoire XVI, au contraire, est d'une vigueur et d'une conservation étonnantes ; il a une voix de stentor et ne paraît pas du tout devoir mourir de sitôt.

Il y avait là présents vingt-quatre Cardinaux, sur vingt-huit qui sont à Rome. Mgr de Bonald n'était pas encore là.

Quelques instants avant l'arrivée du Pape, on apporta sur un plat d'argent le Chapeau destiné à M. de Bonald. ce chapeau est rouge foncé, couleur de sang, et à forme extrêmement plate ; le clerc qui l'apporta le plaça à droite du trône sur un tabouret rouge.

Enfin le cortège du Pape entra par la porte vis-à-vis de nous. Tous les Cardinaux se levèrent, et Sa Sainteté entra, précédée de la Croix, à pied et revêtu d'une grande chape rouge brodée d'or. Sa tête était couverte d'une mitre jaune et or, comme aux cérémonies de Saint-Pierre pendant la Semaine-Sainte.

Le Pape monta sur son trône, s'assit, et le baisemain commença. Tous les Cardinaux vinrent chacun à leur tour devant lui ; après un profond salut, ils baisent respectueusement l'anneau pastoral.

Le cardinal Lambruschini était à la gauche du Pape ; le cardinal Bernetti, qui devait présenter le récépiendaire, était à la droite.

Quand les Cardinaux eurent tous regagné leur place, un clerc consistorial, maître des cérémonies, dit tout haut : « *Accedant.* » — Qu'ils s'approchent. Alors un des clercs consistoriaux, chargé d'un procès de canonisation, lut un rapport à haute voix. Mais la prononciation du latin à l'italienne m'empêcha d'y rien comprendre. Il s'agissait de la béatification du Bienheureux Joseph Benoît Labre (1), mort à la fin du siècle dernier, à l'âge de trente-cinq ans, et dont toute la vie fut celle d'un pauvre, d'un mendiant volontaire, profondément mortifié.

Une seconde pièce fut lue après celle-là par un autre des clercs placés à côté de notre tribune.

Après ces préliminaires, Mgr de Bonald fut introduit, accompagné de deux Cardinaux, entre autres du cardinal Bernetti. La belle et majestueuse tournure de Mgr de Bonald était encore rehaussée par son magnifique costume et par son grand manteau qui traînait derrière lui.

Il marchait lentement, les yeux baissés et avec un air de dignité admirable. Arrivé au milieu de la salle à peu près, il s'arrêta et fit un premier salut au Saint-Père ; puis il s'avança jusqu'au pied du trône, fit un second salut, gravit les deux premières marches, s'agenouilla et baisa la Mule. Il se releva ensuite tout debout et le Pape l'embrassa avec effusion. Ce moment fut magnifique. La cordialité que témoignait le visage du Saint-Père faisait un touchant contraste avec la pompe grave et sévère de la cérémonie. Un léger murmure d'émotion et d'assentiment se fit même entendre.

Mgr de Bonald descendit ensuite du trône, et, conduit par le cardinal Bernetti, il se dirigea vers le cardinal Pacca. Arrivé devant lui, il le salua et l'embrassa ; il en

(1) Qui vient d'être canonisé le 8 décembre dernier par Léon XIII.

fit de même à chacun de tous les Cardinaux. Quelques-uns l'embrassèrent avec une franchise et un abandon qui réjouissait le cœur.

Après cela, le cardinal Bernetti le reconduisit aux pieds du Pape ; Mgr de Bonald se mit à genoux sur la marche supérieure du trône, un clerc assistant lui couvrit la tête avec le capuchon violet qu'il releva. Et alors commença une de ces scènes imposantes pendant lesquelles on sent son cœur battre plus fort et les larmes monter aux yeux.

On présenta au Pape le chapeau qu'il prit et posa sur la tête du nouveau Cardinal, toujours recouverte du capuchon violet. Un clerc tenait à la gauche du Pape un flambeau allumé, un autre tenait un livre ouvert, où étaient écrites en gros caractères les formules usitées dans cette cérémonie.

Au milieu du silence général, le Saint-Père lut une courte et magnifique prière, en imposant les mains : « Que ces insignes te rappellent que tu dois soutenir et défendre la Foi de la Sainte Eglise Catholique, Apostolique et Romaine, et t'apprennent à tout sacrifier pour elle, jusqu'au sang inclusivement ! (*Usquè ad sanguinem inclusivè!*) » Quelle énergie et quelle sublimité de langage, surtout quand on entend ces paroles sortir de la bouche du Souverain Pontife, Vicaire de Notre-Seigneur Jésus-Christ ! A la fin de la prière, le Pape fit trois signes de croix sur le Cardinal prosterné, puis on lui ôta le Chapeau que l'on remit sur le plat d'argent, on lui enleva le capuchon, et, après un salut au Pape, il se releva et alla au fond de la salle en face du trône.

Pendant ce temps, le Pape se leva et donna à l'assemblée sa bénédiction qui termina le Consistoire public. Aussitôt deux chantres de la Chapelle du Pape entonnèrent le *Te Deum*, et allèrent avec tous les Cardinaux, qui y conduisirent Mgr de Bonald, dans une chapelle voisine où était un autel. Le cardinal de Bonald se prosterna au pied de l'autel, le front contre terre, la tête couverte de son capuchon violet, et son grand manteau étendu dans toute sa longueur ; il demeura dans cette humble et pénible position pendant toute la durée du *Te Deum*. Les autres Cardinaux étaient rangés debout des deux côtés de l'autel. L'effet de cette dernière cérémonie était encore grandiose et saisissant.

Après le cantique d'actions de grâces, le clerc assistant du nouveau cardinal s'approcha de Son Eminence, lui retira son capuchon et l'aida à se relever. Pour terminer, Mgr de Bonald alla se placer en face de l'autel, à l'extrémité de la Chapelle, et embrassa encore tous les Cardinaux à mesure qu'ils sortaient.

Puis, il suivit lui-même et se rendit au Consistoire secret, où le public n'est pas admis, et dans lequel le Pape, après avoir *fermé* et *ouvert* la bouche du nouveau cardinal, préconisa et transféra quelques évêques.

Pour nous, toute la cérémonie étant terminée, nous partîmes, unanimes dans notre impression sur la grandeur et la majesté des actes qui venaient de s'accomplir sous nos yeux. Le grandiose y était parce que la simplicité régnait en tout. Chacun pouvait comprendre tout ce qui s'était dit et fait. La cérémonie avait duré une heure et un quart.

A quatre heures, le Cardinal alla à Saint-Pierre ; c'est l'usage, bien naturel du reste, d'aller prier dans l'église du Prince des Apôtres, le jour où l'on reçoit le Chapeau cardinalice.

Le soir, dernier *Ricevimento*, plus beau encore que les précédents. Tous les salons étaient dans leur plus brillante tenue. M. le cardinal de Bonald était en habit de cardinal, sauf le manteau violet. Il avait la calotte rouge, la soutane et le camail rouges, l'aube de dentelle, et à la main un bonnet carré de docteur, rouge aussi. Il était superbe dans ce costume, qu'il porte, du reste, tous les jours, sauf l'aube.

A neuf heures, il y eut un mouvement dans les premières antichambres ; c'était un monsignor qui apportait en cérémonie, et de la part du Pape, le Chapeau à Mgr de Bonald.

On fit alors retirer les femmes, qui ne peuvent assister à cette cérémonie, et tous les hommes entrèrent dans la salle du trône, se rangeant en deux haies pour laisser passer le Cardinal qui était allé au-devant de l'envoyé pontifical.

Au bout de quelques minutes, Mgr de Bonald arriva, en effet, accompagné de ses deux chapelains et de son maître des cérémonies. Monsignor Della Porta le suivait, tenant le plat d'argent où était le Chapeau qui figurait ce matin au Consistoire.

On le posa sur une table préparée à côté du trône. Mgr de Bonald était monté sur la marche du trône et se tenait debout ; le prélat était debout également, devant lui, à quelques pas. On fit silence, et il commença un compliment à l'italienne, c'est-à-dire banalement exagéré. Le sens général en était qu'on ne pouvait s'étonner que le Saint-Père eût choisi Son Éminence pour faire partie du Sacré-Collège, vu ses vertus éminentes, la profondeur de sa doctrine, la science de son esprit, l'étendue de son intelligence, l'ardeur de sa charité, la vigueur de son zèle pour la gloire de l'Eglise, etc... Il le comparait à Saint Vincent de Paul, à Belzunce, etc... etc... l'allocution était en italien.

Ce bon M. de Bonald recevait cette avalanche de compliments ampoulés d'un air tout embarrassé ; il faisait cependant bonne contenance, gardant son attitude parfaitement digne, et ayant les yeux baissés tout le temps. Il répondit d'une façon vraiment épiscopale et digne d'un saint homme comme lui : « Je ne m'attendais pas, Mon-

» seigneur, à l'Eminente dignité à laquelle je me trouve
» appelé. Ces insignes du cardinalat renouvellent en moi
» le souvenir de la bienveillance que m'ont toujours té-
» moignée le Saint-Père et le Roi. La ville de Lyon a, en
» effet, de tout temps mérité l'attention particulière des
» Souverains Pontifes par son zèle, par sa foi et sa grande
» piété. C'est elle que le Pape a voulu honorer en nom-
» mant Cardinal son pasteur. Le choix que Sa Sainteté
» a fait de vous, Monseigneur, pour m'apporter les in-
» signes de ma dignité est une nouvelle preuve de sa
» bonté pour moi. » La simplicité et la noblesse de ce
petit discours m'ont enchanté.

Le maître des cérémonies, Mgr Brocard, cria alors :
« Extra ! » Dehors ! et le Cardinal resta seul avec Monsignor Della Porta. Il lui remit, je crois, une bourse pleine, selon l'usage. Il reparut quelques instants après, enchanté de la fin de toutes ces cérémonies. *Tout*, en effet, étai fini. Il faisait dans les salons une chaleur étouffante, et dehors un temps et un clair de lune magnifiques.

Rien n'égale la pureté et la clarté de ces nuits d'Italie. Il n'y a pas apparence de vapeur ni de brouillard. Aussi voit-on à des distances inimaginables. La lumière de la lune est si éclatante sur les murs des maisons qu'elle fatigue les yeux quand on les y arrête quelque temps.

Le beau pays, décidément, que l'Italie ! la belle nature ! les beaux tableaux ! La belle, et vive, et grande foi que celle de ses habitants !

XVII

Le Forum et le Colisée au clair de lune. — Grande Procession de la Fête-Dieu à Saint-Pierre. — Fête de Saint-Philippe de Néri à la Chiesa Nuova. — Le cortège de *gala* du Pape. — Audience accordée par le Saint-Père. — Portrait de Grégoire XVI — Quelques détails nouveaux sur M. Alphonse Ratisbonne et sa conversion.

25 mai. — Après avoir passé toute ma journée à dessiner et à écrire, je vais le soir avec Paul voir le Colisée et les ruines du Forum au clair de lune. La lune était éclatante de lumière; sa masse brillante se découpait nettement sur le ciel pur; elle était si belle que nous ne voulûmes pas laisser passer l'occasion, et nous partîmes tous deux de chez moi à dix heures. — Nous avions ma canne à couteau, pour faire la charité aux voleurs et aux assassins nocturnes.

La place Trajane, où nous passâmes d'abord, n'est pas si belle au clair de lune qu'au jour, quoiqu'elle soit superbe de toute manière; le temple de la Paix, aux trois grandes arcades, est d'un effet admirable; ces ombres découpées et tranchées en opposition avec la lueur blafarde de la lune donnaient à toutes ces grandes pierres l'air d'autant de sépulcres; le silence profond et les autres ruines environnantes ajoutaient encore à l'aspect *terrible* du temple. — Ces trois arcades sont d'une architecture étonnante ; il y a dans cette méthode de construction, autant de grandiose, ou plutôt le même grandiose que dans les belles statues antiques que nous admirons au Vatican. — Quelle chose ce devait-être que Rome ancienne dans les temps de sa splendeur ! Surtout quand on pense à ses dimensions. — On dit en effet que les beaux quartiers de la ville s'étendaient à plus de deux ou trois lieues, du côté de Frascati !

Le temple de Vénus, dont il ne reste que le fond, était charmant éclairé par la lune ; sa forme élégante et sa pittoresque position au haut d'une colline et en face du Colisée ressortaient encore davantage. — Enfin le Colisée ! L'effet qu'il produit au clair de lune est une chose impossible à exprimer. Il semble deux fois plus grand qu'au jour ; le noir des cavités et des arceaux à demi ruinés imprime à ce gigantesque monument un caractère vraiment effrayant. On s'aperçoit aussi bien plus que le monument est en ruines, et l'esprit et le cœur sont remplis alors davantage de ces sentiments et des ces pensées indéfinissables qui les reportent tantôt aux temps passés, avec les hommes et les choses dont ils ont été témoins, tantôt et plus vivement encore, à la grande comparaison de la faiblesse de l'homme et de la puissance de Dieu ; quoi de plus fort que ce colossal amphithéâtre, et quoi de plus propre en apparence pour lutter victorieusement contre toutes les attaques du temps ? Le voici là cependant en ruines, mort, ayant suivi dans leur chute ceux qui l'ont élevé !

Et la Croix du Seigneur est là debout au milieu de ces débris, toujours jeune, toujours nouvelle, toujours invoquée, toujours honorée ! — Si, du temps d'Auguste ou de Tibère, on avait mis en regard la Croix et le Colisée, et que l'on fût venu dire aux Romains que la première survivrait à l'autre et le dominerait, ils eussent regardé comme fou l'homme qui leur aurait parlé de la sorte.

Elle a vaincu cependant et Rome et le Colisée et le Monde ; et la puissance de cette faible Croix nous sert à tous d'une preuve nouvelle que Dieu seul est le fondateur et le soutien de la religion dont elle est l'emblème.

Je cueillis quelques herbes sur les ruines du Colisée, comme souvenir, on pourrait presque dire comme reliques. Car la terre que l'on y foule fut arrosée du sang d'innombrables martyrs, et entre autres de l'admirable Saint Ignace, évêque d'Antioche, dévoré en ces mêmes lieux par deux lions.

Le Forum est aussi magnifique vu à la lumière de la lune. La tranquillité si douce, si mélancolique de la nuit réveille les souvenirs ; je cueillis aussi une petite fleur dans les ruines du Capitole, ce témoin impassible de tous les bouleversements, de toutes les gloires, et enfin de toute la sainte majesté de Rome depuis plus de vingt-cinq siècles !

26 *mai*. Fête du Saint-Sacrement. — Où cela pourrait-elle être mieux sentie et mieux célébrée qu'ici, cette belle et touchante fête de la Sainte-Eucharistie ? Aussi Rome déploie-t-elle aujourd'hui toutes ses richesses.

A neuf heures commence à Saint-Pierre la fameuse procession du *Corpus Domini*, qui est, avec la grande Bénédiction de Pâques, la plus belle cérémonie de l'Église. Tout ce que Rome renferme d'ecclésiastiques et de religieux se rassemble à Saint-Pierre, et forme, avec les prélats, les évêques, le Sacré Collège, le Souverain Pontife, et les troupes d'élite, la plus magnifique et la plus grandiose de toutes les processions.

Je devais y aller avec M. l'ambassadeur, mais il y avait eu des malentendus pour les heures, de sorte que j'y allai à pied de mon côté. Le temps était magnifique, et la chaleur magnifiquement étouffante. J'arrivai vers neuf heures un quart ; déjà c'était commencé, et pas moyen d'entrer dans la place à cause de la foule. En effet, comme le Saint-Sacrement devait passer sous la colonnade de gauche, faire le tour de la place et rentrer dans l'église par la colonnade de droite, on avait entouré la place de tentures soutenues par des mâts, pour joindre ensemble les deux colonnades et garantir la procession de la pluie ou du soleil. On avait donc apporté une foule de bancs et de tables le long de ces mâts, et ceux qui étaient derrière ne voyaient que la partie la moins intéressante des spectateurs montés sur les échafaudages.

Je pris donc une petite rue et j'arrivai derrière la colonnade à gauche en sortant de l'église, à droite en y arrivant. Là je louai pour deux pauls (vingt sous) un banc et je vis passer une partie de la procession. C'était la plus importante, car les évêques commençaient à défiler quand je montai. Puis vinrent les Cardinaux, en chapes drap d'argent et or avec la mitre blanche en tête; puis enfin le Saint-Père avec le Corps de Notre-Seigneur devant lui!

Il avait la tête nue sans mitre, même sans la calotte blanche qu'il ne quitte presque jamais. Il était revêtu d'une immense chape de soie blanche magnifiquement ornée et brodée d'or. Devant lui était une espèce de table ou de support, sur lequel était placé le Très Saint-Sacrement. La chappe couvrait cette table par devant, et était disposée de telle sorte que le Pape, qui était assis, semblait à genoux. Il était penché en avant, ayant les mains autour du pied de l'ostensoir, et les bras appuyés sur la table. Au-dessus du Saint-Sacrement et du Pape huit Cardinaux et évêques portaient un magnifique dais de soie blanche et or, et à bâtons dorés. De chaque côté étaient les deux grands éventails blancs, et des lanternes dorées et sculptées, portées au bout de manches tout dorés aussi, par quatre clercs, à chaque coin du dais.

Dire l'effet que ce groupe admirable m'a produit est

une chose absolument impossible. — Le Représentant de Dieu, humilié et prosterné devant Dieu lui-même, et lui restituant tous les honneurs qui sont rendus au rang qu'il occupe sur la terre, la bonté et l'infinie tendresse de Notre-Seigneur, qui ne dédaigne pas de venir en quelque sorte se promener au milieu de ses chers enfants, le lieu où se passait toute cette scène, tout cela faisait sur mon cœur, sur mon esprit, sur mes sens, une impression bien profonde et bien touchante. L'expression de la figure du Pape était magnifique. L'humilité, l'absorption de la prière, la foi, l'adoration, se peignaient sur son visage, et en faisaient, malgré l'irrégularité de ses traits, quelque chose d'admirable.

Cependant je n'avais vu qu'une bien faible partie de la procession, et je désirais bien la voir tout entière. Je descendis donc de mon banc et je longeai en dehors la colonnade (celle de droite en arrivant à Saint-Pierre). Je parvins ainsi au grand corridor ou escalier qui longe la place Saint-Pierre à droite ; arrivé au bout, je tournai à gauche dans le vestibule, et j'entrai de là dans l'église. La procession, comme je l'espérais, n'était pas encore rentrée. Je me mis donc près de la porte du milieu par où elle devait passer, et là j'attendis pendant sept ou huit minutes environ.

J'examinai pendant ce temps-là l'intérieur de Saint-Pierre. Des cierges étaient allumés sur le maître-autel que l'on voyait au loin ; et, depuis le maître-autel (plus loin même je crois) jusqu'à la porte principale, il y avait une haie, tantôt double, tantôt simple, de religieux, de séminaristes, ou d'enfants recueillis dans des maisons de charité publiques ; tous portant des cierges allumés. En face de moi étaient les *Orfanelli*, ou orphelins, habillés tout en blanc, avec de petites robes ou soutanes blanches en laine, et par-dessus un manteau long aussi en laine blanche. — (Dans la rue ils ont avec cela un tricorne blanc, de sorte qu'ils sont complètement blancs). J'en remarquai cinq ou six que j'ai dessinés en rentrant sur mon album. Il y en avait de tout petits qui ne paraissaient pas avoir plus de cinq ou six ans. C'était charmant.

Enfin la procession commença, et continua, continua, continua. Elle mit trois quarts d'heure à peu près à défiler devant moi ! que l'on juge par là du nombre de ceux qui devaient la composer ! Après beaucoup d'ordres religieux vinrent les députations et les chanoines des sept grandes basiliques de Rome. Devant chacun de ces cortèges, deux hommes portent, l'un une pancarte dorée sur laquelle est écrit le nom de la Basilique et à laquelle pend une sonnette ; l'autre, un immense parasol conique en soie et en velours rouge et jaune. Je dois dire que j'ai trouvé ces espèces de toits ambulants assez grotesques, ou au moins laids. Il paraît que l'usage de les employer dans la procession du *Corpus Domini* est très ancien.

Après les députations des sept basiliques, les *Camerieri* défilèrent, habillés tout en rouge et au nombre de douze à quinze. Puis arrivèrent les chantres du Pape, qui entonnèrent le *Te Deum* en entrant dans l'église ; ils étaient suivis de l'imposante partie du cortège que j'avais déjà vue, c'est-à-dire des Evêques, des Cardinaux-Diacres, des Cardinaux-Prêtres, des Cardinaux-Evêques, enfin du Saint-Sacrement porté par le Pape. La procession était fermée par les gardes-nobles, et par quelques clercs ou maîtres des cérémonies.

Le Pape fut conduit au plutôt porté sous son dais jusqu'en face du Maître-Autel ; là il descendit et remit le Saint-Sacrement sur l'autel. Je partis avant ce moment, car je craignais que M. de Maubourg ne rentrât avant moi pour le déjeuner. Il était rentré, en effet, mais heureusement je ne le fis pas attendre.

Cette procession est magnifique, c'est vrai, mais elle a cependant un grand inconvénient, c'est que l'on ne peut nulle part en voir l'ensemble ; et comme elle est avant tout grandiose et imposante par le nombre de ceux qui la composent, c'est l'ensemble qui frapperait davantage.

Au lieu de cela, on voit passer entre les piliers de la colonnade, deux par deux, des Religieux, des Camériers, des prêtres, des clercs, qui ne signifient presque rien. Le groupe des Evêques, des Cardinaux, et surtout celui du Pape, est, il est vrai, quelque chose d'admirable ; —mais encore ne les voit-on qu'en détail et successivement.

En résumé cette procession de Saint-Pierre est plus belle et plus étonnante que celles de France et de Paris à la Fête-Dieu ; mais elle est bien moins touchante, bien moins soignée, elle parle moins au cœur. Il n'y a pas ici ces charmantes confréries de jeunes filles en blanc, qui ouvrent la marche sous les étendards de la Sainte-Vierge ; il n'y a pas d'encensoirs ni de fleurs ; en un mot, c'est trop spectacle, pas assez procession ; de plus, la tenue des prêtres italiens est moins digne et moins imposante que celle des prêtres français. Le Pape, il est vrai, compense tout à lui seul.

27 *mai*. — Pour la Fête de Saint-Philippe de Néri, second patron de Rome, le Pape avait été le matin à la *Chiesa Nuova* (*L'Eglise Neuve*), dédiée à Saint Philippe de Néri. Après le déjeuner je me rendis sur la place de la Chiesa-Nuova, et j'attendis le départ du Pape.

La voiture de gala dont il se sert aujourd'hui, et trois autres fois dans l'année seulement, passe pour être le plus magnifique carrosse existant. Elle est toute dorée, et les panneaux sont recouverts en velours rouge. Elle est très grande. Au fond est un superbe fauteuil où s'assied le Pape ; en face de lui est une banquette de velours pour deux Cardinaux.

Cette voiture n'a pas de siège, ni devant ni derrière. Il y a, en place, par devant un groupe d'anges, grands comme nature, et sculptés en bois, qui soutiennent la tiare pontificale. Le tout est doré comme la voiture. Par derrière, il y a un aigle tenant des foudres dans ses serres, et d'autres superbes ornements, dorés également. Six chevaux noirs, magnifiquement harnachés et caparaçonnés en or et en rouge, sont attelés au carrosse et montés par trois piqueurs vêtus de velours rouge. Comme le cortège ne va jamais qu'au petit pas, les laquais et gardes accompagnent à pied des deux côtés.

La place de la Chiesa Nuova était remplie de monde, de voitures de Cardinaux ou de Prélats, et de troupes. Les fenêtres étaient toutes garnies de spectateurs et à chacune pendait une tapisserie ou une pièce d'étoffe ordinairement rouge.

J'attendis le Pape au moins quarante minutes; quand on l'annonça, je voulus changer de place pour mieux voir. Mais comme « le mieux est ennemi du bien », je ne pus rester à la nouvelle place que j'avais choisie et je ne vis qu'à moitié bien le Pape monter en voiture. On pose près de la portière une espèce de marchepied, de sorte que le Pape et les Cardinaux peuvent monter dans la voiture sans faire des efforts, quelquefois impossibles à cause de leur grand âge, et toujours peu convenables à leur grave et éminent caractère.

Le Pape avait sur la tête un tricorne rouge à glands et gances d'or. En face de lui étaient les Cardinaux Acton et de Bonald, tous deux Cardinaux étrangers et jeunes. Le Pape donnait à droite et à gauche sa bénédiction.

Après lui tous les Cardinaux montèrent dans leurs belles voitures rouges, noires et or. Après en avoir vu défiler quelques-unes, je partis pour retourner chez moi. Je me perdis en chemin, excellente manière de connaître une ville étrangère. Je me retrouvai sur la bonne voie après un détour passablement long.

Je commence aujourd'hui le portrait à l'huile de M. de Maubourg. Il y a en lui matière à un bien beau portrait, que je voudrais bien faire avec succès. Malheureusement à mon âge vouloir et pouvoir sont deux. Dieu secondera mes efforts, j'espère, et me fera réussir; c'est lui qui m'a donné du goût et de la facilité pour l'art si beau de la peinture, c'est lui aussi qui fécondera le germe qu'il a bien voulu déposer en moi.

30 *mai*. — La veille au soir j'avais reçu une petite lettre du père Vaures, grand-pénitencier français, qui m'annonçait que le Pape me recevrait, ainsi que Paul de Malaret, le lendemain matin à neuf heures trois quarts (c'est-à-dire, aujourd'hui lundi.) Je mets donc ce matin mon uniforme, pour paraître dignement devant le Saint-Père. J'avais demandé une voiture pour huit heures trois quarts, afin d'avoir le temps d'aller chez Paul, qui n'était pas averti, de lui donner quelques moments pour s'habiller, et enfin, pour arriver au Vatican à l'heure indiquée. Pendant que j'attendais la voiture, j'entrai un moment chez M. de Maubourg pour lui annoncer ma visite au Saint-Père. Il m'apprit en échange une nouvelle vraiment triste; le violent orage d'hier avait brisé le magnifique pin du jardin, connu et vu de tout Rome, si bien qu'on l'appelait « *le pin Colonna* ». — Un coup de vent l'a séparé en deux parties : une vilaine branche est restée en l'air, et la presque totalité de l'arbre est à terre. M. de Rayneval, qui a vu de près tous les débris, me dit que la branche tombée avait environ cinq pieds de diamètre, c'est-à-dire quinze pieds de tour ! Que l'on juge par ce détail de la hauteur énorme de cet ex-bel arbre !

Cependant ma voiture étant arrivée, je me rendis chez Paul que j'éveillai, et qui s'habilla à la hâte. Il se mit en bas de soie et tout en noir, comme c'est l'étiquette au Vatican, et nous partîmes pour Saint-Pierre, après avoir acheté d'autres chapelets encore que ceux que nous avions déjà. Je ne me ruinai pas cette fois-ci, car je n'avais besoin que d'objets communs pour distribuer au *menu peuple*.

A neuf heures trois quarts précises, nous étions dans les antichambres du Pape.

Il y en a cinq ou six, dans lesquelles sont des laquais, des soldats, des hallebardiers, des gardes-nobles, des huissiers. Dans la dernière, où on nous fit entrer, nous trouvâmes déjà sept ou huit personnes, et entre autres le père Vaures qui nous reçut à merveille.

Ce père Vaures est un homme parfaitement bon et obligeant pour tous ceux qui s'adressent à lui, et principalement pour les Français, ses compatriotes. — Il leur est très utile à cause de l'amitié particulière que lui porte le Pape, et du zèle qu'il met à rendre service. L'Ambassade en fait beaucoup de cas. Il est tout petit et vêtu en Cordelier puisqu'il est de cet ordre.

Nous eûmes le temps de nous apercevoir qu'il causait très bien et avec esprit et bonté ; car nous ne fûmes introduits devant le Pape qu'à midi moins quelques minutes. Deux Cardinaux, un Evêque et un Prélat étaient arrivés pendant que nous attendions, et ils passèrent avant nous, comme cela est tout naturel.

La pièce dans laquelle nous étions était très belle. Au fond était un trône de velours rouge et or, avec un dais ; c'est là que le Pape reçoit les souverains.

Enfin nous entrons avec le père Vaures dans une petite salle voisine qui sert d'antichambre au cabinet du Pape.

J'étais assez ému, comme on peut penser. Après deux ou trois minutes, le Pape sonna, le père Vaures ouvrit la porte de son cabinet et nous entrâmes.

Je fus un peu surpris de ne pas voir le Pape sur un fauteuil ou un trône, au fond de la salle, comme je m'y attendais. Il était debout près de son bureau et à quelques pas seulement de la porte. Je fais cependant ma première génuflexion, puis ma deuxième ; pour la troisième, je ne sais si je la fis. Je ne voyais plus que du feu dans les génuflexions du père Vaures, de Paul, dont la vue embrouillait les miennes. Paul eut plus de présence d'esprit ; je l'aperçus baisant la mule du Saint-Père, ce que j'oubliais, et je suivis alors son exemple. Nous nous relevons ensuite et le Pape commence la conversation.

Je ne puis dire la bonté vraiment paternelle que le Saint-Père eut pour nous ; nous n'étions pas plus embarrassés que si nous eussions été avec notre meilleur parent. Il avait l'air enchanté de nous voir, riait de bon cœur, tout en conservant cette douce supériorité paternelle qui nous encourageait tant. Nous nous sentions en face d'un homme véritablement bon, et non pas seulement d'un homme faisant l'aimable et le bon. Il parla italien tout le temps ; nous le comprenions très bien ; nous autres, nous parlions tantôt le français (qu'il comprend aussi, mais qu'il ne parle pas), tantôt l'italien.

Nous étions debout devant lui à deux pas de distance à peine ; le père Vaures était à notre gauche. Le Saint-Père se tenait près du bout de sa table, regardant ainsi la fenêtre à laquelle nous tournions le dos. Il était habillé tout en blanc, sur la tête il avait une calotte de soie blanche, autour du cou une cravate blanche, de mousseline, et il était revêtu d'une grande soutane de drap blanc, sans collet droit ; à cette soutane était attachée une petite pèlerine, en drap blanc aussi, qui lui couvrait à peine les épaules ; le bras était entouré d'une seconde manche courte et large fendue par devant. Les parements des manches étaient en soie comme la calotte. Ses pantoufles étaient en maroquin rouge et ornées toutes deux d'une croix d'or que l'on baise. A son doigt est l'anneau pastoral, en aigue-marine, transparente et verdâtre.

Il nous demanda d'abord des nouvelles de M. l'ambassadeur, et nous parla des deux absences qu'il compte faire, l'une au mois de juin, l'autre au mois de janvier.

Tantôt Paul, tantôt moi, le plus souvent le père Vaures, répondait et expliquait ce que le Pape voulait savoir.

Il nous entretint ensuite de madame de Maubourg, eut l'air assez surpris d'apprendre qu'elle arrivait à Paris aujourd'hui même, et parla d'elle avec intérêt.

Je lui parlai de la visite que les trois enfants de M. l'ambassadeur lui avaient faite, lui rappelant que la petite Gabrielle n'avait pas voulu baiser le pied de Sa Sainteté.

Ce souvenir le fit beaucoup rire et, tout en riant de Gabrielle, il nous raconta l'histoire d'une famille irlandaise, qui vint le voir et qui lui amena un petit garçon. Celui-ci fit les mêmes difficultés que Gabrielle, et de plus il se mit à pleurer. Il riait de bien bon cœur en nous donnant les détails de cette entrevue.

Après cela, le Saint-Père demanda à Paul s'il avait été à la cérémonie dernière à Chiesa Nuova. — « Non, Saint-Père, lui répondit Paul ; je ne l'ai pas pu. » — « J'en suis fâché, répondit le Pape (en italien toujours) ; vous auriez vu votre Cardinal français, le cardinal de Bonald, dans ma voiture, et à côté du cardinal Acton, Anglais ; j'ai comme cela rassemblé les deux ennemis en face de moi : les Français et les Anglais. J'ai obligé les deux pays rivaux à se donner la main. Il n'y a plus de guerre ni d'ennemis à Rome. Rome est le lieu de la paix, j'aime la paix et je l'ai avec tout le monde. Du temps de Napoléon, lorsqu'il était en guerre avec l'Angleterre, le Pape fit asseoir dans sa voiture, comme j'ai fait, le cardinal Fesch, Cardinal français à côté d'un Cardinal anglais ; les deux ennemis aussi à côté l'un de l'autre. Toujours la paix ici, toujours la paix. Jusqu'à Méhémet-Ali, avec qui j'ai la paix! — J'ai là une lettre très amicale de lui, que je vais vous faire voir tout à l'heure. »

Paul tira alors de sa poche une demande d'Indulgences pour lui, sa famille et quelques personnes, afin que le Pape daignât les accorder et signer. J'avais aussi cette même demande. Ni la mienne, ni celle de Paul, n'était faite selon les règles. Le Pape fit comme si elles étaient sans défaut et les signa toutes deux avec une bonté et un empressement bien aimables.

Le père Vaures lui présenta ensuite le plateau sur lequel étaient tous nos chapelets, médailles, croix, etc., etc. — Le Pape les bénit en faisant dessus un signe de croix. Alors je lui demandai qu'il voulût bien y attacher les Indulgences de Sainte-Brigitte, les plus considérables de toutes. — Il répondit affirmativement et donna une seconde bénédiction.

Après quoi, il nous fit un signe d'adieu ; nous nous mîmes à genoux et il nous donna sa bénédiction. Je me relevai et m'apprêtais à sortir, le Pape avait même déjà sonné, lorsque je revins près de lui, me mis à genoux et lui dis : « Votre Sainteté voudrait-elle me donner Sa bénédiction pour ma famille ? » — « *Si, si* » (oui, oui) ; et il me la donna encore. — « Et pour une petite société de Charité, celle de Saint-Vincent de Paul, dont je fais partie à Paris ? » Le père Vaures lui expliqua en italien ; et il me dit encore que *oui*, avec une grande bonté, faisant sur moi le signe de la croix.

Quand je lui demandai sa bénédiction pour vous, ma chère famille, et que je me mis à genoux près de lui, il me caressa la joue avec un sourire plein de bienveillance. Il caressa aussi Paul, lui donnant quelques petits coups sur la tête, comme à des enfants dont on est content.

Et lorsque je lui eus demandé sa bénédiction pour ma bonne petite Conférence des Missions, il me donna d'abord cette bénédiction, puis me prit amicalement la figure entre ses deux mains, me caressant sur les deux joues à la fois. J'étais bien touché et enchanté de tant de marques de bonté.

Nous mîmes encore une fois le genou en terre près de la porte et nous quittâmes le cabinet du Pape.

Notre audience avait été excellentissime. J'avais le cœur tout joyeux de cette bonne réception. Elle avait duré environ douze minutes ou un quart d'heure.

La figure du Pape porte bien son âge (78 ans); ses traits sont irréguliers et même laids, si l'on ne regarde que les lignes ; mais l'expression en est si bonne, si simple, si paternelle, si franche, que l'on est d'accord pour dire que Grégoire XVI *a une belle tête.* Il est assez pâle, a le front grand et bombé, le nez très cassé et gros quoique aquilin ; ses yeux sont gris ou bleus et flétris par l'âge ; ses sourcils ont une forme assez singulière, étant relevés comme s'il pleurait. Les rides des joues sont très marquées, la bouche petite avec la lèvre inférieure un peu avancée, le menton très détaché. Le visage du Pape est large et assez gras, mais la vieillesse et les austérités ont fait tomber cet embonpoint. Ses cheveux sont plutôt gris que blancs, et encore très abondants.

Il est grand, pas cependant tout à fait autant que moi. Son corps n'est pas gros. Il se tient droit et ferme, a la voix assurée et beaucoup de jeunesse et de vivacité d'esprit. M. de Maubourg m'a dit que c'était un homme de tête, plein d'esprit, de capacité et de fermeté, ce mélange heureux de qualités politiques et civiles, et d'éminentes vertus chrétiennes, qui lui concilie l'affection et l'estime de tous ceux qui ont occasion de l'approcher.

En rentrant, j'ai de souvenir fait de lui un portrait qui a réussi assez heureusement, et qui me représente fidèlement le Pape tel que je venais de le voir.

31 mai. — Le soir grand dîner à l'ambassade, entièrement composé d'hommes. Mgr de Bonald, Mgr de Falloux, Mgr Médici, camérier du Pape, M. de la Bouillerie, quelques ecclésiastiques de Lyon, le marquis de Talaru, les deux frères et les trois neveux de Mgr de Bonald, etc., etc., composaient le dîner. Il fut très ennuyeux comme tous ces grands dîners d'apparat, quoique fort beau.

Après le dîner, M. de Maubourg mena la compagnie dans le jardin, sur la terrasse, pour faire déplorer et admirer le malheur du beau pin Colonna. L'énorme branche brisée est couchée à moitié dans le jardin Colonna et à moitié dans un jardin voisin. Elle a renversé une partie du mur de clôture en tombant. Une des branches qui se trouve dans le jardin à côté du nôtre s'est cassée en touchant terre, et elle était si puissamment lancée qu'elle a percé de part en part le même mur à un autre endroit. Les débris de cet arbre colossal sont du reste admirables. M. de Rayneval, le grand paysagiste, en a fait un croquis très beau et très heureux.

Le soir, M. l'ambassadeur eut la bonté de me mener avec Paul chez la princesse Borghèse. Elle fut, ainsi que ses fils, comme toujours, très aimable pour nous.

M. de Bussierre y vint aussi. Je lui parlai assez longuement de l'admirable et miraculeuse conversion dont il avait été tout récemment le témoin, et il m'apprit quelques petits traits relatifs à M. Ratisbonne, que je veux mettre par écrit, tant pour compléter sa merveilleuse histoire que pour mon édification et celle de mes chers lecteurs.

Le lendemain du jour où la Très Sainte-Vierge lui était apparue, il accompagna M. de Bussierre dans une église, à l'heure du salut ; quand il se trouva en présence de Notre-Seigneur, il manqua plusieurs fois de se trouver mal : « Ah ! mon cher, dit-il à M. de Bussierre qui en inquiétait, vous ne savez pas ce que c'est d'être en la présence du Dieu vivant, que je sais être ici, encore souillé de la tache originelle et sans être baptisé ! »

La veille il ne se doutait seulement pas qu'il y eût un Saint-Sacrement, et tel est le langage qu'il tient après la visite de la Sainte-Vierge ! Un tel changement sans miracle ne serait-il pas lui-même un étonnant miracle ?

Dans son trouble, il alla à la chapelle de la Sainte-Vierge, et quand il y fut : « Là je suis tranquille, dit-il à M. de Bussierre ; je sens que je suis à l'ombre de la plus grande des miséricordes ! »

La notion du Saint-Sacrement, de la présence réelle, de la tache originelle, de l'horreur du péché, de la miséricorde de la Sainte-Vierge, où l'avait-il puisée, si ce n'est dans la révélation ? « Jamais, écrivait-il à son frère, jamais je n'ai ouvert un livre de religion ! » Quoique Juif, il n'avait jamais ouvert la Bible ! C'était cette notion infuse et évidemment œuvre de Dieu, qui frappait et étonnait le plus vivement le père Villefort, dans toute cette merveilleuse aventure.

Le père Villefort lui demandait, avant son baptême, s'il croyait être assez instruit pour être fait chrétien ; par exemple, s'il croyait bien fermement à la présence réelle du Seigneur dans la Sainte-Eucharistie. — « Si j'y crois, s'écria-t-il, si j'y crois?... Je *sens* Notre-Seigneur, quand j'entre dans une église ! » — Paroles énergiques, frappées au coin de la vérité, que nul n'aurait inventées, que celui-là seul qui en faisait l'expression des sentiments intimes de son cœur !

J'éprouve un grand charme en causant avec ce saint et aimable M. de Bussierre ; j'aime surtout à l'entendre parler de cette miraculeuse conversion, à laquelle il a assisté, et qu'il a suivie dans toutes ses phases. Il me dit ce qu'il a vu, ce qu'il a entendu. Il ne ment pas, ni moi non plus.

A dîner, M. de la Bouillerie me parlait du père Villefort et me le dépeignait parfaitement par ces quelques mots : « C'est l'homme le plus saint que je connaisse ; il a toutes les vertus de son ordre, sans avoir aucun de ses défauts. » — Je le vois, je le sens si saint, ce bon père Villefort, que je suis enchanté d'entendre lui rendre justice. Depuis que je suis à Rome, bien des personnes de tout genre m'en ont parlé ; *aucune* ne m'a dit rien qui ne lui fût favorable ; toutes l'ont qualifié de respectable et de saint homme. — Dieu sait qu'il l'est en effet !

XVIII

Anecdote du Cardinal de Clermont-Tonnerre à Toulouse. — M. de Bussierre et le protestantisme. — Les offices religieux et le chant à Rome. — Dévotion des Romains à la Sainte-Vierge. — Le *Ponte Molle*, le *Monte-Mario*, Constantin et le *Labarum*. — *Columbarium* de la Villa Pamphili. — Visite avec M. Visconti aux fouilles du Capitole et à la *Porta Maggiore*. — Le tombeau du Boulanger. — La Farnésina et Raphaël.

Nous voilà en été, ou au moins dans les chaleurs; quoique le commencement en soit fatigant, ce ne serait rien sans le terrible accessoire des puces; ces odieuses bêtes, qui ne sont bonnes, je crois, qu'à exercer notre patience, me dévorent avec une sanguinaire persévérance. Je comptais ce matin par curiosité les piqûres rouges que j'avais autour du genou droit; dans une bande de cinq pouces de large à peu près, j'en ai compté quatre-vingt-dix-huit!!!!!

1er *juin*. — Dans la matinée, je continue le portrait de M. de Maubourg qui me semble venir assez bien. Je voudrais qu'il fût très bien afin de lui rendre par un petit contentement tout le bien qu'il me fait depuis mon arrivée à Rome.

Après le dîner, qui depuis quelque temps a lieu à quatre heures pour pouvoir jouir de la soirée, M. de

Maubourg nous mène Charles, Paul et moi, à la Villa-Pamphili, répétant ainsi la même charmante promenade qu'il y a quinze jours. Comme je connaissais déjà les jardins, j'emporte mon album et je passe ma promenade à dessiner les magnifiques pins d'Italie de cette Villa.

Cet arbre admirable est l'arbre propre de Rome, car il n'y en a guère, d'aussi beaux du moins, qu'à Rome et dans ses environs.

Pendant que je dessinais, Paul me raconta qu'un jour la voiture de M. le Dauphin et celle du Cardinal de Clermont-Tonnerre, archevêque de Toulouse, furent en rivalité de vitesse. Les deux cochers étaient excités et dès lors en colère. Celui du Dauphin se voyant dépassé eut recours à d'autres moyens qu'à l'allure de ses chevaux. Il cria au cocher du Cardinal : « Ne sais-tu donc pas que je porte le Dauphin ? » — « Et moi, lui repartit l'autre sans perdre la tête et en fouettant de plus belle, je porte le *Tonnerre*. »

Le 2 juin. — Je rencontrai ce matin M. de Bussierre et je lui parlai d'un ouvrage qu'il vient de finir, contre les erreurs du protestantisme. Il m'exposa à ce propos un argument qu'il a découvert il y a quelque temps en lisant l'Evangile, et auquel il n'y a rien à dire. Je l'inscris de peur de l'oublier.

Notre-Seigneur a-t-il dit dans l'Évangile à son Église : « *Je suis avec vous jusqu'à la consommation des siècles*, » et « *les portes de l'enfer ne prévaudront pas contre elle ?* » Oui, qui peut le nier ?

Jusqu'au seizième siècle quelle a été l'Église de Jésus-Christ ? — L'Église Catholique ? — Qui peut encore le nier ? — La religion protestante n'existait pas encore, puisqu'elle a commencé en 1517 avec Luther, et le schisme n'a commencé que vers le neuvième siècle. Ceci posé (et ce sont des faits, que nul ne peut contester), de deux choses l'une : ou l'Église Catholique s'est trompée, a failli ; ou elle ne s'est pas trompée.

1° Si elle s'est trompée, Notre-Seigneur Jésus-Christ a menti, puisqu'Il lui avait promis assistance pour toujours, et que cette assistance a manqué ; et puisqu'Il lui avait annoncé que les portes de l'enfer ne prévaudraient jamais contre elle, et que l'enfer ou l'erreur a prévalu. Alors plus de Religion Chrétienne, plus de divinité de son fondateur, et, par conséquent, plus de Protestantisme qui reconnaîtrait un imposteur pour son Dieu.

2° Si elle ne s'est pas trompée, pourquoi les protestants l'ont-ils quittée?

Rien à répondre à ce dilemme.

« Mais la réforme a rectifié seulement l'Église Catholique, l'a remise sur son ancien pied. » — Soit ; mais alors concluez que l'Église de Jésus-Christ s'est trompée, et que Jésus-Christ a menti. Plus vous m'opposerez les erreurs et les abus de l'Église Catholique, plus vous accuserez Jésus-Christ de mensonge. M. de Bussierre a eu le bonheur de convertir il y a quelque temps un Prussien protestant avec cet irrésistible argument ; le Prussien, frappé de cette vérité, a demandé l'instruction, et, au bout de trois semaines, il a abjuré.

Quelle déplorable chose qu'une secte, se prétendant l'Église véritable de Jésus-Christ, commence par faire de son Dieu et de son fondateur un menteur et un fourbe !

M. de Bussierre, qui a été protestant autrefois, me disait encore à ce sujet une chose assez particulière et qu'il a été à même d'examiner il y a longtemps ; c'est que plus un catholique est pieux, instruit des vérités de la Foi, et plus il pratique les œuvres de religion, plus il acquiert de joie, de paix, de tranquillité de conscience. Plus, au contraire un Protestant est pieux, plus il s'instruit de sa religion, plus il est inquiet et chagrin au fond du cœur. Ce résultat tout opposé est assez frappant, et doit nous porter, nous autres Catholiques, à bénir Notre-Seigneur de nous avoir placés dans la paix, dans le calme, dans l'assurance du bonheur sur la terre et dans le Ciel ! Puissé-je me rendre digne de ce bienfait inestimable, et voir tous ceux qui me sont chers vivre aussi et mourir dans la salutaire voie de la sainteté !

4 juin. — Depuis quelques jours nous avons trouvé un moyen d'employer agréablement et utilement nos après-dîner. A cause de la chaleur du jour et de l'agrément des soirées, nous dînons à quatre heures et nous allons dans le jardin de l'ambassade jusqu'à six heures environ. Les premiers jours nous nous promenions tout simplement : maintenant nous nous livrons à des exercices d'adresse.

Alfred a des boules de bois pour jouer, nous les avons prises, et M. de Rayneval en a fait le sujet de tours charmants.

Tantôt la boule la plus petite est placée sur un bâton d'où il faut la faire tomber ; tantôt elle est suspendue à une ficelle et il faut la toucher avec les autres boules. Une autre fois il faut que chacun fasse retomber la boule sur un point marqué (ce qui est une préparation indirecte à l'art de lancer des bombes ou au jeu plus innocent du *tonneau*). M. Simonneau, le précepteur d'Alfred, est assez adroit et sa figure est vraiment comique de jubilation et d'héroïsme quand il attrape la boule.

Nous sommes beaucoup d'acteurs dans ces genres d'exercice : M. de Rayneval d'abord, le grand inventeur de nouveautés et qui dispose les boules et les ficelles ; puis, M. Simonneau, le plus heureux de toute la bande ; puis enfin Paul, Charles d'Astorg, Alfred, et moi, qui sommes tous peu adroits. Aujourd'hui nous joignons les exercices gymnastiques aux jeux d'adresse ; M. de Rayneval, Paul, M. Simonneau et moi, nous sautons d'abord en hauteur, par-dessus une ficelle tendue (toujours par l'industrieux

M. de Rayneval). Quand nous sommes arrivés à notre *nec plus ultrà*, nous sautons en longueur. Je me rappelais mon jeune temps de collège, où je sautais si lestement ; mais je me sens tout rouillé et tout engourdi.

Alfred qui a voulu aussi se mêler de sauter, trouve moyen de s'étaler de tout son long, suivant la coutume de chaque jour ; ce cher garçon tombe comme grêle à propos de rien ; on le voit glisser à terre, d'où il se relève prestement, il faut lui rendre cette justice.

Après les sauts, nous passâmes aux courses.

Tous ces exercices inaccoutumés me firent l'effet d'une bonne volée de coups de bâton : j'étais courbaturé et rompu.

Une remarque que j'ai faite, depuis que le beau temps est revenu, c'est combien le climat de Rome est fatigant et énervant. Le soir et le matin, je suis tout *traînard*, tout languissant ; je conçois parfaitement l'amour des Italiens pour leur cher *farniente*, si le climat influe sur eux de la même manière. Si malheureusement pour moi, comme c'est probable, cet état de fatigue augmente avec la chaleur, il me faudra en passer par la sieste, ou repos complet de une heure à quatre, pendant la plus grande cuisson du jour.

5 *juin*. — M. L'ambassadeur va à Ostie avec M. de Rayneval, M. et madame Odier. Il n'y avait malheureusement pas de place pour moi dans la voiture. J'aurais été bien heureux de voir ce port d'Ostie, si fameux autrefois et maintenant si abandonné. Tout désert qu'il soit, c'est un Évêché. Pendant l'hiver, il y a dix habitants, et, pendant l'été, trois, dont trois ont la fièvre et une mine de déterrés.

M. l'ambassadeur me racontait que, dans un petit hameau, près de là, il n'avait trouvé *rien* pour déjeuner ; pas même d'eau. Il n'y avait *personne*. Ce qui fait qu'il serait très imprudent d'aller à Ostie sans prendre des précautions, car si on vous attaquait et si on vous tuait au milieu de ces ruines, il serait impossible de retrouver les traces ni de la victime ni des meurtriers. De plus, l'air y est si malsain qu'on y attrape la fièvre quand on y passe la nuit.

C'était dimanche ; j'allai aux *Saints-Apôtres* à la grand'-messe. Ici, les grand'messes ne sont pas célébrées de même qu'à Paris ; et je dois dire que je préfère beaucoup la méthode française à la méthode romaine ; à Rome c'est plus beau, mais chez nous c'est plus commode à suivre.

Ainsi, au lieu du plain-chant, ce sont des musiciens, quelquefois très bons, quelquefois assez mauvais, qui chantent le *Kyrie*, le *Gloria*, etc., etc., avec l'orgue qui leur répond. Le *Kyrie* est infiniment moins long et mieux qu'en France.

Les prêtres italiens ne chantent pas tout à fait sur le même air que les nôtres ; outre qu'ils chantent faux, il y a cette différence qu'à la fin de chaque phrase ils laissent tomber leur voix, ce qui donne une grande monotonie au chant.

Maintenant que mes oreilles se sont faites à la prononciation du Latin à l'italienne, je trouve cette prononciation préférable à la nôtre pour certaines lettres ; ainsi le *c* prononcé *tché* est généralement bien plus harmonieux et plus énergique ; souvent l'*u* prononcé *ou* est aussi très agréable.

Ce qui déplaît aux oreilles françaises, c'est la manière de prononcer les terminaisons en *um*, en *us*, en *am* et en *at*. On dirait qu'il y a un *e* muet à la fin de toutes ces syllabes, sur lesquelles ils appuient fortement. Ainsi ils disent : « *Corpousse... Domini Nostri Jesou Christi, custodiate animame touamme inne vitamme œternamme.* »

On s'imagine toujours qu'ils parlent très vite ; mais, en suivant ce qu'ils lisent ou chantent, on voit qu'ils vont souvent moins vite que nous. J'ai peu vu d'exemples ici de messes dites avec une grande volubilité ; les prêtres d'Italie ont moins de tenue que les prêtres français à l'autel, mais ils disent la messe avec tout autant de dévotion.

Il faut autant que possible l'entendre dans une église desservie par quelque couvent, où se trouvent dès lors des novices pour servir la messe ; ainsi les *Saints-Apôtres*, desservis par les Cordeliers ; le *Gesù*, par les P. Jésuites, etc. ; autrement les enfants qui servent les messes sont impatientants de laisser-aller, de mauvaise tenue.

Une fois, à la petite église de l'*Umiltà*, j'ai assisté à une messe dont le petit clerc était curieux sous ce rapport. Il s'en allait quand il n'avait pas de réponse à faire de quelque temps, répondait de loin, de près, comme cela se trouvait ; au moment de la Préface, le petit drôle était à un autre autel dont il allumait les cierges, tout en répondant au prêtre qui disait la messe.

En quittant l'église, je vais à *Saint-Jean de Latran*, où je dessine la magnifique vue que l'on a de la façade sur les murs de Rome et la campagne.

Il faisait très chaud, mais j'étais à l'ombre ; en m'en retournant, je vis près du Colisée un artiste qui peignait le dos au soleil. Il était sans doute assuré contre l'incendie, car le soleil commence à être brûlant.

Le soir, Paul vient passer la soirée chez moi. Il me raconte une anecdote assez drôle, datant de la Révolution de 89. Son grand-père, en émigrant, avait laissé pour garder tous ses biens et son château un vieux et fidèle serviteur nommé Duroc, en lui recommandant de cacher l'argenterie et les choses précieuses dans un endroit sûr. Quelque temps après son départ, il reçut de son intendant cette lettre ingénieuse : « Monsieur, j'ai caché, suivant vos ordres, ce que vous savez bien (je veux dire l'argenterie), à l'endroit que vous savez bien (je veux dire dans l'écurie à telle place), etc., etc. » Il n'est pas besoin de dire que la lettre fut ouverte à la poste et que les visiteurs domiciliaires et les *hommes du gouvernement* d'alors en firent leur profit et allèrent droit à la cachette.

Ce même brave homme était désolé de voir des bandits piller et dévaster la maison de son maître, boire son vin, etc., etc. Il dit à quelques personnes : « Si je les empoisonnais ? J'ai envie de les empoisonner ? Qui sait ? Peut-être cela ne leur fera-t-il pas de mal ? »

6 *juin*. — Toute ma journée se passe à peindre le portrait de M. de Maubourg, qui jusqu'à présent vient bien.

Le soir, Paul qui était venu me faire une petite visite m'appelle du jardin ou il était déjà descendu pour s'en aller. C'était pour me montrer une quantité de petites lumières mobiles, semblables à des feux-follets, qui remplissaient la longue allée du jardin. Je m'approchai avec lui ; ce n'étaient pas des feux-follets, mais une espèce de petits vers luisants et volants, appelés *Luccioles*.

Je veux lui montrer que ma version est la bonne ; je vois une de ces petites lumières près de moi, je me baisse pour la prendre et je mets le doigt sur quelque chose qui n'avait rien de follet, ni de luisant, ni de volant.

Cette mésaventure ne me rebuta pas ; j'attrapai l'insecte qui m'avait valu ce désagrément ; il était tout petit et grisâtre, avec une petite poche lumineuse au ventre et à la queue. Toutes ces petites lueurs scintillantes faisaient un effet charmant dans l'obscurité.

7 *juin*. — Paul reçoit une lettre de Toulouse, relative à ses affaires de fortune ; il est obligé d'aller y passer quelques jours. Il va en conséquence demander à M. de Maubourg la permission de s'absenter quinze jours ; c'était bien modeste, car chaque voyage exige au moins dix jours d'aller et retour. M. de Maubourg la lui accorde de suite et quadruple les quinze jours, engageant l'heureux Paul à passer avec les siens les deux mois de grande cha-

leur, pour revenir ensuite, vers le 15 août. Paul ne pesait pas une once, de joie et de bonheur; il était enchanté des mauvaises nouvelles qu'il avait reçues et qui lui valaient cette bonne aubaine. Je suis bien content pour ce pauvre Paul de ce petit incident; car il commençait à tourner au spleen et à être attaqué du mal du pays.

Que je voudrais, moi aussi, faire une petite pointe aux Nouettes! Mais, hélas! hélas! il faut encore prendre patience pendant quelques mois!

Paul part à neuf heures du soir pour Cività-Vecchia. Par un temps superbe, j'embarquai ce bon ami, demandant au bon Dieu de lui accorder bon voyage. Il reviendra dans deux mois; Notre-Seigneur adoucira les petits ennuis de ma solitude.

En revenant au palais Colonna, je vis dans le Corso, une de ces choses qui ne se retrouvent qu'ici et qui donnent à Rome cet éclatant caractère de ville de Foi. — C'était une procession d'hommes du peuple, marchant deux à deux, en récitant tout haut et alternativement les prières du chapelet. Quelle leçon pour nous autres étrangers, que cette vénération populaire et publique de la Reine du Ciel! La Sainte-Vierge, grâce à cette universelle dévotion du peuple romain, semble avoir choisi cette ville pour le siège de son royaume sur la terre.

Au milieu de leurs plus grands désordres, les Romains et Romaines conservent cette pieuse dévotion; c'est leur planche de salut quand ils veulent revenir à Dieu. Au bagne de Cività-Vecchia est un fameux brigand, connu jadis par ses cruautés, qui jeûnait et jeûne encore tous les samedis en l'honneur de la Sainte-Vierge. Ce monstre, enfin arrêté, jugé et condamné aux galères pour toute sa vie, a l'air doux et modeste; et passe ses moments de loisir à tricoter des bas! — Il est âgé de soixante-cinq ans environ : il s'est repenti, et il doit sa conversion à son opiniâtre fidélité au culte de la Vierge.

11 *juin*. — M. l'Ambassadeur me mène le soir avec Alfred et M. Simonneau voir une partie des environs de Rome où je n'avais encore jamais été, et qui n'est pas la moins intéressante. C'est le *Ponte Molle*, d'où Constantin le Grand précipita Maxence dans le Tibre ; puis le *Monte Mario*, où était le camp de Constantin, et où la Croix lumineuse lui étant apparue ainsi qu'à son armée, il fit faire le fameux *Labarum*.

Pour y arriver nous sommes sortis de la ville par la *Porte du Peuple*, et nous avons été tout droit vers le nord, pendant plus de vingt minutes. Enfin nous sommes arrivés au Tibre plus large en cet endroit que dans Rome ; la campagne est couverte de verdure à cause du voisinage du Tibre ; dans le fond on aperçoit les montagnes de Tivoli et de la Sabine qui deviennent de plus en plus bleues à mesure qu'il fait plus chaud. Le soir la couleur bleue est presque trop crue et trop vive.

A gauche du Ponte Molle est le Tibre d'abord, puis le Monte Mario, célèbre, ainsi que je viens de le dire, dans l'histoire de l'Eglise et de Constantin. C'est une petite montagne tout à fait au bord du Tibre et du côté opposé à Rome ; elle termine une chaîne, non pas de montagnes mais de grandes collines, au pied desquelles se livra la bataille si fameuse qui décida Constantin à embrasser la religion Chrétienne.

Le camp de l'Empereur était sur le Monte-Mario, et la croix lumineuse lui apparut là deux fois : la première à midi, quand il était entouré de tous ses officiers. Une grande Croix de lumière brilla tout à coup dans le ciel entourée de ces mots : « *In hoc signo vinces.* » « Tu vaincras par ce signe. » La seconde lui apparut durant la nuit suivante, et cette fois Notre-Seigneur la portait lui-même et la présentait à l'Empereur. Le lendemain, il fit faire un étendard avec la représentation de cette Croix miraculeuse; ce fut le *Labarum*. Il livra bataille à l'usurpateur Maxence, le défit complètement et le jeta dans le Tibre, de ce pont même que nous traversions. Ce grand souvenir historique me fit une vive impression quand j'étais là sur les lieux mêmes, et je suis heureux d'avoir vu le théâtre d'un des faits les plus mémorables de l'histoire de Rome et du monde.

La promenade que nous fîmes plus loin fut jolie, mais sans autre intérêt que cette campagne de Rome, le chef-d'œuvre des chefs-d'œuvre, plus belle chaque fois qu'on la revoit. Nous étions sur la route du nord et de Florence, route très belle et très spacieuse.

13 *juin*. — Le soir après dîner, M. l'Ambassadeur nous mène encore, M. de Rayneval et moi, à la belle Villa Pamphili. J'avais un petit dessin à y terminer; mais je ne pus qu'en faire la carcasse à cause de la pluie qui survint. Avant de me mettre à mon dessin, nous avions été voir une des curiosités les plus intéressantes de cette villa. C'est un *Columbarium*, ou cimetière des anciens Romains, découvert depuis trois ans seulement dans l'enceinte de la Villa Pamphili.

Le mot de *Cimetière* ne traduit que bien imparfaitement celui de *Columbarium* ; car rien ne ressemble moins à un de nos cimetières modernes ou anciens que ce que je viens de voir.

Ce Columbarium est une petite maison carrée, bâtie sous terre et grande à l'intérieur de dix pieds sur vingt; on y descend par une dizaine de marches (antiques comme tout le reste) très hautes et très incommodes. Dans les murs sont pratiquées des petites niches cintrées plus larges que hautes, dont la base peut avoir huit à dix pouces et la profondeur un pied. C'est là que l'on déposait, dans des vases de terre, les ossements, ou plutôt les restes des morts qu'on avait brûlés dans la chemise d'amianthe; on les mettait dans une urne ou plutôt un vase de la forme d'une cuvette, avec un couvercle concave au lieu d'être convexe, et on descendait ces ossements dans le Columbarium. On plaçait le vase dans une des petites niches, à côté probablement des cendres du père ou de la mère ou des ancêtres du défunt.

Il y a dans le Columbarium de la Villa Pamphili plus de cent trente ou cent quarante de ces niches, toutes avec leurs vases funéraires plus ou moins bien conservés; quelques-uns sont comme tout neufs, et dans la plupart on voit des morceaux d'os calcinés mélangés de cendres.

Dans une douzaine on voit des têtes de morts; j'en ai surtout remarqué deux plus à portée de la vue. L'une était très bien conservée et très blanche; elle avait encore deux dents de dix huit cents à dix neuf cents ans chacune. L'autre tête était effrayante à voir; la plus grande partie du masque était rongée par l'humidité et présentait une masse noire et hideuse.

Du reste le *Columbarium* n'a rien de repoussant (à part les têtes des morts, qui ne frappent pas à première vue). On voit combien les anciens cherchaient à éloigner les tristes et terribles pensées de la mort, et à la représenter sous son point de vue le moins affligeant. C'était, en effet, ce qu'ils avaient de mieux à faire, n'attendant de la mort que la destruction, et ne la faisant pas suivre de l'espérance.

Au-dessous de chaque urne était, et est encore pour quelques-unes, le nom du propriétaire des os. La plupart de ces inscriptions ou épitaphes sont complètement détruites par l'humidité. Je n'en ai pu lire en entier qu'une seule, ainsi conçue et écrite :

AVRELIVS. L.L. PHARNACES.

avec ces deux autres mots sur une troisième ligne, signifiant ciseleur ou marchand de marbre :

MARMOREANVS — TVMVLARIVS.

Cette inscription était sur un petit morceau de stuc pareil à tous les autres et tout à fait de la même forme que les plaques portant les noms des rues à Paris. Au-dessous des noms sont des peintures encore assez fraîches et représentant soit des hommes, soit des mirmidons, soit des animaux, des fruits ou des oiseaux. Ce qu'on distingue de ces petites fresques est très joliment fait, et a ce *chic* antique et simple, que Raphaël seul et Poussin ont rattrapé depuis.

Il y a une humidité très grande dans cette chambre funéraire ; sur les murs on voit suinter de grosses gouttes d'eau. On l'appelle *Columbarium*, à cause de la forme des niches, qui se rapprochent des nids des pigeons dans les colombiers ; et aussi, à ce que j'ai appris depuis, parce que, dans chaque niche, sont deux ou trois urnes, toujours deux au moins, et souvent trois ; je ne l'avais pas remarqué.

Il paraît que les colombes et les tourterelles, logeant deux ou trois dans le même nid, ont inspiré l'idée de cette dénomination assez étrange.

La villa Pamphili est sur l'emplacement d'une ancienne voie romaine, laquelle était bordée de ces sortes de maisons funéraires, et il paraît que, si l'on faisait des fouilles, on trouverait une quantité de *Columbaria*.

Quand nous fûmes sortis de cette demeure sépulcrale et revenus au niveau des vivants, M. l'ambassadeur me conduisit à la place où j'avais commencé la vue des pins et me laissant là pour les finir, il fit un tour de promenade dans la villa avec M. de Rayneval et Alfred.

Au bout de quelques instants il commença à tomber

des gouttes de pluie, qui m'obligèrent à plier bagage et à me réfugier sous les arbres en attendant le retour de mes deux compagnons d'excursion. Pendant ce temps j'eus le loisir d'admirer un ciel orageux et beau comme je ne me rappelle pas en avoir jamais vu un... Le soleil couchant à droite, avec des nuages laque et or, au milieu des nuées grisâtres très claires et légèrement rougies par les rayons du soleil, et se fondant en un bleu doux et pur. Les pins se détachaient sur cette partie bleue, mais de suite après, en continuant vers la gauche, était le gros nuage orageux, gris foncé, chaud de ton et coupé par un magnifique et brillant arc-en-ciel, qui faisait le demi cercle complet, et dont les deux extrémités surtout étaient éclatantes. C'était admirable !

14 *juin*. — Aujourd'hui probablement Paul arrive à Toulouse, ravi, enchanté, au comble du bonheur. Quel bon temps il va passer dans sa famille ! — Mes pauvres Nouëttes ! quand vous reverrai-je aussi ? Quand j'irai vous rejoindre, j'aurai cependant un chagrin, celui de quitter Rome ; si j'étais libre de mes actions, je passerais cinq mois à Rome, cinq aux Nouëttes et deux à Paris.

Nous avions à dîner aujourd'hui M. Schnetz, M. Visconti et un Français nommé M. Favard, du ministère des affaires étrangères. Après dîner, nous partons, M. de Maubourg, M. Schnetz, M. Visconti, M. Favard, M. de Rayneval, M. de Cambis et moi, pour une partie fine d'archéologie, que M. de Maubourg avait arrangée avec M. Visconti. Celui-ci est le premier archéologue de Rome, et l'on peut penser dès lors quel intérêt offre une excursion avec lui dans les monuments de l'antiquité.

Nous étions dans deux voitures ; et nous commençons par le Capitole. On avait fait tout dernièrement des fouilles, et M. Visconti voulait montrer à M. l'ambassadeur les découvertes qui avaient suivi ces fouilles.

Nous descendons et nous entrons dans un petit couloir, dont la porte donne sur la place du Capitole, à gauche, et près du grand escalier qui conduit au *Campo-Vaccino* et au Forum.

Après avoir un peu monté, nous arrivons à un passage antique, découvert il y a quelques jours seulement. C'était par là que les sénateurs arrivaient à un escalier dont je parlerai tout à l'heure. Jusqu'à ce jour, tout cela était comblé de terre jusqu'au haut du mur, et au-dessus s'étendait même une terrasse.

M. Visconti et les autres antiquaires ne pouvaient comprendre divers passages des anciens auteurs, et un entre autres de Suétone, qui disait « que les sénateurs, craignant une révolte du peuple, descendirent du Capitole jusque dans les chambres du Temple de Jupiter-Tonnant pour se mettre en sûreté ».

C'est précisément les lieux qui leur servirent de passage que fait fouiller M. Visconti, et qu'il a heureusement déblayés. Ce couloir est conservé étonnamment ; il date du septième siècle de Rome, de l'an 15 avant l'ère Chrétienne. Il a donc deux mille ans d'existence. Les larges pierres qui en forment les parois mesurent au moins trois pieds sur deux. Les joints sont faits avec un soin extraordinaire ; à peine y a-t-il place pour le ciment. C'est ce luxe de solidité qui a conservé aussi parfaitement les antiquités de Rome que la main de l'homme n'a pas mutilées. Maintenant ces murs ne font plus qu'une seule pierre, et on ne pourrait les détruire qu'au moyen de la mine. Les instruments ordinaires s'y briseraient. Il reste encore plusieurs fragments d'inscriptions sur les murs.

Au bout du couloir, nous tournons à droite et nous arrivons dans une longue salle, également remplie de terre et déblayée récemment. La voûte en était superbe et très élevée ; au centre était l'ouverture d'une trappe longue de douze à quinze pieds et large de cinq ou six, laquelle cachait un bel escalier (tout cela antique), par lequel le Sénat pouvait passer pour aller au temple de Jupiter-Tonnant.

Cet escalier, composé d'une douzaine de belles marches, est d'une simplicité de proportions digne du goût des anciens ; il est terminé en bas par une longue pente douce qui mène, par un corridor voûté et obscur, au *Tabularium*, lieu où se conservaient les Sénatus-Consultes et les Plébiscites. Ces lois, gravées sur des planches d'airain, étaient attachées et rangées le long des murailles, et il y avait une compagnie de personnes choisies pour les copier et en délivrer les copies authentiques.

C'est dans une des salles du Tabularium que donne la belle fenêtre cintrée que l'on voit du Forum. Elle est ornée de chaque côté de deux colonnes d'ordre corinthien, que le temps a fort endommagées et dont presque toute la cannelure a disparu.

Toute la façade du Capitole, regardant le Forum est garnie de fenêtres semblables ; mais dans le moyen âge on a eu le vandalisme de les murer et de les cacher par des plâtras ; et le Pape ne veut pas qu'on les remette dans leur état primitif, de peur d'ébranler les affreuses maisons qu'on a bâties au-dessus et qui font partie de l'habitation du sénateur de Rome, le prince Orsini. M. Visconti assure que ce serait très facile à remettre en état.

Dans les salles du Tabularium sont des fragments du temple de Jupiter Tonnant, de la plus grande beauté et d'une conservation singulière. Le plus considérable est un morceau de corniche, bloc de pierre de six pieds cubes environ, sculpté et fouillé avec une finesse exquise. Une grosse rosace est très bien conservée dans son caisson, et entourée de charmants ornements.

M. Visconti nous disait que le système appliqué par les anciens aux ornements était justement l'opposé de ce

que nous pratiquons aujourd'hui. — Nous disons :
« Faisons ceci mal, puisqu'on le voit peu ou point. » —
Ils disaient : « Faisons ceci mieux que le reste, parce
qu'on le voit peu ou pas du tout, et pour qu'on ait envie de le voir. » — Aussi, à quels résultats arrivaient-ils ?
Et nous à quels résultats arrivons-nous ?

Une autre cause encore de la beauté, de la solidité et
de la multiplicité des monuments, est l'autorité toute-puissante d'un seul corps (le Sénat), ou d'un seul individu
(l'Empereur), qui commandait les travaux et les faisait
exécuter par cela seul qu'il le voulait ainsi. Il ne regardait pas à l'argent, ayant en main le trésor de l'empire,
ni du temps, puisqu'il pouvait employer vingt, trente,
quarante, cent mille esclaves à ces travaux tous les jours.
C'est ainsi que le gigantesque Colisée a été construit et
complètement terminé dans l'espace de quatre ans seulement.

Pour nous, modernes, nous sommes : 1° des avares qui
économisons comme Harpagon, et qui ne visons qu'au
bon marché; 2° nous sommes des inconstants qui entreprenons bien et finissons mal ou pas du tout ; 3° enfin,
nous avons, au lieu d'une seule volonté, les quatre cents
et tant de volontés de MM. les députés, qui s'entendent
aux arts, comme un âne à la littérature. Ainsi prenons
en une fois pour toutes notre parti, et rejetons-nous sur
les restes des anciens !

La vue du Forum par la fenêtre du Capitole est magnifique. On distingue plus parfaitement qu'en bas les divers
monuments et leurs places respectives. Au fond, la vue
est terminée par le Colisée et les ruines du palais des
Césars.

Nous quittons les salles de devant du Tabularium,
pour nous enfoncer dans l'intérieur du bâtiment. Nous
entrons dans une longue galerie voûtée, attenante aussi
au Tabularium, et nous suivons M. Visconti jusqu'à

un endroit où l'on fouille maintenant. C'est encore un escalier, continuation du passage des sénateurs, lequel doit aboutir au rez-de-chaussée, et au niveau de l'ancien pavé du temple. Il paraît que c'était derrière le Temple que le Sénat se rassemblait, dans des salles faites exprès, et que ce fut dans une de ces salles que Cicéron prononça contre Catilina son fameux discours : « *Quousque tandem, Catilina, abuteris patientiâ nostrâ?* etc. »

Combien ces murs, ces pierres de deux mille ans parlent à l'imagination et élèvent les idées ! On devient philosophe à Rome sans s'en douter. J'entends *philosophe* dans le bon sens, et non pas à la manière actuellement à la mode des sceptiques et des libres-penseurs !

Nous sortons du Capitole après avoir vu toutes ces curieuses découvertes, et M. Visconti nous mène au bout d'une petite rue qui donne dans le Forum devant les prisons Mamertines, voir ce qu'on appelle le Forum d'Auguste. Il n'en reste plus qu'une partie de la colonnade d'un temple dédié à *Monsieur Jupiter, feu-Dieu*, ainsi qu'un fragment assez considérable du mur d'enceinte de ce Forum et la porte.

Les quatre colonnes survivantes du temple sont des chefs-d'œuvre. Elles ont bien soixante pieds de haut et cinq et demie ou six de diamètre (donc quinze et demi ou dix-huit de circonférence). Elles sont d'ordre corinthien et conservées parfaitement. Leur couleur est de toute beauté. Ce temple devait être d'un grandiose et d'une élégance admirables. Le soleil couchant donnait aux murs du Forum une teinte dorée qui ferait pâmer un peintre d'admiration et d'enthousiasme.

C'était une chose assez bizarre que ces Forums d'autrefois ; bien sûrement, c'était un rusé politique qui en avait eu la première idée. En effet, c'était un lieu sacré, premier frein pour les mutins qui auraient voulu faire du tapage pendant les délibérations ; le Sénat y tenait des séances ainsi que les magistrats politiques des Romains, tels que les Consuls ; et le caractère sacré du Forum où ils siégeaient leur donnait un moyen très commode de trancher une question difficile et de sortir d'embarras. Ils avertissaient leurs auspices qui arrivaient et déclaraient que tel événement néfaste ou de mauvais augure venait d'arriver, et la délibération était interrompue et ajournée, ou même la question résolue dans leur sens.

Or ces événements de mauvais augure arrivaient à volonté. Outre le vol des oiseaux, l'appétit des poulets, les boyaux des bœufs et des moutons, etc., etc. ; on considérait comme néfaste et comme devant interrompre toute assemblée publique la nouvelle qu'une personne s'était tuée près du Forum, qu'un chien y était entré, que par-dessus les murs on avait regardé dans l'intérieur du Forum, etc., etc., etc. On conçoit dès lors qu'un magistrat embarrassé n'avait pas beaucoup de peine à faire naître un de ces incidents si commodes pour lui, en disant à un de ses clients de faire entrer un animal dans l'enceinte, ou de regarder par-dessus la muraille.

Tous les Forums étaient entourés de murs et remplis de temples. Le Forum par excellence était celui qui fait aujourd'hui le principal objet de la curiosité des étrangers et qui s'étendait devant le Capitole.

Après avoir bien examiné la belle colonnade et la couleur de ces ruines nous remontons tous en voiture, et nous allons à la *Porta Maggiore* (Porte majeure), une des portes de Rome très visitées pour ses antiquités. Pour y arriver nous passons par le Campo Vaccino, le long de la Voie-Sacrée, par l'Arc de Titus, près du Colisée, et de Saint-Jean de Latran.

J'avais eu l'attention de me mettre dans la même voiture que le grand *cicerone*, M. Visconti, qui m'apprit plusieurs choses curieuses, au fur et à mesure que nous avancions. D'abord, il nous fit remarquer la porte d'une toute petite église, à gauche du Campo-Vaccino, dédiée à Saint Cosme et à Saint Damien.

La porte de cette église était jadis celle d'un temple de Romulus et de Rémus, puis de Caracalla. Une chose que l'on aurait peine à croire, si l'histoire n'en faisait foi, c'est que Caracalla n'eut l'idée de se substituer à Romulus et à Rémus, et ne trouva de ressemblance entre lui et Romulus, que parce qu'à l'exemple de celui-ci il avait tué son frère de sa propre main ! Quelle impudence dans le crime, et dans quel état la religion Chrétienne a-t-elle trouvé le monde ! — On a consacré l'église qui a été substituée au temple, à Saint Cosme et à Saint Damien, deux frères ; de même qu'autrefois le temple avait été consacré à deux frères, Romulus et Rémus.

La porte est tout antique ; elle est en bronze recouvert de vert-de-gris, et de forme carrée. De chaque côté sont deux jolies colonnes de porphyre. — Le grand temple de la Paix (qui n'est pas un temple de la Paix, comme je le croyais, mais un temple de Vesta), devant lequel nous passons ensuite, avait été d'abord, nous dit M. Visconti, l'entrée du palais de Néron. Quelle entrée ! Depuis on en a changé la destination et il a été dédié à Vesta. J'ai déjà dit plusieurs fois quel grandiose et quelle belle simplicité distinguent ce temple de toutes les ruines qui l'environnent.

Un peu plus loin que l'Arc de Titus, à droite de la Voie-Sacrée, M. Visconti nous montre la base du colosse de Néron, en bronze et de soixante-quinze pieds de haut. Il avait été fait par un Gaulois venu d'Auvergne à Rome.

Depuis, ce colosse a été changé de place (ce qui dut être infiniment aisé à faire), et transporté près du Colisée, au pied du temple de Vénus, où l'on voit encore les restes de son piédestal.

De là, nous tournons le Colisée et nous arrivons à Saint-Jean de Latran, nous coupons en biais la place de l'Eglise, et nous arrivons près de la porte San Giovanni in Laterano, par laquelle Totila est entré dans Rome autrefois, grâce à la trahison d'un soldat romain. Nous ne passons pas sous cette porte, mais nous tournons à gauche, longeant intérieurement la muraille fortifiée. Cette porte-ci fut bâtie par Aurélien, et son système de défense me semble heureusement conçu. La muraille, très épaisse d'ailleurs, est soutenue intérieurement par une rangée d'arcades qui servaient d'abri aux défenseurs de la ville. Au milieu de chaque arcade était une meurtrière pour lancer les traits et les flèches contre les assaillants.

La couleur de ces immenses murs est une chose magnifique ; à cette heure surtout où le soleil couchant les couvrait de teintes chaudes et brillantes.

Au bout de cinq ou six minutes, en longeant toujours la muraille d'Aurélien, nous arrivons à l'église de Sainte-Croix de Jérusalem, élevée par l'Impératrice Sainte Hélène, mère de Constantin, afin d'y déposer les précieuses reliques de la Passion qu'elle avait découvertes à Jérusalem. On y voit encore aujourd'hui une grande partie du bois et le titre de la Croix, une portion de la Couronne d'Épines, la croix du bon larron et plusieurs autres reliques non moins vénérables.

A côté de Sainte-Croix est un temple ruiné de Cupidon, qui semble placé là pour servir de témoin à la victoire de la Croix, dont l'Eglise voisine porte le nom. Cupidon joue ici un triste rôle, je dois l'avouer. Pour ma part, je suis peu compétent dans la question, vu que j'ai une antipathie toute particulière contre Cupidon et sa digne mère Vénus, de honteuse mémoire, et que je me réjouis d'une manière très singulière, quand je les vois humiliés tous deux et vaincus.

De là, en se retournant à gauche, on a la plus charmante vue que l'on puisse imaginer. Au bout de la longue ligne des arcades et des fortifications qui vont en perspective se terminant presque à rien, s'élève la façade de Saint-Jean de Latran, seule au milieu de la plaine et sur un plan un peu plus élevé que le reste. Enfin nous arrivons au terme de notre course: à la *Porta Maggiore*.

Je n'ai pas eu trop le temps de bien en examiner les détails, parce que M. Visconti nous a conduits de suite à un tombeau qui l'avoisine: — mais j'en ai eu une impression très favorable; elle est élégante et de belle proportion.

Ce tombeau, une des antiquités de Rome les mieux conservées, est où était celui d'un boulanger en gros, ou fournisseur de pain, soit des troupes, soit des corporations publiques. Il a environ trente pieds de hauteur; sa forme est irrégulière comme un cône tronqué, à cause des deux voies publiques qu'il avoisinait.

Sur le socle, lequel a cinq ou six pieds de haut, est un ornement assez bizarre, représentant des cylindres collés en hauteur et coupés de temps à autre par des piliers carrés. Il est enterré jusqu'au tiers de sa hauteur; un mur règne le long du fossé que l'on a creusé tout autour, et en regardant dans son excavation on voit le monument en son entier. Au-dessus des piliers est une bande où est l'inscription, indiquant le nom du défunt, son état, etc., etc. Il s'appelait *Virgileius Aribacis* et à ce nom est ajouté *Pistor Redemptor apparitorum*, c'est-à-dire boulanger *dont la charge avait été achetée aux enchères* (emptor) et *fournisseur des appariteurs* (officiers de l'Empereur). Au-dessus de l'inscription, est un large espace dans lequel sont creusés des ronds qui veulent représenter les mortiers dont on se servait pour moudre le grain avant l'invention des moulins. C'est à cette hauteur, que se trouvait dans l'intérieur du monument le corps du feu boulanger Virgileius.

Enfin, au-dessus de ces trois ronds, est une bande qui termine le tombeau et qui est ornée de bas-reliefs relatifs à la profession du défunt. Ainsi, à gauche, on voit un boulanger qui enfourne des pains dans un four, lequel est fait absolument comme les nôtres. A côté, est une table longue, où cinq ou six ouvriers sont occupés à pétrir le pain. Plus loin encore, est un esclave tournant la meule d'un moulin à grains, mais celui-là est si mal conservé que je n'ai pu guère en rien distinguer. Tout ce tombeau doit sa conservation au respect que les anciens avaient pour les morts. En effet, il se trouva sur la ligne des fortifications que l'Empereur Aurélien désirait faire construire; on ne voulut pas le détruire à cause de son caractère sacré, et alors on l'enclava dans la muraille, où il fut enseveli pendant près de seize cents ans. C'est tout dernièrement qu'on l'a débarrassé de son enveloppe et qu'on l'a remis au jour.

Nous remontâmes en voiture après l'avoir bien examiné et nous longeâmes les murs de Rome jusqu'à la *Porta Pia*, mais extérieurement cette fois.

Nous passâmes devant la Villa Del Drago qui est située sur le mur même de la ville, et dont la promenade la plus piquante est sur la muraille d'enceinte elle-même. Il paraît cependant que c'est assez dangereux pour ceux qui n'en ont pas l'habitude, vu que trois personnes peuvent à peine y passer de front à leur aise, et que le mur a au moins quarante pieds d'élévation.

Nous rentrons ensuite par la *Porta Pia*, avec le plus beau temps que l'on puisse voir.

17 *juin*. — La tête du portrait de M. de Maubourg est enfin terminée; le bas du visage m'a donné un mal très grand; heureusement j'ai été entouré des excellents conseils de M. Schnetz, de M. de Rayneval et de quelques autres *francs* critiques. — La franchise, même un peu la

rudesse, sont des qualités essentielles pour un critique ; il est parfait quand il joint à cela, comme ces deux messieurs, un talent qui le rende compétent dans la question.

Je sors en voiture avec M. de Maubourg qui a la bonté de me descendre dans la *via Longara*, à la porte de la *Villa Farnesina*. — Il allait à deux portes plus loin visiter un couvent de Dames Françaises qui désiraient sa visite comme encouragement. Il avait consenti à cette visite qui l'ennuyait un peu, à cause de la position particulièrement intéressante de ces religieuses. L'œuvre à laquelle elles se consacrent est en effet la plus rebutante qu'il soit possible de choisir ; elles assistent les ivrognesses, les voleuses et les femmes de mauvaise vie, qui sont en prison dans la même maison qu'elles habitent. Et Dieu sait tout ce que ces misérables leur font souffrir par leurs blasphèmes, leurs ignobles propos, leur endurcissement et leurs insultes ! Quelques-unes même ont été jusqu'à battre ces pauvres religieuses !

Pendant que M. de Maubourg visitait charitablement ce couvent, j'étais entré dans la Farnésine, qui contient des chefs-d'œuvre de plusieurs grands peintres, et entre autres deux grandes salles peintes en entier par Raphaël.

La première peut avoir de soixante à soixante-dix pieds de long sur trente de large ; la seconde, une cinquantaine sur vingt.

Première salle. — Les peintures du grand peintre sont sur le plafond, lequel n'est pas droit, comme ceux de France, mais à moitié cintré.

Le milieu est rempli par deux grandes fresques représentant, l'une le *Banquet des Dieux* ; l'autre, *l'Assemblée des mêmes Dieux*.

Les pans coupés qui entourent le milieu sont peints en entier par Raphaël et représentent divers sujets de la

Fable. Toutes ces peintures sont l'histoire de Psyché et de l'Amour.

N° 1 — On voit Vénus montrant Psyché à l'Amour et lui ordonnant de lui inspirer une passion pour lui. Je n'ai pas besoin de dire que tout cela est admirable, c'est e Raphaël !

N° 2. — L'Amour (en jeune homme) montre aux trois Grâces la beauté de Psyché. Le dos d'une des Grâces, exécuté par Raphaël lui-même, est de toute beauté, et plus moelleux peut-être que le reste, qui a été *exécuté* par ses élèves; Raphaël surveillait et retouchait.

N° 3. — Junon se dispute avec Vénus et Cérès, parce qu'elle ne veut pas que l'Amour épouse Psyché.

N° 4. — Vénus en colère monte dans son char pour aller trouver Jupiter.

N° 5. — Vénus se plaint à Jupiter. La pose et la figure de Vénus sont ravissantes. Le Jupiter est superbe.

N° 6. — (Le plus beau peut-être de tous): Mercure annonce dans les airs le consentement donné par Jupiter. C'est aussi beau et aussi énergique que l'antique.

N° 7. — Mercure donne à Psyché une boîte de fard pour qu'elle puisse apaiser Junon.

N° 8. — Réconciliation de Junon et de Vénus qui lui amène Psyché.

N° 9 — L'Amour demande à Jupiter la permission d'épouser Psyché. Jupiter la lui accorde en l'embrassant; délicieuse composition, aussi jolie, plus même que celle du n° 5. C'est de toute beauté.

N° 10. — Mercure enlève Psyché et l'amène dans l'Olympe pour ses noces.

N° 12. — Assemblée des Dieux; l'Amour leur annonce son mariage. Peint un peu durement; on voit la touche de Jules Romain; énergie étonnante, plus peut-être encore que dans Michel-Ange; tête de Jupiter vilaine et trop petite; Junon, très belle; Neptune et Pluton, têtes pleines d'expression, et faites de main de maître. La Vénus est manquée, elle semble contrefaite et n'a pas de noblesse ; Hercule magnifique, peint très durement ; superbe figure de Vulcain.

N° 12. — Banquet des Dieux pour les noces de l'Amour et de Psyché. Plus irréprochable et mieux composé que l'autre ; peint avec plus de moelleux ; Jupiter très beau, le corps un peu grêle peut-être ; l'Amour et Psyché charmants ; vigueur de dessin et grâce raphaélique. Groupe superbe d'Hercule et d'une Déesse ; deux jeunes Nymphes, jetant des fleurs sur la table, parfaitement gracieuses. Je n'aime pas la femme qui se baisse pour prendre un plat ; mouvement exagéré. Charmante Hébé qui arrive en courant : chef-d'œuvre digne de son immense réputation, et où l'on voit évidemment l'étude de l'antique.

Deuxième salle. — Immense tête au fusain par Michel-Ange, faite un jour qu'il attendait Raphaël absent et pour utiliser son temps. Elle est superbe et dessinée à la Michel-Ange.

Magnifique *Triomphe de Galatée*, portée sur la mer par les Tritons et les Nymphes, par Raphaël.

La Galatée, tout entière de sa main, est un chef-d'œuvre : Energie et grâce, dessin et couleur, tout y est.

Grand géant, dont l'affreuse tête est magnifique dans son genre, de Raphaël. — Le reste de cette salle, que j'ai peu vue, du reste, ne m'a pas semblé très beau. J'ai remarqué entre autres une jeune femme coupant les cheveux d'un vieillard endormi, qui est complètement manquée.

Comme je l'ai déjà dit, ce qui me paraît ressortir de la manière la moins indubitable des peintures de la Farnésine, c'est la science profonde que Raphaël avait de l'antique ; science arrivée à un tel point, qu'il en reproduit les magnifiques types sans y penser. Il fallait que cette remarque eût bien profondément frappé mon esprit, car, en sortant de là, je me disais intérieurement, qu'il ne me serait peut-être pas aussi utile de venir travailler à la Farnésine qu'au Vatican, puisque c'était l'étude des chefs-d'œuvre que contient le Vatican qui a fait exceller de la sorte Raphaël. Il serait donc mieux d'aller puiser à la même source directement; il est vrai, d'autre part, que copier Raphaël équivaut à copier l'antique, puisqu'il est aussi beau.

Je vais rejoindre, en sortant de la Farnésine, M. l'ambassadeur qui était entrain de visiter toujours son couvent.

Quand il eut fini, nous fîmes une charmante promenade pour rentrer dans Rome. Nous arrivons en effet à la place Saint-Pierre, que nous coupons en la laissant sur notre gauche et nous longeons le Tibre jusqu'au Ponte Molle, dont j'ai déjà parlé il y a quelques jours.

M. de Maubourg me montra à notre gauche la partie du Monte Mario que je n'avais pas encore vue et qui est la plus intéressante; car c'est sur cette partie que Constantin vit la Croix de lumière avant la bataille qui lui assura l'Empire. — A la place même où était Constantin est actuellement une église isolée sur la montagne et destinée à perpétuer la mémoire de ce grand événement.

Plus loin, à mi-côte, est la Villa Madama, dont Raphaël fut l'architecte. Elle est trop éloignée de la route pour que je puisse la distinguer suffisamment.

Nous arrivons au Ponte Molle, nous traversons le Tibre, et nous rentrons à Rome par la poussière et par la Porte du Peuple.

18 *juin*. — On racontait à table aujourd'hui des histoires *véritables* et assez comiques, qui peuvent prendre place à la suite des *Arabaques* et de la *Sardine* de mon voyageur anglais.

L'auteur est une dame dont on n'a pas dit le nom, et qui est maigre.

« Avez-vous été aux sept p'tites chaises? » — « Aux sept petites chaises! » — « Oui, aux sept p'tites chaises; à la course des chevaux? » — C'était *steeple-chase* qui se prononce, en anglais, stiple chèse, que cette bonne dame transformait en *sept p'tites chaises* » — « J'aime beaucoup le temple de la *Longue Corde* » — « De la longue corde? et où est-ce, madame? » — « Comment vous n'avez pas vu au Forum, à telle place? » Et l'interlocuteur comprenait que c'était le temple de la Concorde qu'elle indiquait. Elle aimait aussi le temple de Jupiter *Etonnant*.

« J'estime fort le Pape, disait un autre jour cette même dame; il a de grandes vertus, et je suis sûre que c'est un des meilleurs ecclésiastiques de la *Caloticité*. »

M. de Cambis racontait encore d'une façon très originale l'histoire d'un assassinat qui finissait ainsi : « On a retrouvé les restes inanimés de cet individu : dans un sac étaient les membres et le corps ainsi que les habits ; à trois cents pas plus loin étaient la tête et la croix d'honneur ; » cette dernière circonstance avait paru au journal qui en parlait « de nature à exclure toute idée de suicide. » J'aime beaucoup « *Semble* exclure toute idée de suicide. » Nous avons ri de ces plaisanteries pendant tout le dîner.

XXIX

Une semaine à Albano. — Le lac d'Albano. — Castel Gandolfo. — La villa Barberini. — La Riccia. — Lac de Némi. — Némi. — Gensano. — Albe la Longue. — *Via Appia*. — Monument des Horaces et des Curiaces. — Observations physiologiques. — Ruines de Palazzola. — Rocca di Papa. — Le Monte Cavi et les Passionnistes. — Çività-Lavinia. — Nettuno et Porto d'Anzo. — Bains de mer.

19 *juin*. — Le soir à six heures, départ pour Albano. M. de Maubourg y va passer la semaine, et il a la grande bonté de m'emmener avec lui. Quel homme excellentissime !

Lui, Alfred, son précepteur et moi, nous nous casons dans la jolie petite voiture qui sert à ces sortes d'expéditions, et nous voilà en route, tout enchantés, M. de Maubourg de se reposer, moi de dessiner et de voir la belle nature, Alfred de ne plus travailler et M. Simonneau de ne plus faire travailler et de monter à âne.

Nous sortons par la porte de Saint-Jean de Latran, et, au bout de quelques minutes, nous nous trouvons en pleine campagne de Rome.

Malgré ces grandes chaleurs, tout est encore bien vert; une petite teinte pâle et jaune commence déjà cependant à paraître; dans un mois tout sera consumé, desséché. Les moissons sont mûres et abondantes.

La route d'Albano a quelques milles de plus que celle de Frascati; au lieu de deux heures, il faut deux heures un quart pour gagner Albano.

La campagne est plus boisée et plus fraîche que celle de la route de Frascati; elle est ornée de superbes fragments d'aqueducs en ruines qui se détachent admirablement avec leurs masses roussâtres sur les tons fins et légers qui les entourent. A cause de l'heure avancée et du coucher du soleil, les montagnes n'étaient pas cependant d'un bleu aussi pur qu'à l'ordinaire; le gris et la chaleur des tons du soir le modifiaient un peu. C'était admirable toujours.

Peu loin de Rome, à une demi-heure peut-être de distance, j'ai vu, sur notre droite dans le lointain, le fameux tombeau de Cécilia Metella; et, un peu avant, le bois de la Nymphe Egérie. — C'était là que venait Numa, pour méditer les lois qu'il imposerait à son peuple, faisant croire à ces braves gens que la Nymphe Egérie lui ordonnait d'établir ces lois. Aussi n'y avait il pas d'opposition! Quel trésor serait une pareille Nymphe de notre temps! et quel miracle serait le silence de certains députés de la gauche!!

Tout près d'Albano, à gauche, est un tombeau en ruines, de forme élégante et construit en briques, qui peut avoir, malgré les éboulements, au moins 40 pieds de hauteur; on dit que c'est le tombeau d'Ascagne (notez qu'Ascagne n'y a jamais été enterré). D'Ascagne ou d'un autre, c'est toujours la matière d'un charmant dessin, que je tâcherai de faire.

Nous entrons à Albano à huit heures et quelques minutes, et après être passés par des rues qui m'ont paru très sales, nous entrons dans une superbe auberge, ancienne maison de plaisance du roi d'Espagne Charles III.

Nous y avons un très joli appartement; ma fenêtre donne sur toute la campagne, si immense, si grandiose, et la vue est terminée par la mer, quand on y voit clair; car ce soir, je n'ai que la pâle et majestueuse lumière de la lune, qui ne permet pas de distinguer les objets à grande distance et qui ne les éclaire que pour leur donner suffisamment ce caractère de calme et de mort qui impressionne les esprits les moins romanesques.

Dans le pays de la *Madonna*, c'est bien le moins de consacrer mon petit séjour à la Sainte-Vierge; tout ce qu'elle offre à Dieu lui devient agréable et nous accomplissons de cette façon sa sainte volonté sur nous.

20 *juin*. — En me levant le matin, j'eus un moment la triste perspective d'une journée pluvieuse; le ciel était tout brumeux et chargé. Heureusement que nous en fûmes quittes pour la peur. Le soleil parut et fit merveilles.

Nous partîmes alors à 7 heures pour aller au lac d'Albano qui se trouve au-dessus de la ville, au milieu des montagnes. Nous étions dans un costume plus que campagnard, moi surtout. J'avais ma blouse russe et mon chapeau de feutre gris à la moyen âge; M. de Maubourg avait une petite redingote blanche et pas de gilet; Alfred une blouse ou chemise de mousseline rose. M. Simonneau était comme le quatrième officier de l'enterrement de Malborough :

« L'autre ne portait rien »

C'est-à-dire qu'il avait le costume de la vie habituelle. Alfred était à âne; un autre âne suivait pour les en-cas.

Il faut dix minutes à peine pour arriver de l'auberge au lac. Le chemin est assez insignifiant. Deux minutes avant d'arriver on passe devant un petit couvent de Capucins qu'on laisse à droite, et on continue.

Là commencent les belles vues. A gauche d'un endroit

où se trouve un rocher, on découvre un magnifique paysage. A l'horizon, la grande ligne de la mer et de la campagne de Rome ; au troisième plan les belles masses d'arbres de la Villa Doria, et la tour de l'église Saint-Paul (d'Albano), ainsi que quelques maisons de la ville. Au troisième plan aussi, mais plus à gauche, est une jolie petite colline appelée *Monte Savelli*. Au deuxième plan, une maison perchée à droite et dominant tout le paysage, et le mur du grand chemin. Au premier plan, le rocher dont je viens de parler. Cet ensemble était si grand et si agréable à l'œil, que je n'ai pu m'empêcher d'y retourner pendant le jour pour le dessiner.

Nous étions presque au bord du lac, sans nous en douter. Le *cicerone* ou guide nous fait monter sur une petite butte, et tout d'un coup nous voyons à nos pieds le ravissant lac d'Albano dans toute son étendue.

C'est une chose bien impressionnante que la belle nature ! A la vue de ces chefs-d'œuvre du bon Dieu, l'âme s'élève et s'élargit et un contentement la pénètre, tout différent des autres joies produites soit par les arts, soit par les choses d'invention humaine. C'est quelque chose qui fait à l'âme ce que le bon air fait à la poitrine.

Le lac était devant nous, à 180 ou 200 pieds de profondeur, entouré de tous côtés tantôt de rochers et de montagnes arides, tantôt d'une brillante et superbe végétation. L'eau était tranquille comme une glace, et les nuages projetant leurs ombres sur certaines parties du paysage y ajoutaient encore plus d'originalité. A notre droite nous avions d'abord un grand chêne-vert qui cachait le bout du lac ; puis le *Monte Cavi*, que j'avais déjà vu de Tusculum. Son sommet est presque toujours dans les nuages. Aujourd'hui les nuages ne le dérobaient pas à nos yeux, mais seulement effleuraient son sommet. Sur cette pointe est un couvent de Religieux Passionnistes, ordre très austère, qui a choisi cet aride et incommode séjour pour avoir à souffrir davantage pour Dieu. Presque toujours ils sont dans les nuages et par conséquent dans l'obscurité ; ils ne vivent que d'aumônes, ont à peine du pain. Quelle foi pour embrasser un tel genre d'existence ! Au-dessous du Monte Cavi sont les bords du lac à pic, et à une hauteur de 200 pieds au moins. C'était là autrefois l'emplacement d'Albe la Longue, la fameuse rivale de Rome et qui fut si florissante. Sur ces ruines s'élève aujourd'hui un couvent de Franciscains Réformés, placé comme un nid d'aigle et dans la plus pittoresque position. Plus à gauche étaient les montagnes de Frascati et de Tivoli. Au fond à gauche, à pic aussi, le village de Castel-Gandolfo, ou simplement de Castello. Il fait un effet charmant.

Nous suivons le chemin qui borde le lac à gauche et qu'on appelle la *première galerie*. C'est une promenade délicieuse. Les arbres énormes et touffus qui l'abritent, la position élevée, l'air du lac et des montagnes d'un côté, l'air de la mer de l'autre, y entretiennent une fraîcheur dont on sent tout le prix quand on vient de Rome, et au mois de juin !

Alfred était à âne et je m'amusais à le faire galoper ; M. Simonneau était aussi à âne et rivalisait ; M. L'ambassadeur était à pied, car il est grand marcheur, et nous suivait de loin.

Arrivés à l'entrée de Castel Gandolfo nous l'attendîmes en regardant l'admirable vue du lac et des montagnes. Les nuages étendaient leurs grandes ombres qui faisaient sur l'eau des taches noires et projetaient sur les montagnes de larges teintes violettes et sombres, contrastant de la manière la plus pittoresque avec la verdure éclairée par le soleil.

Nous entrons, à gauche, dans la *Villa Barberini*, — jadis Villa de Domitien. Elle renferme de superbes allées couvertes de chênes verts très vieux et très gros. Entre leurs branches, on voit, à droite, l'immense étendue des plaines et de la mer. Dans l'allée principale, sur une terrasse faite par Domitien, sont les débris de l'habitation de l'empereur. Il n'en reste plus que des ruines informes, peu considérables, mais qui font cependant regretter la destruction du reste. Cette villa est pleine de fleurs et de roses magnifiques, qui viennen a la grâce de Dieu, car elle est entretenue à l'italienne, c'est-à-dire qu'elle ne l'est pas.

Nous entrons à Castel Gandolfo, joli village, bâti à pic sur le bord du lac opposé au Monte Cavi et au couvent des Franciscains. La porte en est très jolie, soit à cause de la vue du lac qui l'avoisine, soit par elle-même. La vue, en effet, est encore plus belle de là que de l'endroit où nous l'avions aperçu en arrivant; le Monte-Cavi termine le tableau d'une manière bien plus artistique; et comme on est plus haut, on voit plus le lac dans son entier.

Ce lac est un ancien cratère de volcan; les éruptions ayant cessé, il se fit un éboulement qui forma le trou, et peu à peu les eaux y arrivèrent. Elles y arrivèrent même si bien que, du temps de l'ancienne Rome, 100 ou 200 ans avant l'ère chrétienne, une inondation devint imminente. On consulta l'oracle de Delphes, qui ordonna de faire un conduit souterrain pour l'écoulement des eaux surabondantes. On obéit, et ce conduit existe encore; on le nomme *l'Emissario* (le conduit pour l'écoulement des eaux.) — En vérité il n'était guère besoin de l'oracle de Delphes pour trouver cette solution élémentaire!

Castel Gandolfo est une résidence Pontificale; les Papes y viennent passer une partie de l'automne ou de l'été. Ils ont un vilain palais, situé de la façon la plus pittoresque; en effet, à droite, on voit le lac, devant soi la campagne de Rome et Rome, et à gauche la campagne et la mer.

Cette résidence donne à Castello un singulier privilège : celui de n'être sous la puissance *d'aucun tribunal ;* tout y est décidé souverainement par le majordome du Pape. L'église est belle à l'extérieur.

Après avoir traversé les rues fort sales de Castel Gandolfo, nous tournons à gauche, coupant la route de Frascati et de Marino, et nous revenons à Albano par le chemin, appelé *la deuxième galerie.* Ce chemin ne côtoie plus de lac, mais, en revanche, les arbres sont infiniment plus beaux et plus *romantiques,* et se détachent sur la campagne de Rome et la mer. Plusieurs de ces gros arbres séculaires ayant menacé ruine, on a fait pour les soutenir, soit au pied, soit sous les plus grosses branches des ouvrages de maçonnerie. S'ils tombaient, ils emporteraient un morceau de la galerie, car elle n'est pas large. La fraîcheur de l'air est délicieuse dans ce joli chemin.

Nous rentrons à Albano par la porte de la ville, celle de Rome, et près du tombeau soi-disant d'Ascagne. — J'avais un peu honte de mon costume bizarre ; dans les rues d'Albano, les bonnes gens sont cependant habitués aux artistes, donc aux exhibitions étranges de figures et de toilettes.

Albano est une ville, et non un simple village, comme je le croyais ; il a deux mille habitants et est Évêché. Il faut assez longtemps pour le traverser. C'est une très jolie ville, bien située, très animée, à cause du passage de toutes les voitures qui viennent de Naples ou qui y vont. Mais son charme principal consiste dans l'air pur et vif qu'on y respire, même à midi, au fort de la chaleur : la plaine et la mer, l'élévation des maisons bâties sur le versant de la montagne et la grande quantité d'arbres qui l'environnent, entretiennent toujours cette vivacité d'air si salutaire.

Après déjeuner, je vais dessiner, comme je me l'étais

proposé; seulement, au lieu du lac que je voulais *croquer*, je me laissai séduire et arrêter par le joli paysage dont j'ai parlé tout à l'heure ; je le dessinai et remis la vue du lac d'Albano à un autre jour : un *tu l'as* vaut mieux cependant que deux *tu l'auras*. A quatre heures et demie, après dîner, nous partons pour voir un lieu renommé pour sa beauté : c'est le lac de Némi. Il est éloigné d'Albano de trois lieues, ou au moins de deux lieues et demie.

Nous montons en voiture ; des ânes étaient à nous attendre à une villa située près du lac, et à l'endroit où le chemin n'est plus praticable pour les voitures. D'abord, au sortir d'Albano, à gauche, il y a sur la route une ruine antique très curieuse : c'est un tombeau en assez bon état de conservation, que l'on dit être celui des trois Curiaces. Il paraît cependant que ce n'est qu'un *on dit*, et qu'on a la preuve certaine, tirée de l'architecture et de l'archéologie, que ce ne peut être le tombeau des trois *Curiaces*. Le fameux combat contre les Horaces a été livré non loin de là, mais plus dans la plaine, du côté d'Albano.

A partir de ce tombeau, nous avons une route comme jamais je n'en ai encore vu ; les plus magnifiques et à la la fois les plus charmants paysages se déroulaient devant nous, tous différents et plus beaux les uns que les autres. Aussi le pays est-il tout montueux, et notre voiture ne faisait-elle que monter et descendre pour remonter et redescendre encore. Des arbres superbes garnissent le chemin, et sur la droite, il est bordé par des montagnes ou par des vallons de quatre à cinq cents pieds de profondeur. Les flancs en sont garnis de la plus vigoureuse végétation.

En dix minutes nous arrivons au pied d'une montagne, sur le sommet de laquelle est bâtie la petite ville de *La Riccia*. Je ne puis dire combien la vue de cette ville noire et antique, au milieu du feuillage, et à pic sur un immense rocher, m'a impressionné vivement; c'est fait pour un peintre, et il faut qu'un peintre n'ait pas de moelle dans les os pour ne pas se pâmer devant *La Riccia*.

La montée qui y conduit est très raide et très longue; elle aboutit à une porte du style moyen âge, avec des créneaux dentelés. Cette porte noirâtre et l'aspect sombre et antique des maisons complètent le pittoresque de cet endroit unique.

La Riccia, m'a dit M. l'Ambassadeur, est une ville extrêmement ancienne, si ancienne même qu'on n'en connaît pas l'origine. Horace en parle; il s'y est arrêté en voyage, et il dit de son auberge qu'elle était passable. Maintenant, nous pouvons dire, sans être Horace, que les auberges en sont inhabitables, vu que, pour vivre, il faut manger, et qu'un monsieur de la connaissance de M. de Maubourg, qui y avait loué une maison, a été obligé de quitter, faute de nourriture.

L'intérieur de la ville est triste et assez sale. En face de la porte par laquelle on sort de La Riccia, il y a des arbres très vieux, très grands, et qui forment des masses admirables de verdure : ce serait digne du pinceau de M. de Rayneval, qui fait si bien le paysage.

La vue dont on jouit de La Riccia à Gensano est aussi belle que la précédente. A droite, au sommet d'une de ces montagnes-rochers, est une petite chapelle et un lieu de retraite, où les pères Jésuites vont quand ils sont malades ou qu'ils ont besoin de repos. La position est bien belle, d'autant plus que l'air doit y être aussi frais qu'à Albano. Au fond, la mer.

Nous arrivons à Gensano, assez grande ville, bâtie à l'entrée du lac Némi, quand on vient de Rome et d'Albano : là, nous descendons de voiture ; deux ânes nous attendaient avec le gros *cicerone*. Alfred enfourche un des ânes, l'autre était pour le premier fatigué. Nous sortons de Gensano que nous laissons à droite; nous commençons à descendre, et, en peu de temps, nous arrivons devant le ravissant lac de Némi, tout rond, et entouré, comme celui d'Albano, de hautes montagnes et d'un long talus rapide, qui part de ces montagnes et descend dans le lac. De tous côtés ce lac Némi est charmant : tout en étant sauvage et solitaire, il est gai et agréable ; il est plus petit, mais bien plus joli, plus *beau* même que celui d'Albano.

Gensano est perché d'un côté, sur le haut d'une des montagnes qui forment le bord du lac, et presque à pic sur l'eau. Némi, cependant, de l'autre côté, offre un coup d'œil encore plus original et plus pittoresque. Némi est pour le coup à pic complètement sur le lac, auquel il a donné son nom ; et je ne crois pas exagérer en le disant à trois cents ou trois cent cinquante pieds de hauteur.

L'emplacement de ce lac était jadis aussi le cratère d'un volcan, dans lequel le lac s'est formé comme à Albano. Aussi, le terrain qui est caché par l'eau va-t-il en entonnoir, de sorte qu'au milieu, le lac a cinq cents pieds de profondeur ! celui d'Albano n'en a que quatre cent vingt ; c'est encore bien honnête.

Tibère, qui s'y connaissait en belles vues, comme je l'ai déjà remarqué à sa Villa de Tusculum, avait jadis fait construire, au milieu du lac de Némi, une maison de plaisance flottante, probablement sur d'énormes radeaux. Depuis, cette habitation s'est malheureusement enfoncée, et elle est actuellement au fond de l'eau : on y est descendu avec la cloche à plongeur, mais on n'a pu en retirer que des ferrailles très insignifiantes.

Nous avancions par un petit sentier pierreux, rocheux, escarpé et fatigant ; mais la belle nature qui l'entourait faisait disparaître ces inconvénients. Toutes les dix minutes, le point de vue changeait. Nous étions à plus de quatre cents pas du bord, espérant toujours que nous allions y arriver. M. de Rayneval nous avait, en effet, beaucoup vanté le chemin qui longe les bords. Après bien des pas, et derrière un petit moulin, près duquel tombe une bruyante cascade, nous tournons enfin à droite et nous entrons dans le petit sentier du bord de l'eau.

Au moulin nous avions une vue de toute beauté ; tout droit au-dessus de nous s'élevaient les vieux murs de Némi, sur de superbes rocs, d'où pendaient des plantes grimpantes, et sur les sinuosités desquels on avait planté et établi un jardin.

J'étais monté sur l'âne *vide*, M. de Maubourg n'en avait pas voulu ; je fus bien aise d'en profiter, à cause de la crotte qui, dans certains endroits du sentier, est noire et liquide.

Mais j'oublie de parler du joli chemin où nous marchions. M. de Rayneval ne nous avait pas trompés : de vieux arbres touffus et plantés presque dans l'eau penchent du côté du lac et y laissent baigner leurs branches. Chaque arbre fait ainsi une sorte de petit berceau, mais bon seulement pour les grenouilles et autres *oiseaux* aquatiques. Le soleil se couchait, et les belles lueurs rouges qui s'apercevaient à travers les branches des arbres de notre sentier faisaient un admirable effet. Le Monte-Cavi était, comme d'habitude, couronné de nuages et les pauvres Passionnistes dans l'eau.

Nous approchions de Gensano, qui est si beau du côté du lac. Il offre deux ou trois points de vue ravissants, quand on y arrive par la route que nous avions prise. Son vieux clocher et le palais Cesarini font surtout un très bel effet.

Nous entrons à Gensano. Adieu notre beau lac Némi, jusqu'à demain matin ! car nous devons revenir te voir d'un autre côté. Tu es digne que l'on se fatigue pour toi !

Gensano est une très vieille et très jolie ville : jolie pour un artiste, s'entend, c'est-à-dire très laide pour un honnête bourgeois. Elle est noire et accidentée ; elle est très fréquentée pendant l'Octave de la Fête-Dieu, à cause d'une bizarre et charmante habitude qu'ont ses habitants : ils dessinent avec des fleurs de diverses couleurs, dans les deux rues où passe le Saint-Sacrement, soit les armes du prince Cesarini, le gros seigneur de la ville, soit les initiales d'*Ave Maria* ou de Notre-Seigneur, soit enfin des légendes telles que : « Evvíva Maria ! » (Vive Marie !) Il paraît que c'est d'un charmant effet ; c'est le seul endroit où cette coutume soit établie.

Nous revenons ensuite par la *troisième galerie* du lac d'Albano, celle qui passe devant le couvent des Capucins de cette ville. La route est bordée des plus grands et des plus beaux arbres ; elle commence à la porte de La Riccia et du palais Chigi, et va rejoindre la première galerie au commencement du lac.

Nous rentrons à huit heures trois quarts.

Notre promenade avait duré plus de sept heures.

21 *juin*. — Fête de mon cher patron, Saint-Louis de Gonzague. Je suis un peu contrarié de ne pas être à Rome pour voir les cérémonies qui ont lieu à cette occasion ; il paraît que c'est charmant, car c'est la fête de la jeunesse, laquelle est en *gala* et en fête.

Selon notre intention d'hier, nous partons à six heures trois quarts pour le lac de Némi. Cette fois-ci nous allons en faire le tour par en haut et non pas en suivant les bords de l'eau.

Aguerris par les excursions d'hier, nous ne prenons pas de voiture ; chacun seulement a un âne, Alfred excepté, à qui son papa avait loué un petit cheval très tranquille et très aimable.

L'âne de M. l'ambassadeur, tout petit et tout drôle, avait nom *Seringuella* (petite seringue). Le mien s'appelait *Bianchone* (blanchon); il était assez grand et bien. Celui de M. Simonneau était *don Brilletti*, petite monture, mais très vive et très gentille.

Nous avions toujours le même gros *cicerone*, dont les petites jambes et le gros ventre devaient avoir du mal à suivre.

Nous montons le long et fatigant chemin des Capucins, et nous longeons le lac d'Albano en tournant à droite. La vue du Monte-Cavi était aussi belle qu'à l'ordinaire ; les chemins où nous marchions étaient on ne peut plus agréables, ombragés la plupart du temps et bordés d'une verdure charmante. — Nous laissions La Riccia à notre droite, et nous coupions tout droit la montagne qui sépare les deux lacs.

Nous approchions déjà du lac Némi, mais nous ne le voyions pas encore, lorsque le cicerone nous dit de passer par une brèche et de quitter un moment la route pour jouir d'une vue très belle sur le lac. — Nous suivons son conseil et nous arrivons au bord supérieur, d'où nous apercevons tout l'ensemble du lac et de ses entours.

Ces belles eaux, enfermées dans ce vaste et pittoresque entonnoir de montagnes, et accompagnées à gauche du Monte-Cavi et à droite de la mer et de la campagne de Rome, frappent singulièrement l'imagination et les yeux. Après avoir joui à loisir de ce beau spectacle, nous nous en retournions à notre chemin quand une petite mare près de là attira notre attention. D'énormes et nombreux crapauds y régnaient paisiblement ; nous leur déclarâmes la guerre, et à coups de grands bâtons, de pierres, etc., etc., nous portâmes le désordre sinon dans leurs corps, du moins dans leurs habitudes tranquilles et solitaires ; deux ou trois victimes signalèrent notre désastreux passage.

Après un divertissement aussi singulier, nous nous

remîmes en route. En peu de temps nous fûmes à même d'admirer le beau lac de Némi et de l'admirer encore.

De ce côté, il était ravissant ; les pittoresques constructions de Némi le couronnaient à gauche, et celles de Gensano à droite ; d'en haut nous le voyions dans son entier. Les sentiers étaient aussi très romantiques, coupés par des rochers écroulés, et bordés à gauche par d'énormes rocs couverts de verdure, à droite par les longues pentes qui aboutissaient à l'eau.

Le tour du lac par en haut est certainement plus beau que fait par en bas, à cause de la vue générale, vue si belle, si imposante à la fois et si gracieuse.

Nous approchons de Némi. La porte en est très artistement taillée et posée ; elle est très vieille, très noire, à moitié ruinée et sur le bord du précipice.

Au moment où nous entrions, une jeune femme entrait également, portant un fardeau sur sa tête ; elle était remarquable par sa beauté et la noblesse de son maintien.

Nous descendons tous d'âne, Alfred de cheval, et nous faisons irruption, par la cour de l'affreux palais Braschi, dans un jardin fruitier, potager et fleuriste, situé sur le flanc rapide du rocher ; au lieu de chemins on a des escaliers ; et à chaque méplat du roc on a placé de la terre et quelque arbre ou plante. Nous arrivons enfin au plateau principal, lequel est assez grand ; nous entrons sous un berceau de verdure, à l'endroit le plus avancé sur le lac. Nous étions à une hauteur prodigieuse, au moins à trois cent cinquante ou quatre cents pieds au-dessus du lac de Némi.

Notre vue était d'une étendue facile à concevoir, et encore plus belle qu'étendue. Nous voyions aussi très bien le village de Némi. Ses vieilles maisons, toutes noircies par les siècles, toutes irrégulières, couronnaient les hauteurs. Les rochers, sur lesquels il est bâti, sont énormes et d'une masse effrayante, vus de près.

Leurs fentes sont remplies de lierre et autres plantes grimpantes ou pendantes qui forment sur les tons gris, jaunes, sombres, blancs de la pierre, des touffes éclatantes de verdure.

Le cicerone nous apporte, pendant que nous admirions, de quoi faire une collation champêtre. — C'était d'abord « *del famoso, famosissimo presciutto,* » « du fameux, du très fameux jambon, » nous dit-il ; puis du pain, puis du vin de Némi, très bon, et de l'eau. Après avoir restauré nos forces, je fis la vue du lac et de Gensano.

Nous partîmes quand ce fut fini, nous regrimpâmes notre escalier. Alfred tomba comme à son ordinaire. Cette fois-ci c'était tout simple, car, il avait bu, nous disait-il, « *comme un ivre* ».

Nous arrivons en haut, nous traversons le village, aussi digne d'être dessiné de près que de loin ; nous passons devant un grand réservoir d'eau, ombragé par de beaux chênes verts, et où une quinzaine de femmes lavaient et savonnaient avec leurs jolis costumes bariolés, et nous continuons à tourner autour du lac, par la route du haut toujours, jusqu'à ce que nous arrivions à Gensano.

Il y a, de ce chemin, une vue de Némi avec le Monte Cavi au dernier plan, et le lac en bas, que je suis bien au regret de n'avoir pas dessinée ; car c'est une des plus belles choses que j'aie vues de ma vie.

Il faisait chaud ; le soleil nous entretenait le dos dans un bain de vapeur perpétuel. Ainsi cuits, nous entrons à Gensano, marchant à âne au milieu des Gensanéens, comme feu le roi d'Yvetot dans son royaume. Nous revenons par La Riccia, dont la délicieuse position donne toujours l'envie de s'y fixer.

A onze heures et demie passées, nous rentrions à Albano, ayant ainsi trotté à pied ou à âne pendant près de cinq heures de suite.

Nous n'étions guère fatigués cependant; à l'appétit seul, on s'apercevait qu'on avait quitté la vie de bureau.

A six heures et demie, le soir, nous allons à Castel Gandolfo, par la deuxième galerie, où sont les beaux arbres et celui, entre autres, qui a 25 pieds de tour à sa base (il est de l'espèce des chênes verts); nous traversons la ville et nous revenons à la partie du lac, voisine des Capucins, par la première galerie, bien belle aussi mais qui a moins de mérite en *elle-même* que l'autre. Je la lui préfère, néanmoins, à cause de la vue du beau lac d'Albano.

Là, nous mettons pied à terre, et nous suivons le bord du lac pour aller voir les grottes de Palazzola, près du couvent des Franciscains. Le sentier que nous suivions était charmant; percé au milieu des plus beaux arbres, et avec la vue de l'eau, du Monte Cavi et de Palazzola. Nous comptions aller et revenir en une demi-heure; il y avait déjà ce temps que nous trottions, et Palazzola s'apercevait encore dans le lointain. Cette effet trompeur d'optique qui empêche de juger des distances, vient, comme je l'ai déjà remarqué, de la limpidité de l'air. La nuit tombait et l'air devenait frais.

Il fallait retourner sans avoir atteint le but de notre promenade; à huit heures un quart seulement nous regagnions la voiture qui nous ramena à l'hôtel. — Tout était, non pas mouillé, mais humidifié par la rosée; c'est cette fraîcheur humide qui est dangereuse après les journées chaudes; si l'on sort à l'heure où elle tombe, c'est-à-dire pendant le coucher du soleil, il est à parier que l'on attrapera les fameuses fièvres de Rome, dont on ne peut plus se dépêtrer une fois qu'on en est pris. Du reste, avec un peu de prudence, ce pays-ci n'est pas plus dangereux qu'un autre.

J'ai oublié de dire qu'en revenant de Castel Gandolfo, par la première galerie, nous avons rencontré le père de Géramb, à mule, et faisant sa promenade du soir ; il avait fait caparaçonner de vert sa mule ou son âne, sur lequel il semblait un abbé du moyen âge, et il était suivi par une sorte de domestique.

Il paraît que nous sommes en brouille à l'ambassade avec ce bon père de Géramb ; il est d'une susceptibilité étonnante pour un trappiste et il se formalise d'un rien. Tantôt il est l'humble frère Joseph-Marie ; tantôt il est M. le baron de Géramb, ancien colonel des hussards de la Mort, pourfendeur d'ennemis, héros, triomphateur ; tantôt, il est le simple père de Géramb ; mais, toujours, il est le plus singulier original qu'il soit possible de rencontrer. Les dix-huit ans de Trappe, de silence, de pénitence, d'humilité, de mort, n'ont pu étouffer cette vivacité, cette susceptibilité, qui font son malheur.

Il est très fâcheux pour lui qu'il ne soit pas resté au couvent. Malgré cela, tout le monde le reconnaît pour ce qu'il est, un très excellent homme. — Il fait tout ce qu'il peut ; « *errare humanum est.* »

Aujourd'hui nous avons fait six heures de marche.

22 juin. — Temps superbe. — Le bon Dieu favorise nos excursions.

Nous devons voir, ce matin, les bords du lac d'Albano, tout près de l'eau et l'*Emissario*, par où le trop-plein des eaux s'écoule dans la plaine.

Nous partons à pied à 7 heures avec deux ânes de secours pour les premiers fatigués ; c'étaient *Bianchone* et *Brilletti*, nos amis d'hier.

Nous arrivons à Castel Gandolfo par la seconde galerie ; nous tournons par derrière les jardins du Palais Pontifical, et nous descendons jusqu'aux bords du lac, par un chemin assez pénible, quoique moins pierreux et moins ennuyeux que celui du lac Némi. Ces bords sont frais et charmants, le petit sentier était bordé de fleurs et couvert de jolis petits lézards verts qui s'étalaient au soleil et prenaient la fuite quand nous approchions. Le temps était ravissant, doux et calme, la fraîcheur de l'eau tempérait l'ardeur du soleil.

Nous arrivons au bout de quelque temps à un endroit appelé *Bains de Diane*. — C'est une belle et grande voûte antique, où il reste encore quelques vestiges des Bains; elle est taillée dans le roc; une source coule au fond. A l'entrée, à droite, est un reste de mosaïque; c'est une tête de Méduse, colossale, qui était dessinée en mosaïque sur le plancher. Elle est belle et assez bien conservée. Pour tout baigneur et adorateur de Diane, il n'y a plus là qu'un cochon, noir comme tous ceux d'ici, et qui remplit les nobles bains d'ordures et de puanteur.

La vue que l'on a du fond de la grotte est si belle que je n'ai pu m'empêcher de la dessiner. M. de Maubourg eut la bonté de m'attendre un petit moment; après quoi nous quittâmes la grotte pour aller à l'Emissario. On y entre par une petite porte, haute de 3 ou 4 pieds seulement. Alors, on se trouve dans un carré de murs, en plein air, et au fond duquel est le fameux corridor qui sert de conduite à l'eau et qui perce toute la montagne. Il date des premiers temps de Rome, sous les Rois. Mais comme il est de construction *romaine*, il est aussi impérissable que le roc dans lequel il se trouve. Les pierres en sont à peine écornées et leur belle teinte antique est relevée par mille plantes sauvages qui poussent entre leurs fentes et retombent gracieusement. Les gens qui gardent l'endroit mirent sur l'eau des petites planchettes, sur lesquelles deux bouts de bougies allumées étaient fixés. Le courant les emporta et, à la fin, nous les perdîmes de vue tant elles étaient loin. — Je fis aussi, comme souvenir, le croquis de l'Emissario.

Nous retournons après cela à Castel Grandolfo, en remontant à pic les 400 pieds de plan incliné qui nous séparaient de la galerie d'en haut. Cette grande élévation a deux effets : le premier, de faire paraître Castel Gandolfo admirablement pittoresque, et le deuxième de casser les jambes des malheureux piétons qui la gravissent. Je n'en pouvais plus, je suais, je soufflais, je traînais la jambe. Nous nous reposons en haut et nous revenons ensuite à Albano par la première galerie, avec un appétit terrible. Nous étions dehors, depuis trois heures.

Dans la journée je dessine au net mes deux vues de l'Emissario et des Bains de Diane, et je fais le portrait d'Alfred pour M. de Maubourg, à âne, avec le sabre à la main et son joli chapeau de paille sur la tête. — Cet enfant a une charmante tête; il a un goût si prononcé pour l'état militaire, que c'en est quelquefois comique; au milieu des conversations les plus éloignées de la guerre, il fait des questions militaires, qui montrent que c'est là son idée fixe. Son château en Espagne favori est de défendre son général contre les Arabes et de commander des soldats.

M. Schnetz et Charles d'Astorg viennent dîner avec nous, pour nous accompagner demain matin à notre grande expédition au Monte Cavi. — En attendant demain, nous allons après dîner voir une partie de la campagne au pied de La Ricia, où commençait jadis la ville d'Albe.

Nous sortons à pied sur la route de Naples ; nous passons devant le monument ou tombeau des Curiaces. A ce propos, M. Visconti nous a dit aujourd'hui même, dans une petite visite qu'il a faite à M. de Maubourg, que cette ruine n'était pas le tombeau des Curiaces, mais un monument élevé à l'époque même de leur combat et pour célébrer la fusion d'Albe avec et dans Rome. Il paraît que, du haut des trois grands cônes que l'on remarque encore presque en entier, pendaient de longues chaînes dorées qui se rattachaient les unes aux autres, et qu'au milieu de ces chaînes étaient accrochées des urnes dorées aussi. Le vent, en les agitant, produisait un frottement entre l'anse de l'urne et les chaînons, et, par suite, un bruit plaintif, assez semblable à des gémissements.

Nous laissons la route de Naples à gauche, et nous descendons dans la plaine de La Riccia. Nous sommes bientôt dans des lieux pleins d'antiques souvenirs; car c'est là même que passait la *Via Appia*, si fameuse dans l'histoire de Rome, et qu'était Albe la Longue, sa rivale et sa première importante conquête. On voit encore parfaitement la Via Appia; dans plusieurs endroits, on en distingue les larges dalles grises; presque tout du long, on retrouve les bas côtés ou trottoirs, plus élevés que le reste de la voie. C'était sur le bord des voies antiques que les Romains mettaient les tombeaux. Ici, il reste les ruines de plus de dix tombeaux; aucun n'est assez conservé pour offrir matière à des recherches curieuses.

Après dix minutes de marche sur la Via Appia, nous arrivons à l'ancienne porte d'Albe, si solidement construite, que les siècles n'y ont rien fait, et que les habitants du pays l'appellent « *l'Imbazzo del Diavolo* », « Le bât du Diable ». Elle est à moitié enfouie dans la terre, de sorte que le haut ressemble assez, en effet, à un bât d'âne. Elle offre un aspect aussi intéressant pour le peintre qu'un souvenir curieux pour le voyageur et l'amateur d'antiquités. Les immenses pierres noires qui la forment sont en partie couvertes d'un magnifique lierre, épais, vivace, solide; elle est entourée, à son pied, de plantes sauvages et de roseaux, et, au fond du tableau, sont les beaux et grandioses points de vue de Galba d'Oro. J'en ai fait un petit dessin.

Une foule de souvenirs remplissent l'esprit à la vue d'un monument d'une si haute antiquité. Albe la Longue ! Ce mot a je ne sais quoi de plus impressionnant que les autres noms de l'histoire romaine primitive.

C'était une si grande ville, et il n'en reste plus qu'une porte! La puissance romaine l'a engloutie en quelque sorte; et elle-même qu'est-elle devenue? N'est-il pas à propos, à la vue de la porte en ruine d'Albe, de dire, comme à la vue du Forum, du Colisée, du Palais des Césars : « *Vanitas vanitatum et omnia vanitas!* » Qu'est-ce que la gloire du monde? Et la moindre bonne action ne vaut-elle pas mieux que l'éclat passager du plus grand empire?

Plus loin se voient les belles substructions de la Via Appia, dont l'admirable solidité a résisté aux siècles. C'est simplement une espèce de pont ou de large mur, destiné à faire éviter à la Via Appia un petit vallon qu'elle devait traverser. Tout cela est construit à la romaine, c'est-à-dire avec de grandes pierres bien équarries, posées les unes sur les autres sans ciment, et si parfaitement ajustées qu'elles semblent n'en former plus qu'une seule.

Sous l'arche qui traverse les substructions était un jeune garçon et la litière d'un âne qu'il gardait. Ce jeune homme avait une magnifique tête; je voulais le dessiner et lui dire de venir à l'auberge demain; mais on me persuada que j'en trouverais de plus beaux. Un *tu l'as* vaut mieux, dit le proverbe, que deux *tu l'auras.* — Je laisse échapper celui-ci, je n'en aurai pas d'autre! Nous retournâmes ensuite sur nos pas. Nous nous amusions à faire la chasse aux lézards; ils sont si lestes, que nous ne pûmes en attraper qu'un seul sur le grand nombre que nous poursuivions; encore s'échappa-t-il de suite des mains de M. Simonneau, son vainqueur.

Près de La Riccia, nous vîmes des gens de la campagne revenir avec des provisions de foin; dans tous ces pays de montagnes, la charrette et les bœufs ne sont d'aucun usage; aucune route ne leur permettrait de passer. Ils ont alors des chevaux ou des mules, sur lesquels ils chargent leurs denrées. L'aspect de ces chevaux, avec d'énormes paquets de foin de chaque côté et un homme assis au milieu, était très joli; d'autant plus que les Italiens, presque tous beaux, sont toujours aussi dans des poses élégantes et à peindre. J'en remarquai un surtout qui avait une admirable tête.

Nous entrons à La Riccia, et nous la traversons pour aller au parc du palais Chigi, lequel est au bout de la ville, attenant à la porte de sortie. A l'entrée du palais nous rencontrâmes la femme d'un peintre, M. Saglio, fixé momentanément à La Riccia, avec ses enfants, une petite fille entre autres, magnifique enfant de trois ou quatre ans. Elle était habillée d'une petite blouse, de sorte que nous la prîmes pour un petit garçon. Nous causions avec sa mère, quand la petite nous dit tout bravement : « Vous venez de Rome, vous? » en grasseyant d'une charmante manière. « Oui, mon petit, lui répondit-on, et vous, êtes-vous Français? » — « Oui, mais je suis fille ! » Et, comme nous avions mal entendu et mal compris, elle répéta d'un air vraiment trop comique son : « Je suis fille, » en se sauvant.

Nous entrons dans le parc Chigi, grand et beau fouillis d'arbres, de buissons, de plantes vierges, auxquels la main du jardinier n'a jamais touché. Tout en riant de la négligence et du sans soin des propriétaires, on est bien aise de la belle vue que procure aux promeneurs cette sauvagerie de la nature; il y a là, en effet des morceaux d'études et de paysages qui sont de toute beauté.

Nous revenons à Albano par la galerie du bois des Capucins, d'où l'on plonge sur Albano; nous continuons par la première galerie jusqu'à Castello, et nous revenons par la deuxième à huit heures et demie.

M. Schnetz nous racontait en chemin un quiproquo assez comique arrivé à Rome, il y a quelques années, à

M. Artaud de l'Institut, ancien secrétaire de l'ambassade de Rome. — Il avait traduit le Dante et on parlait de cette traduction à un dîner. Un des convives souffrait des dents. « *C'é il primo Dantista di Roma* », dit une personne; c'est-à-dire « c'est le premier traducteur et explicateur du Dante qui existe à Rome actuellement ». Le monsieur au mal de dents entend « *il primo dentista* » le premier *dentiste*, et il n'a rien de plus pressé que de demander son adresse. — Le lendemain, il se présente chez M. Artaud, lequel est très étonné de cette visite. Après les phrases banales de bonjour et de salutation : — « J'ai fort mal à une dent » dit le monsieur. « J'en suis fâché » dit M. Artaud, très surpris; « c'est une grande souffrance que celle des maux de dents. » — « Auriez-vous la bonté de voir un peu ce que c'est, monsieur » — « Moi, monsieur, mais je ne m'y connais pas. — « Si fait, si fait, monsieur, vous êtes trop modeste; tenez, voyez. » — « Mais, monsieur, je vous assure que je ne me connais pas en dents » — « Comment ! J'ai entendu dire, hier, que vous étiez le premier dentiste de Rome ! » Tout se débrouilla alors et le pauvre fluxionnaire s'en fut honteux et non guéri.

Une observation que j'ai faite déjà et qui prend, depuis deux ou trois jours, le caractère de la certitude, c'est que le peuple italien, du moins celui de Rome et de ses environs, n'a pas le moindre sentiment de cette pudeur qui empêche de mendier tout homme capable de gagner sa vie et de travailler. Nous ne rencontrons guère de passant dans nos courses, qui ne s'arrête en nous disant : « *Datemi qualche cosa, Signore.* » — ou : *Eccellenza qualche cosa!* » Une jeune femme de trente ans a déposé un faix de bois qu'elle venait de couper et est venue nous tendre la main avec aussi peu de fierté que si elle fût venue nous dire bonjour. — Aujourd'hui, nous avons été quêtés, de la même manière, par deux jeunes gens qui flânaient au pied d'un arbre et qui ne se donnaient pas même la peine de bouger de place ; ils répétaient de loin la formule d' *Eccellenza, qualche cosa!* » de peur d'en perdre l'habitude sans doute. Il y a plus de ressort et d'énergie que cela chez nous.

J'ai, ce soir, comme tous les jours passés, un effet de lune superbe, de ma fenêtre à Albano. Je vois toute cette grande plaine de la campagne de Rome qui aboutit à la mer, éclairée par la lumière triste et mystérieuse de la lune. Quelques maisonnettes blanches ressortent au milieu de l'obscurité, et, sur le devant, est la fontaine de l'hôtel dont le bruit s'entend sans interruption à cause du calme et du silence. L'air est d'une pureté délicieuse, la grande chaleur est tempérée par la brise de mer qui arrive jusqu'ici.

23 *juin*. — Nous partons à six heures du matin, M. l'ambassadeur, M. Schnetz, Alfred, M. Simonneau et moi, à âne ; et Charles d'Astorg, à cheval. C'est aujourd'hui la grande ascension au Monte-Cavi ; c'est aujourd'hui le grand jour ! Nous montons par le chemin des Capucins, et nous nous dirigeons à droite, longeant le lac d'Albano par en haut, et allant à Palazzola par le chemin que nous avions inutilement suivi avant-hier soir. Il y avait une légère vapeur répandue dans l'air, probablement à cause du matin ; le Monte-Cavi et les autres montagnes en prenaient une teinte fine et pleine de légèreté.

Après une assez longue trotte, nous approchons des grottes de Palazzola. Les abords en sont difficiles, car le sentier est sur le roc même et suit tous les caprices des accidents de la pierre. Avant la grande grotte, il y en a deux ou trois petites ; mais la principale les efface toutes par sa beauté et ses proportions. L'ouverture a 20 pieds de haut sur 35 ou 40 de large ; le roc est gris et roussâtre, et enveloppé de plantes grimpantes, de lierre, de fleurs. Sur le devant, à gauche, coule une petite fontaine dans une grande auge de pierre. Outre la beauté naturelle de cette grotte, il s'y rattache un souvenir qui lui donne un vif intérêt ; c'étaient, en effet, les anciennes prisons d'Albe la Longue, pendant la domination romaine. Deux choses indiquent encore cette destination : le trou circulaire, pratiqué dans le plafond, par lequel on jetait ou on descendait les malheureux destinés à ces affreuses oubliettes ; et ensuite, des piliers et des chambres, ou corridors intérieurs, qui se perdent dans la montagne. Les parois sont couvertes d'eau et de mousse, à cause de la grande humidité. Les prisons des Romains avaient toutes un tel caractère de barbarie, de férocité, que leur vue fait comprendre la résistance désespérée et furieuse qu'opposaient les rois qu'ils attaquaient. Jugurtha, Mithridate, Zénobie, Cléopâtre, etc., etc., savaient quel sort les attendait, s'ils étaient vaincus. Ils préféraient, ce qui était tout simple, mourir les armes à la main et dans leurs royaumes, que de mourir de faim, de froid et de misère dans un trou semblable à celui que nous voyons là. Quel peuple que ces Romains ! égoïstes, cruels, ambitieux, impitoyables, ils auraient, eux aussi, envoyé, bien assurément, Napoléon à Sainte-Hélène ! Pendant l'arrêt que fit notre bande pour voir la grotte, j'en fis, à la hâte, le croquis sur mon album.

Tout à côté est le couvent de Palazzola, habité par les Franciscains Réformés ; nous n'avons fait que passer devant ; car il ne contient rien de curieux. Le chemin était charmant ; il tournait autour de la montagne ; je ne parle pas encore de la vue, elle commençait à être ce qu'elle allait être tout en haut.

Palazzola avait avait été notre première étape ; la seconde était un petit ermitage appelé la *Madonna del Tuffo*, *la Madone du Rocher*. C'est une petite chapelle très gentille, desservie par un religieux Ermite, et consacrée à la

Très Sainte-Vierge. Son nom lui vient d'une tradition plus ou moins authentique que voici : Il y a une cinquantaine d'années, un voyageur, passant par cet endroit, se trouva dans un grand danger, soit par suite de la difficulté du terrain, ou par un accident de cheval, ou par une attaque de brigands. Il invoqua la Sainte-Vierge qui lui apparut et il échappa au danger. Jusqu'ici, tout est bien. Alors, étant revenu à lui, il vit peinte et gravée sur un rocher l'image de la Sainte-Vierge, telle qu'elle venait de lui apparaître. C'est cette image que l'on vénère et autour de laquelle on a bâti une chapelle. L'apparition et la protection de la Sainte-Vierge sont chose possible. Mais l'image peinte m'a l'air d'une tradition qui tire un peu sur le conte.

Quoi qu'il en soit, nous entrons dans la chapelle dont un ermite à cheveux gris et vêtu de brun vint nous ouvrir les portes. Il nous découvrit l'image miraculeuse, laquelle était couverte d'un voile. C'est une affreuse peinture, dont la laideur achève d'exclure l'idée de miracle. Le bon ermite nous récita ensuite les litanies de la Sainte-Vierge et quelques petites prières ; après quoi nous remontâmes sur nos bêtes pour continuer la route.

Le chemin d'abord uni, ombragé, facile, devint rocailleux et dur, à mesure que nous approchions de notre troisième étape, *Rocca di Papa*, pittoresque village, bâti au milieu des rochers. Quand nous passâmes devant je ne pus résister à l'envie de faire ce beau paysage. Je restai en arrière et j'en fis, le plus vite possible, un petit croquis. Je ne rattrapai la bande voyageuse qu'au sommet du Monte-Cavi, après un bon quart d'heure de marche. Pendant plus de dix minutes, on chemine sur la *Voie Triomphale* antique, qui menait au temple de *Jupiter Latial* (*Latium*) ; ce temple était construit en haut du Monte-Cavi, à l'endroit où est le jardin actuel des Passionnistes. Les consuls y venaient prendre possession de leur dignité et les triomphateurs, passant sur la Voie Triomphale, y venaient aussi rendre grâces à Jupiter.

La voie antique est étonnamment bien conservée ; il en existe des morceaux de 80 ou 100 pieds de longueur, où il ne manque pas une pierre. Ces larges dalles irrégulières, de couleur gris foncé, polies et égalisées par le temps, font un très bel effet, dans un pareil lieu surtout et quand l'imagination y fait revivre et repasser tous les héros romains qui l'ont jadis foulée sous leurs chars. Seulement on devait y être bien secoué.

La vue, du sommet du Monte Cavi, est quelque chose de merveilleux par son immensité. Le lac d'Albano et celui de Némi semblent deux modestes mares ; la campagne de Rome se déroule comme une carte de géographie, et la mer fait la ligne d'horizon à gauche, les montagnes des Apennins à droite. Du côté du lac Némi, je voulus voir le pays ; mais le vent était si fort que je ne le pus. Le couvent des Passionnistes est une pauvre maison bâtie sur le petit plateau qui termine la montagne et où douze religieux se vouent à la prière, à la pénitence et à l'oubli du monde. Le mur qui enclôt leur jardin est l'antique muraille du temple de Jupiter. Comme ces pierres sont dix mois de l'année dans les nuages, au milieu de l'humidité, elles n'ont pas la même teinte que les autres ruines de ces époques. Elles sont sales, grises et mousseuses. Au couvent est adossée une petite église blanche et propre. Je fus singulièrement touché et attendri de retrouver au haut de cette montagne, dans un lieu en quelque sorte perdu pour le monde, Notre-Seigneur dans le Saint-Sacrement. Partout nous le voyons ; à chaque pas, nous pouvons l'adorer, lui parler, implorer son assistance ! Et comment répondons-nous à un amour si immense? N'est-ce pas en négligeant de le visiter et en lui refusant durement notre présence qu'il recherche tant?

Avant notre déjeuner, je remerciai Notre-Seigneur de la grâce qu'il me faisait de le trouver là, et j'entrai ensuite dans une vilaine petite salle, où notre repas de voyageurs était servi. Il consistait en viandes froides et en salade, que nous expédiâmes avec un appétit de 2,000 pieds de hauteur. Après quoi, nous nous reposâmes une petite demi-heure sur l'herbe, devant le couvent, ayant en face de nous Rome et le lac d'Albano.

Je profitai de cela pour entrer dans le couvent; et j'y fis le croquis d'un des frères qui s'y prêta avec une bonté parfaite. Il s'appelait *Fratello Luigi di Gesù Bambino, frère Louis de l'Enfant Jésus*. Il m'apprit qu'ils étaient douze qui habitaient le Monte Cavi, six pères et six frères. Il paraissait être un excellent homme, très gai et très simple.

Le costume des Passionnistes consiste en une grosse robe de bure noire, très lourde et très épaisse, avec des manches à moitié larges et un collet droit qui leur entoure le cou. La robe est serrée à la taille par une petite ceinture noire et de même étoffe. Au côté gauche, sur le cœur, ils ont une plaque noire, découpée en forme de cœur, avec ces mots brodés en blanc ou en argent : « *Jesu Christi Passio;* » et une croix blanche aussi, au-dessus. Cette effigie est cousue ou agrafée par-dessus leur robe et les fait reconnaître de suite. Cet ordre des Passionnistes est vénéré de tout le monde ici. A Rome, il en existe une maison plus importante. Son fondateur est un saint homme assez ignoré, nommé Paul de la Croix, (Paolo della Croce), qui vivait dans le dix-huitième siècle et qui poussa à un degré suréminent les vertus religieuses. Il a déjà été déclaré *Vénérable*, et on m'a dit que son procès de béatification était presque terminé.

Je revins, après mon dessin, auprès de mes compagnons de route, et j'arrivai à temps pour entendre une histoire très comique que racontait M. Schnetz.

Un homme entre dans un café. Le garçon approche.

— « Garçon, je voudrais une bouteille de tel vin. » — L'homme s'assied. — Le garçon arrive avec la bouteille demandée. « Qu'est-ce que vous m'apportez-là, garçon? — Je n'ai pas besoin de cela. » — « Mais, monsieur, c'est bien ce que monsieur a demandé. » — « Moi! Je n'ai rien demandé! J'ai dit : Je *voudrais* une bouteille de vin. Je n'ai pas dit : je *veux* une bouteille de vin. C'est un conditionnel, mon ami; je la *voudrais*, mais je ne la *veux* pas » — « Et comme le garçon restait ébahi. — « Il faut avouer, mon cher, que vous ne savez pas votre métier; comment, vous êtes garçon depuis votre naissance et vous ne comprenez pas mieux que cela les pratiques ! » — « Pardonnez, monsieur, » répond le garçon qui avait la bêtise de se croire dans son tort; « mais, je ne suis garçon que depuis mon mariage. » — « Et avant votre mariage, qu'étiez-vous donc ? » — « J'étais garçon, monsieur. » — « Hé bien! vous voyez bien que vous fûtes garçon toute votre vie, avant et après votre mariage; allez, mon cher, vous n'êtes pas un *bon garçon*. »

Après cela, nous montâmes sur le haut du Monte Cavi ; nous redescendîmes par la Voie Triomphale jusqu'à l'endroit, à peu près, où je m'étais arrêté pour dessiner Rocca di Papa. A droite était une grande plaine, appelée le *Camp d'Annibal.* Les uns prétendent qu'en effet les Carthaginois y ont campé, en allant à Cannes (ce qui est sûr, c'est qu'ils n'ont pas passé loin de là); d'autres disent que cette place appartenait à la famille romaine Annibali, et que l'on a fait *Camp d'Annibal* (*Campo d'Annibale*), de *Champ Annibali* (*Campo Annibali*.)

Nous descendons jusqu'à Rocca di Papa, que nous traversons par ses rues bizarres et inclinées d'une façon presque effrayante pour les cavaliers. La plus grande pauvreté semble régner dans cette ville; mais, en revanche, elle est bien pittoresque. On nous a dit qu'elle contient 5,000 âmes. Je n'aurais pas cru 500.

Au sortir de Rocca di Papa, appelée ainsi parce que les Papes s'y réfugièrent, dans le moyen âge, pendant les guerres civiles de l'Italie, nous entrons dans une grande et belle forêt de châtaigners, qui offre matière à des études admirables de paysage et d'arbres.

Notre promenade était charmante; la poussière et le vent commencèrent à la gâter, à partir de la forêt. M. Schnetz nous quitta, non loin de là, pour retourner à Rome par Grotta Ferrata et Frascati; nous autres, nous continuâmes jusqu'au bourg de Marino, situé à moitié chemin entre Albano et Frascati. L'arrivée par Frascati ne signifie rien du tout; mais quand on sort de Marino en continuant la route d'Albano, on a un de ces admirables coups d'œil qui forment à eux seuls un paysage, un tableau complet. Il n'y a rien à ajouter, simplement à copier la nature; et qui la copierait bien, ferait un chef-d'œuvre. — En effet, les vieilles et noires maisons du village sont à pic, sur un superbe rocher haut de 200 pieds environ. Dans le vallon, au pied du Rocher, on voit, à droite, une tour ruinée du moyen âge, dont les tons roux de brique contrastent merveilleusement avec d'épaisses touffes de lierre qui l'enveloppent; à gauche, dans l'enfoncement et sur le second plan, une végétation italienne. Sur le premier plan, un vieux chêne maigre et éclairci, qui laisse voir le roc entre ses branches. Telle est la vue que l'on a de la route. Pendant la halte que l'on y fit, je dessinais ce que je voyais. Peut-être plus tard, ces dessins, quoique à l'état de croquis, pourront-ils me servir pour des fonds de tableaux.

De Marino, nous allons à Castel Gandolfo, qui en est tout près. Au sortir de Marino est un charmant bois, qui porte le nom du village. Le vent était très violent; aussi fûmes-nous tous bien contents, à 2 heures, quand nous pûmes nous reposer un peu, à Albano, de nos huit heures de trotte.

Charles n'en repartit pas moins de suite pour Rome, où il arriva à quatre heures et demie à cheval.

Ce garçon-là était né pour être Centaure ; il ne se fatigue pas plus à cheval qu'un autre dans un bon fauteuil.

Après dîner, nous allons voir la Villa Doria, à Albano même. Le parc en est petit, mais rempli d'énormes chênes-verts et très bien dessiné. A cette même place s'élevait autrefois une Villa de Pompée, dont il reste beaucoup de ruines ; rien, cependant d'assez indiqué pour offrir un grand intérêt. Quand nous nous fûmes un peu promenés dans la Villa, nous allâmes dans la plaine qui s'étend devant Albano. Les chemins sont détestables, mais on a une jolie vue d'Albano, de La Riccia, de Galba d'Oro, de Gensano et de la tour du lac Némi.

Nous nous étions aventurés dans un chemin inconnu ; il nous fallut retourner sur nos pas. Il n'y a pas de routes dans ce beau pays. M. de Maubourg faisait une observation très juste ; c'est que Albano, Frascati, Némi, La Riccia, etc., etc., sont très beaux et très bons à voir, à peindre, mais insupportables pour y demeurer. Il n'y a pas d'autres promenades que des montées et des descentes, que les jambes ne trouvent pas aussi agréables que les yeux. Il y a très peu de chemins accessibles à une voiture. Il faut donc aller à pied ou à âne. Que deviennent alors les personnes souffrantes, convalescentes ou âgées ? Aujourd'hui, nous avons été dix heures et demie ou onze heures en expédition.

24 juin. — Départ à 7 heures par une chaleur superbe. Excursion à la tour du lac Némi. Nous allons jusqu'à Gensano, en voiture, par La Riccia. De Gensano, la tour est tout près ; aussi n'aurons-nous pas d'ânes. Le chemin est insignifiant jusqu'au pied de la montagnette où est la tour. Nous grimpons, comme nous pouvons, la côte raide et difficile et nous arrivons sur la sorte de plate-forme au milieu de laquelle s'élèvent les ruines. Personne ne vient jamais là ; aussi existe-t-il un fouillis vraiment imposant de plantes, de fleurs sauvages, poussant au milieu des pierres et formant un réseau si bien entrelacé que la marche devient difficile. Il y avait une variété très remarquable de fleurs, qui formaient, à la lettre, un véritable parterre, ou, si l'on aime la poésie, un tapis émaillé de fleurs. Au centre, s'élève la grande tour carrée, à moitié ruinée et très ennuyeuse à voir. Elle date probablement du moyen âge. Le *cicerone* nous disait cependant que c'était un phare antique ; il n'y a qu'un petit malheur, c'est que les phares n'étaient pas connus des anciens.

Nous voyions, non loin de là, *Cività-Lavinia*, village bâti sur l'emplacement où débarqua Enée, quand il arriva en Italie. Lavinia était la capitale de Lavinus, père de Lavinie. Ce souvenir de 3110 ans me parut donner à la Cività-Lavinia moderne assez de caractère pour mériter d'être conservée et je la dessinai du haut de la colline. La mer s'est beaucoup retirée, puisque Lavinia, ancien port, est maintenant à plus de cinq lieues de la plage.

Il faisait très chaud ; nous descendons la même pente rapide que nous avions montée. Alfred tombe comme d'habitude, et nous revenons à Albano, pour le déjeuner.

C'était la fête de Saint Jean-Baptiste.

M. Simonneau, portant ce nom, alla à la messe et j'y allai avec lui. Nous entrâmes dans l'église Saint-Paul en haut d'Albano.

On cumulait les fêtes de Saint-Jean-Baptiste et de Saint-Louis de Gonzague, ce dont je fus bien aise. Mais ce qui ne me réjouit pas autant, c'est la musique qui accompagna ou plutôt qui entrava la messe. Des chanteurs, écorcheurs d'oreilles, mirent une demi-heure à défigurer le *Gloria*, et presque le même temps pour le *Credo*, répétant trois fois les mêmes mots sur tous les tons. L'église est petite, mais très propre et très jolie. Elle contient le tombeau d'un saint prêtre, mort à Rome en 1835, dont la Congrégation des Rites s'occupe déjà pour le proclamer *Vénérable*.

Il s'appelle le chanoine *del Bufalo*. Toute sa vie fut consacrée à la charité et aux bonnes œuvres. Pendant la messe, on distribua, au lieu du pain bénit qui est inconnu en Italie, un sonnet imprimé à la louange de Saint Louis de Gonzague. L'église était très pleine. Les femmes d'Albano étaient dans leur belle tenue, presque toutes en blanc, la tête couverte du linge ployé qui retombe par derrière sur le cou; le corsage en carton raide et dans lequel rentrent les plis du fichu blanc; les manches de drap rouge collantes, et la jupe d'une couleur vive; des bas blancs et de gros pieds. Au cou, une ou deux rangées de grains de corail enfilés, et de longues boucles d'oreilles très clinquantes et très historiées.

Après dîner, à cinq heures et demie nous partons en voiture pour aller parcourir en bateau le lac Némi. Nous l'avons vu d'en bas, nous l'avons vu d'en haut, nous l'avons vu de loin, nous l'avons vu de près, il ne nous reste plus qu'à le voir de dessus l'eau même; et personne, après cela, ne pourra dire qu'il le connaît mieux que nous, à moins de l'avoir parcouru sous l'eau. La voiture nous mena jusqu'à Gensano, comme à l'ordinaire. Nous descendîmes au bord du lac par un sentier rapide et pénible, sorte de lit de ruisseau semé de pierres et de fragments de rochers, vis-à-vis de Gensano.

Le lac Némi était aussi charmant que toujours; sa jolie forme paraissait plus ronde d'ici que vue du côté de Némi, à cause d'une petite pointe formée par un promontoire, au-dessous de Némi même. Un bateau avait été préparé, et, malgré cela, était encore sale et troué.

Nous nous avançâmes jusqu'au milieu du lac ; c'était très beau, mais beaucoup moins que de toute autre part. Nous fûmes ensuite reconduits à terre et nous suivîmes, pendant plus d'une demi-heure, le charmant sentier qui longe les bords de l'eau. Nous y avions déjà été, lundi, mais ce jour-là, nous ne l'avions pas parcouru jusqu'au bout. Au lieu de remonter à Gensano, comme nous l'avions fait, nous prîmes un sentier qui nous reconduisit au rivage que nous avions été obligés de quitter, à cause d'un champ qui était clos. Toute la partie du chemin que nous ne connaissions pas est superbe, bien plus, à mon avis, que celle où nous avions été la première fois. Les arbres sont beaucoup moins nombreux, mais plus gros, plus beaux et moins confus. Il y en a deux ou trois entre autres qui feraient de bien belles études ; d'autant plus que l'on verrait, à travers les branches, le lac, la rive opposée, le Monte Cavi à gauche, et le pittoresque village de Némi à droite.

Les rochers, sur lesquels est bâtie la ville de Gensano, sont magnifiques, vus d'en bas. Outre leurs teintes grises, noires, rousses, jaunes, blanches, ils se sont écroulés en certains endroits, et les énormes blocs qui se sont détachés ont couvert le sol de leurs débris.

Nous remontâmes à Gensano par le côté opposé à celui suivi lundi. Le sentier était presque à pic ; j'étais éreinté. L'infatigable M. de Maubourg, qui a des jambes de fer, allait son train devant nous ; nous faisions de nobles efforts pour le suivre. Nous n'arrivâmes en haut qu'après trente-cinq minutes d'une rude ascension ; heureusement que la voiture était là qui nous tendait les bras ; elle ramena nos corps fatigués à Albano.

A notre arrivée, nous eûmes le plaisir de trouver M. de Rayneval, venu de Rome pour aller demain avec nous au bord de la mer.

Nous nous couchâmes avec la perspective d'un départ

à cinq heures et demie précises. Quelle vie de montagnards !

25 *juin*. — Temps superbe, quoique trop chaud. Nous montons en voiture à cinq heures et demie du matin, M. de Maubourg, M. de Rayneval, M. Simonneau, Alfred et moi. Un relais nous attendait à 9 milles d'Albano, à un village appelé Carrozzetto. J'avais ma casquette grise ; M. de Maubourg m'avait engagé à prendre plutôt mon chapeau à larges bords ; mais, je ne pensai qu'à mes yeux que la casquette garantit mieux, et, pour le malheur de ma peau, je m'en tins à ma première idée. J'attrapai force coups de soleil, grâce à mon idée.

La route est affreuse, tout unie, sans belle végétation ; la terre avait de plus l'avantage d'être brûlante. Nous arrivons à Carrozzetto, village composé d'une maison et d'une église. La maison avait un habitant visible ; sur la porte était écrit : *Dispensa* (auberge), et il n'y avait pas seulement d'eau ! Nous apprîmes cela à notre retour ; le cocher et les chevaux restèrent par cette chaleur, jusqu'à 7 heures du soir, sans boire. Le cocher cependant but quelques gouttes, parce que l'habitant le fit participer à un peu d'eau qu'il garde pour lui-même, *dans sa cave et en bouteilles !* Il y a bien un puits ; mais il est sans eau, le seau est au fond et la corde est cassée !

Je ne sais qui dessert l'église.

A ce village, nous changeons de chevaux ; nous arrivons, peu après, au commencement de la fameuse forêt de Nettuno, que nous devons traverser jusqu'à la mer. Cette forêt est un mythe et peut faire le pendant de l'auberge et du village de Carrozzetto. Nous vîmes trois ou quatre arbres, hauts comme des grands pommiers de Normandie ; c'étaient des *Chênes-Lièges* pelés et desséchés ; le reste était de la mauvaise coudrette, bonne à recéler les lapins, les cri-cris, les cigales, et autres bêtes.

Pour mieux apprécier le doux ombrage que nous devions avoir, la route était recouverte d'un sable très fin et très profond; aussi nous allions au pas ou au petit trot avec le soleil en plein; après quatre heures de marche, nous voyons enfin la mer, toujours si belle; elle était d'un bleu superbe; dans la journée, elle changea à plusieurs reprises. L'air frais nous arriva en même temps et nous fit oublier nos peines *cuisantes*.

Le port de *Porto d'Anzo* a besoin, pour avoir quelque prix, aux yeux du visiteur, des souvenirs de l'antiquité qui s'y rattachent. C'était, en effet, jadis, le magnifique port d'Antium, d'où est venu *Anzo*, lequel était en quelque sorte le port de Rome. Il reste de nombreuses ruines de l'ancien port, et c'est là ce qui attire principalement les voyageurs à Porto d'Anzo.

Nous vîmes, en nous promenant avant le déjeuner, des marins dans un costume charmant; ils avaient seulement une espèce de chemise, avec les manches très courtes et des caleçons flottants qui ne leur venaient qu'aux genoux; sur la tête soit un chapeau de paille, soit un bonnet de laine rouge ou brune, qui retombait sur l'oreille. Ces vêtements, généralement blancs, en toile, font ressortir de la manière la plus pittoresque leur peau jaune et basanée, pleine de vie et de force.

Néanmoins, nous allons déjeuner dans une des chambres de ce qu'on appelait une auberge. Nous avions apporté de quoi manger et nous trouvâmes alors de quoi déjeuner. Pendant que l'on préparait une barque pour nous mener à Nettuno, autre port qui est tout près de Porto d'Anzo, je dessine sur le port un petit matelot posé d'une façon théâtrale. Ces Italiens et ces Italiennes sont singuliers pour cela; leurs poses les plus ordinaires, les plus simples, ont quelque chose d'antique, qui provoque les désirs du peintre; j'ai vu peu de *bons hommes* ou de *bonnes femmes*, à Rome ou aux environs, qui ne m'aient donné envie de les dessiner.

Nous entrons dans notre petite barque, dès qu'elle est prête; quatre rameurs et le patron nous conduisaient. Nous étions sous une tente blanche à carreaux bleus, et la mer étant très calme, nous allions vite et doucement. En face de nous, à une distance de plus de 10 à 12 lieues, nous voyions le *Monte Circello* (Mont de Circé), célèbre, depuis plus de 3,000 ans, par l'*Odyssée* d'Homère. C'est là, en effet, que le poète nous dit qu'aborda Ulysse, qu'il fut reçu par cette coquine de Circé, qu'il résista à ses pièges, etc., etc. Homère dit l'*île* de Circé, parce que la montagne ne tient à la terre ferme que par une longue et très étroite langue de terre, et semble, de loin surtout, entourée d'eau de tous côtés. Du temps d'Ulysse, la mer couvrait peut-être, d'ailleurs, cette langue de terre. La couleur de Monte Circello était admirable; on aurait dit une pierre précieuse transparente; la couleur bleue en était si fine, si délicate, que je ne saurais comment faire pour la rendre en peinture.

Sur le bord de la mer, à notre gauche, était la Casa de la Villa Borghèse. Elle est grande et belle de loin. En face, nous avions le village de Nettuno, vers lequel nous allions; c'est un pâté de vieilles maisons, à moitié fortifiées et dans un état de délabrement incroyable.

Nous descendons de barque, portés à bras, comme des enfants, par nos vigoureux rameurs et nous entrons dans Nettuno, encore plus délabré en dedans qu'au dehors. C'est, du reste, bien pittoresque, mais c'est bien triste et bien sale! De plus, il y a mauvais air, *cattiva aria*, pendant les mois de juillet, août, septembre et même octobre; les Nettuniens émigrent alors et vont dans un autre village qui n'a pas le même inconvénient.

Nettuno contient plusieurs églises; j'ai remarqué dans un cabaret une chose qui m'a frappé: c'est l'anagramme de la Sainte-Vierge M. A., fait sur le mur avec du feuillage... dans un cabaret! Quel bizarre mélange de bien et de mal! La croix était au-dessus d'un autre; de loin on aurait dit une petite chapelle ; de près, on voyait que ce n'était que la chapelle du diable et des ivrognes.

Nous traversons le village et nous continuons à longer les bords de la mer, sur une plage de sable, unie, propre et rafraîchie par le voisinage de l'eau.

Alfred se mouillait les pieds ; pour l'en empêcher, on lui fit comme à Jocrisse autrefois, lorsqu'on l'engagea à se jeter à l'eau pour éviter la pluie. Nous lui ôtâmes ses souliers et ses bas, il releva son pantalon et il se mit à gambader au bord des vagues qui venaient mourir sur le sable. Il trottait, sautait, galopait avec un plaisir étonnant. Quand il s'en fut bien donné, nous le remîmes dans son état primitif, et il se sécha les pieds dans le sable brûlant que l'eau n'atteignait pas.

Nous retournâmes en cherchant des marbres ou des coquillages dans le sable. M. de Maubourg trouva une petite pierre noire qu'il me céda, sur laquelle était dessinée très parfaitement une croix blanche; c'étaient deux veines en sens opposé qui s'étaient rencontrées de cette manière. Je la ferai scier en quatre. Ce sera assez intéressant d'avoir le signe de notre salut, dessiné par Celui-là même qui l'a opéré.

Nous traversons de nouveau Nettuno et nous allons en plein soleil, à midi ou une heure, voir l'ennuyeuse Villa Borghèse. Elle est très laide de près, l'herbe pousse dans tous les coins; il n'y a pas de parc; pour combler la mesure, nous ne pûmes entrer, il n'y avait personne.

Nous descendons alors à la côte, nous remontons en bateau et nous allons voir les restes du port d'Antium. On distingue à fleur d'eau l'enceinte du port qui était très considérable ; sur la plage, sont de grandes arcades, débris des magasins, des douanes, etc., etc.

Il faisait si beau, l'eau était si chaude, que l'idée nou vint de nous baigner. Nous communiquons notre projet à M. de Maubourg, qui y consent avec sa bonté ordinaire. Il descend, avec Alfred, au môle de Porto d'Anzo, et nous trois, nous nous faisons mener sur le rivage, plus loin, à un endroit où le sable est fin et uni. La barque s'en retourne, après nous avoir déposés, et nous procédons sur le sable et au soleil, à notre toilette de bain. Le plus tôt prêt, j'entre le premier dans la mer, laquelle est tiède, douce, rafraîchissante. M. Simonneau me suit, il ne sait guère nager, et c'est la première fois qu'il se baigne en mer. M. de Rayneval nage très bien, il vient aussi nous rejoindre.

Ici commencèrent les grandes joies. L'eau était si chaude que nous ressentions en en sortant l'impression du frais, quoique nous fussions en plein soleil, à deux heures et à la fin de juin, en Italie. M. de Rayneval et moi, nous avancions un peu en mer, pendant que M. Simonneau barbotait et buvait en nageant, d'une façon risible. Il remuait, à la fois et très vite, les mains et les pieds, faisant une mousse et un bruit très forts, et n'avançant pas. Il avalait en masse de l'eau de mer, et, quand il se reposait de sa nage, il disait toujours : « Que c'est mauvais, cette eau-là ! » — avec son accent lyonnais un peu étrange. M. de Rayneval et moi nous riions de tout notre cœur ; nous essayâmes de lui donner une leçon qui ajouta quelques verres d'eau à ceux qu'il avait déjà dans le corps. Nous restions cependant à barboter dans notre chère eau, sans pouvoir en sortir.

Après trois quarts d'heure, nous nous dirigeons vers le sable, mais, ô malheur, nos habits étaient très loin de là et à peine avions-nous fait une dizaine de pas dans ce sable que nous étions sales et crottés jusqu'aux genoux. M. de Rayneval se roule dans le sable chaud pour se sécher ; il se relève semblable à un orang-outang tout gris et tout terreux. J'avais les jambes dans le même état ;

alors nous rentrons dans la mer pendant encore une dizaine de minutes.

Pendant ce temps, le marin que nous avions gardé avec nous avait été chercher nos vêtements. Nous sortons enfin définitivement de la mer et nous nous séchons, nous nous habillons. M. Simonneau continuait à dire : « Que l'eau de mer est donc mauvaise ! » Le malheureux en avait, tantôt mal au cœur, tantôt mal à la tête, tantôt à l'estomac, à la poitrine; je ne sais où il n'avait pas mal.

M. de Rayneval se roulait dans le sable chaud qui, absorbant l'eau, le séchait très bien et s'en allait en poussière, quand il n'y avait plus d'humidité. Quand nous eûmes fini, nous allâmes rejoindre M. l'ambassadeur et Alfred qui nous regardaient à quelque distance. M. Simonneau geignit jusqu'au dîner que nous fîmes de suite, et que nous avalâmes, tous, avec un appétit *maritime*.

Nous nous remettons en voiture à quatre heures, tous si bien fatigués, que nous nous mîmes à dormir, Alfred, le premier, moi, le second, M. Simonneau, le troisième, et M. de Rayneval, le dernier. M. de Maubourg seul, ne dormait pas, il est infatigable. Comme je l'ai dit, j'avais des coups de soleil sur toute la face et surtout sur le cou ; cela me cuisait et j'étais rouge comme une écrevisse.

Nous arrivons à Carrozzetto, où nous apprîmes ce que j'ai dit tout à l'heure ; — à huit heures, nous rentrons à Albano, nous soupons, et, le soir, nous nous couchons éreintissimés.

XX

Retour à Rome. — Un enterrement d'enfant. — M. l'abbé Ratisbonne et son frère. — Les puces de Charles d'Astorg. — Fête de Saint-Pierre et Saint-Paul. — Visite à *Saint-Pierre* et à *Saint-Paul hors les murs.* — Chapelle du *Domine quó vadis.* — Pèlerinage des sept Basiliques, *Saint-Sébastien, Sainte-Croix de Jérusalem, Sainte-Marie Majeure, Saint-Laurent.* — Départ de M. de Maubourg pour la France. — Etudes à l'Académie de France. — La famille de Rayneval. — Visite à M. Visconti. — Ma maladie, charité de M. Véron, de Mgr de Falloux et du père Villefort.

Dimanche. — A midi, nous quittons Albano, notre bel Albano, pour retourner à Rome, notre belle Rome. J'ai passé là un des temps les plus charmants qu'il soit possible d'imaginer ; je suis, cependant, bien aise que cela finisse ; être en l'air toute la journée, sans s'occuper sérieusement, devient vite fatigant, et, dans l'intérêt même de son plaisir, il ne faut pas faire durer longtemps ces expéditions, quelque pleines d'agrément qu'elles soient.

Nous passons au milieu de la magnifique campagne de Rome, immense, majestueuse. Elle commence à se dorer, car on fait la moisson, et déjà, comme le remarquait M. de Rayneval, on pourrait la peindre, sans employer de vert. Le bleu azuré et transparent des montagnes se détache sur les tons jaunis des champs de blé et la grande ligne de la campagne n'est coupée que par des aqueducs, des ruines de tombeaux, qui donnent à ces lieux un cachet tout original et, à la fois, tout sauvage. Il n'y a presque pas d'arbres ; ce qui ajoute encore à la grandeur du paysage.

Nous étions au palais Colonna un peu avant 4 heures ; je retrouvai ma chambre avec une vraie joie.

Lundi, 27 *juin*. — En sortant, le soir, de l'ambassade, je vis passer de loin des flambeaux allumés, dans le Corso. Je pressai le pas pour voir ce que c'était. J'arrivai sur la place *San Marcello*, et j'entrai à San-Marcello, où les lumières entraient aussi. C'était l'enterrement d'un enfant, et tous les flambeaux étaient tenus par mes jolis petits *orfanelli* de Saint Pierre (lors de la procession de la Fête-Dieu). Je restai là pour voir toutes les cérémonies qui diffèrent complètement des nôtres.

Le corps est habituellement découvert et habillé, les mains croisées sur la poitrine. Aujourd'hui il n'en était pas de même ; la petite fille était déjà dans un cercueil ; on le portait sur un canapé de bois avec des bâtons pour faciliter la marche des porteurs. Ceux-ci sont revêtus de sacs de pénitents, ordinairement blancs. On ne voit que leurs yeux, à travers deux trous percés exprès. Il leur est expressément défendu de parler ni de se faire connaître. Des gens de première qualité sont *sacconi* ou pénitents : le prince Borghèse, le baron de Bock, etc., etc...

Les quatre pénitents déposèrent le corps au milieu de l'église. Les petits orphelins en blanc l'entourèrent, tenant tous des cierges allumés. Il y avait aussi une douzaine de Capucins. On chanta quelques psaumes et les litanies ; le prêtre fit quelques prières et l'on se retira. Les orfanelli, deux à deux, étaient conduits par les prêtres, chargés de leur surveillance, et avec une croix noire, en tête, comme bannière. Je restai encore après ;

un homme prit le petit cercueil solitaire, et le mit dans une chapelle latérale, sous un banc, pour le descendre dans un caveau pendant la nuit.

J'allai, de là, chez M. Véron, membre zélé de notre petite conférence, passer quelques instants que j'avais à ma disposition. Il y avait, sur la table, un livre d'explications sur les Catacombes : je lui en parlai et il m'apprit, à ce propos, une chose très curieuse : sur presque toutes les pierres qui recouvraient les tombeaux des anciens chrétiens, on voit des signes bizarres qui semblent le résultat du caprice du sculpteur. Entre autres, on voit très fréquemment un poisson grossièrement dessiné. Le trait est fait au pinceau et peint en rouge. Qui le croirait? Ce poisson est l'emblème de Notre-Seigneur! En effet, en grec, poisson se dit : Ιχθυς (ictus); or, les cinq lettres de ce mot sont les initiales de ces cinq mots (grecs aussi) Ιησους Χριστος Θεου Υιος, Σωτηρ. (Jésus Christ de Dieu le fils Sauveur.)

Quand ils dessinaient une petite maison, cela voulait dire la demeure éternelle de la Jérusalem céleste. Ils représentaient Notre-Seigneur sans barbe, sans longs cheveux, et comme une statue antique grecque ou romaine. Quelquefois, ils gravaient aussi l'effigie de la Sainte-Vierge. C'est une femme avec une auréole.

Mardi 28. — Octave de la fête de saint Louis de Gonzague, mon patron, dont j'étais si fâché d'avoir manqué la fête même, le 21 juin. J'allai entendre la messe à la chapelle qui fut autrefois sa chambre, dans le Collège Romain.

De retour chez moi, je reçus une visite très intéressante et qui me fournit un petit supplément à mon histoire de la conversion de M. Ratisbonne. C'était, en effet, son frère, M. l'abbé Ratisbonne, qui, nouvellement arrivé à Rome, m'apportait une lettre et venait renouveler en pays étranger la courte connaissance que nous avions faite dans la patrie commune.

Il m'a l'air d'un bien excellent et d'un bien saint homme; tous ceux qui m'en parlent ne m'en font que des éloges. Il m'apprit que son frère Marie venait d'entrer au noviciat des pères Jésuites, à Toulouse.

« Il vient de passer trois mois avec moi, me dit-il,
» dans la retraite et dans la pratique la plus fervente de
» la religion. Il continue à être inondé de grâce; telle-
» ment même qu'il en a le corps tout brisé, tout fati-
» gué. « Je n'en puis plus, me disait-il quelquefois, c'est
» trop pour mes forces. » — Il ne mangeait qu'avec dé-
» goût et semblait ne vivre plus que de l'âme. Le voici,
» depuis quelques jours, novice chez les pères Jésuites;
» il se sentait, dès le commencement, appelé à servir
» Notre-Seigneur dans cet ordre, son premier asile après
» sa conversion. Une chose très remarquable qu'éprou-
» vaient les personnes qui l'approchaient, c'est que,
» près de mon frère, elles sentaient quelque chose d'ex-
» traordinaire et ne se retiraient d'auprès de lui qu'avec
» un sentiment plus profond de dévotion. Ses paroles
» ont aussi un cachet tout particulier. Jugez, monsieur,
» si mes longs chagrins sont compensés! — Quinze
» jours avant l'apparition de la Sainte-Vierge à mon frère,
» je l'avais, encore une fois, recommandé aux prières de
» l'Archiconfrérie de Notre-Dame des Victoires. J'avais
» été trouver M. Desgenettes en lui disant que, n'ayant
» rien encore obtenu de la Sainte-Vierge, j'avais con-
» fiance que cette demande serait, à la fin, exaucée; vous
» savez comment mes espérances ont été dépassées! »

M. Ratisbonne me donna ensuite un exemplaire de l'histoire de la conversion de son frère, écrite par le converti lui-même et adressée à M. Desgenettes. Il dit expressément dans cette lettre : « avoir eu la révélation, non pas de la lettre, mais de l'esprit de tous les dogmes chrétiens, et entre autres du *péché originel* qu'il ne connaissait *pas même de nom* auparavant. » Je suis bien aise d'avoir recueilli tous les détails de cette conversion miraculeuse; dans la suite, si quelqu'un lit ce pauvre journal, il pourra peut-être tirer profit de sa lecture.

Depuis une quinzaine de jours, nous avons à l'ambassade un garçon bien malheureux, c'est Charles d'Astorg. — Et quelle est la cause de son infortune ? Rien autre chose que les puces ! Son histoire avec les puces est une vraie tragédie. Il a usé des moyens les plus violents pour vaincre cet imperceptible et terrible ennemi domestique. Il a affronté les affreuses exhalaisons de la *créosote*, en en mettant dans son lit pour expulser la gent *pucifique*. Peines perdues, soins inutiles ! Elle revint plus acharnée que jamais, malgré les efforts de son antagoniste, et Charles, victime des puces, passe toutes ses nuits à la Chancellerie, sur un canapé, ayant déserté sa chambre et laissé le champ de bataille à ses vainqueurs. Pour dernière tentative, il mit, il y a deux ou trois jours, sa chambre sens dessus dessous, et répandit sur les matelas, sur les meubles, sur les rideaux, quatre bouteilles d'esprit de vin ! En un quart d'heure de temps, depuis ce violent remède, il en a une fois pris quatre ! voyant cela, il a fui au plus vite et est allé se réfugier comme d'habitude à la Chancellerie.

29 juin. — *Fête de Saint Pierre*, et par conséquent, *fête de Rome*. Déjà, hier au soir, il y avait eu grande illumination. Ici, les illuminations, ainsi que je l'ai déjà signalé, ne se font pas de même qu'à Paris. Le lampion avec de la graisse est inconnu. C'est de la cire que l'on brûle et dans des espèces de pots de fer. On pique ces pots au bout de grands bâtons, hauts de 7 ou 8 pieds, et plantés devant la maison illuminante, à la distance de six pieds les uns des autres. Aussi l'illumination n'a-t-elle pas l'éclat et le scintillant des nôtres.

Les Romains ont aussi une manière économique de faire des feux de Bengale ; ils prennent un vieux baril, le coupent en deux, en laissant quelques planches qui servent de pieds ; ils le défoncent et mettent en dessous des copeaux, au milieu, des bâtons, et ils mettent le feu à tout cela. La flamme sort par le haut du tonneau et se conserve en gerbe. Quand ils placent six ou sept de ces feux à côté les uns des autres, l'effet de lumière est superbe. A la fin, tout s'écroule.

Mercredi soir, le jour même de la Saint-Pierre, je vais chez M. Véron, avec qui j'avais formé le projet de visiter les sept Basiliques de Rome. Elles sont si éloignées de toutes cours et de toute sortie ordinaires, qu'il faut les aller chercher exprès pour les voir, et il *faut* voir les sept basiliques de Rome, quand on a le bonheur de le pouvoir faire. A ce pieux pèlerinage est attachée une grande Indulgence. L'abbé de la Bouillerie se joint à nous et à six heures nous partons tous les trois, et nous allons à Saint-Pierre.

Arrivés au pont Saint-Ange, la foule était telle que nous allions au pas de cortège, nous perdant et nous retrouvant les uns les autres. On allait à Saint-Pierre, ou on en revenait. Nous entrons dans cette magnifique église de Saint-Pierre, l'église catholique par excellence, et nous prions de loin ; car il était impossible d'approcher des tombeaux des grands Apôtres.

En entrant, nous n'entendions rien et, en avançant, nous nous aperçûmes que l'on chantait autour du maître-autel les vêpres, en grande pompe, des vêpres *monstres*, et, cependant, on n'entendait *rien*, à la lettre, de l'entrée, et même après une centaine de pas ! Quelles proportions gigantesques !

La Confession des Apôtres et le maître-autel étaient magnifiquement illuminés, ainsi que la chapelle souterraine où sont les deux corps ; on avait restauré cette jolie petite chapelle qui avait aujourd'hui un air de fête.

La statue de bronze de Saint Pierre avait été revêtue des habits pontificaux. Sur sa tête, on avait placé la Tiare ornée de diamants et tout le corps était couvert par une longue chape de pourpre et d'or qui ne laissait passer que le pied. On se pressait devant pour baiser le pied, suivant la coutume.

Après une station de trois quarts d'heure environ dans Saint-Pierre, nous en sortons et nous retournons chez nous. Cependant, comme nous avions résolu de partir le lendemain, de très bonne heure, afin d'éviter la chaleur, et, comme mon réveille-matin était un peu avarié, j'acceptai l'offre de M. Véron d'aller coucher chez lui. Il avait une petite chambre libre, où je passai une nuit courte, mais bonne, meilleure encore que courte!

A trois heures un quart, nous étions sur pied, et, à trois heures trois quarts, dans la rue. C'était le 30, jour de la Saint-Paul. Nous allons, en conséquence, à la Basilique de *Saint-Paul-hors-les-murs*.

Le chemin, pour y arriver, du centre de Rome, est énormément long. Beaucoup de prêtres y étaient déjà à quatre heures et demie du matin, et plusieurs messes se célébraient. Après la messe nous parcourûmes l'église. La richesse de son pavé de marbre me frappa aujourd'hui plus que lorsque j'y allai avec M. de Maubourg. Je remarquai, entre autres, le dallage de la chapelle circulaire qui est en face de l'autel principal. Il surpasse tout ce qu'on peut imaginer de beau en ce genre. Les tableaux de Camuccini et autres modernes Raphaëls sont pitoyables. Ces pauvres peintres italiens actuels ne sont pas forts et ils s'imaginent être à la hauteur de leurs grands maîtres.

Le plafond est trop riche, lourd; et comme il n'est pas coupé aux angles, ni voûté, l'église ressemble à une grande boîte, les fenêtres sont petites, rares, et à une hauteur beaucoup trop grande. Le Pape allait venir à Saint-Paul dans la matinée; un grand dais rouge lui était préparé, ainsi que des bancs pour le Sacré-Collège.

Avant de quitter Saint-Paul, on nous offre la *cioccolata*, que nous acceptons de bon cœur. Nous étions, en effet, partis à jeun, ayant le désir de fêter la Basilique et son grand patron en communiant. Je le fis à l'intention de mon cher Paul, auquel je ne puis souhaiter sa fête que par écrit.

Pour la *cioccolata*, nous montons au premier étage dans une petite chambre, et on nous y apporte trois tasses de très bon chocolat et trois tasses de très bonne limonade; *gratis*, bien entendu.

Après nous être un peu restaurés, grâce aux générosités de Saint-Paul, nous nous remettons en route pour aller à Saint-Sébastien. Sur le chemin, nous vîmes deux petites chapelles très intéressantes. La première est bâtie sur la place même où saint Pierre, conduit au martyre, quitta et embrassa saint Paul pour la dernière fois. Au-dessus de la porte est un bas-relief, représentant le baiser d'adieu des deux Apôtres, et on y a mis une inscription latine très belle, surtout très simple et naïve, que je suis fâché de ne pas avoir eu le temps de copier.

Les Italiens sont très amateurs d'inscriptions, et il faut avouer qu'ils ont un talent tout particulier pour les rédiger. Elles sont, presque toutes, sans aucune prétention à l'effet ni à l'esprit, et, en apprenant au passant ce qui arriva au lieu où il se trouve, elles contribuent à vivifier l'Italie par les souvenirs.

La seconde chapelle est appelée *Domine quò vadis*. Elle est construite à l'endroit où Notre-Seigneur apparut à saint Pierre, selon les plus antiques traditions. La persécution s'étant allumée sous Néron, les fidèles supplièrent saint Pierre de se conserver pour son troupeau et d'échapper à la mort par la fuite. L'Apôtre suivit leur désir. Il paraît que ce désir était pusillanime, puisque Notre-Seigneur réprimanda saint Pierre de l'avoir suivi. Quand il sortait de Rome, il vit le Sauveur qui venait à sa rencontre et comme se dirigeant vers Rome. Dans sa surprise, il s'écria : « *Domine quò vadis?* » (Seigneur, où allez-vous?) *Ad Romam iterum crucifigi*, lui répondit Jésus-Christ (à Rome, pour y être crucifié de nouveau). Saint Pierre comprit que ces paroles étaient un reproche de sa lâcheté et que le temps était venu de souffrir cette mort que Notre-Seigneur lui avait prédite peu avant son Ascension. Il rentra à Rome, fut pris, conduit à la prison Mamertine, où il convertit avec saint Paul quarante-deux gardiens, soldats et prisonniers ; et enfin, fut crucifié, la tête en bas, à l'endroit même où est bâtie la basilique de Saint-Pierre, et qui était, de ce temps, les jardins de Néron.

On montre, dans cette chapelle, le *fac-simile* de l'empreinte laissée sur la pierre par les pieds de Notre-Seigneur. La pierre elle-même est conservée à la Basilique de *Saint-Sébastien*. Cette empreinte répond à la taille élevée que Notre-Seigneur avait, suivant la tradition ; les pieds sont grands ; on distingue la place des doigts. Là est encore une inscription charmante de simplicité. Si j'ai l'occasion de refaire encore une fois ce beau pèlerinage des sept Basiliques, j'emporterai de quoi copier quelques-unes de ces belles inscriptions.

Nous arrivons à *Saint-Sébastien*, assez laide église en dedans. Elle contient le corps de saint Sébastien, un des plus fameux martyrs, comme chacun sait. Dans l'église donne la porte des Catacombes où le corps du martyr a été trouvé, ainsi que ceux des deux grands Apôtres : saint Pierre et saint Paul.

Nous visitâmes la chapelle souterraine où furent déposées pendant longtemps leurs reliques. Sur un des

murs de la tribune, de laquelle on voit cette chapelle, il y a une inscription tirée de sainte Brigitte, vraiment admirable. C'est soi-disant Notre-Seigneur lui-même qui parle et qui répond à cette question : « Pourquoi Dieu a-t-il permis qu'un pareil trésor fût caché si longtemps? » — « De même, dit-il, que les jardiniers pré-
» parent avec plus de soin la place où doit être planté
» un arbre précieux, arrosant le terrain, le bêchant, y
» donnant une attention plus particulière, de même il a
» fallu que les lieux, destinés par ma Providence à rece-
» voir les restes de mes Apôtres, fussent préparés long-
» temps auparavant par mes anges, pour être dignes de les
» posséder. En attendant le moment de les découvrir,
» mes anges entouraient le lieu secret de leur demeure
» et honoraient avec louanges la présence de mes servi-
» teurs. »

Le chemin qui conduit de *Saint-Sébastien* à *Saint-Jean-de-Latran* est très long, très poudreux et très laid. De plus, le soleil commençait à cuire ; nous n'étions pas fatigués cependant.

De *Saint-Jean*, nous allons à *Sainte-Croix-de-Jérusalem*, basilique élevée, comme je l'ai dit déjà, par sainte Hélène, mère du grand Constantin, pour y déposer les Reliques de la Passion.

En dehors, *Sainte-Croix* est assez pittoresque et assez beau ; intérieurement, l'église ne signifie pas grand chose. Nous ne vîmes pas les Reliques qui ne sont montrées qu'à certains jours de fête, très rarement.

A neuf heures et demie, j'étais rentré chez moi ; nous étions revenus par le Colisée. La fatigue arriva avec le repos et, pour la première fois, je fis la sieste, de midi à deux heures.

Nous avions encore à visiter deux basiliques : *Sainte-Marie-Majeure* et *Saint-Laurent*. A six heures, je repars avec mes deux compagnons.

Nous entrons à *Sainte-Marie-Majeure* d'abord. Charmante église, digne du beau nom de basilique, située au sommet d'une haute colline, elle se présente à l'œil d'une manière très originale. L'architecture en est mauvaise, mais l'ensemble est beau. Sur la place, il y a, d'un côté, un obélisque, et, de l'autre côté, une colonne antique, de la plus gracieuse forme, sur laquelle est la statue de la Sainte Vierge. Un peu plus loin, sur la route de *Saint-Laurent*, on voit un autre petit monument, aussi curieux par le souvenir qu'il perpétue que par l'élégance de sa forme. C'est une croix de marbre blanc et de bronze, élevée en mémoire de l'abjuration de notre Henri IV.

Saint-Laurent est, je crois, la plus laide des sept Basiliques. Elle contient de précieuses reliques : le corps de saint Laurent, la pierre et le gril sur lesquels il fut brûlé ; le corps de saint Longin, qui perça avec sa lance le côté de Notre-Seigneur crucifié (je n'ai pas besoin de dire qu'il se convertit depuis, puisqu'il est saint) ; le corps de saint Étienne, premier martyr. — Outre ces saints, que je puis appeler de premier ordre, il y a encore plusieurs corps saints des Catacombes ; j'en remarquai un, à l'un des autels latéraux, qui était de saint Julien, enfant de cinq ans, martyr.

Pendant que nous disions, à genoux devant cet autel, les prières nécessaires pour gagner l'indulgence, je fus pris d'un fou rire qui m'obligea de quitter l'église ; il m'était venu en regardant un abbé placé à côté de moi. Tombé en distraction en voyant une petite inscription, ce bon abbé se mit à lire ; mais, comme il en était un peu loin, il avançait peu à peu le haut du corps et tendait le cou d'une façon très grotesque. Le mouvement insensible avec lequel il s'approchait de l'inscription, me fit sourire d'abord, et l'hilarité me gagna si bien que je ne pouvais plus le voir dans l'église sans être sur le point d'éclater. Je préférai sortir et j'attendis mes deux compagnons à la porte. La soirée était superbe.

Je n'ai remarqué aucun bon tableau dans les basiliques de *Saint-Laurent*, de *Saint-Sébastien*, de *Saint-Paul*, de *Sainte-Croix de Jérusalem*. Je ne sais si *Sainte-Marie-Majeure* en contient; j'y retournerai en plein jour pour voir si je découvre quelque chose. *Saint-Jean de Latran* n'a rien de bien fameux. Je ne parle pas de *Saint-Pierre* avec ses chefs-d'œuvre de mosaïque.

Nous allons, avant de nous séparer, au café Sciarra, prendre des glaces pour nous remonter un peu et redonner du ton à nos jambes fatiguées. Les Ecclésiastiques vont au café à Rome comme tout le monde; les femmes aussi. Il est vrai que les cafés italiens ne sont pas, comme à Paris, des rendez-vous d'élégants et de viveurs; ce sont simplement des lieux où l'on mange.

Pendant que nous prenions nos glaces, je vis même un Cordelier qui prit une glace avec un monsieur. Ceci, par exemple, me parut un peu singulier.

3 *juillet*. — Fête d'Anatole. Comme nous sommes loin l'un de l'autre! Le beau jour que celui où je le reverrai avec ma chère famille!

M. de Maubourg doit partir demain pour la France. Il veut aller une dernière fois à *Saint-Pierre* faire ses adieux à Rome. Je lui demandai, quand j'appris son projet, la permission de l'accompagner. Il y consentit, et le soir, à six heures, nous montons en voiture, M. de Maubourg, M. de Rayneval, Alfred, M. Simonneau, moi et un petit garçon, ami d'Alfred, appelé Antonio Figuéreido; et, par un temps aussi beau que celui de ces jours passés, nous arrivons à la place Saint-Pierre. Pour la fête des Apôtres, on avait mis au-dessus de la porte principale un ornement de feuillage du plus mauvais goût. C'est une boule représentant le monde, suspendue par des guirlandes. Au-dessus, sont des armes de cardinaux et les portraits de saint Pierre et de saint Paul.

Il y avait assez de monde dans l'église. Dans la chapelle, à droite du maître-autel, les chanoines chantaient les Vêpres. Malheureusement, elles finissaient quand nous arrivâmes.

Voici les principales choses que je remarquai aujourd'hui à *Saint-Pierre*. — Le tombeau de Clément XIII, par Canova; j'en ai déjà parlé. Les deux lions sont des chefs-d'œuvre aussi beaux que l'antique, celui qui dort surtout est vivant; le Pape en prières est aussi très beau, le Génie et la Religion sont manqués. Le tombeau d'Urbain VIII, près de la Chaire de Saint-Pierre, à droite du spectateur; — le Pape, donnant la bénédiction avec la main étendue, est encore très remarquable (il est en bronze). — Près de la porte de la sacristie, à gauche en entrant à *Saint-Pierre*, le tombeau de Léon XI, en marbre blanc, comme presque tous les autres. Léon XI ne régna que vingt-cinq jours. C'est lui qui, sous le nom de cardinal Médicis, fut envoyé à Henri IV, en qualité de Légat, pour recevoir son abjuration. Sur le sarcophage est un bas-relief assez bon représentant le cardinal et le Roi, entourés chacun de leur suite et assis devant une table. Henri IV signe la formule d'abjuration présentée par le Légat.

Après la mort de Clément VIII, le cardinal Médicis fut élu Pape; mais peu de jours après son élection, il s'échauffa, oublia de changer de linge et prit un refroidissement dont il mourut le vingt-cinquième jour de son pontificat. Sur l'inscription de son tombeau, j'ai remarqué une pensée heureuse et heureusement exprimée. En parlant de sa mort si prompte on ajoute:

OSTENVS MAGIS QVAM DATVS

Montré, plutôt que donné.

Le tombeau du dernier des Stuarts, Jacques III, qui

mourut à Rome ; deux *Génies* de Canova sont remarquables par leur grâce; ce n'est pas beau, mais c'est très joli. A Rome, la réputation de Canova disparaît un peu comme celle des Camuccini. Canova, en effet, manque la plupart du temps de mouvement et de vie; ses chairs sont soufflées et non musculeuses; ses conceptions peu nobles. Je connais, cependant, de lui, deux chefs-d'œuvre : la fameuse *Madeleine*, d'abord, et ensuite *le Berger Lycas*, lancé dans la mer par Hercule.

C'est une superbe idée, bien en harmonie avec le grandiose de *Saint-Pierre*, que d'avoir placé dans son enceinte les tombeaux de tant de Papes. Depuis plusieurs siècles, je crois que tous y sont déposés. Ne semblent-ils pas attester, par leur présence, cette suite non interrompue de Pontifes, qui remonte jusqu'à saint Pierre, c'est-à-dire jusqu'à Notre-Seigneur lui-même, et proclamer, après leur mort, comme pendant leur vie, l'unité et la vérité de l'Eglise ? — Je remarquai encore les deux magnifiques mosaïques de la *Transfiguration* et de *sainte Pétronille*. Quels chefs-d'œuvre que ces deux tableaux !

Au sortir de *Saint-Pierre*, nous prîmes la route du Monte Mario et du Ponte Molle, que nous avons déjà parcourue M. de Maubourg et moi, il y a quinze ou seize jours, et nous rentrâmes à Rome par la Porte du Peuple.

Il y avait un monde énorme au Corso : c'est la promenade du soir des Romains; ils vont là de huit heures à dix, bavarder, flâner, en un mot se promener. Les Madones avaient déjà leurs lampes allumées : ces jolies images, ordinairement entourées de dorures ou de sculptures, font le soir un effet charmant. La lumière, placée devant, les fait ressortir davantage et leur donne l'air de petits sanctuaires. Involontairement on porte la main à son chapeau pour se découvrir, quand on passe devant elles. C'est du reste une fort douce violence.

4 juillet. — Jour du départ de M. de Maubourg. Après

le déjeuner, nous accompagnons jusqu'à sa voiture cet excellent chef, dont l'absence va nous causer un grand vide! Il part avec Alfred et M. Simonneau, lesquels ne doivent pas revenir à Rome avec lui, mais aller à Paris quand il quittera les Pyrénées pour revenir ici. Que Dieu les accompagne et leur accorde un bon séjour et un bon retour!

M. de Rayneval et moi, nous voici seuls à l'ambassade; mais, ne mangeant pas ensemble, nous serons chacun à peu près comme seul. — Je vais changer l'heure de mes repas, pour pouvoir peindre un peu de suite et pour tirer profit de mes longs, trop longs loisirs. Notre-Seigneur va me tenir compagnie; c'est quand on est seul avec lui, que l'on sent plus vivement la douceur de sa présence!

L'abbé Lacroix, qui a jeté les yeux sur mon journal, m'a dit avoir fait, il y a peu de temps, une découverte curieuse par rapport aux symboles des premiers chrétiens sur leurs tombeaux. Il a trouvé près du Vatican, chez un marchand de tuiles, une pierre tumulaire qui confirme complètement l'explication donnée au mot Ιχθυς et l'effigie du poisson comme symbole de Notre-Seigneur.

Ιχθυς Ζωντων, *poisson des vivants*, ne signifie rien.

Ιησους Χριστος Θεου Υιος, Σωτηρ Ζωντων, *Jésus-Christ fils de Dieu, sauveur des vivants* (c'est-à-dire des hommes), offre le sens complet.

Il paraît que c'est la première inscription de cette sorte que l'on ait trouvée. Les archéologues en ont regardé la découverte comme très importante. Le haut de cette pierre tumulaire, ornée d'une couronne et des lettres initiales de ces deux mots païens: *Diis manibus* (aux dieux mânes), indique qu'elle date du temps des persécutions. On n'avait pas le temps ni l'imprudence de commander des pierres tumulaires exprès pour les martyrs et autres chrétiens. On allait simplement chez un marchand païen de marbres tumulaires au plus près, et on gravait grossièrement et à la hâte, sans effacer le D. M. (*Diis Manibus*), le nom du mort, son âge, quelques pieux symboles, et, s'il était martyr, les deux palmes croisées. Si la pierre de M. Lacroix n'avait pas été brisée en bas, nous aurions vu la fin de l'inscription qui indiquait l'âge de Licinia Famiates.

5 *juillet*. — Nous voici arrivés, à ce qu'il paraît, aux plus fortes chaleurs, — c'est 25 à 26 degrés *Réaumur* pendant le jour, 20 à 21 pendant la nuit, 19, le matin, à quatre heures. Je trouve que c'est bien supportable et je m'attendais à une température bien plus pénible que cela.

Le ciel est tous les jours le même, depuis trois ou quatre semaines, d'un magnifique bleu, sans nuages. Les jours où il y en a, ils se dissipent vers le soir.

Je vais à dix heures chez M. Schnetz à l'Académie, pour lui demander la permission de venir dessiner et travailler à l'Académie et pour voir un tableau que l'on dit très beau, qu'il vient de faire. Je le trouvai dans la galerie des Antiques qu'il eut la bonté de me faire parcourir. La plupart des chefs-d'œuvre de l'art antique s'y trouvent, moulés en plâtre sur l'original même, et polis de telle sorte que l'on dirait du marbre. Quelques statues que j'avais prises en affection manquent cependant à cette riche collection : ainsi *Ménandre* assis ne s'y trouve pas ; la *Modestie*, non plus ; le *Vieil esclave* aux genoux ployés, et quelques autres.

Mais les principaux chefs-d'œuvre y sont, et je ne demanderais qu'à connaître à fond ceux qui se trouvent à l'Académie. — Le *Phocion*, la *Minerve Medica*, la *Vénus de Milo*, l'*Apollon*, la *Vénus de Médicis*, l'*Apollon au Lézard*, le *Gladiateur*, le *Torse antique*, le *Pausilippe*, le *Démosthènes*, l'*Achille*, le *Cincinnatus*, les *Lutteurs*, le *Gladiateur mourant*, la *Vénus accroupie*, le *Torse* de Phidias, le

Philosophe assis, la tête de *Jupiter Olympien*, celle d'*Antinoüs*, etc., etc.

A côté est encore une petite galerie d'architecture, où j'irai passer quelques moments et où je ferai des croquis. C'est une collection à peu près complète des différents morceaux et ordres d'architecture qui peuvent servir aux artistes.

Une chose très agréable pour travailler à l'Académie de France, c'est la fraîcheur de la température. Il ne fait pas assez froid pour saisir et pour causer ces refroidissements si dangereux à Rome, et cependant, on n'y ressent nullement la pénible influence de la chaleur.

M. Schnetz me mena ensuite voir son tableau. L'atelier où il se trouve est charmant : isolé au milieu d'un bosquet, tout à fait romantique. Je vis son tableau, complètement terminé, et vraiment très beau. Il représente l'abbé Suger lisant une dépêche qu'un croisé vient de lui apporter de la Terre-Sainte. Il est debout devant une table, lisant avec attention la lettre de Louis VII. Le croisé est resté dans le fond. L'abbé Suger de M. Schnetz a une tête superbe : le caractère du Moine homme d'Etat s'y retrouve tout entier. On y voit à la fois le Religieux et le Ministre, l'homme voué à la prière et au gouvernement d'un grand royaume. La grande robe noire du Bénédictin se détache sur la tenture rouge de son cabinet. A droite, son fauteuil de cuir jaunâtre empêche le tableau d'être trop sombre et fait avancer les premiers plans.

Ce beau tableau est destiné à la salle du conseil d'Etat. Je désirerais pour l'auteur qu'il figurât à la première Exposition.

7 juillet. — Madame de Rayneval avait eu la bonté de m'inviter à dîner aujourd'hui. Il n'y avait que sa famille et Charles d'Astorg.

Notre M. de Rayneval est l'aîné, il a vingt-neuf ans ; j'ai déjà dit combien il est bon, aimable, bien doué et estimé de tous.

Après lui, vient un frère nommé Eugène, marin, que je ne connais pas.

Puis mademoiselle de Rayneval (Constance), aussi *bonne enfant*, que son frère est *bon garçon*. Elle est gaie, pleine d'entrain, parfaitement bienveillante et nous accueillant tous avec cette franche cordialité qui met à l'aise tout de suite. Elle est belle, et M. Ingres s'est servi plusieurs fois de sa tête dans ses tableaux.

Après elle, viennent, pour clore la marche, Aloys et Ernest, deux charmants jeunes gens, que j'ai toujours un grand plaisir à voir. Aloys a seize ans, mais son jugement, son intelligence, ses goûts d'études sérieuses et abstraites appartiennent à un homme fait. M. de Maubourg et toutes les personnes capables qui le connaissent en font le plus grand cas, et son frère aîné fonde sur lui de grandes espérances.

Il a un attrait tout particulier pour les livres les plus profonds et les plus arides. Son bonheur, sa récréation du dimanche sont d'étudier le *Bulletin des lois*, les *Codes*, — et autres romans de ce calibre. Il a une mémoire prodigieuse, lit énormément et retient, de ses lectures, tout ce qui est bon à retenir. Il est très grand, assez maigre et d'un visage remarquablement joli. L'expression de ses traits a un mélange de douceur, de timidité, d'observation, de sérieux et de bonté à la fois, qui me fait trouver un singulier plaisir à l'examiner. De plus, il a une forêt de cheveux blonds, qui me rappellent ceux de mon cher Edgard.

Ernest n'a que quatorze ans. Etant souffrant depuis quelques années, ses études n'ont pu être aussi suivies, ni aussi avancées que celles de son frère ; mais il a quelque chose de plus liant, de plus naïf, qui donne plus de charme encore à sa conversation. Il a une douce piété, et l'on voit que, sans aucune pruderie féminine, son cœur est aussi pur et aussi innocent que celui d'une jeune fille. Un avocat romain, M. Lasagni, qui fréquente l'Ambassade, me disait en le regardant qu'il fait plaisir à voir à cause de cet air de candeur et de bonté. Il est grand, trop grand même pour son âge, puisque c'est sa croissance qui occasionne ses maux de tête continuels. Sa figure est charmante, mais toute différente de celle de son frère Aloys.

Après dîner nous allâmes faire une promenade au Vatican, puis dans les environs de la *Villa Madama*, et nous revînmes par le Ponte Molle et le Corso.

En retournant le soir à l'Ambassade, je vis, ouverte encore, l'église de *Saint-André delle Fratte* (église Ratisbonne), où ont lieu, aujourd'hui et demain, les Quarante-Heures. J'y entrai, préférant y faire mes prières plutôt qu'à la maison ; je me trouvai à côté de l'abbé de la Bouillerie, qui part demain pour la France. Je revins avec lui jusqu'au Corso. Son départ me fait de la peine ; car il est impossible de voir un homme plus simple et d'un commerce plus agréable et plus édifiant. J'espère bien le revoir cet hiver à Paris.

Vendredi 8 juillet. — Avant d'aller à l'Académie, je me rendis, le matin, chez M. Visconti, qui demeure sur le chemin. Je lui remis une demande pour pouvoir travailler au Vatican, et me débarrasser des entraves et des formalités officielles. Il s'en chargea et me montra ensuite quelques-unes des curiosités de son appartement ; voici celles qui m'ont le plus frappé :

1° Deux petites fioles trouvés dans les *Columbarium*, sur des ossements d'enfants. Le verre en est très finement travaillé, très délicat, et la forme est d'une grande régularité. Les anciens soignaient les plus petits détails. Ces fioles étaient jadis pleines de parfums ; dans l'une d'elles (qu'il eut la bonté de me donner) il y avait encore un morceau d'encens desséché. Le verre en est d'un beau ton violet foncé, l'autre est jaune.

2° Une monnaie romaine, de Tullus Hostilius, en cuivre, et très bien conservée. C'est un *as*. Ses dimensions sont énormes, surtout quand on pense à l'usage journalier que l'on en faisait. Cet as est rond, son diamètre a 2 pouces, sa circonférence en a par conséquent 6 ; quant à son épaisseur, elle est irrégulière, plus forte de beaucoup au milieu qu'aux bords. D'un côté, est représenté un bœuf, dont le dessin est d'une conservation surprenante, vu son antiquité (660 ou 680 ans avant l'ère chrétienne) ; de l'autre, est une tête de jeune guerrier, personnification de Rome. Ces deux emblèmes veulent, je crois, montrer que, dans la nouvelle cité, la guerre et l'Agriculture étaient également en honneur. Une autre monnaie moitié moins grande, c'est un demi-as ; l'effigie est aussi une tête de guerrier ; et un quart d'as, monnaie moitié moindre encore que le demi-as ; la tête de guerrier est presque tout effacée.

3° Des poids romains, dont on se servait chez les marchands pour débiter la marchandise. M. Visconti en a deux. Ces poids ne sont pas aussi prosaïques que les nôtres ; l'amour de l'art avait pénétré, à Rome, jusque dans les boutiques des artisans. Ainsi, les poids étaient des sculptures. Ces deux-ci représentent deux têtes de soldat ; l'une d'elles a une finesse vraiment très particulière dans un objet destiné à un aussi vulgaire usage. Au-dessus du casque est fixé un anneau, d'où partait une chaînette, en bronze comme la tête elle-même, et qui servait à enlever et à poser le poids. Ces détails de la vie domestique des anciens offrent un grand intérêt.

4° Un projet pour la statue de madame Lœtitia, commandée par Napoléon à Canova. Cette ébauche, en terre d'argile, est de Canova lui-même, et représente madame Lœtitia debout, étendant la main, comme pour commander. Elle est haute d'un pied environ. On voit là toute la facilité de Canova : la pose est noble et, quoique à peine à l'état d'ébauche, on voit ce qu'aurait été la statue. Napoléon fit changer la pose et fit asseoir la figure.

Je partis de chez M. Visconti avec la petite fiole et j'allai à l'Académie. Je me mis à l'œuvre, après avoir erré de chef-d'œuvre en chef-d'œuvre, ne sachant auquel me fixer, et je commençai le magnifique *Démosthènes devant les Athéniens*. Je n'étais pas destiné à le continuer lundi ; car voilà qu'à trois ou quatre heures, je suis pris d'une espèce de dyssenterie, causée, je crois, par la chaleur, par le changement d'heures de mes repas, etc., etc.

M. Véron vint charitablement me voir, le soir. Cela paraissait devoir mieux aller ; mais, la nuit et le matin, cela s'aggrava, et j'étais fort embarrassé dans ma solitude.

Ni M. de Rayneval, ni Charles d'Astorg ne me savaient dans ce mauvais état, et mon petit flâneur de domestique n'avait pas idée de venir voir si j'avais besoin de quelque chose.

M. Véron fut encore ma Providence. Etant arrivé chez moi, dans la matinée, il eut pitié de moi, et alla chercher un médecin français, nommé M. Bérard, membre de notre conférence de Saint-Vincent de Paul. C'est ce même M. Bérard qui avait été condamné à Paris, peu de temps après la révolution de Juillet, pour son *Livre des Cancans*, lequel était dirigé contre le gouvernement nouveau et contre Louis-Philippe. Il est venu ici à la suite de cette désagréable affaire que son zèle légitimiste lui avait attirée. Il y exerce avec succès la profession de médecin. C'est un saint homme qui ne se mêle plus de politique, très pauvre et ayant encore six ou sept enfants de dix-huit que sa femme lui avait accordés.

M. Bérard arriva de suite, me prescrivit des sangsues et un régime à suivre. M. Véron ne se montra pas charitable à demi; à l'exemple du bon Samaritain de l'Evangile, il me fit transporter, non pas à l'auberge, mais chez lui, dans cette même chambre, où j'avais couché, il y a peu de jours, avant la visite des sept Basiliques. Là, il me posa lui-même mes sangsues et me soigna comme une mère son enfant. C'était d'autant plus méritoire à lui, qu'il interrompait, pour cela, les études indispensables à son très prochain examen. Ce qui me console du dérangement que je lui ai causé c'est qu'il retrouvera tout cela dans le sein du Bon Dieu; car c'est pour l'amour de lui qu'il me soigne.

Il a pour l'aider, la *Padrona*, ou maîtresse de la maison, grosse et bonne commère, active, complaisante, et, de plus, comtesse. Oui, comtesse de Maflis! Son mari est un comte ruiné, qui a été obligé de prendre sa femme dans la classe commune; et le brave homme y a choisi une épouse qui l'est bien... commune! A part le côté comique, c'est une chose qui peine un peu que de voir une comtesse ruinée, faire la cuisine, les chambres et d'autres choses plus infimes encore de la vie du ménage.

Sa nièce Liberata, qui l'aide, est une jeune personne travailleuse, intelligente et très serviable. Tous trois sont de bons chrétiens, Liberata surtout, qui voulait se faire religieuse, et qui n'a abandonné son projet que pour venir en aide à son oncle et à sa tante; elle leur sert, en effet, de domestique.

Les sangsues me tirèrent d'affaire, avec la grâce de Dieu, et j'allai mieux de jour en jour. Le samedi, 9, le père Villefort eut la charité de venir me voir, ayant eu la nouvelle de mon indisposition; il revint tous les jours, l'excellent homme, jusqu'au jour où j'ai pu sortir!

M. de Rayneval et Charles d'Astorg me firent aussi des visites bien régulières, malgré la chaleur qui continue depuis un mois et plus.

Un de nos prélats français, Mgr de Falloux, me visita

aussi trois fois; c'était d'autant plus aimable à lui, qu'il ne me connaissait pas ou presque pas. Je n'avais jamais encore été chez lui, ce qui j'aurais certes dû faire.

Mgr de Falloux est encore très jeune, il en a surtout l'air et le caractère; on lui donnerait vingt-cinq ou vingt-six ans, à la première vue, tandis qu'il en a trente-quatre. Il est petit, très soigné dans sa mise. Ses manières, ainsi que son langage, sentent presque trop l'ancien régime; à part ces petites faiblesses extérieures (qui n'en a pas?), Mgr de Falloux est un saint prêtre, très zélé, prêt à faire le bien, confessant, sans se lasser, une partie de la journée, et d'une conversation très édifiante. Il est très bien avec l'Ambassade, quoiqu'il soit plutôt légitimiste.

Quoique jeune, il passe sa vie à souffrir de douleurs névralgiques telles, qu'il ne peut dire la Messe que vers dix ou onze heures, quelquefois même plus tard, dans ses mauvais jours. C'est sans doute l'expérience de la souffrance qui le rend si compatissant aux douleurs des autres; dès qu'il apprend, en effet, qu'un Français ou une de ses connaissances est malade, il ne se lasse pas d'aller le voir et de le soigner.

Dimanche — Après le père Villefort et Mgr de Falloux, M. le marquis d'Isoard, de notre conférence, vint aussi me voir. Il a perdu, en dix-huit mois, sa mère et sa femme, et deux des membres de sa famille qu'il aimait le plus; et ces pertes coup sur coup l'ont tellement frappé au cœur, qu'il n'a trouvé d'autre consolation dans sa détresse que de se donner à Dieu. Il vient, en effet, à Rome, pour embrasser l'état ecclésiastique. Il a l'air bien bon et bien intéressant.

10 juillet. — C'est aujourd'hui la fête de ma grand'mère, la *Sainte-Félicité*. Je fête bien tristement ce beau jour. Le bon Dieu dispose de nos projets à son gré.

XXI

Une exécution capitale à Rome. — Visite à la *prison Mamertine*. Souvenirs de Saint Pierre et de Saint Paul, et de Jugurtha. — *Saint-Etienne le Rond*, supplices des martyrs. — Visites aux Sanctuaires. — *Santa Maria della Scala, Santa Maria in Trastevere, Santa Maria in Cosmedin* ou *la Bocca della Verita* — La maison de Rienzi. — *Ponte Rotto.* — *Santa Maria Egyziana.* — *Pont Sublicius*, origine du mot *Pontifex*. — Singulière conversion d'un condamné par un Patriache. — Eglise de *Saint-Augustin*. — Trois toiles peintes par Michel-Ange. — Nouvelle de la mort du duc d'Orléans.

11 juillet — Rome est en émoi aujourd'hui pour le supplice d'un condamné à mort. C'est un jeune homme de Malte, qui a tué un vieux Russe antiquaire et avare, auquel il vendait des objets d'antiquité; il l'a tué, il y a trois mois, dans une maison toute voisine de l'Ambassade et apparemment pour le voler. Aujourd'hui a lieu son exécution: après la faute, le châtiment. Voici ce qui se pratique à Rome en pareille circonstance.

Dès le matin, les environs du Capitole, où était le condamné, étaient pleins de troupes ainsi que la place de *la Bocca della Verita* (la Bouche de la Vérité), où le supplice devait avoir lieu.

Le cortège ne sortit cependant qu'à midi des prisons

du Capitole ; la cause de ce retard est admirable. Ici, la justice humaine, tout en frappant le coupable, use envers son âme d'une patience toute chrétienne.

Le coup fatal est retardé jusqu'au moment où il n'y a plus d'espoir de conversion. Le condamné d'aujourd'hui est un exemple frappant de cette miséricordieuse patience. Il ne voulait pas se confesser dans sa prison ; au lieu de l'en tirer dès le matin, comme la loi l'exige, on resta jusqu'à midi à faire auprès de lui d'inutiles efforts. On le fit, à la fin, monter sur la charrette pour se rendre au lieu de l'exécution ; pendant tout le trajet, même obstination, même aveuglement. En passant devant une Madone, il cria : « *Viva Gesu, viva Maria!* » — « Mais », ajouta-t-il, en parlant aux assistants, « ne vous fiez pas à ces coquins de prêtres (*Pretacci*) qui mènent les gens à la mort ! »

Sur la place de *la Bocca della Verita*, une chapelle, toute tendue de noir, était préparée ; on l'y fit entrer et, alors, commencèrent de nouveaux efforts. Un prêtre français, voyant son endurcissement eut l'idée heureuse de lui mettre au cou la médaille miraculeuse de la Sainte-Vierge. Sa confiance ne fut pas trompée, le misérable demanda à entendre la Messe, qui fut célébrée de suite. Quand la messe fut terminée, on lui demanda s'il voulait maintenant se confesser ; il répondit que oui, mais qu'il ne se confesserait qu'à l'abbé Dominique Ado ! C'est un homme infâme, actuellement en prison et qui va être prochainement condamné à mort. Ancien Franciscain défroqué, il était rentré dans le clergé séculier, après avoir violé son vœu de chasteté ; là, il recommença ses désordres, quoique prêtre, et disant néanmoins, chaque jour, la messe. Il y a peu de temps, un de ses neveux lui ayant été confié pendant une absence de ses parents, il se livra envers cet enfant de huit ans aux actes les plus criminels et finit par le tuer, à force de le battre. On trouva le pauvre enfant avec deux trous dans la tête et le corps tout décomposé. Ado fut arrêté et emprisonné ; il essaya de se tuer, dans sa prison, en se déchirant une artère avec les dents. Il va bientôt être jugé et exécuté. Tel était le confesseur du choix de notre condamné ! On le lui refusa, comme on peut le penser.

Il demanda ensuite à voir un soldat de sa connaissance ; on l'envoya chercher de suite. Une fois arrivé, le soldat se mit à exhorter le malheureux à se confesser. La grâce revint enfin ; après un léger repas, il demanda un prêtre, se confessa, reçut l'absolution, le Saint-Viatique, et, peu après, il monta sur l'échafaud.

Ainsi, voilà une âme sauvée par quelques heures de patience ! Combien de nos condamnés français auraient peut-être eu le même bonheur, si notre inexorable justice avait eu plus de foi et de respect pour leurs âmes !

A Rome, lorsque le condamné sort de sa prison, il est placé sur une charrette, entourée de troupes ; à ses côtés, sont deux prêtres, sur la charrette, couverts, tous deux, du sac des pénitents, afin de ne pas être pour la foule un objet de curiosité. Ils exhortent le condamné à la pénitence ou soutiennent son courage, s'il est en bonne disposition. Devant la charrette est portée une grande croix noire.

Plus en avant encore, marche une Confrérie dite de *Saint-Jean-Baptiste-Décollé,* qui quête en marchant pour faire dire des messes pour l'âme du condamné. Les confrères sont couverts du sac de pénitent, de couleur blanche avec une pèlerine violette.

Comme je l'ai dit, on fait entrer le condamné dans une chapelle tendue de noir, sur le lieu même du supplice. Quand il est bien disposé, on l'en fait sortir peu de temps après et on le mène à la guillotine ; quand il est en mauvaise disposition, on attend jusqu'à six heures du soir environ ; et, jusqu'à ce moment, tous les personnages de Rome, populaires par leur sainteté, leur charité ou leur position sociale, viennent faire des efforts auprès de lui. Ainsi, le père Perrone, le prince Borghèse, viennent souvent remplir, auprès des condamnés, ce pénible et touchant office de charité. Ce n'est qu'après avoir tenté tous les moyens, que l'on se décide à faire mourir le malheureux endurci. Comme il y a de la foi dans ce pays, il est très rare que, tôt ou tard, il n'accepte pas les secours de la religion.

14 juillet. — Je reste encore jusqu'au 16 ou 17 chez l'excellent M.. Véron. Prudence est mère de sûreté, et par les chaleurs, une rechute suivrait de bien près le manque de soins et de précautions.

Depuis deux jours, je sors un peu. Aujourd'hui, je vais avec M. Véron faire une promenade jusqu'au Colisée, par le Capitole et le Forum.

Sur l'escalier qui descend du Capitole au Forum, est la porte de la prison Mamertine, où furent renfermés les Apôtres saint Pierre et saint Paul. Elle était ouverte, et le *custode* où gardien était présent. Nous y entrâmes donc et demandâmes à visiter la prison souterraine, le lieu même où furent renfermés les illustres martyrs. Le custode alluma une torche de cire et nous le suivîmes dans un escalier souterrain.

Nous arrivons au premier étage (en descendant au lieu de monter), dans une chambre assez vaste, creusée dans le roc, et transformée en chapelle. Je n'ai pas besoin de dire que l'aspect en est sombre et terrible ; c'est le même système barbare que celui des prisons d'Albe. Les prisons Mamertines sont de la plus haute antiquité ; le premier étage est l'ouvrage du roi Ancus Martius ; le second étage que nous allons voir tout à l'heure est de Servius Tullius.

En face de la porte par laquelle on entre dans la

chambre supérieure, on monte les restes d'un escalier très étroit qui communiquait avec l'extérieur. C'était par là que descendait le bourreau pour étrangler, décoller, ou simplement enchaîner, et ensuite enfermer les malheureux prisonniers.

Nous descendons une quinzaine de degrés, creusés entre les blocs de rocher, et nous arrivons enfin dans la seconde prison, beaucoup plus petite, plus basse et plus affreuse que la première. Que de choses, que d'hommes, que de souvenirs ont passé dans cette triste demeure ! Que de désespoir dans les temps du paganisme, quand le malheureux Jugurtha mourait de faim à cette même place où je me trouve ! Quand les quatre complices de Catilina y virent arriver les bourreaux envoyés par Cicéron !... Et plus tard, lorsque Notre-Seigneur eut appris au monde le véritable bonheur et le véritable mal, de quels admirables sentiments, de quelles sublimes paroles ces mêmes murs ne furent-ils pas les témoins ! Saint Pierre, saint Paul se sont préparés là au martyre ! là, ils ont prêché Jésus-Christ ; et là encore, en convertissant à la vraie foi quarante-deux de leurs gardiens, ils ont montré que la parole de Dieu ne peut être enchaînée, comme le disait saint Paul !

Pour mieux célébrer les souffrances des deux grands Apôtres, Mgr de Forbin-Janson, évêque de Nancy, qui vient de passer trois mois à Rome, a fait élever, à ses frais, dans la prison, un joli petit autel qu'il a consacré lui-même et où l'on peut célébrer la messe. Au-dessus de l'autel, en guise de tableau, un jeune sculpteur français, M. Bonnassieux, artiste plein de talent et de piété, a fait un bas-relief représentant les Apôtres en prison :
— Saint Pierre baptise, saint Paul prêche et instruit, à droite est un geôlier avec un autre gardien déjà baptisé et rendant grâces à Dieu ; à gauche, sont deux soldats à genoux prêts à recevoir le baptême ; un autre

qui va les suivre, entraîné par les paroles de saint Paul, et deux autres moins convaincus.

La composition de ce bas-relief est, comme on voit, très bonne et très complète ; pour l'exécution, elle manque un peu de noblesse ; la plupart des personnages, saint Pierre surtout, sont ce qu'on appelle *bas sur jambes*. Ce défaut ôte de la distinction.

A peu près au milieu de la prison, est une petite source d'eau pure et limpide, qui sort du milieu du roc. Une pieuse et antique tradition rapporte que cette source jaillit miraculeusement, à l'ordre de saint Pierre, pour le baptême des soldats convertis. Le fait est qu'on ne conçoit guère sa présence en cet endroit dans un rocher factice, car les prisons Mamertines sont formées de gros morceaux de rocher rapportés, à peine dégrossis, et au milieu desquels on a pratiqué des petites chambres pour renfermer les prisonniers. Nous bûmes un peu de cette eau ; comme souvenir, je pris un petit morceau du rocher et nous remontâmes.

Il fait humide dans ces prisons ; ceux qui y furent enfermés ont dû bien souffrir. On se rappelle le mot de Jugurtha, quand on le descendait, par le trou circulaire, dans la deuxième chambre : « *Herclè quam frigidum est tuum balneum !* Par Hercule ! que vos bains sont froids ! »

Nous continuâmes notre promenade jusqu'au Colisée, où nous essayâmes en vain de casser un assez gros morceau de marbre pour faire un serre-papier, et nous revînmes bien tranquillement chez nous.

Le temps continue à être admirable et chaud, c'est bien fatigant pour les jambes !

15 juin. — Nous allons à cinq kilomètres et demi, quand l'air commença à se rafraîchir, visiter une des églises les plus curieuses de Rome ; c'est *Saint-Étienne le Rond*, qui existait déjà du temps de saint Grégoire le Grand, dans le cinquième siècle. Elle est assez loin de chez nous ;

mais les jambes me reviennent avec la santé, et nous pûmes très bien faire notre course.

La forme de *Saint-Étienne* est circulaire ; tout autour, règne une galerie séparée du centre par une belle colonnade. Sur les murs, sont peintes 32 fresques, à la suite les unes des autres, représentant l'histoire des Martyrs et les affreux supplices auxquels ils étaient condamnés. Quelques-unes de ces peintures sont très bonnes ; ainsi le Martyre de saint Polycarpe, celui de sainte Marguerite, sont de bons tableaux, d'une belle couleur, bien dessinés, bien composés. Ces 32 fresques sont très connues ; c'est une des curiosités de Rome chrétienne ; aussi, M. Véron et moi, avons-nous pris des notes, et des notes si complètes, que je doute qu'il soit possible de mieux posséder son *Saint-Étienne le Rond*. Je vais écrire les détails que j'ai remarqués.

En entrant, à droite, se voit une chaire de marbre blanc, sur laquelle s'assit saint Grégoire le Grand lorsqu'il prêcha dans cette église ; le dos et les bras sont cassés ; mais le reste est en bon état.

L'aspect de l'église est très imposant, quoique très original, et bien qu'elle n'ait pas l'air d'une église.

A gauche, dans une petite chapelle, sont les corps des saints martyrs Prime et Félicien, deux vieillards qui passèrent par d'horribles supplices, dont une partie est représentée sur les murs. D'abord, on leur verse du plomb fondu dans la bouche ; puis, on les expose aux lions qui les respectent ; on les pend par les mains, et on leur applique, à la fois, sur cinq ou six endroits du corps, des torches enflammées. Ensuite, on les expose de nouveau aux bêtes ; enfin, on les décapite.

Ce ne sont plus les hommes, ce sont les démons qui inventent ces épouvantables tortures et celles que nous allons voir. Sans l'inspiration de l'enfer, il n'est pas possible que l'esprit humain puisse concevoir et faire exécuter de pareilles horreurs.

1re Fresque : Notre-Seigneur Jésus-Christ sur la Croix. Il est entouré de tous les martyrs qui lui offrent leurs couronnes et leurs palmes victorieuses. Sur le bois de la Croix sont écrits ces mots : *Tu vincis in martyribus.* En bas : *Rex gloriose martyrum.* Au pied de la Croix sont deux enfants martyrs, composés et placés de la façon la plus charmante. Sur un panneau plus petit que les autres, est représentée la Sainte-Vierge, Mère de Douleurs, *Mater dolorosa, Regina Martyrum, Regina Confessorum.*

2°. Saint Etienne, premier martyr, lapidé par les juifs. L'inscription est : *Effuderunt sanguinem sanctorum in circuitu Jerusalem.*

3°. Saint Pierre, crucifié la tête en bas (la tête est superbe), sous Néron ; saint Paul décapité sous Néron. Pour inscription : *Plantaverunt Ecclesiam sanguine suo.*

4°. Saint Vital enterré jusqu'au cou, dans un fossé comblé de pierres (sous Néron).

Descendit cum illo in foveam.

5°. Saint Gervais, Saint Martinien et plusieurs autres martyrs, recouverts de peaux de bêtes sauvages et dévorés par des chiens (sous Néron). Chrétiens enduits de poix et de résine et allumés comme des flambeaux.

Carnes sanctorum tuorum bestiis terræ.

6°. Saint Jean, Apôtre, mis dans une chaudière d'huile bouillante près de la Porte Latine, sous Domitien. Le feu l'épargna par miracle.

Odor ignis non erit in te.

7°. Saint Denys et ses compagnons, décapités à Monmartre (*Mons martyrum*), sous Domitien.

Condemnat justus mortuus vivos impios.

8°. Saint Ignace, évêque d'Antioche, dévoré dans le Colisée par deux lions (sous Trajan). Pour inscription,

un passage d'une de ses admirables lettres aux Romains :
Dentibus bestiarum molar ut panis mundus inveniar.

9°. Saint Eustache et ses compagnons, enfermés dans un taureau d'airain que l'on fit rougir en plaçant un brasier par dessous, sous Aurélien.

Tanquam aurum in fornace probasti illos.

10e. Les sept frères et sainte Félicité, leur mère ; attachés à des poteaux, ils ont le corps et la tête cassés à coups de massue, sous Antonin le *Pieux!*

In paucis vexati, in multis benè disponentur.

11°. Saint Polycarpe, sous Antonin, est brûlé, attaché à un poteau (très bon tableau).

In medio ignis non sum astuatus.

12e. Sainte Marguerite, jeune vierge étendue sur le chevalet (table avec une mécanique à chaque bout ; on y attachait les pieds et les mains ; on tirait graduellement, de manière à disloquer les membres). Ainsi étendue, la sainte a les seins déchirés avec des ongles de fer (très belle fresque.) La tête de Sainte Marguerite est très remarquable.

Fortitudo et decor indumentum ejus.

13°. Sainte Blandine, jeune esclave, à Lyon. Elle souffrit les tortures les plus inouïes, pendant toute une journée, sans compter ses tourments pendant les interrogatoires. Ici, elle est représentée exposée, dans l'arène, aux coups d'un taureau furieux, et enveloppée dans un filet. (La fresque est bonne).

Æstimati sumus sicut oves occisionis.

14e. Sainte Perpétue et sainte Félicité, dévorées par des tigres, sous Septime-Sévère et Caracalla.

Firmamentum est Dominus timentibus eum.

15°. Saint Calixte, Pape, précipité dans un puits avec une énorme pierre au cou, sous Septime-Sévère. Cette pierre est conservée précieusement dans l'église basilicale de *Santa Maria in Trastevere*, élevée par le saint martyr lui-même.

Visi sunt oculis insipientium mori.

16°. Sainte Cécile, vierge, plongée dans une chaudière d'eau bouillante (laquelle est conservée dans l'église de *Sainte-Cécile in Trastevere*). La sainte, ayant survécu à cette affreuse torture, fut décapitée.

Per ignem et aquam in refrigerium.

17°. Sainte Agathe, vierge, est attachée à un poteau ; des bourreaux lui coupent les seins, avec des tenailles aiguisées, sous Valérien.

Num sunt condignæ passiones hujus temporis ad futuram gloriam promovendam?

18°. Sainte Apolline, jeune vierge ; on lui arrache toutes les dents, sous Valérien.

Custodit Dominus omnia ossa eorum.

19°. Saint Laurent, étendu sur un gril et brûlé à petit feu, sous Valérien.

Adhæsit anima mea post te, quia caro mea igne cremata est.

20°. 300 martyrs, sous Valérien, jetés dans une fournaise de chaux vive et précipités dans les flammes au moyen de fourches de fer.

Igne nos examinasti, sicut examinatur argentum.

21°. Saint Marius, pendu à un gibet par les bras, avec un énorme poids aux pieds. Ce poids est gros comme trois têtes d'hommes.

Sainte Marthe, femme de Saint Marius, a les mains coupées et suspendues par une corde à son cou. Leurs deux fils sont liés à des poteaux et déchirés avec des ongles de fer en leur présence, sous Claudius.

Bonorum laborum gloriosus est fructus.

22°. Saint Agapit, jeune martyr de quinze ans, suspendu par les pieds au-dessus d'un brasier ardent, sous Aurélien.

« *Propreravit educere illum de medio iniquitatum.*

23°. Sainte Agnès, vierge, âgée aussi de quinze ans ; liée à un poteau et brûlée vive, sous Dioclétien.

Fortitudo et laus mea Dominus.

24°. Saint Erasme, vieillard, étendu sur le dos, dans une espèce d'auge ; on lui verse sur le cou et sur différentes parties du corps du plomb fondu ; il se trouva, à la fin, dans un bain de plomb liquide.

Secundum multitudinem dolorum meorum consolationes tuæ lætificaverunt animam meam.

25°. Deux jeunes chrétiens, les mains dans un brasier ; un d'eux sort une main du feu, et montre le ciel aux persécuteurs avec cette main martyrisée, sous Dioclétien.

Consecrâstis manus vestras Domino ut detur vobis benedictio.

26°. Sainte Lucie, jetée dans une piscine ou réservoir de serpents, et dévorée par eux, sous Dioclétien.

Sainte Euphémie ; un bourreau lui enfonce une épée dans la gorge, par la bouche.

Exultabunt ossa humiliata.

27°. Saint Vit, saint Modeste et sainte Crescence, brûlés dans une chaudière de résine et de poix bouillantes.

Torrentem pertransivit anima nostra.

28°. Sainte Catherine, vierge, écrasée et déchirée entre deux roues. Pendant son martyre, l'appareil des roues se rompit et tua deux des bourreaux.

Fortitudo et decor indumentum ejus.

29°. Un chrétien est étendu sur une table ; un bourreau lui coupe le corps par bandes. Dans le lointain, une grande quantité de martyrs ont péri par le même supplice. Leurs corps mutilés sont jetés en tas. C'est, je crois, ce martyre-là le plus horrible de tous ; sous Maximin.

Ridebit in die novissimo.

30°. Saint Jean et Saint Paul, deux jeunes seigneurs de la cour, décapités, sous Julien l'Apostat.

Sainte Bibiane, décapitée.

Saint Arthémius, placé entre deux énormes pierres, se refermant comme avec des charnières. Il meurt, écrasé lentement. Le tableau est d'une affreuse vérité. Les yeux du martyr sont sortis de leur orbite, par suite de la pression. Son corps est tout crevé, les entrailles et le sang jaillissent. C'est le démon, en vérité, qui inventait de pareilles horreurs; aussi était-ce la force de Dieu même qui lui résistait !

Cum mortale hoc induerit immortalitatem, tunc ubi est, mors, victoria tua ?

31°. En Afrique, sous Huneric, prince arien, les chrétiens ont les mains coupées, la langue arrachée et les lèvres coupées.

Lætati sumus pro diebus quibus nos humiliasti annis quibus vidimus mala.

C'est dans cette même persécution de Huneric, roi des Vandales, que périt, décapité, saint Eugène, évêque de Carthage, patron de mon père, auquel, j'ai en cette qualité, une particulière dévotion.

32°. et dernière fresque : Martyrs d'Allemagne, d'Angleterre et de diverses autres contrées :

Sainte Ursule; saint Boniface, évêque; saint Adalbert, évêque; saint Wenceslas, roi de Pologne; saint Thomas-Becket, archevêque de Cantorbéry; saint Henri, roi de Suède, etc., etc., qui périssent de différentes manières.

Au-dessus, est cette belle et simple inscription :

Omnes martyres Dei semper et omnibus sæculis ad confirmandam Ecclesiam catholicam.

« Tous les martyrs de Dieu continuent dans tous les siècles à souffrir pour confirmer l'Église Catholique. »

Et cette autre inscription : *Laudabit te populus fortis, civitas gentium robustarum.*

Telles sont les fresques de *Saint-Etienne-le-Rond*, peintes par Niccolò Pomerancio. Les figures sont grandes comme nature, de sorte que chaque fresque est un grand tableau. La plupart n'ont rien de remarquable comme œuvre d'art ; beaucoup même sont mauvaises ; mais il y en a plusieurs, les deux entre autres que j'ai citées, qui sont vraiment de belles choses.

A quel degré de barbarie les Romains et les païens en général étaient-ils arrivés ! Le démon les possédait dans les époques de persécutions. Ce n'était même plus du fanatisme religieux, c'était de la haine, de la furie ! La seule représentation de ces martyres fait frémir ; qu'était-ce donc que la réalité ? De nos jours, en 1842, des généreux missionnaires souffrent de pareilles choses pour la même cause, dans la Chine, dans le Tong-King et dans les Iles ! Quel témoignage que celui de ces martyrs qui, depuis dix-huit siècles, arrosent continuellement la terre de leur sang ! Que l'on est aveugle et malheureux de ne voir pas Dieu lui-même dans l'Eglise Catholique !

16 juillet. — Je vais, le matin, avec M. Véron, voir deux églises dans le Trastevere ; l'une, appelée *Santa Maria della Scala*, et l'autre *Santa Maria in Trastevere*, basilique de seconde classe.

La première est desservie par des Carmes déchaussés, dont le costume religieux est superbe. Leur robe est marron foncé, ainsi que leur scapulaire, et, par-dessus tout cela, ils ont une sorte de manteau en laine blanche avec un capuchon et sans manches. Leurs pieds sont chaussés seulement avec des sandales ; ils les lavent très souvent, et ils sont généralement tenus proprement. Dans l'église de *Santa Maria della Scala*, est la chapelle mère de l'archiconfrérie du Scapulaire qui invoque pour patronne Notre-Dame du Mont-Carmel. L'église est assez jolie, le maître-autel est un beau tabernacle, orné de colonnes et surmonté d'un dôme très riche.

L'autel de la Sainte-Vierge (Notre-Dame du Mont-Carmel) est aussi décoré avec beaucoup de soin.

Santa Maria in Trastevere est bien plus belle et bien plus curieuse ; c'est, comme je viens de le dire, une des cinq basiliques de second ordre. Elle a été fondée et dédiée à la Sainte-Vierge, dans le cinquième siècle, par saint Calixte, Pape et martyr, jeté dans un puits, comme nous l'avons vu à *Saint-Étienne-le-Rond.*

Un précieux souvenir se rattache à ce nom de *Santa Maria in Trastevere ;* car c'est ici la première église chrétienne qui ait été mise sous l'invocation spéciale de la Sainte-Vierge. L'aspect intérieur en est très important ; elle a un caractère de recueillement et de gravité rare dans les églises italiennes. L'ensemble est très simple ; les détails seuls sont riches, méthode d'ornement très convenable pour les églises. La nef est séparée des bas-côtés par une trentaine de belles colonnes antiques, toutes d'une pièce, et, je crois, en granit rose ou en porphyre. Elles ornaient jadis un temple d'Hercule ; les chapiteaux et la belle corniche de ces colonnes sont antiques. C'est une impression toujours nouvelle, quoique toujours la même, que de voir les dépouilles du paganisme servir d'ornements aux temples du vrai Dieu. Le contraste de cet Hercule, si matériel, si *boucher*, si bête, avec la Mère de Dieu, si pure et si céleste, contribue ici à augmenter cette impression.

Le plafond est tout doré et travaillé suivant la mode d'Italie, et, au milieu, est une *Assomption* du Dominiquin. Je n'avais pas mes yeux de rechange, de sorte que je n'ai pu voir que l'ensemble ; la couleur est fraîche et bien conservée. Le pavé de l'église est tout en mosaïques du sixième siècle, en bon état de conservation. A droite du maître-autel, quand on avance dans l'église, sur une élévation de trois ou quatre marches, est une charmante colonnette torse en marbre blanc du sixième siècle, comme les mosaïques du pavé. Dans le marbre sont incrustées des bandes de mosaïque de plusieurs couleurs.

Au-dessous de cette colonne, qui sert de candélabre pour le cierge pascal, est une ouverture appelée *il fonte d'Olio*, la fontaine d'huile. La tradition rapporte que, peu de temps avant la naissance de Notre-Seigneur, une fontaine d'huile jaillit tout à coup en cet endroit, ce qui fut regardé comme le présage de quelque grand et heureux événement. Peut-être ce que l'on a pris pour de l'huile était-il quelque matière bitumineuse en fusion. Toujours est-il que l'on était dans l'attente, avant la venue du Sauveur, et que, plus tard, les premiers Chrétiens regardèrent cette source d'un liquide doux et onctueux comme le présage de la Rédemption. Dans le pilier, à droite, deux souvenirs des martyrs sont conservés. Sur une pierre, défendue par un grillage, on voit les traces du sang de sainte Dorothée, martyre. Au-dessous, dans une niche et aussi à travers un grillage, on a conservé la pierre qui fut attachée au cou de saint Calixte, Pape, pour le noyer dans un puits. Cette pierre est en granit rougeâtre ; un gros morceau de fer est au centre ; c'est par là qu'on attacha la pierre au cou de saint Calixte.

Tout le plafond circulaire et cintré de l'abside (partie de l'église qui se trouve derrière l'autel) est en vieilles mosaïques très curieuses et très bien conservées. On y remarque un emblème assez commun chez les premiers Chrétiens : c'est Notre-Seigneur Jésus-Christ représenté par un agneau placé sur une montagne d'où coulent quatre sources ; des brebis viennent de tous côtés s'y désaltérer. Ces brebis sont les peuples du monde ; les sources sont les quatre Évangiles et les biens spirituels de l'Eglise, selon cette parole de l'Écriture : « Vous boirez avec joie aux sources du Sauveur. » Les premiers Chrétiens aimaient beaucoup à représenter ce sujet.

Au milieu de l'abside, adossé à la muraille, est un siège pontifical et épiscopal, de marbre blanc; au-dessus, est cette belle et simple inscription, qui rappelle le principal titre de l'Église à la vénération des fidèles.

PRIMA ÆDES DEIPARÆ DICATA

« Première église consacrée à la Mère de Dieu. »

Dans une petite chapelle, à gauche, est le Saint-Sacrement, le vrai et inestimable Trésor de toutes les églises catholiques. La lumière, passant à travers des rideaux rouges fermés, y répandait une lueur rose magnifique. En sortant de la chapelle du Saint-Sacrement est un monument élevé par le cardinal d'Alençon, du temps de Henri III.

C'est un autel, à côté duquel est le tombeau du cardinal. Ce petit autel est tout en marbre et du plus beau gothique; il est dédié à saint Philippe et à saint Jacques, Apôtres, dont les figures sont sculptées en bas-relief; mais, ce qui est encore bien supérieur comme finesse de travail, c'est le tombeau qui y tient.

Au-dessous du sarcophage où le cardinal est représenté endormi, se trouve un bas-relief représentant la mort de la Sainte-Vierge. Il y a, dans cette sculpture, une naïveté de composition, d'idées, même d'exécution, qui lui donne un charme singulier. La Sainte-Vierge est étendue sur un lit de parade au milieu; les Apôtres l'entourent; saint Pierre et saint Paul sont devant les autres, près de la Mère de Dieu; à gauche et à droite, des anges portent des cierges allumés, un autre un encensoir; un autre l'aspersoir et l'eau bénite, etc.

Une chose assez remarquable dans ce tableau, c'est le soin pris par le peintre de donner à la scène de la couleur locale. Ainsi, il a représenté saint Pierre tenant, non pas un crucifix, mais l'Enfant Jésus emmailloté.

Dans le commencement, les Apôtres, en effet, ne permettaient l'usage de la Croix que dans la célébration des Saints Mystères, ou du moins très rarement, de peur de scandaliser les Gentils et les Juifs, qui regardaient la Croix comme un symbole d'infamie.

Au-dessus du tombeau et de l'autel sont de beaux ornements gothiques.

28 *juillet*. — Nous allons encore faire une promenade ensemble, M. Véron et moi, et nous nous dirigeons du côté du *Ponte Rotto* et de la *Bocca della Verita*.

En peu de temps, nous vîmes bien des choses intéressantes et instructives.

Premièrement, près du Tibre, presque en face du Ponte Rotto, la maison du tribun *Niccoló di Rienzi*, qui, pendant que les Papes avaient transporté leur siège à Avignon, dans le quatorzième siècle, excita une révolte. Cette révolte ayant dégénéré en révolution, le peuple élut pour tribun Rienzi, et Rome redevint un moment République. Mais la fierté de Rienzi le fit détester en peu de temps, et, en 1350, il fut tué par ce peuple même qui l'avait élu pour son chef. Il était grand ami de Pétrarque.

Sa maison est un composé bizarre et élégant d'anciens édifices. Des colonnes, des chapiteaux, des bas-reliefs antiques en forment la décoration. Il n'en reste qu'un coin, tout noir, et à peine remarquable au milieu des baraques qui l'entourent.

Sur la même place, en face de la maison de Rienzi, est l'église de *Sainte-Marie-Egyptienne* (*Santa Maria Egiziaca*). C'était autrefois un temple de la Fortune virile, bâti par Servius Tullius. Ce temple subsiste en entier; il a 100 pieds de longueur et 40 de largeur environ. Les colonnes, le chapiteau, le toit, tout est resté intact. En 872, sous le Pape Jean VIII, un nommé Stephano obtint la permission d'en faire une église; pendant longtemps des prêtres Arméniens catholiques la desservirent. Elle appartient aujourd'hui à une confrérie.

Les temples anciens, il faut l'avouer, sont plus beaux en ruines qu'intacts.

Sur le Tibre, vis-à-vis des deux monuments que je viens de dire, est le *Ponte Rotto* (pont brisé ou rompu), fameux par les points de vue pittoresques qu'il présente aux artistes. C'est le deuxième pont qui ait été construit à Rome, et le premier qui ait été fait en pierre. (Le premier pont, appelé *Sublicius*, était de bois comme je le dirai tout à l'heure.)

Le *Ponte Rotto* fut bâti, l'an 575 de Rome, c'est-à-dire 178 ans avant l'ère chrétienne. Il s'appela, dans l'origine, *Palatino*, à cause au mont Palatin, du pied duquel il partait. En 1300, sous le pape Honorius III, il fut détruit et reconstruit à la suite d'une inondation. La même chose arriva sous Jules III en 1546. Le Pape avait confié les travaux de son rétablissement à Michel-Ange, qui avait des projets de solidité propres à lui faire braver désormais toute crue du Tibre. Mais les Clercs de la Chambre (*Chierici della Camera*), chargés de l'entreprise, lui en enlevèrent la direction, à l'instigation de Baccio Bigi, jaloux et ennemi de Michel-Ange. Pour se venger de lui, Michel-Ange le plaça dans l'enfer de son jugement dernier avec des oreilles d'âne. Ceci arriva en 1551. En 1598, le pont fut une dernière fois détruit ; car les successeurs de Michel-Ange n'avaient pas suivi ses projets, et les ruines restèrent telles qu'on les voit encore.

En face du *Ponte Rotto*, sur la même petite place de la maison de Rienzi, est l'ouverture de la fameuse *Cloaca Massima* (grand égout), bâtie par les Rois de Rome, pour assainir la ville. Commencé par Servius Tullius, continué par ses successeurs et terminé sous Tarquin le Superbe, cet immense égout embrassait environ toute la superficie de la ville. Les parois en étaient si solidement construites et les proportions si élevées, que Pline en parle comme d'un chef-d'œuvre en ce genre, et raconte que Marcus Agrippa le parcourut en entier dans une barque. Il en existe encore une partie qui sert d'égout, comme il y a 2,500 ans.

Sur le Tibre, à gauche du *Ponte Rotto*, on voit, au milieu des eaux sales et jaunâtres du fleuve, les anciens supports d'un pont. Ces pierres, insignifiantes à la première vue, semblent prendre une sorte de vie quand on en apprend l'histoire. Sur ce pont, en effet, Horatius Coclès s'illustra par le beau fait d'armes connu de tout écolier de sixième. Ce pont, appelé *Sublicius* (de *sublices*, mot volsque, qui signifiait *bois*), est le premier pont de Rome.

Ancus Martius, l'an 114 de la ville, voyant les inconvénients du manque de communication entre le mont Aventin et le mont Janicule situé vis-à-vis, résolut de construire un pont en cet endroit. Il le fit tout de bois, excepté les fondations des piliers qui subsistent encore. De là son nom, comme je viens de le dire. Outre l'intérêt que donne au pont *Sublicius* l'aventure de *Monsieur* de Coclès, il a encore un autre titre à l'attention du voyageur et de l'archéologue, car c'est lui qui a donné aux Pontifes (*Pontifices*) leur nom. En effet, en commémoration du dévouement d'Horatius Coclès, le Sénat décida que les grands prêtres seuls seraient chargés de l'entretien de ce pont, et qu'on n'emploierait à ses réparations que du bois, sans fer ni airain. C'est de là qu'est venu le nom de *Pontem facientes* et, par corruption ou abréviation, *Pontifices*.

En longeant l'église de *Sainte-Marie-Egytienne* et en se dirigeant vers la *Bocca della Verita*, se voit le charmant petit temple de *Vesta*, circulaire et conservé d'une façon surprenante. C'est là que les Vestales conservaient autrefois leur célèbre feu sacré. On dit aussi que l'habitation de Numa Pompilius était attenante à ce temple.

Nous entrons ensuite sous le portique de *Santa Maria in Cosmedin*, vulgairement appelée *la Bocca della Verita*. Ce nom bizarre vient d'une énorme pierre circulaire placée sous le péristyle et grossièrement sculptée en figure humaine. C'est une chose connue de tout Rome. Cette pierre a environ 6 pieds de diamètre, 18 de tour. Il paraît qu'elle servait jadis d'ouverture à un égout ; l'eau sortait par la bouche. Le peuple a une très singulière superstition par rapport à cette face colossale ; il s'imagine que, si on met la main dans l'ouverture de la bouche en disant un mensonge, les lèvres se referment inévitablement et avalent la main du menteur. Nous mîmes nos mains dans cette terrible bouche, et, si mentir n'était pécher, nous aurions volontiers menti pour tenter l'épreuve.

L'église basilicale de *Santa Maria in Cosmedin* est très ancienne, puisque c'est le Pape saint Denis qui l'éleva en 261. Saint Adrien, pape, la restaura et l'enrichit beaucoup, en 772 ; et c'est de ces beaux ornements (*cosmos*, ornement, en grec), que lui vint le nom de *in Cosmedin*. Je crois, cependant, que, de 261 à 772, elle avait été détruite ; car saint Augustin, qui vivait au milieu du cinquième siècle, étant venu à Rome pour y enseigner la rhétorique et l'éloquence, donna ses leçons sous un portique situé sur l'emplacement même de l'église actuelle, et dont les colonnes, toutes conservées, se voient enclavées dans les murs. Ce grand souvenir de saint Augustin donne à cette place un relief singulier.

L'église est jolie en dedans, encore plus jolie en dehors ; car elle est ornée d'un beau clocher d'architecture lombarde du huitième ou neuvième siècle. Tout près de là avait été exécuté dernièrement le malheureux homme dont j'ai parlé plus haut. Un paysan nous a montré la place même de l'échafaud ; à 200 pas, est la chapelle où le criminel a entendu la messe et où on a fait les derniers efforts pour le convertir.

M. Véron me racontait, à ce propos, un trait bien original et bien extraordinaire dans son résultat.

C'était un pauvre coquin que l'on conduisait pour être exécuté. Mgr Piatti, patriarche d'Antioche, homme plein de zèle et de charité, mais en même temps, très vif et impétueux, était avec lui sur la charrette. Toute la nuit et toute la matinée, il avait fait d'inutiles efforts auprès du condamné pour obtenir sa conversion. Sur la voiture la même obstination continuait; tout à coup l'impatience prend le bon évêque, il s'élance sur le misérable et lui applique un immense soufflet à tour de bras, en lui criant : « Coquin! crois-tu donc que le bon Dieu ait besoin de toi? » L'autre fut tellement abasourdi par ce raisonnement à sa portée, que le cours de ses idées changea et qu'il devint doux comme un agneau, se confessa et fit tout ce que voulut le terrible patriache.

Tout près de la place des exécutions, est un très massif et très ancien monument, appelé *Janus Quadrifons;* on croit que c'était jadis le centre d'un marché. Malgré le peu de noblesse de sa destination, il y a du caractère dans ces constructions ; toujours on remarque le grandiose des antiques.

Sur la petite place de *Janus Quadrifons* et attenante à l'église *Saint-Georges in Velabro*, se voit un petit arc de triomphe, haut d'une trentaine de pieds et orné très gracieusement. Il s'appelle l'*Arc des orfèvres*, à cause de la corporation des orfèvres qui le fit élever du temps de l'ancienne Rome. Il ne reste plus guère de parties intactes de ce monument; c'est dommage, car les sculptures qui en restent ont une grande finesse.

Sur la même place donne une ruelle, couverte, par intervalles, par des arcades de briques. C'était l'ancienne Rome, la Rome des Rois, qui se trouvait là; au bout de la ruelle est une ouverture de la *Cloaca Massima*, dont j'ai parlé tout à l'heure, si solidement bâtie qu'il n'y manque pas une pierre après 2,500 ans. Cette ouverture est très pittoresque; on voit l'eau s'engouffrer sous l'arcade de la Cloaca, et tout le mur environnant est tapissé d'un vieux lierre très épais et sombre.

Nous avions vu toutes ces choses curieuses en une heure ou une heure et demie; nous n'avions pas perdu notre temps.

21 *juillet*. — Après le dîner, à quatre heures, je conduis au Musée du Vatican mon fidèle M. Véron, servant à mon tour de *cicerone* à celui qui m'avait déjà *cicéronisé* dans tant d'endroits.

Je lui fis remarquer cette noble simplicité des antiques qui les distingue tellement de nos bonshommes contournés, farcés, grimaciers, romantiques.

Parmi les statues, celle qui m'a le plus frappé aujourd'hui, c'est la *Modestie*, cette belle jeune femme que j'avais déjà admirée lors de la visite du Vatican aux flambeaux. Cette statue est le beau idéal de l'art, et, pour mon compte, j'ai une opinion sur elle que je n'oserai jamais dire qu'en famille : c'est qu'elle est plus belle que l'*Apollon du Belvédère*, la *Vénus de Médicis*, etc., etc. C'est comme le *Démosthènes*, que je préfère à toute espèce d'œuvres et où je vois plus de talent et de vérité que dans bien des statues dont la réputation est européenne.

L'*Apollon du Belvédère* est, je n'en disconviens pas, une bien magnifique chose; la tête est éclatante de vie, de beauté. C'est une chose surprenante que de pouvoir animer ainsi du marbre, de la pierre !

Après la chambre du *Torse antique*, il y a, dans une petite salle ronde, deux fragments aussi beaux que le *Torse* lui-même. Le premier se compose de deux jambes d'homme, dont le corps a été perdu. Dès le premier moment, ces deux jambes m'ont frappé, toutes dépareillées qu'elles sont. Elles ont les mêmes qualités que le *Torse* : vigueur, nature, vie, simplicité grandiose, élégance. J'en dirai autant d'un torse d'homme sans tête, ni bras, ni jambes, drapé avec une simple tunique, c'est admirable.

De cette même petite pièce, on voit tout Rome en panorama avec les montagnes de Frascati, Tivoli, Albano. Malgré la distance de 4 à 5 lieues, nous voyions très distinctement Albano, à droite, ainsi que la route qui y conduit, le bois des Capucins d'Albano, le Monte Cavi, Rocca di Papa, Castel Gandolfo, Marino et Frascati. Nous distinguions presque les fenêtres de la Villa Aldobrandini à Frascati. Je ne voyais pas cela à l'œil nu, parce que j'ai la vue basse, mais avec mon lorgnon de spectacle ; M. Véron le voyait sans aucune aide étrangère.

Nous avons été aux tableaux après les statues. Avant d'arriver aux *Stanze* et aux *Camere*, on passe par une galerie de tapisseries, dont les dessins sont l'œuvre de Raphaël. On éprouve un regret à la vue de la vilaine couleur de cette tapisserie, c'est que le peintre n'ait pas exécuté sur toiles ou à fresque ces magnifiques compositions. Il y en a trois, je crois : la *Mort d'Ananie* à la voix de Saint Pierre ; le moment où Notre-Seigneur, après sa Résurrection, donne les clefs et la principauté à Saint Pierre : *Tu es Petrus ;* le *Sacrifice de Lystre*.

Je reviendrai au Vatican, tout seul, pour *éplucher* ces trois compositions de Raphaël ; et avec du papier et un crayon pour noter mes remarques.

Nous sommes arrivés après cela aux chambres de la *Transfiguration*, de la *Madone de Foligno*, de la *Communion de saint Jérôme*, du *Couronnement de la Sainte-Vierge dans le Ciel ;* dans celle de la *Vierge aux quatre Saints*, du Pérugin ; des *trois Vertus théologales*, de Raphaël ; du petit saint *martyr*, de Pérugin, et du tableau de Guerchin représentant *Notre-Seigneur et saint Thomas*, lui mettant le doigt dans son côté.

La *Madone de Foligno* est, à mon goût, le chef-d'œuvre de la peinture, et j'aimerais mieux ce seul tableau, si l'on m'en donnait le choix, que tous les autres ensemble, *y compris la* TRANSFIGURATION ! ! !

Nous avions les yeux trop fatigués pour voir les *Stanze:* nous commencerons par là, la première fois que nous reviendrons.

Nous sortons, après avoir vu toutes ces magnifiques choses, et nous entrons à *Saint-Pierre*, qui me paraît plus énorme que jamais. Nous prions un moment Notre-Seigneur, à la Confession des Apôtres, et nous revenons ensuite pour dîner.

Mes journées s'arrangent très bien sous tous les rapports. Je me lève de bonne heure ; à huit heures, je déjeune chez M. Véron, quand je travaille après, à la maison, et chez moi, quand je vais à l'Académie. A midi, je vais à la Chancellerie jusqu'à deux heures ; à deux heures, le dîner chez M. Véron, ainsi que les autres repas, et la causette jusqu'à trois heures un quart ou quatre heures ; puis mon journal ou la lecture ; puis l'église, puis la promenade de touriste, d'archéologue, de curieux, d'amateur d'arts, après tout cela, le souper à huit heures, et, à dix heures environ, je retourne chez moi. Quand j'ai à faire quelque visite, je la fais de quatre à sept heures. Le temps est admirable, je ne le trouve pas déjà si chaud.

22 juillet. — Nous apprenons à l'ambassade la déplorable nouvelle de la mort de M. le duc d'Orléans. Tout le monde est consterné ici. Quel malheur pour le pays, pour le roi, pour toute la famille royale ! Une longue minorité et une Régence, quelle triste perspective ! Pauvre duc d'Orléans ! Qui eût jamais pensé à un pareil malheur ?

L'avenir s'embrouille si bien qu'il faut plus que jamais abandonner nos inquiétudes dans le sein de la Providence. Dieu fait bien ce qu'il fait et qui sait, si, d'un si grand malheur ne sortira pas, dans la suite, un bien quelconque pour la France ? Ce qui est affreux à penser, c'est que le pauvre prince n'a pu recevoir aucun sacrement ! Que le bon Dieu ait pitié de lui !

C'est une chose bizarre combien on exagère facilement quand on donne des renseignements sur un pays étranger à quelqu'un qui ne le connaît pas. Le *serein* du soir, dont on m'avait fait un si gros monstre, passe comme une pilule sans que l'on s'en aperçoive. Personne n'a de manteau le soir, excepté quand on fait de longues promenades en voiture qui vous obligent à revenir tard. La seule chose à laquelle il faille faire attention c'est de ne pas prendre de refroidissement après avoir transpiré. La fièvre est le résultat d'imprudences, excepté cependant quand on habite dans certaines parties de la ville, humides, peu habitées et boisées, où il y a véritablement des miasmes dangereux (*La Cattiva aria* ou la *mal aria*, le mauvais air). Le climat de Rome est mauvais, dit-on, pour les dents et pour l'estomac qui y devient très paresseux ; aussi boit-on du vin en quantité. Je deviens un vrai ivrogne ! buvant au moins une bouteille de vin par jour. En toute autre circonstance, je serais ivre mort : ici, en été, cela n'a d'autre effet que de faciliter la digestion et de réparer un peu les pertes qu'occasionnent les sueurs.

On m'avait dit encore qu'il n'y avait rien à Rome, pas même les objets qui servent à la vie habituelle. Tout s'y trouve, cher, il est vrai, peu bon, peu perfectionné, peu solide ; mais enfin, on n'est pas dans l'embarras, quand on n'a pas fait de provisions. Cependant quand on va à Paris, il vaut mieux apporter *tout* de Paris, par économie.

La sieste n'est pas du tout nécessaire ; quand on la fait

on est toute la journée à s'en remettre ; on se sent lourd, endormi, stupidifié.

Dimanche 24 juillet. — J'allai entendre la messe dans une église assez éloignée de l'ambassade, dédiée à saint Augustin. C'est une des plus belles de Rome et surtout une des plus pieuses. Elle renferme deux précieuses choses : la première, le corps de sainte Monique, mère de saint Augustin, et à qui nous devons la sainteté de son fils et le plus admirable modèle de la patience chrétienne. Ses reliques reposent sous l'autel du Saint-Sacrement. C'est une touchante et belle idée que d'avoir mis sainte Monique dans l'église de Saint-Augustin.

La seconde pieuse curiosité est une image miraculeuse de la Sainte-Vierge connue dans tout Rome sous le nom de *Madone de saint Augustin.* C'est l'image la plus vénérée. La Sainte-Vierge est représentée assise sur un trône, tenant, sur ses genoux, l'Enfant-Jésus. C'est une statue grande comme nature et peinte ou habillée. L'église est tapissée *d'ex-voto* et, entre autres, d'une immense quantité de couteaux et de poignards. A la première vue, on est étonné de voir tous ces couteaux offerts à la Sainte-Vierge ; mais quand on apprend pourquoi ils sont là, on n'a plus qu'un regret c'est qu'il n'y en ait pas le double et le triple. Lorsque les gens du peuple vont se confesser et que le confesseur voit, d'après leurs aveux, qu'ils sont portés à la colère ou à la haine, il les engage à faire hommage de leur couteau, s'ils en ont, à la Madone ; ce qu'ils font toujours. Or, comme les Italiens se trouvent toujours avoir, au milieu de leurs querelles, le couteau au bout du poing, on comprend quel service c'est leur rendre que de leur dégarnir le poing de ce terrible auxiliaire.

A 11 heures, j'avais à aller chez un de nos confrères de Saint-Vincent-de-Paul, pour chercher quelque chose ; je vis trois peintures de la plus grande beauté destinées malheureusement au Musée de Londres. Ce sont trois compositions de Michel-Ange, peintes à l'huile, presque les seules de ses œuvres qui soient portatives. Ces trois tableaux, joints à deux autres moins bons d'un des élèves de Michel-Ange, ont coûté 700 louis (14,000 francs), et leur prix est incalculable, d'autant plus qu'elles sont admirablement conservées. Ce sont des bandes de 6 pieds sur 2 ou 2 et demi.

La première représente une douzaine de têtes, un peu plus grandes que nature, dont voici l'histoire originale :

Le grand peintre se trouvant un jour réuni avec onze amis ou élèves, on paria pour savoir qui ferait la plus vilaine figure. Quelques-uns peignirent chacun leur tête ; Michel-Ange en fit cinq ou six et une, entre autres, qui surpassa celles de ses rivaux. Pour finir de couvrir la toile, il peignit, à gauche, son propre portrait et celui de son favori. Cette dernière tête et celle que fit Michel-Ange, comme type de la laideur, sont magnifiques d'énergie, de hardiesse.

La seconde bande représente *Saint Thomas* mettant la main dans les plaies de Notre-Seigneur. Je l'aime moins que la première, à cause du sujet qui ne convenait pas à Michel-Ange. Dès qu'il faut un peu de piété, de cachet religieux, Michel-Ange n'y est plus. Notre-Seigneur a l'air ici d'un homme du peuple qui jure.

La troisième représente des têtes groupées, dont je ne me rappelle plus le sujet. Je la préfère à la deuxième, mais non pas à la première.

Ces peintures sont faites d'une très singulière façon ; ce n'est pas une grisaille, et, cependant, il n'y a presque que la même couleur roussâtre, salie, et d'une transparence égale à celle du Titien. Michel-Ange avait, quand il voulait, une grande puissance de couleur. C'était le Bossuet de la peinture; Raphaël en était le Racine ; Léonard de Vinci, le Boileau.

Nous savons actuellement tous les détails de la mort de M. le duc d'Orléans. Français et Romains, tous sont péniblement affectés de ce malheur. Un grand service funèbre va être célébré pour le repos de son âme dans notre église de Saint-Louis, vendredi prochain.

XXII

Inscriptions tumulaires des Catacombes. — Procession de Sainte-Anne. — Service funèbre à Saint-Louis pour le duc d'Orléans. — Visite avec l'abbé Véron à *Sainte-Côme et Saint-Damien* et à *Sainte-Marie-aux-Anges*. Saint Bruno, saint Sébastien par le Dominiquin. *Santa Maria della Vittoria* et le Bernin. — *Sainte Sabine*, la Vierge et Saint Dominique par Sassoferrato. — Indolence des Romains.

25 juillet. — Il y avait, à l'ambassade de France à Rome, sous la Restauration, en qualité de clerc national, un certain abbé de L... M... d'une de nos plus illustres familles, connu surtout par ses naïvetés et ses bêtises. Le bon abbé avait conscience de sa simplicité, car il disait un jour à un évêque : « Ah ! monseigneur, si je n'étais pas si bête, je serais évêque à votre place ! » Une autre fois, voyant passer sous ses fenêtres les petits *orfanelli*, dont j'ai déjà plusieurs fois parlé, qui allaient se promener, et, tout près d'eux, les élèves du collège Germanique (1) : « C'est singulier, dit-il, voilà quinze ans que je suis à Rome, et je vois toujours les *orfanelli* petits et les *germaniques* jeunes ; dites-moi donc pourquoi les

(1) Ce sont des jeunes gens de vingt à vingt-deux ans, élevés et instruits gratuitement chez les Jésuites afin d'embrasser l'état ecclésiastique.

uns ne grandissent pas et pourquoi les autres ne vieillissent pas ? » Or, ce sont des écoles ou asiles publics, qui se renouvellent en partie, tous les ans, comme tous les établissements de ce genre.

Je vais dans l'après-midi au Vatican avec un jeune homme qui est à notre table depuis quelques jours, M. Marandais. Nous croyions le Musée ouvert ; mais, à cause de l'absence du Pape, qui passe l'été au palais du Quirinal ou à la Villa de Castel Gandolfo, le Vatican n'est ouvert que le jeudi. En désespoir de cause, nous examinâmes les inscriptions chrétiennes des premiers siècles, classées le long d'une immense galerie, avant l'entrée du Musée.

Ces inscriptions sont gravées sur des pierres tumulaires, prises la plupart dans les Catacombes ; dans le nombre il y en a beaucoup de très curieuses et de très touchantes. Grâce à la petite étude forcée que nous venons d'en faire, je connais à peu près maintenant le langage symbolique des pierres tombales et l'épigraphie chrétienne des premiers siècles.

J'avais du papier pour prendre des notes ; voici les inscriptions et les symboles qui m'ont frappé ou touché.

En voici d'abord un qui se reproduit sur presque toutes les pierres sépulcrales ; c'est le X et le P grecs, formant l'anagramme de Χριστος, le christ, en grec ; de chaque côté sont deux oiseaux représentant la colombe de l'Arche de Noé, symbole de la paix. Souvent la colombe tient même le rameau d'olivier dans son bec.

Voici la pierre sépulcrale d'une martyre de six ans, appelée Martina :

MARTINE . FILIE . DVLCISSIME
QVE . VIXIT . ANNOS . V . MENSES
XI . DIES . XX . QVE . DECESSIT . 7 . KAL . MAIAS

A gauche est une couronne, à droite une palme, signes et symboles du martyre. Les mots de l'inscription sont assez embrouillés, parce que les lettres sont à l'ancienne mode latine, écrites sans intervalles. Dans l'original même il n'y a pas les points que j'ai mis entre chaque mot : « A Martine, ma fille très douce, qui vécut cinq ans, onze mois, et vingt jours ; qui mourut le 7 des calendes de mai. »

Sur une autre pierre tombale, j'ai remarqué et copié un emblème très précieux ; c'est l'image de la Sainte-Eucharistie, figurée par trois coupes remplies de pains ovales, divisés par petites portions pour être distribués aux fidèles. Autrefois on communiait sous les deux espèces.

L'emblème suivant est ce qu'on appelle un *Orans* (priant). Le défunt est représenté, les bras ouverts, en prière ; à droite et à gauche, la colombe, et, au-dessous de la colombe, le X. P. l'anagramme du Christ.

Une autre pierre voisine est plus riche et plus soignée que les autres. Le marbre en est plus beau, et l'emblème est sculpté en relief, au lieu d'être simplement gravé au burin et ensuite peint en rouge. Comme les pierres tombales ordinaires, son emblème représente l'anagramme du Christ et l'A et l'Ω grec, en souvenir de ce passage de l'Apocalypse : *Ego sum Alpha et Oméga, principium et finis ;* je suis l'alpha et l'oméga (la première et la dernière lettre de l'alphabet grec), le commencement et la fin.

Voici une inscription, plus touchante par sa simplicité que bien des phrases : « à Stercoria » ; avec l'anagramme du Christ.

A côté, s'en trouve une qui, malgré sa longueur, est pleine de naïveté et de grâce :

B. M.
FILIO.INNOCENTISSIMO.EPICTETO.QVI.SEMPER.CVM
PARENTES.SVOS.INNOCENTISSIME.VIXIT.
HIC.VIXIT.ANNOS.NVMERO.VIGINTI.ET.MENSES.II

« A notre fils très innocent et bien méritant, Epictète, qui vécut avec ses parents toujours très purement. Il vécut vingt ans et deux mois. » C'est du mauvais latin, de la basse latinité, du *latin de cuisine*, comme l'on dit ; mais la douceur et les regrets exprimés par ces mots m'ont impressionné.

Une autre inscription que j'ai aussi remarquée, à cause du nom de la défunte, est celle-ci : « Sabine ; qu'elle repose en paix ! »

Voici maintenant une martyre, gravée en pied, tenant d'une main la palme, de l'autre la couronne. Sur l'espèce d'autel où elle pose sa couronne, est écrit son nom : *Poscentina dulcis*, la douce Poscentina.

Il arrivait aussi souvent que l'on gravait sur la pierre tombale l'instrument usité dans la profession du défunt. Ainsi, pour les fossoyeurs, pour tous ceux chargés du soin des morts, on gravait une pioche ; pour les boulangers, nous avons vu au tombeau de la *Porta Maggiore* les divers insignes de son métier.

Voici, par exemple, la pierre d'une grainetière : un boisseau rempli de grains avec cette inscription très touchante : « Victoria, tu reposes en paix et en Jésus-Christ. »

En voici une d'une veuve, martyre :

VIDVA . FELICISSIMA
IN . DEO . VIVES.

« O veuve bienheureuse ! tu vivras en Dieu ! » La palme est d'un côté, de l'autre le cœur embrasé.

Celle-ci est encore d'une martyre : « Eucarpia, tu dors en paix ! » entre la couronne et la palme.

Quelle belle simplicité, quelle grandeur dans toutes ces inscriptions !

Enfin, pour terminer ma petite collection d'archéologie tumulaire chrétienne, j'ai copié une effigie du *Bon Pas-*

teur, très communément reproduite dans les premiers temps de l'Église. C'est simplement un jeune berger portant une brebis sur ses épaules. Toutes ces inscriptions, ces symboles, ces effigies sont gravés dans la pierre ou le marbre et ensuite le trait en est peint en rouge ou en noir.

Parmi les inscriptions païennes, je n'en ai remarqué qu'une seule ayant quelque originalité. C'était celle d'un médecin qui disait « qu'après avoir tant travaillé et avoir *fait mourir tant d'hommes* de mort subite (*quot occidimus subito*), il paraissait devoir mériter un meilleur sort que la mort pour lui-même. »

M. l'abbé Lacroix, qui s'occupe beaucoup d'antiquités et surtout d'épigraphie chrétiennes, me disait avoir vu dans les Catacombes cette charmante inscription sur le tombeau d'un enfant mort peu de temps après sa naissance :

INNOCENTISSIMO . FILIO . PARENTES . BREVES

« A notre fils très innocent ses parents d'un jour ! » L'épithète de *breves* est bien heureusement trouvée ; on ne peut en français la traduire avec toute sa finesse, sa concision et son sentiment.

En revenant du Vatican, nous avons rencontré une immense procession dont je veux donner le détail pour faire un peu connaître à nos chers lecteurs la dévotion italienne. C'était la fête de sainte Anne, mère de la Sainte-Vierge.

Il y a huit jours, au commencement de la neuvaine, une procession semblable à celle que je vais décrire, était partie d'une église voisine de Saint-Pierre, vouée à Sainte Anne, pour se rendre à *Santa-Maria in Campitelli*, autre église située non loin du Capitole. On avait transporté l'image de sainte Anne chez la Sainte-Vierge, sa fille, et aujourd'hui on était venu la reprendre pour la ramener chez elle. Cette idée de réunir l'image de la mère et de la fille est naïve, originale et touchante. Mais la façon dont elle est exécutée n'est rien autre chose que ridicule, pour nous autres étrangers du moins.

Dans les rues où la procession doit passer on suspend aux fenêtres des tapisseries ou des morceaux d'étoffes, ce qui produit un charmant effet. A tous les balcons, à toutes les fenêtres sont des *attendants* et des *attendantes* en costume de fête. La foule est toujours très grande dans les rues, les Romains aimant avant tout à ne rien faire et à se montrer endimanchés.

La procession s'ouvre par deux rangs de quatre ou cinq soldats chacun ; après, vient un homme portant une grande lanterne dorée et allumée, élevée sur un grand manche doré aussi ; puis viennent les domestiques des cardinaux ou des princes et grands seigneurs qui ont une dévotion particulière pour la sainte ou le saint que l'on fête, et qui se font ainsi représenter par la livrée de leurs gens.

Tout le monde marche sur deux files, avec des cierges allumés, et, ce qui est absolument odieux, une nuée de gamins déguenillés, de cette espèce ignoble appelée à Paris *voyous*, marchent à côté des membres de la procession pour recueillir les gouttes de cire fondue, qu'ils revendent ensuite. Ils ont, à cet effet, un grand cornet de papier qu'ils tiennent sous l'extrémité du cierge, de sorte que les gouttes y tombent ; plusieurs se contentent de les recevoir dans leurs mains. Tous les gens de la procession ne tolèrent cependant pas ces affreux accessoires ; j'éprouvais une vraie satisfaction quand je voyais repousser et rabrouer les gamins à la cire.

Après les gens des cardinaux, viennent des petits enfants habillés en prêtres, et des petites filles toutes en blanc avec une couronne blanche sur la tête ; ce sont de tout jeunes marmots de trois, quatre ou cinq ans. C'est assez gentil, mais, comme tout le reste, c'est tant soit peu grotesque.

Viennent ensuite les députations d'ordres religieux, Franciscains, Capucins, etc...

Puis arrive une immense bannière représentant sainte Anne et sa famille. Elle est portée par deux confrères habillés de blanc. Ces malheureux ont de la peine à maintenir en l'air cette grosse machine; leurs efforts sont pénibles à voir.

Derrière la bannière suit le clergé des deux églises, portant en tête un grand crucifix de bois peint et une immense croix de papier gonflé comme un ballon, et maintenue par des fils de fer. Cette croix est peinte en couleur de bois; tout cela est très singulier.

En tête du clergé on porte une relique du saint ou de la sainte fêtés; quand il y a un évêque officiant, c'est à lui que revient cet honneur.

Enfin arrive la chose la plus curieuse, le *gros morceau* de la procession. C'est une grande machine de bois doré, sculpté, historié, bariolé, orné de rubans, de morceaux de soie, de satin, d'oripeaux de toute couleur, entourée de bougies, de cierges, etc..., au centre de laquelle sont les statues de sainte Anne et de la Sainte-Vierge, en bois peint, affreuses, revêtues de manteaux de soie avec de l'or et de l'argent. La Sainte-Vierge a un manteau de taffetas bleu de ciel, et une robe de soie blanche. La tête ne tient au corps qu'au moyen d'une sorte de pivot arrangé de façon qu'elle remue à chaque mouvement de la machine. Les cheveux sont une vraie perruque frisée tout autour de la tête. Tout cela *branle dans le manche*, et est porté par une troupe de vingt-cinq ou trente hommes tenant chacun un des nombreux supports du brancard. Ils ont l'air de faire de grands efforts pour faire avancer leur machine.

Derrière, et pour clore la procession, sont quelques confrères et le peuple qui suit.

Les Italiens sont émerveillés de toute cette mise en scène; il leur faut du clinquant, de l'extraordinaire, surtout des couleurs et de la dorure. Ils s'amusent à la procession et à la dévotion, comme les enfants s'amusent à jouer à la chapelle, au catéchisme, à la messe. Ce sont de grands enfants, que l'on prend par les yeux et qui quittent tout pour une *tombola* ou une procession.

En réalité, cette procession de sainte Anne est une chose vraiment *cocasse*; cette grande croix soufflée, cette mécanique colossale, tiennent plus de la mascarade que de la dévotion. C'est cependant, paraît-il, nécessaire pour le peuple de ces pays-ci, qui ont, comme les Russes, quoique à un degré moindre, *la foi des yeux*. A Naples, dit-on, c'est bien plus fort encore.

Le clergé, dans ces cérémonies, manque de dignité; la plupart des prêtres ou des religieux semblent être à la promenade, et ont le même air que le commun des mortels, ce qui ne doit pas être. Loin de moi de dire qu'ils soient mauvais prêtres ou mauvais moines! Seulement ils n'ont pas assez, à l'extérieur du moins, le sentiment de leur dignité, le sentiment de leur état éminent; ils ne se considèrent pas assez comme les *hommes de Dieu*. Cela ne viendrait-il pas de la surabondance de prêtres et de religieux à Rome? la quantité ne nuit-elle pas à la qualité?

29 juillet. — A dix heures un service funèbre est célébré à Saint-Louis pour M. le duc d'Orléans. M. de Rayneval, d'Astorg et moi, nous y allons. L'église était magnifiquement arrangée. A la porte d'entrée, au-dessus et en dehors, l'abbé Lacroix, qui a souvent des idées si originales, avait mis une grande inscription, rédigée en style lapidaire, ainsi conçue: *Christiani, quotquot estis Romæ, ingredimini, Aurelianensi Duci Ludovico Ferdinando, Galliâ mœrente, extincto, requiem æternam apprecaturi.* — « Entrez, chrétiens, qui êtes à Rome, entrez pour demander le repos éternel pour Louis-Ferdinand, duc d'Orléans, mort au grand regret de la France. »

L'intérieur de Saint-Louis était très beau. Tout était tendu de draperies noir et or. Ici, pour les enterrements, on ne se sert pas, comme en France, d'ornements noir et argent, ou noir et blanc. C'est toujours noir et or, et il faut convenir que c'est infiniment plus beau. C'est moins lugubre, moins sépulcral ; mais, comme me le faisait observer l'abbé Lacroix, à qui j'en parlais, les insignes de la mort, chez les chrétiens, ne doivent pas avoir cet air de désolation complète qui semble sans espérance. C'est bien mieux entendre la mort chrétienne que d'unir à l'appareil de la tristesse celui du triomphe et, en quelque sorte, de la fête. L'or joint au noir a ce double avantage. Un enterrement à Rome est une *fête funèbre ;* et comme les Romains sont passés maîtres pour disposer tout ce qui est ornement et décoration, c'est généralement très beau.

Au milieu de l'église, sous un immense baldaquin terminé par une couronne royale, et formé de grandes draperies blanches noir et or, était une espèce de tombeau carré, en bois imitant la pierre, avec divers ornements au-dessus. Aux quatre coins s'élevaient des candélabres avec vingt ou trente cierges allumés chacun. Plusieurs lustres étaient également allumés. Tout le corps de l'église était recouvert de draperies noir et or. Le tableau du maître-autel était caché par un voile noir sur lequel était appliquée une croix d'or, haute de vingt pieds au moins.

Presque tout le corps diplomatique vint assister à cette triste cérémonie. L'église était pleine. La messe fut célébrée par l'évêque vice-gérant de Rome, et la musique exécutée par les musiciens de la Chapelle du Pape, lesquels, soit dit en passant, chantent si bien que c'est insupportable de les entendre. Ils sont sept ou huit chantant soi-disant ensemble ou en parties; je crois bien plutôt qu'ils chantent chacun pour leur compte et à la fois, tant leur chant s'accorde peu. Le plain-chant de la plus modeste église de Paris vaut mille fois mieux que les airs de ces savants messieurs-là.

Vers midi, le service funèbre étant terminé, nous revînmes chez nous. Nous étouffions en uniforme dans notre tribune resserrée.

Avant notre souper, à cinq heures, je vais avec l'excellent abbé Véron faire une course jusqu'à Saint-Jean de Latran. Sur le chemin, nous entrons au couvent des Franciscains de l'Ara-Cœli, où j'avais dessiné déjà le frère Sébastien avec M. Odier. M. Véron connaissait le Général, père d'Alessandria, et je l'avais prié de me présenter à lui. Comme c'est, dit-on, un excellent homme, je pourrai peut-être, en cultivant sa connaissance, avoir des têtes de religieux à copier à volonté. M. Véron l'appelle le père *Piacere* (plaisir), parce que, lorsqu'on l'aborde, il vous reçoit toujours avec ces mots : *Ah! piacere! piacer di verder la!* (Ah! quel plaisir! j'ai plaisir à vous voir!) Je ne l'appelle plus, moi aussi, que le père *Piacere*.

Nous entrons dans le couvent et nous le rencontrons sortant, sur l'escalier. Il nous reçut amicalement avec son : *Ah! piacere! Signore, piacer di vederli!* Après que M. Véron m'eut présenté, il répéta encore, en remontant avec nous l'escalier : « *Piacere! Piacere!* » Il nous fit entrer dans son salon, très simple et très pauvre, et nous causâmes en italien pendant un gros quart d'heure.

Le père d'Alessandria est un homme de près de soixante ans, un peu gros, l'air très bon et très ouvert, et portant lunettes. Il a le même habit que ses religieux, brun, et sans aucun insigne d'autorité qui le distingue des autres.

Il avait avec lui son secrétaire, le petit père Filippo, très connu de M. Véron, et qu'on appelle amicalement le père *Pippo*. M. Véron l'a connu dans un voyage qu'ils ont fait ensemble à Assise et à Foligno.

Le père d'Alessandria est le Général de tous les Franciscains qui sont dans le monde : il a ainsi, a-t-il dit à M. Véron, une armée de soixante mille hommes.

Après notre visite, nous sommes entrés dans l'église de Saint-Côme et de Saint-Damien, martyrs, autrefois temple de Romulus et de Rémus. Au fond de l'église, au plafond de l'abside, sont de superbes mosaïques du cinquième ou sixième siècle, très bien conservées. Elles représentent divers Saints, et, au-dessous, le symbole des moutons et de l'Agneau sur une montagne, dont j'ai déjà parlé. A gauche de l'église est un escalier qui conduit dans les souterrains. C'était là jadis le temple païen ; il était assez grand, parsemé de colonnes. On ne peut juger de l'ensemble à cause du plafond qui est très bas. En effet, le pavé du temple était autrefois le pavé de l'église ; dans le siècle dernier, un Pape ayant trouvé que la trop grande élévation du monument, jointe à l'exhaussement des terrains avoisinants qui le mettaient en contrebas, causait de l'humidité, fit exhausser le pavé d'une vingtaine de pieds en coupant en deux le temple à cette hauteur, de sorte qu'il reste un espace d'une dizaine de pieds entre ce second pavé suspendu et l'ancien.

C'est là que fut découvert le corps de Saint Félix II, Pape et martyr. On voit sous un autel, à droite en entrant, l'urne de marbre où avaient été déposés ses restes. L'histoire de sa découverte est assez curieuse ; des hommes cherchaient un trésor qu'ils croyaient enterré là, et le résultat de leurs opérations fut de mettre au jour le vase funéraire contenant le vrai trésor des reliques de Félix II. Sur le marbre étaient gravés ces mots : « Saint Félix II, Pape et martyr. »

Nous descendîmes par un escalier souterrain à l'endroit même où fut découvert le corps du Saint. A droite, près de l'entrée, est un petit autel, très bas, composé d'une simple pierre, où Saint Grégoire disait la Messe. Ce petit souterrain est tellement humide que le sol est couvert d'une couche de boue glissante. L'eau découle du plafond et des parois latérales formées par le roc.

30 *juillet*. — Chose honteuse! je n'avais pas encore vu, depuis mon arrivée à Rome, une des plus belles églises de la grande ville, Sainte-Marie-aux-Anges (*Santa Maria agli Angioli*). En conséquence, je prie M. Véron, qui la connaissait, de vouloir bien m'y conduire et me faire voir ce qui méritait d'y être vu.

Sainte-Marie-aux-Anges est bâtie au milieu même des Thermes de Dioclétien, qui forment ainsi ses murs et que l'on a laissés extérieurement dans leur état primitif. Que l'on juge, dès lors, combien doit être impressionnante et originale la vue d'une église élevée en l'honneur de la Sainte-Vierge, dans un des lieux où l'orgueil et la sensualité des Empereurs romains s'étalaient avec le plus de faste et d'impudeur; de Dioclétien surtout, qui persécuta si longuement et si cruellement l'Église, et dont les maisons de plaisirs sont purifiées aujourd'hui par cette même religion qu'il a tenté de détruire.

L'église fut bâtie par le Pape Pie IV et dédiée à la Mère de Dieu, en 1561 : Ce fut Michel-Ange qui en fit le plan, et l'on y reconnaît la même ordonnance grandiose et majestueuse de Saint-Pierre.

Avant d'y arriver, on trouve une belle fontaine avec une mauvaise et colossale statue de Moïse. En tournant à droite, on arrive à Sainte-Marie-aux-Anges.

L'entrée en est très laide et mesquine ; on ne se douterait pas qu'il y a là une église. Cela tient à une sorte de grand vestibule rond, en forme de rotonde, qui se trouve entre la porte d'entrée et l'église elle-même. Ce vestibule est énorme et ferait à lui seul une jolie église. En face de l'entrée est le maître-autel.

En avançant, on voit à sa droite, à la sortie de la rotonde et dans une sorte de renfoncement, la fameuse statue de Saint Bruno, de laquelle un Pape disait : « Elle parlerait si sa Règle n'ordonnait le silence. » En effet, c'est un chef-d'œuvre. Le Saint est représenté debout, les bras croisés, la tête inclinée sur sa poitrine et dans l'attitude du recueillement et de la prière. La pose est pleine d'une simplicité noble et religieuse; la tête est vivante et l'air de recueillement admirablement rendu. Cette belle statue peut avoir de dix à douze pieds. Elle est dans une niche, et sa grandeur ne choque pas du tout à cause des immenses proportions de l'église.

Le pavé est très beau, en mosaïque. A droite du maître-autel est une grande fresque du Dominiquin, la plus belle chose, je crois, que j'aie vu de lui. C'est le *Martyre de Saint Sébastien.*

Le peintre a choisi le moment où l'on attache Saint Sébastien à un poteau avant de le percer de flèches. Des femmes et la foule sont à droite sur le premier plan ; le cheval d'un centurion cause du trouble parmi les curieux. Des soldats apprêtent leurs arcs et leurs flèches.

Les figures sont grandes au moins deux fois comme nature, mais elles ne sont qu'en proportion avec l'église. Tout est parfaitement conservé dans ce chef-d'œuvre, remarquable par toutes les qualités requises chez les plus grands maîtres. Composition vaste et animée; couleur magnifique, vigoureuse et délicate à la fois; beau dessin, beaux et nobles types de têtes; enfin, une animation, une vie étonnante dans tout le tableau.

A droite, sur le premier plan, se voient une femme et un enfant, admirables tous deux. La pose de l'enfant surtout est si naturelle que cela fait plaisir à voir. La mère fait un mouvement de frayeur à la vue du cheval du centurion qui se dirige de son côté. L'enfant, qui ne regarde que le saint martyr, exprime à la fois la compassion, l'horreur et la curiosité.

A côté de ce groupe, au premier plan également, est une autre femme, distraite du spectacle du martyr par la crainte du cheval. Cette femme est, je crois, encore plus belle que la première; c'est aussi beau que Raphaël, la tête est vivante.

Au coin, à gauche, il y a un soldat ou bourreau presque nu, tirant une flèche d'un carquois qui est à terre. La couleur est fine et brillante, le dessin énergique, la forme noble, ainsi que la pose.

Le Saint est encore un chef-d'œuvre. La couleur, le dessin, l'expression, tout s'y trouve réuni. Sa tête est d'un caractère très élevé. Il lève les yeux au ciel pendant qu'on l'attache. Notre-Seigneur lui apparaît dans le ciel avec les Anges, tout en haut du tableau. La figure entière de Notre-Seigneur n'est pas bien réussie; elle est trop petite, et, ainsi placée tout près du cadre, elle alourdit la composition.

Cette fresque du Dominiquin est un des beaux tableaux que j'aie encore vus. Je la préfère même à sa *Communion de Saint Jérôme*, pour l'ensemble, mais non pour la finesse qui est très grande dans la belle toile du Vatican.

Beaucoup d'autres fresques décorent l'église de Sainte-Marie-aux-Anges. Toutes sont assez bonnes, une seule est remarquable. C'est la *Messe de Saint Basile*, par Subleyras. Ce tableau a une belle couleur, et sa composition a de la hardiesse et du mouvement.

L'église de Sainte-Marie-aux-Anges est ornée d'un grand nombre de magnifiques colonnes provenant des Thermes de Dioclétien. Elles sont en granit de Sienne, d'un seul morceau, hautes de cinquante-cinq pieds et ayant seize pieds de circonférence.

En sortant de l'église, nous avons été visiter le cloître des Chartreux, de qui dépend l'église et qui la desservent. Ce cloître a encore été dessiné par Michel-Ange, et sa simplicité grandiose s'harmonise très bien avec Sainte-Marie-aux-Anges. C'est un immense carré, entouré d'une galerie avec des arcades et planté d'arbres et de fleurs. Au centre sont deux antiques cyprès, d'une grande hauteur, connus de tous les peintres, qui viennent de tous les côtés les dessiner.

Dans le coin du jardin le plus voisin de la porte d'entrée, est un petit espace destiné au cimetière des Chartreux. Au milieu s'élève une croix de pierre, et près d'elle, comme à son ombre, quelques simples croix de fer, plus petites, indiquent le lieu de sépulture de ces bons religieux. Ce pauvre et modeste cimetière est très touchant.

Dans la galerie entourant le jardin donnent les portes des cellules. Il y a huit ou dix pères au couvent de Sainte-Marie-aux-Anges. Ils ont chacun trois petites chambres ; une pour dormir, une pour travailler et une pour manger, ainsi qu'un jardin particulier, attenant à la cellule. Ils sont enfermés là pendant six jours de la semaine, ne voyant personne, pas même le frère qui leur apporte la nourriture ; ce dernier la met dans un tour, dans lequel les religieux remettent les plats et ustensiles après s'en être servis. Ils s'occupent, dans cette solitude profonde, à la prière, à la méditation, au travail manuel, à la culture de leur petit jardin, et à la lecture.

Un jour par semaine, ils se réunissent et ont permission de parler.

Leur vêtement est tout blanc. Les frères convers sont habillés de brun. C'est Saint Bruno, qui est le fondateur de cet ordre, calqué sur les Règles de vie et les exemples des anciens solitaires de la Thébaïde.

Granet a fait un tableau du cloître de Notre-Dame

des Anges ; il est si ressemblant, que je l'ai reconnu de suite, quoique je ne l'aie vu qu'une fois et il y a plusieurs années.

En revenant, nous avons fait une petite pointe sur une jolie église placée près de la fontaine au Moïse. Elle s'appelle *Santa Maria della Vittoria,* en mémoire de la victoire de Lépante remportée sur les Infidèles en 1571, sous le Pontificat de Saint Pie V.

Cette église, toute petite qu'elle soit, est d'une grande richesse. Les murailles sont couvertes de marbres ou de dorures. Aux quatre piliers qui soutiennent la coupole sont les drapeaux pris aux Turcs à Lépante.

A gauche, dans la chapelle de Sainte-Thérèse, est un groupe du Bernin, représentant une extase de la Sainte, et qui est vraiment révoltant à voir. Sainte Thérèse a l'air d'une mauvaise femme ivre ; un ange, qui est envoyé du ciel vers elle, a été représenté par l'inhabile et profane sculpteur en Amour de quinze à seize ans, avec une flèche dorée à la main, et souriant d'un air qui respire tout autre chose que l'amour divin. C'est une honte de laisser de semblables statues dans une église ! Quant à la beauté artistique, elle est nulle, tout cela étant maniéré, forcé, contourné, comme c'est l'habitude du Bernin. Cet homme-là a gâté tout ce à quoi il a touché, à commencer par Saint-Pierre et Saint-Jean de Latran. Il s'est *oublié* un moment dans sa vie artistique en faisant la magnifique colonnade de Saint-Pierre. Ce jour-là, il s'est renié, il est sorti de lui-même.

31 *juillet*. — Je vais le matin avec M. Véron à l'église de Sainte-Sabine, sur le Mont-Aventin. J'avais un désir tout particulier de voir cette église à cause de ma chère petite sœur, dont elle porte le nom, et je n'ai pas pu m'empêcher d'y recevoir le bon Dieu à son intention. Mon bon M. Véron, qui est délivré, comme je l'ai dit plus haut, de son terrible examen de doctorat, me prête, avec

une bonté toujours constante et une cordiale amitié, le secours de son expérience en matière de curiosités chrétiennes et païennes, mais surtout chrétiennes ; car les ecclésiastiques connaissent naturellement celles-ci mieux que les autres.

Nous avons donc formé le projet de visiter le matin de très bonne heure les plus fameux sanctuaires de Rome ; il y dira la messe, à laquelle j'assisterai, au lieu d'aller la chercher dans une église ordinaire.

Aujourd'hui nous avons commencé par Sainte-Sabine, église qui dépendit jadis de Saint Dominique, où il pria, où il célébra la messe, et dans le couvent de laquelle il habita. Après avoir admiré la beauté de l'église, ornée de vingt-quatre colonnes et d'une belle confession où repose le corps de Sainte Sabine, nous examinâmes une pierre que les bonnes gens prétendent avoir été jetée à saint Dominique par le démon, un jour que le saint était en prières dans l'église. C'est une grosse pierre noire, qui, je l'avoue, m'inspire peu de foi.

M. Véron célébra la messe sur le corps de sainte Sabine, et l'offrit pour toi, ma chère Sabinette, ainsi que je faisais moi-même. Il dit parfaitement la messe, avec beaucoup de piété et sans aucune affectation.

Nous allons ensuite visiter la chambre où habita Saint Dominique, et celle où fut aussi le Pape saint Pie V, religieux dominicain. Ces deux chambres ne font pas autant d'impression que je l'aurais cru, parce qu'on les a tellement ornées, recouvertes de marbres, de décorations, qu'on ne se figure pas qu'un homme y ait jamais couché, lu, écrit, et fait les autres actes de la vie habituelle.

De Sainte-Sabine on a sur Rome une vue magnifique. Toute la ville est devant vous, le Tibre coule au pied du Mont-Aventin, au sommet duquel on se trouve, et il n'est séparé du couvent que par un beau plan incliné de verdure. Dans un vestibule, où j'ai remarqué des colonnes torses d'un ancien temple de Diane, il y a une immense porte en bois travaillé, dont les sculptures sont merveilleuses de finesse et de délicatesse. Chaque panneau, entre autres, est entouré d'une guirlande de raisins découpés à jour et en relief, les feuilles et les tiges étant ainsi détachées de la masse du bois.

Dans un coin de l'église, au fond d'une petite chapelle à droite, est un tableau vraiment délicieux de Sasso-Ferrato. Il représente la Sainte-Vierge et l'Enfant Jésus adorés par saint Dominique et sainte Catherine.

La Sainte-Vierge est très belle et charmante ainsi que l'Enfant Jésus, le *Sagro Bambino*. Mais ce qui est tout à fait hors ligne, c'est le saint Dominique et la sainte Catherine. La couleur en est d'une finesse et d'une vigueur singulières, le dessin simple et correct, le sentiment religieux vif, doux et vrai. La Sainte-Vierge remet à son fidèle saint Dominique le Rosaire, pendant que Notre-Seigneur couronne d'épines sainte Catherine, son épouse mystique, et lui donne aussi un chapelet.

La tête de saint Dominique, outre sa ressemblance aux portraits que l'on a de lui, est d'une finesse et d'une vivacité d'expression charmantes. Il est à la fois humble et reconnaissant, à la fois saint et aimable. Sainte Catherine a une expression admirable; elle a la figure à moitié voilée, les yeux baissés, l'air calme et recueilli. La couleur de tout ce tableau est aussi belle que celle du Pérugin, un peu plus dure peut-être. En somme, c'est un tableau de grand prix et digne de la visite des amateurs.

Il y a *malaria* à Sainte-Sabine; aussi n'y reste-il que quatre ou cinq religieux pendant cinq mois de l'année.

En revenant, j'eus l'occasion de juger par moi-même la vérité de ce qu'on m'avait souvent dit de l'indolence des Romains. Je vis des gens de la campagne arrêtés sur la place de Montanara, attendant de l'ouvrage. Je remarquai un petit garçon que je voulus dessiner. En conséquence, je m'approche. « Je voudrais faire le portrait de votre enfant, » dis-je au père, « envoyez-le-moi, je ne le garderai qu'une demi-heure, et je lui donnerai deux pauls. » — « Et où faut-il aller? » demanda-t-il. « A la Pilotta, derrière l'Ambassade de France. » — « Oh! c'est trop loin! (*tropo lontano!*). » Je n'ai pu en tirer que cela. Il a préféré ne rien gagner; et en un quart d'heure de marche, sans fatigue aucune, il aurait eu dans l'espace d'une demi-heure plus que le prix d'une journée de travail.

Cette nonchalance est inouïe; ces gens, qui n'ont ni pain, ni argent, refusent le moindre travail. Les marchands sont de même; ils n'éprouvent aucunement le besoin de vendre. « Avez-vous telle étoffe? » leur demande-t-on. — « Je n'en sais rien. » — « Comment! vous n'en savez rien? eh! bien, cherchez! » — « Ah! monsieur, je ne suis pas sûr qu'il y en ait encore. » — « Eh, bien, voyez-le! » — C'est ainsi qu'il leur faut faire violence pour les amener à débiter leur marchandise.

Allez chez un tailleur ou chez un cordonnier, et menacez le, s'il n'est pas exact, de ne pas prendre son ouvrage ou de lui retirer votre pratique : « Come vorrà! » répondra-t-il tranquillement (Comme vous voudrez). Les vilaines gens! C'est écœurant de voir pareille *mollasserie!*

1ᵉʳ *août.* — Fête de maman! la Sainte-Sophie! Mes sœurs donnent des baisers et des bouquets à ma bonne maman; il lui manque un de ses enfants qui les lui donnait habituellement de bien bon cœur! Chère maman, au lieu de bouquets, ce sont des prières que je vous donne. Parties de Rome, Dieu veuille les exaucer plus complètement!

M. Véron a offert la messe pour maman; qu'il est charitable de me faire un si grand plaisir!

Dans la matinée, il est allé prêter, au Collège Romain, le serment de docteur en Théologie. Il m'a raconté comment se passe la cérémonie, le voici : On l'a conduit dans une petite chapelle, où il s'est mis à genoux devant le Recteur du Collège et un autre prêtre ; là il a lu le *Credo* du Concile de Nicée et ce qu'on appelle la Profession de foi du Pape Pie IV ; c'est un résumé de tous les articles de foi en discussion avec les hérétiques ou les schismatiques modernes, et exposés dans la forme d'un Symbole.

Quand cette lecture fut finie, on lui a fait mettre la main sur le livre des Évangiles, et il a juré de défendre tous les dogmes de l'Église Catholique, de ne jamais en enseigner d'autres, etc... Après ce serment, il est devenu parfait docteur en Théologie, et il n'attend plus que son diplôme (*la cartella*).

XXIII

San Martino in Monti, Saint Sylvestre. — Le Cardinal Tomasi. — Sainte-Praxède, Saint Charles Borromée, la Colonne de la Flagellation. — Excursion à Frascati et Albano. — Villas Taverna, Piccolomini, Mondragone. — Visite au père de Géramb, son histoire. — Les Thermes de Titus et la *maison dorée* de Néron. — Le Corso et la bourgeoisie romaine. — L'hôpital de *Sainte-Marie-aux-Anges*. — Le cimetière des Capucins, place Barberini. — Catacombes de Saint-Sébastien. — Départ de M. Véron pour Jérusalem.

A l'heure de notre promenade habituelle, dans la soirée, je continue avec mon bon abbé Véron le cours de notre pèlerinage aux principaux sanctuaires de Rome. Nous allons voir deux églises bien intéressantes : *San Martino in Monti* et *Sainte-Praxède*.

Nous passons devant Saint-Pierre-ès-Liens, *San Pietro in Vincoli*, dont c'était la fête. Nous y entrons pour vénérer les chaînes des Apôtres, et, après notre prière, nous reprenons notre expédition.

Je ne sais l'origine du nom de *San Martino in Monti* ; on devrait bien plutôt l'appeler Saint-Sylvestre, car tout y est plein du souvenir de ce grand Pape, et rien n'y parle de saint Martin.

Le corps de saint Sylvestre est déposé sous le maître-autel, au milieu d'une magnifique Confession en marbre, tenant toute la largeur de l'église et dont la voûte est soutenue par deux arcades, de marbre également. L'église de San-Martino est très grande, très belle, très majestueuse. Elle est construite sur le même modèle que *Santa Maria in Transtevere*, que *San Pietro in Vincoli*, que *Sainte-Sabine*, etc... Ce que San-Martino a de particulier, c'est qu'elle est superposée à une autre église, très ancienne et très célèbre par deux Conciles que le Pape saint Sylvestre y a présidés sous Constantin. Mais j'en reparlerai tout à l'heure. Voyons d'abord l'église supérieure.

Tout autour de l'église, sur les murs des bas-côtés, sont une vingtaine de paysages peints à fresque par Gaspard et Nicolas Poussin, rien moins que cela ! Malheureusement ces fresques sont si mal placées et dans un si pauvre demi-jour qu'on les voit à peine. Dans une église, du reste, des paysages ne signifient pas grand'chose ; aussi, quoique les peintres y aient ajouté des personnages bibliques, ces paysages des deux Poussins ne semblent-ils pas ici à leur place.

Sous un des autels de la partie gauche de l'église est conservé un corps saint tout entier ; c'est celui du Bienheureux Tomasi, cardinal, mort dans le siècle dernier. Un sacristain est venu nous ouvrir le devant de l'autel qui cache le corps du Bienheureux, et nous vîmes à travers une glace sans tain le saint cardinal Tomasi étendu sur le dos, avec les mains croisées sur le corps et les jambes légèrement ployées. Son visage n'a subi aucune altération, si ce n'est cette contraction des traits que donne toujours la mort. Ses traits sont prononcés, son nez aquilin, son visage excessivement maigre ; la sainteté et la mortification lui donnent cet aspect tranquille et grave qu'elles seules procurent. Il est habillé en cardinal.

Après avoir bien examiné cette curieuse et précieuse relique, nous sommes descendus dans la crypte. Cette église souterraine existait déjà au commencement du règne de Constantin, et elle était assez renommée pour qu'en 323 et, ensuite, en 325, le Pape saint Sylvestre et l'Empereur Constantin la choisissent pour lieu d'assemblée de deux Conciles.

Ce grand souvenir religieux et historique, souvenir de plus de quinze cents ans, occupait mon esprit pendant que nous y descendions. Nous la parcourûmes; elle est assez grande, mais l'espace est diminué par la grande épaisseur des nombreux piliers qui la soutiennent. Au milieu est l'autel, et au-dessus une ancienne image de la Sainte-Vierge, en mosaïque.

Dans les deux conciles tenus dans ces lieux mêmes, un grand saint et un grand Empereur s'occupèrent à pacifier l'Eglise enfin victorieuse du paganisme, et commencèrent à la défendre contre les hérésies, qui succédaient aux persécutions contre lesquelles elle cessait à peine de combattre. On y brûla, en effet, publiquement les écrits d'Arius et de trois ou quatre autres hérésiarques du troisième siècle, qui n'avaient même pas attendu la fin des grandes persécutions pour déchirer le sein de l'Eglise.

Le cicerone nous montra le lieu où le Bienheureux Tomasi avait été enterré, et où il était resté jusqu'à sa Béatification. Dans une petite niche, pratiquée du côté des piliers, est l'urne qui contient ses entrailles.

Un peu plus loin que Saint-Martin-aux-Monts, se trouve l'église de *Sainte-Praxède*, fameuse par le riche trésor qu'elle possède. Dans une de ses chapelles est conservée la colonne de la Flagellation de Notre-Seigneur; je vais en parler tout à l'heure.

Dans le seizième siècle, lorsque saint Charles Borromée fut nommé cardinal, il reçut pour église titulaire

Sainte-Praxède, où il fit exécuter des restaurations que l'on voit encore. Chaque cardinal, on le sait, a une église à Rome, dont il est titulaire, et qui est son *Titre* ; c'est-à-dire une église dont il est le protecteur immédiat et dont il a la juridiction.

En face de la porte d'entrée est l'emplacement du puits ou de la citerne où la sainte, à laquelle l'église est dédiée, versait le sang des martyrs qu'elle recueillait dans des linges ou des vases ; c'était sans doute par crainte des profanations païennes qu'elle agissait ainsi.

Les rebords du puits sont en marbre blanc ; au milieu est placée une image en bronze de sainte Praxède, exprimant les linges sanglants. Sainte Praxède était une vierge, vivant du temps des premières persécutions et dans la vie de laquelle l'histoire n'a conservé que ce touchant détail.

Dans une chapelle à gauche, on voit le tabouret en forme d'X, où saint Charles Borromée officiait dans son église titulaire. Il est très simple, en bois doré et recouvert d'une étoffe rouge. En face, dans la même chapelle, est une longue table en bois commun, sur laquelle Saint Charles fit manger douze pauvres qu'il servit lui-même.

C'est dans une chapelle à droite et à peu près vis-à-vis de celle de Saint-Charles-Borromée, que l'on voit la colonne de la Flagellation.

Cette chapelle est extrêmement curieuse par les mosaïques qui la tapissent entièrement, et qui datent du huitième siècle. Elles donnent une couleur sombre, très belle, à ce petit oratoire. Au milieu de la voûte est le portrait de Notre-Seigneur, porté par quatre anges grands comme nature.

A droite, en entrant dans cet oratoire, est une niche assez profonde, fermée par une grille de fer ; c'est là qu'est déposée la colonne où le sang de Notre-Seigneur a commencé à couler pour la rédemption du monde.

Plusieurs lampent brûlent continuellement devant cette grande relique de la Passion. Un sacristain nous ouvrit la grille, et nous vîmes de près la sainte Colonne à travers la grande glace de son beau reliquaire.

Elle est en marbre noirâtre à veines blanches, presque intacte, et d'une forme assez élégante ; elle ressemble assez à un piédestal rond de satue, évidé par le milieu, avec un petit rebord et une cannelure au sommet ; la base, ronde aussi, est d'un diamètre à peu près double de celui du sommet. Elle est beaucoup plus basse qu'on pourrait se le figurer. Elle n'a pas plus de deux pieds et demi de hauteur. Il y avait au sommet, scellé au centre de la colonne, un anneau de fer auquel on attachait les mains des condamnés avec des cordes derrière leur dos. Le corps se présentait ainsi sans défense aucune par devant aux coups de fouet des bourreaux. Saint Louis, roi de France, a obtenu cet anneau qui se garde précieusement à Notre-Dame de Paris avec la Sainte Couronne d'épines et un clou de la crucifixion.

Je considérais cette colonne. C'est là que mon Dieu a répandu son sang pour expier mes fautes ! Quel cœur devrais-je avoir pour ne pas l'aimer de toutes mes forces et pour l'offenser encore ! Qu'il ait pitié de moi, c'est le seul cri qui puisse en ce moment sortir de mon cœur !

3 août. — M. Véron avait formé hier le projet d'aller à Frascati et à Albano consulter M. de Bussierre et le père de Géramb sur un voyage qu'il projette à Jérusalem. Je profite de cette circonstance pour échapper un moment aux chaleurs étouffantes de Rome.

En conséquence, nous louons une affreuse voiture, qui serait aux fiacres de Paris ce qu'un fiacre est à un élégant équipage. On appelle cela ici *un legno* (un bois, un *sapin*). A cinq heures et demie du matin, nous nous embarquons et nous arrivons vers huit heures à Frascati, par un magnifique temps, pas trop chaud, vivifié par l'air de la mer et de la campagne de Rome.

Nous nous faisons conduire à la *Villa Taverna*, propriété du prince Borghèse, où habitent M. de Bussierre et M. de Bock, le président de notre conférence de Saint-Vincent de Paul. Ces messieurs étaient absents : ils étaient allés à la messe à Frascati. Nous nous dirigeons en conséquence vers l'église, où nous entendons la messe avec eux.

Après la messe, M. de Bussierre me présente à sa femme, et nous remontons tous les cinq en voiture pour revenir à la Villa Taverna. M. Véron devait déjeuner avec eux ; moi je voulais aller déjeuner avec M. et madame Odier, établis aussi à Frascati. Je quitte donc les Bussierre, et me fais conduire à la *Villa Piccolomini*. Je les trouve chez eux, m'attendant, suivant un billet que je leur avais adressé.

La Villa Piccolomini est située au-dessus de Frascati, sur le penchant de la montagne. La vue que l'on a du salon est semblable à celle de la Villa Aldobrandini, c'est-à-dire *admirabilissime*. A gauche, la mer, à dix ou douze lieues, et la campagne de Rome, unie et dorée, s'étendant en face. A droite, les montagnes de Tivoli, de Gennaro et de la Sabine, et au fond, à l'horizon, le mont Socrate, célébré par Horace. Au premier plan, en face, était Frascati et, à droite, les bois de la Villa Taverna et de Mondragone.

Le salon de M. Odier est une immense salle, longue de trente-huit pieds, haute de vingt-cinq, toute peinte à fresque. D'un bout de cette pièce ils ont fait un salon, de l'autre une salle à manger et un atelier ; de sorte que, dans la même salle, ils ont tout leur établissement. Après avoir amicalement causé ensemble, nous nous sommes mis à table et, ensuite, nous sommes sortis pour aller voir la Villa Mondragone.

On y arrive par une belle avenue de chênes-verts, à droite de laquelle sont des points de vue très remarquables. Il y a entre autres un moment où l'on voit la montagne de Tusculum à travers les troncs des grands pins d'Italie, et où l'on croirait le paysage arrangé à plaisir. La limpidité de l'air et les reflets bleus du ciel dans les ombres produisent de bizarres effets d'optique ; ainsi M. Odier me faisait remarquer l'absence de perspective ; on ne sait plus calculer les distances, et telle maison, qui semble appartenir à un groupe d'habitations, en est éloignée de cinq à six cents pas. Les ombres sont bleues à cause du ciel.

Après une assez ennuyeuse montée, nous arrivons à la Villa Mondragone. Elle appartient aux Borghèse. Mais, depuis bien des années, elle tombe en dégradation, sinon en ruine. C'est une immense maison, plus semblable à une caserne qu'à une villa, bâtie sur le versant de la colline de Tusculum, et plongeant sur toute l'immense plaine qui entoure Rome. C'est le Pape Paul IV Borghèse qui l'a construite ; et il l'a laissée à ses neveux, les princes Borghèse, à la condition qu'ils y recevraient toujours les Papes avec toute leur maison, lorsque ceux-ci le désireraient. La condition fut acceptée ; mais un des descendants ayant trouvé la servitude trop onéreuse, ne jugea rien de plus efficace, pour s'en débarrasser, que de dégrader lui-même sa Villa, de sorte que les Papes ne purent plus venir l'habiter.

Elle est donc actuellement dans un complet état de dégradation. Il paraît même que les voûtes qui soutiennent les terrasses, entourant la Villa et formant un immense rez-de-chaussée en sous-sol, menacent ruine au point qu'il est imprudent de s'aventurer sur ces terrasses.

La vue que l'on a de la façade de la Villa Mondragone est encore plus vaste et plus belle que celle des Villas

Aldobrandini, Taverna et Piccolomini. Elle embrasse une plus grande étendue de pays, à cause de son élévation et de son isolement. Devant la Villa, au bas de l'énorme terrasse qui la soutient, sont de beaux bois, dont la verdure foncée fait ressortir la couleur vaporeuse et azurée des lointains. A droite, sur le sommet d'une petite montagne s'élève un élégant village. Il se détache sur la belle ligne bleue des montagnes de la Sabine. A gauche se voient la mer dans le lointain, les Villas Taverna, Piccolomini, Falconieri; et Frascati en avant.

M. et madame Odier nous quittèrent à la porte de la Villa Taverna; l'extérieur de cette dernière n'est pas très beau; mais l'intérieur en est confortable et ravissant. Vue de la mer et de la campagne de Rome, air frais et léger, jardin de plain-pied, quoique au premier étage du côté de la montagne, eau excellente et toujours renouvelée, fleurs, peintures à fresque, bonne distribution d'appartement, et, ce qui vaut encore mieux que tout cela, bons et excellents hôtes, rien n'y manque. On me reçut avec une amabilité et un sans-façon qui me charmèrent. M. de Bussierre, qui a un grand talent d'aquarelliste, me montra un album entier, plein de vues d'Italie, de Sicile, d'Egypte et de France. On nous retint à dîner, et ce n'est qu'à quatre heures que nous nous décidâmes à partir pour Albano.

Nous y descendîmes à l'auberge, après quoi nous allâmes faire notre visite au père de Géramb. Comme le disait M. l'abbé Lacroix, c'est une des curiosités, un des *types* de notre temps, que le père Géramb. Ses antécédents, son originalité, son cœur toujours en guerre avec sa tête, sa disparition du monde, sa longue obscurité, sa réapparition, et ses allures depuis ce temps, tout contribue à faire de lui un vrai *type*, un être à part, digne de l'attention du voyageur et de la mention du chroniqueur.

Il a maintenant soixante-dix ou douze ans, et, malgré ce grand âge, qu'il n'a pas du tout, du reste, l'air d'avoir; malgré surtout les dix-huit ans de Trappe qu'il a subis, il a conservé un feu, une ardeur, une pétulance, que l'on trouverait excessifs même dans un jeune homme du monde. Quand il était plus jeune et dans le monde, cette ardeur se portait vers la gloire militaire. Comme il joignait à cela une grande susceptibilité, il se battait en duel à tout bout de champ. Il était dans cet état, quand il fut se renfermer à la Trappe, après avoir été mis en prison sous l'empire et avoir entendu les soldats qui venaient pour le fusiller. Je ne sais quelle circonstance imprévue le sauva de la mort; toujours est-il que, dans ce moment désespéré, il fit vœu d'embrasser l'austère pénitence de la Trappe, si le bon Dieu lui sauvait la vie. Etant sorti de prison, il accomplit son vœu, et vécut caché dans la Trappe de Laval, jusqu'à ce que le père Grivel, Jésuite, l'eût découvert là, par hasard.

Il paraît seulement qu'il mettait tout en révolution chez ces pauvres Trappistes. Il faisait ce qu'il pouvait pour étouffer les saillies de son impétuosité naturelle. La grâce venait bien, mais après la nature qui venait toujours la première, et la grâce n'avait plus qu'à mettre l'éteignoir sur cette flamme toujours active, toujours renaissante. Aussi le malheureux père Marie-Joseph était-il tout le temps en pénitence.

Lui-même raconte d'une manière très comique quelques traits de sa vie de Trappiste. « Un jour, dit-il, je » casse un pot de faïence. Au réfectoire, le père abbé » demande qui a commis ce méfait. « Je proclame le » père Marie-Joseph », dit d'une voix fluette un petit » novice. « Père Marie-Joseph, est-ce vous qui avez » cassé ce pot? » demanda l'abbé. — « Oui, mon père » » — Je me mis alors à genoux au milieu du réfectoire, » suivant la coutume quand on est accusé. « Mais ce

» père nous cassera tout », s'écria l'abbé. « Nous avons
» fait un bien mauvais marché en le recevant parmi
» nous ! Voyons, mes frères, quelle pénitence lui infli-
» gerais-je ? J'ordonne qu'on lui attache les morceaux
» brisés autour du cou pendant qu'il restera à genoux
» durant le repas. » J'étais donc avec mon collier de pots
» cassés, moi qui avais tant ambitionné jadis l'ordre de
» la Toison d'Or : Eh ! bien, me disais-je à moi-même :
» Tu es gentil maintenant, va ! Toi qui faisais tant de
» tapage à la tête de ton régiment des hussards de la
« Mort, te voilà maintenant colonel du régiment de
» *Royal-Pot !* »

C'est ce même esprit original, comique, pétulant, qu'il a toujours, que ses pénitences de dix-huit ans n'ont pu chasser. On ne les lui épargnait pas cependant, car pendant plusieurs années il fut chargé du soin de certains endroits, de certains vases de tout le couvent. Il nettoyait tout cela, et cette rude mortification, pour lui surtout qui avait brillé comme élégant et beau danseur, ne l'empêchait pas de parler, de reparler, de parler encore, malgré la Règle. Le silence était au-dessus de ses forces !

Il faisait un tel brouhaha dans le monastère qu'on s'en débarrassa, d'abord en l'envoyant quêter, et, enfin en le nommant Procureur-Général de la Trappe à Rome, place créée pour lui, qui ne sert à rien, et qui, je pense, mourra avec lui.

Là, du moins, il peut parler, aller, venir, voir quelques personnes, écrire quelques petits billets, enfin s'accorder mille douceurs. Il fait l'aimable et l'empressé auprès des dames, malgré ou plutôt à cause de ses soixante-douze ans. La première fois qu'il vit madame de Maubourg, lorsqu'elle le reconduisit jusqu'à la porte après une visite où il avait été tout aimable, il lui dit en se retirant :

« Vous avez des ailes... je les vois!... » et il tourne les talons, « c'est-à-dire vous êtes un ange! »

Le père de Géramb a un cœur excellent. Il aime de toutes ses forces ceux qui ont pour lui la moindre petite attention; un rien suffit pour s'en faire un ami zélé. Il m'aime beaucoup, ainsi que toutes les personnes que je connais à Rome.

Nous le trouvâmes, M. Véron et moi, près du couvent des Capucins, où il loge, assis sous un énorme chêne-vert, et causant avec la bonne et sainte lady Acton, mère du cardinal Acton, et une dame que je crois être la fille de lady Acton. Lorsque ces dames se furent retirées, nous causâmes quelque temps avec lui, après quoi il nous fit monter dans son petit appartement.

Il avait peine à monter, car il est très gros et de plus il a une maladie dans les jambes. Il nous raconta une foule de petites anecdotes, nous fit voir son testament, nous lut une charmante lettre de madame de Maubourg; tout cela avec tant de bonheur et de bonhomie, que nous ne pensions pas à nous retirer. M. Véron était un peu souffrant, le père de Géramb lui proposa de prendre quelque chose pour le remonter, ce qu'il accepta; et il fit apporter du vin, remède de tous les maux pendant les chaleurs de Rome. Seulement son vin était très fort, très capiteux, ses verres étaient gigantesques, et la dose de liquide bonne pour des estomacs d'ivrognes.

Le père de Géramb se rappela alors, je ne sais comment, que ma chère maman était souffrante, et il eut l'aimable attention de proposer un toast à sa santé. Quel brave homme! comme cela suffit à montrer un bon cœur! Nous bûmes donc à la santé de ma bonne maman, le père de Géramb, M. Véron et moi. Mais la santé de maman me monta à la tête, et je sortis de chez le Révérend père à moitié gris. M. Véron me donnait le bras, ma tête était alourdie ainsi que mes jambes, ce qui m'ennuyait et me confusionnait fort. Il n'y avait pourtant pas de mal à cela, car ce n'était pas ma faute. N'est-il pas cependant assez drôle d'avoir été presque grisé par un Trappiste ?

4 août. — Le lendemain, j'accompagne M. Véron à la jolie petite église de *Saint-Paul*, dont j'ai parlé lors de mon premier voyage à Albano. Il y dit la messe sur le tombeau du saint homme Del Buffalo. Il n'y avait personne dans l'église, et j'eus l'insigne bonheur de servir sa messe.

Nous quittâmes Albano à midi environ, et à deux heures nous étions à Rome, suant, étouffant, endormis par la chaleur affreuse qu'il faisait.

Le soir, M. Véron, mon fidèle et obligeant cicerone, me mène voir les Thermes de Titus près du Colisée. A cette même place, autrefois, était la fameuse maison de débauches de Néron, appelée la *Maison dorée*, à cause de ses richesses. Titus fit bâtir des bains, ou Thermes, en se servant de la *Maison dorée* comme fondation, de sorte qu'elle fut dépouillée de ses décorations somptueuses. On en voit cependant encore quelques traces. Quant aux Thermes, ils ont disparu complètement.

Dans une galerie, le custode nous montra différents objets trouvés dans les fouilles, entre autres des amphores à vin, très bien conservées, en terre cuite, hautes de trois pieds environ. Par l'extrémité inférieure qui se terminait en pointe, on les piquait dans la terre humide, dans les caves, et le vin se conservait ainsi longtemps et très frais.

Dans une autre de ces galeries, qui servaient de supports aux constructions supérieures, est l'entrée de la *Maison dorée* de Néron. Une chose assez singulière et qui devait être peu gracieuse, c'était la forme des portes antiques, du moins à cette époque. Elles formaient un carré parfait, quelle que fût leur grandeur. Ainsi, celle du vestibule de la *Maison dorée* qui a bien quinze pieds en tous sens, a l'air d'un trou pratiqué pour faire passer quelque machine ou quelque gros meuble. Il n'y avait avec cela qu'une seule fenêtre, du moins dans toutes les chambres de ce fameux palais, laquelle était pratiquée au-dessus de la porte, et carrée également. Cela devait être bien lourd et manquait d'élégance. Chaque chambre devait ressembler à un atelier de peintre, ou à un magasin.

Nous avons parcouru une vingtaine de chambres, toutes vastes, grandioses, noires, humides. La plus curieuse est celle où fut découverte la belle statue du Laocoon. En face de la fenêtre, au fond de la pièce, une grande niche était pratiquée dans le mur, pour recevoir une statue, et le Laocoon y avait été placé.

Une autre pièce intéressante, c'est un large et immense corridor, qui servait à *Monsieur Néron* et à ses amis de lieu de rafraîchissement et de promenade pendant les grandes chaleurs. De gracieuses arabesques sont encore visibles au plafond ; on prétend que Raphaël en a copié ou imité plusieurs dans la galerie des Loges au Vatican. Une inscription très singulière se voit, à hauteur d'homme, sur un des murs du corridor. En voici le commencement : « que Jupiter, Diane et les Dieux maudissent quiconque.... » Je n'ose continuer, même en latin, tant les mots sont crus et brutaux : le reste se retrouve, mais en termes beaucoup plus voilés, sur les *défenses* appliquées aux murs de nos monuments publics. Ainsi ces défenses étaient déjà en vigueur du temps des Romains et étaient, paraît-il, nécessaires dans les appartements mêmes et les palais des Empereurs ! mais, au lieu de la police et de l'amende, ils invoquaient, contre les délinquants, la malédiction de leurs plus grands dieux, qu'ils faisaient ainsi étrangement intervenir pour garder leurs murs contre les *indiscrétions* des citoyens !

Le soir, je passai par le Corso, vers huit heures, moment où les Romains et les Romaines vont se promener pour étaler leurs beaux habits. Je ne sais comment je n'ai pas encore parlé de cette ridicule manie que possède tout ce peuple-ci, de s'attifer et de se parer uniquement pour se faire voir. Ce qu'on appelle le *mezzo ceto*, la classe moyenne, les petits bourgeois, les boutiquiers, les perruquiers, les blanchisseuses, les couturières, etc..., n'ont pas d'autre plaisir que de s'affubler de chapeaux de soie, de fleurs, et d'habits que ne rougiraient pas de porter les princes et princesses de Rome, de monter, en cet attirail ridicule, dans un fiacre *sans numéro* (le fiacre *numéroté* leur paraissant trop roturier), et de se faire voiturer pendant une ou deux heures dans le Corso. On les prend pour des gens comme il faut, pour des *signori*; c'est toute leur ambition. Tous ces beaux chapeaux de crêpe blanc, de taffetas rose, de pailles brodées, tous ces beaux bijoux faux, ces cols brodés, ces robes plissées, ornées, chargées de garnitures, tout cela prend ensuite le chemin du mont-de-piété; mais qu'importe! Ce sont des gens qui voient tout par l'extérieur, au seul point de vue de la vanité et de la sottise.

Chez les gens de la classe plus élevée, ce qu'on estime ce n'est pas le mérite, ou du moins le mérite seul et pour lui-même, c'est : 1° l'argent, et 2° le titre. Un comte, un marquis, voire même un simple baron, qui est riche, qui a *del denaro*, est un homme du plus grand mérite : *un uomo di garbo, un padrone stimatissimo*. Aussi estime-t-on ici beaucoup plus un employé *non payé*, qu'un autre *payé*; et pourquoi cela? *Perchè è segno che ha denaro*; parce que c'est un signe qu'il a de l'argent, et que, *senza denaro non si fa niente, sa...!* sans argent, on ne fait rien... voyez-vous!

Un Italien, à qui j'étais présenté et à qui on disait que j'étais attaché à l'Ambassade, a fait un *ah!* exprimant à la fois l'estime, le respect et le compliment ; quand il apprit que je n'étais pas payé, *è segno che ha denaro !*

Cette habitude de juger par l'extérieur et à la légère vient du vide de leurs pauvres cervelles, lequel vide se reproduit dans leurs conversations. Ce sont des mots, et des mots, dits avec feu, avec animation, mais sans pensée. Ce sont des enfilades d'adverbes, d'adjectifs, d'exclamations, de phrases commencées, qui reviennent à tout bout de champ, des exagérations dans les qualifications : *Hè ! ma !... che ne pare ?... altro !... pur... però... come si fa ? hè ! sicuro !....* N'est-ce pas le cas de dire (quand ils sont beaux) :

> Belle tête,
> Mais de cervelle point !

9 *août.* — Un médecin de l'hopital de *Sainte-Marie aux Anges*, M. del Vescovo, nous avait proposé, à M. Véron et à moi, d'aller visiter cet établissement ; j'étais bien aise d'étudier l'organisation d'une maison de ce genre à Rome. Nous rencontrâmes M. del Vescovo au rendez-vous convenu et nous entrâmes dans l'hôpital.

Notre première visite fut pour les fiévreux. Nous leur distribuâmes à chacun quelques morceaux de sucre, et quand le sucre fut épuisé, quelques *baïoques* (pièces de un sol). Il y avait soixante malades dans la première salle. Un d'eux parlait bien français ; c'était un pauvre jeune soldat suisse, arrivé à Rome depuis six semaines : ayant frappé un sous-officier dans une rixe, il est condamné à cinq ans de galères.

Il y a dans l'infirmerie une petite chapelle et un autel ; chaque jour on y dit la messe ; des prêtres et des Jésuites viennent confesser et consoler ces pauvres prisonniers.

Cet hôpital est immense. Il contient huit cent cinquante malades, détenus ou galériens ; en outre mille enfants infirmes ou malades ; près de quatre cents enfants auxquels on fait apprendre des métiers divers ; mais ce qu'il y a de plus touchant et de plus intéressant, c'est l'établissement de jeunes sourds-muets, qui fait également partie de l'hôpital. Ils sont vingt-trois garçons et à peu près autant de filles ; nous n'avons vu que les garçons, les filles étant dans un quartier séparé.

Nous entrâmes dans leur salle d'étude, et leur maître, l'abbé Ralli, homme très habile en cette matière, voulut bien nous donner un petit échantillon de leur savoir. La rapidité du développement intellectuel de ces pauvres êtres est une chose extraordinaire. Ils comprennent d'abord au mouvement des lèvres, puis au langage des doigts, puis enfin à la pantomime. En moins d'un an, ils arrivent au point d'exprimer, à la volonté de leur maître, des idées tout à fait abstraites, telles que : « La bonté de Dieu est aussi infinie que sa justice. — Le monde a été racheté par Jésus-Christ, etc... » Ils savent de l'histoire, du calcul, et ils ont l'air de saisir avec une promptitude remarquable les observations de leur instituteur. Quelle patience il faut à celui qui se dévoue à une pareille œuvre, et qui passe sept heures par jour avec ces pauvres créatures ! Dieu seul peut la donner, et celui qui s'y consacre pour l'amour de Notre-Seigneur est sûr d'être sur la voie qui mène droit au ciel.

Ces enfants adorent M. l'abbé Ralli ; ils l'aiment plus que père, mère, frères et sœurs ; et certes ils ont raison ! Grâce à lui, ils connaissent les grandes vérités sans lesquelles ils ne pourraient arriver au ciel, ils apprennent à s'occuper utilement et agréablement pour le reste de leur vie, au lieu de végéter comme des brutes. Il est donc bien naturel qu'ils s'attachent à l'homme qui les comble de pareils bienfaits.

Ils sont habillés tout en bleu. La plupart ont des figures animées, des yeux surtout pleins de feu et d'intelligence.

Un d'eux même commence à pouvoir former quelques sons. Nous sommes sortis de cet hôpital, touchés, émus et enchantés.

Dans la soirée, je vais voir avec M. Véron une des curiosités de Rome, le cimetière des Capucins, à la place Barberini.

Les Capucins, presque disparus de notre pauvre France depuis la Révolution qui a égorgé les moines après avoir volé leurs couvents, sont habillés de la même manière que les Franciscains ; seulement ils portent la barbe longue ce qui produit un effet superbe ; c'est, comme on le sait, le plus pauvre de tous les ordres religieux. Ils ne vivent que d'aumônes. Leur vie est très mortifiée, presque autant que celle des Trappistes. Ils font un bien immense parmi le peuple, dans les rangs duquel ils se recrutent en grande partie.

Ils ont, au couvent de la place Barberini, un cimetière où les morts ne sont pas enterrés. Les ossements, desséchés bien entendu, sont rangés les uns sur les autres, formant quelquefois des dessins bizarres. Plusieurs corps entiers, à l'état de squelette, sont revêtus de leurs habits religieux, les uns couchés, les autres à genoux, les autres debout.

On descend dans les caveaux où se trouvent ces effrayants trophées de la mort par un petit escalier de pierre donnant dans la sacristie. On entre dans une enfilade de cinq ou six petites pièces carrées, éclairées par une petite fenêtre, dans lesquelles sont superposés les ossements. Il peut bien y avoir cinq mille religieux enterrés là.

A droite et à gauche s'élèvent deux murailles de grands ossements provenant des jambes et des bassins, et entremêlés de crânes avec le X mortuaire. Le fond de la chambre est arrangé de même ; seulement trois niches y ont été réservées dans l'épaisseur des ossements entassés. Là sont des squelettes vêtus du costume religieux, et offrant tous des figures effrayantes. Quelques-uns ont encore leur chair desséchée et réduite à l'état de momie. Presque tous ceux qui sont conservés en entier ont leur nom sur un petit écriteau. Comme il était tard, nous n'y pouvions pas lire grand'chose ; mais je compte revenir dans le jour faire une autre visite à ce saisissant ossuaire pour *croquer* quelques-unes des plus horribles têtes.

10 *août*. — Fête de saint Laurent, très choyée à Rome. Je vais voir, avec M. Véron, dans le palais du Quirinal, la relique de sa tête entière conservée au dépôt des Reliques. Le gardien, ou plutôt le chef des *Custodes* ou dépôts de Reliques, est Mgr Sacrista, un saint Evêque, très aimé du Pape. M. Véron, qui le connaît beaucoup, me fit faire sa connaissance à mon tour, ce dont je suis ravi, car dans l'avenir, si j'ai quelques reliques à demander pour moi ou pour d'autres, je serai à peu près sûr de les obtenir par la faveur de Mgr Sacrista.

Dans sa chapelle était exposée la tête de Saint-Laurent. La chair et la peau existent encore, seulement momifiées et devenues couleur d'argile, gris assez foncé. Le nez et les lèvres sont brisés ; malgré cela, on retrouve dans la tête de saint Laurent de grandes traces de beauté. Le front est superbe, large et élevé. La forme des orbites, du commencement du nez et l'ovale du visage indiquent une grande régularité de traits. Les yeux sont momifiés comme le reste ; on distingue très bien la place et la forme de la pupille, quoique en séchant les yeux aient tourné. Quatre ou cinq dents, que les lèvres enlevées laissent voir sont d'une blancheur et d'une régularité remarquables. Cette tête de saint est une des plus belles et saisissantes reliques que j'aie vues.

Voici, au milieu de mes descriptions, deux mots assez connus et caractéristiques de M. de Talleyrand, qu'un diplomate me rappelait hier.

Le premier s'adressait à un jeune diplomate qui demandait conseil à ce maître-ès-ruses-et-diableries : « Défiez-vous surtout, mon cher, de votre premier mouvement; car c'est le bon. »

Voici le second : Louis XVIII, né malin, turlupinait un jour le prince évêque marié sur sa femme, madame Grand, dont la naissance et les manières communes contrastaient tant avec celles de son mari : « Eh ! bien, disait le Roi, votre femme vous gêne donc toujours, M. le prince? » — « Ah! Sire, ne m'en parlez pas, » répond le vieux matois, « c'est mon 20 mars ! » — Le Roi n'eut rien de plus pressé que de tourner les talons. Le 20 mars 1815 est, on le sait, le jour où Louis XVIII était obligé de quitter précipitamment les Tuileries, à l'approche de Napoléon revenant de l'île d'Elbe.

12 août. — Je poursuis avec M. Véron le cours de mes pèlerinages aux sanctuaires de Rome. Nous allons le soir aux catacombes de Saint-Sébastien, les plus fameuses et les plus anciennes de toutes.

A un point de vue, cependant, elles sont les moins curieuses, à cause des fouilles plus considérables que leur réputation y a fait pratiquer. On en a si bien gratté, exploré tous les moindres recoins, qu'il n'y a plus ni ossements, ni pierres tumulaires, ni lampes sépulcrales, ni peintures ou inscriptions importantes. Tout a été enlevé et transporté dans des églises ou des musées.

Les catacombes de Saint-Sébastien correspondent avec celles de Sainte-Agnès, de Saint-Laurent, de Sainte-Priscille, etc. Elles ont soixante milles, vingt-cinq lieues de circuit; elles s'étendent sous toute la ville de Rome et vont presque jusqu'à la mer. Leurs innombrables corridors forment un réseau d'où il serait impossible de se tirer sans une connaissance approfondie des lieux; mis au bout les uns des autres, ces corridors formeraient une longueur de huit à neuf cents milles, trois cents lieues environ.

On ne peut malheureusement parcourir qu'une petite partie de ces saintes et mystérieuses retraites des premiers chrétiens ; des éboulements ou d'autres accidents ont fait interdire de dépasser certaines limites. Voici ce qu'il nous a été permis de visiter :

Au pied de l'escalier par lequel on descend de la porte de l'église dans les souterrains, est une chambre, ou chapelle, où furent trouvées les reliques du saint martyr Sébastien. On a élevé un autel à la place de son tombeau. Sur l'autel est un buste du martyr, par le Bernin, forcé, maniéré, insignifiant, comme tout ce qui est sorti de sa main.

Près de là est une ancienne chapelle des premiers chrétiens avec un autel où se célébrait la messe et, souvenir bien précieux, un tabernacle pour la réserve du Saint-Sacrement. Ce tabernacle est creusé dans le roc ; il peut avoir un pied en tous sens ; il est carré et voûté par en haut à l'intérieur.

Plus loin, nous vîmes le cercueil de saint Marcelin ; il est en terre cuite, très étroit, et presque entier.

Puis, les excavations pratiquées dans le mur pour recevoir les reliques de toute une famille de martyrs : le père, la mère et leurs cinq enfants. On voit les deux grandes niches, et à côté les cinq plus petites pour les enfants.

Tout près de ces tombeaux se trouve une chapelle contenant le sépulcre d'un Pape, lequel en a été extrait ; au fond on voit encore des mosaïques. Cette chapelle se recommande à la pieuse attention des visiteurs chrétiens par un souvenir plus moderne. C'est là, en effet, que saint Philippe de Néri venait prier, passant souvent les nuits entières en méditation et en contemplation, lorsqu'il faisait le pèlerinage des sept basiliques de Rome.

C'est en priant dans cette petite chapelle qu'il se reposait des fatigues de son apostolat.

Dans une autre chapelle, petite et carrée comme l'autre, on a laissé subsister quelques anciens souvenirs. Telle est une croix de marbre, parfaitement conservée, de forme grecque avec l'extrémité des bras en trèfle. Derrière est une cavité où reposait autrefois un corps saint, celui de saint Maxime, je crois. On célébrait la messe sur un autel placé devant la croix et la relique du saint. Cet autel a disparu depuis; à la place on voit la colonne à laquelle fut attaché saint Maxime, et sur laquelle il fut décapité.

Après avoir bien examiné cette intéressante chapelle, nous entrâmes dans d'autres corridors. Dans l'un d'eux, le franciscain qui nous guidait, nous montra le lieu où reposa le corps de la célèbre martyre, Sainte Cécile, vierge. On avait placé ses reliques dans une simple galerie au troisième étage inférieur. Je regardais avec vénération ce simple *trou*, sanctifié par le corps de cette grande sainte, quand je crus apercevoir quelque chose de blanc à l'intérieur. Je grimpai pour prendre ce que je voyais, et je retirai un beau morceau du marbre tumulaire. qui servait à clore le tombeau de sainte Cécile. Jugez quelle fut ma joie ! Le frère franciscain fit d'abord quelques façons pour me laisser emporter ma trouvaille. Mais il y consentit à la fin; et je me trouve avoir ainsi presque une relique pour serre-papiers.

Je terminai par là mon expédition souterraine; on nous fit, en effet, remonter à la face du soleil, quoiqu'il fût couché, par un escalier antique, qui servait jadis aux chrétiens pour entrer dans les catacombes, soit lorsqu'ils apportaient les corps des martyrs, soit lorsqu'ils venaient simplement assister aux saints mystères. Que de saints ont passé par cet escalier, sur ces mêmes marches que nous foulons sans respect !

Dans l'église même de Saint-Sébastien sont plusieurs reliques bien précieuses, telles que : le bras de saint Sébastien ; celui de saint André, apôtre ; les têtes de trois Papes, saints ; la colonne à laquelle fut lié saint Sébastien ; enfin, la pierre où, suivant une pieuse tradition, s'imprimèrent les pieds de Notre-Seigneur, lorsqu'il apparut à Saint Pierre, fuyant de Rome, et qu'il le fit retourner pour aller au martyre.

13 août. — Jour du départ de mon bon et saint ami, l'abbé Véron, qui, depuis six semaines, m'a entouré de tant de soins affectueux et d'une si cordiale amitié.

Je l'accompagnai le matin à la messe qu'il célébra à Saint-Pierre sur le corps des saints apôtres. Je priai Notre-Seigneur de lui accorder un heureux voyage et de faire servir à l'accroissement de sa foi et de sa piété le pèlerinage des Saint-Lieux de Jérusalem. Il y va accompagné de deux jeunes Français laïques, M. M..., pieux et excellent garçon, mais toujours riant et d'idées peu élevées, et M. B..., jeune homme très pieux aussi, mais un peu *seccatore*, comme on dit ici, c'est-à-dire ennuyeux, *sciant*.

Le soir, à huit heures, j'allai les embarquer tous les trois à la diligence de Cività-Vecchia. Ils prieront pour moi Notre-Seigneur sur le Calvaire, à Bethléem, à Nazareth, et moi, de mon côté, je les accompagnerai de mes vœux et de mes prières.

Après leur départ, M. de Bock, président de notre conférence de Saint-Vincent de Paul, qui était venu faire aussi ses adieux à M. Véron, vint avec moi prier pour lui à l'autel du miracle de M. Ratisbonne, devenu un des sanctuaires vénérés de Rome.

On a placé sur l'autel, devant le tableau de l'Ange Gardien qui y était lorsque la Sainte-Vierge apparut au mauvais juif pour en faire un saint catholique, un affreux tableau d'un peintre italien, lequel a représenté la

Vierge plus petite que nature, vêtue de rose et de bleu, éclairée par derrière, etc... Six cierges sont continuellement allumés devant cette image et il y a toujours un grand concours de gens en prières.

La Congrégation des rites, chargée d'examiner l'authenticité des miracles, et dont la sévérité inexorable écarte tout soupçon, vient de présenter au Pape un mémoire, par lequel elle déclare, qu'après le plus scrupuleux examen et l'audition de tous les témoins, elle reconnaît dans la conversion subite et la connaissance spontanée des vérités de la foi, opérées en la personne d'Alphonse Ratisbonne, tout ce qui constitue un *miracle*. Le Pape a, en conséquence, par un décret, déclaré miraculeuse la conversion de M. Ratisbonne, et a ordonné la publication imprimée des documents authentiques à l'appui.

XXIV

15 *août.* — Assomption. — Bénédiction Papale à *Sainte-Marie Majeure.* — Types et costumes de la jeunesse romaine. — Fête de Saint Louis. — Visite du Pape à *Saint-Louis des Français.* — Etudes de peinture et portraits. — Ernest de Rayneval.

14 *août.* — Veille de l'Assomption. Le soir, grande illumination dans toute la ville de Rome. Quelques rues offrent un spectacle ravissant. La petite rue, entre autres, qui aboutit au coin de la Place de Venise pour aller rejoindre la Place Trajane, avait deux maisons, vis-à-vis l'une de l'autre, dont les balcons étincelaient de lumières. Au milieu de guirlandes, de festons, on avait tracé les anagrammes de Jésus et de Marie, IHS et MA, qui se détachaient en lumière sur l'obscurité de la nuit.

Quelle touchante chose que ces illuminations faites par tout un peuple pour célébrer la fête de la Sainte-Vierge ! la pensée pieuse qui y préside leur ôte ce caractère mondain qu'elles ont ailleurs, à Paris, par exemple, les jours de fêtes nationales. Elles ont de plus un aspect plus pur, ce qui s'explique par la différence des lampions, qui, à Paris, sont en suif, sales, puants et fumeux, tandis qu'à Rome, étant faits de cire blanche, ils n'ont qu'une flamme brillante sans fumée ni odeur.

15 *août*. — Fête de l'Assomption. A onze heures, je me rendis à Sainte-Marie Majeure, où une grand'messe solennelle était célébrée en présence du Pape et du Sacré-Collège.

La foule était énorme et l'église de la bonne Sainte-Vierge plus belle que jamais. Après la messe, le Pape donna de la fenêtre, ou *loge* principale, du portail de Sainte-Marie Majeure, la bénédiction solennelle.

Je restai d'abord dans l'intérieur pour voir défiler le vénérable et imposant cortège. Les divers officiers et prélats de la maison du Pape, les gardes suisses, les huissiers, les camériers, les prélats, les évêques, enfin les cardinaux, passèrent devant moi. Derrière eux s'avançait le Saint-Père, porté, selon l'usage, sur la *Sedia gestatoria*, revêtu d'une longue chape blanche brodée d'or et la tête ceinte de la Tiare. C'est la première fois que je voyais le Pape portant la *triple couronne*, le *triregno*. Cette tiare est superbe. Elle est en étoffe blanche, entourée de trois couronnes superposées et parsemée de pierreries, et surmontée de la croix. Cette coiffure vraiment pontificale complète admirablement le majestueux costume du Saint-Père, et son cortège offre un coup d'œil plein de grandeur.

Une fois le défilé terminé, je sortis de l'église et allai bien vite sur la place, où une foule énorme était déjà rassemblée. Je parvins néanmoins à arriver au centre, au pied de la belle colonne sur laquelle s'élève la statue de la Sainte-Vierge. La façade était disposée pour la cérémonie. Une grande toile blanche garantissait du soleil la Loge de la Bénédiction. Une draperie blanche avec l'effigie de la Madone pendait en dehors de la fenêtre, par-dessus le balcon.

Après quelques moments d'attente, le silence se fit ; le Pape avait paru. Il lut les oraisons préparatoires, que la grande distance n'empêchait pas d'entendre très distinctement ; puis il rendit le livre aux Évêques et Cardinaux assistants et se leva. Toutes les cloches sonnèrent, les tambours battirent aux champs, et le vénérable Souverain-Pontife, étendant les bras comme pour attirer à lui tout son troupeau sur son cœur, donna sa triple bénédiction avec trois grands signes de croix ; puis, ouvrant encore les bras, il les referma sur sa poitrine.

On lut ensuite, suivant la coutume, à droite et à gauche de la Loge, le Bref par lequel le Pape accorde des Indulgences aux fidèles présents à la Bénédiction, et deux prélats jetèrent les brefs au peuple.

J'assistai au défilé des voitures des Cardinaux et du Pape ; au moment où il passait devant moi, il souriait et avait un air radieux ; chacun s'agenouillait sur son passage.

En revenant le soir du Colisée, je rencontrai un jeune garçon habillé d'une manière si pittoresque et si gracieuse, que je m'approchai du groupe dans lequel il était, demandant à qui il appartenait. Sa mère se présenta ; nous conclûmes le marché, et mon charmant modèle improvisé me suivit jusque chez moi. Il doit revenir poser demain et les jours suivants. Il avait une couronne de feuilles sur la tête, et pour tout vêtement un caleçon blanc grisâtre, descendant jusqu'au-dessous du genou, et une large chemise débraillée rentrant dans le caleçon. La poitrine, le cou, les bras, les jambes étaient nus.

Ceci est un reste de ce goût antique qui fut poussé à Rome jusqu'à son plus haut point ; on le retrouve dans la manière artistique que les Romains possèdent de se poser, de se vêtir, et de porter avec dignité et grâce même les plus misérables haillons. On retrouve souvent dans ces modèles sans prétention la simplicité et le naturel grandiose des statues antiques.

Le *sang*, la race, sont superbes à Rome, et encore plus dans certaines petites villes des environs, telles qu'Albano, La Riccia, Nettuno, etc... De profil surtout, leurs visages offrent une régularité de traits et une silhouette magnifiques. Très souvent le nez est droit, non pas grec tout à fait, mais se rapprochant de la forme antique; les lèvres sont généralement un peu fortes, et la bouche grande comme dans les principales statues du Vatican, l'Apollon, le Jupiter et presque toutes les autres. Habituellement leurs dents sont superbes, blanches comme de l'ivoire, dont l'éclat ressort davantage sur leur teint basané, quoique pâle et transparent. Leurs cheveux sont assez courts par derrière, mais tombent de côté en forme d'oreilles de caniche. Quelques-uns les tournent en boucles. Presque tous ont les cheveux bruns, peu les ont tout à fait noirs; chez les petits enfants, toujours nu-tête, même au maillot, les cheveux sont le plus souvent blonds et d'une finesse de ton admirable. Tous ces petits enfants me rappellent les jolis *Enfants Jésus* de Raphaël, du Corrège et des autres peintres italiens. Ce que les jeunes Italiens ont de plus beau, ce sont les yeux; tous sont noirs, brillants, mais adoucis par la paresse et la langueur, humides et ombragés de longs cils noirs. Les plus fainéants ont une expression d'autant plus poétique et charmante de mansuétude et d'indolence.

Pour le costume, presque tous les jeunes gens du peuple ont le même : petite veste ronde en velours noir, ridiculement courte par derrière; pantalons blancs, très serrés de la taille jusqu'aux genoux, et très larges en bas; petits chapeaux gris, à forme basse et à larges bords, et à longs poils. Leurs chaussures sont généralement très élégantes; ce sont ou bien des souliers tout en coutil gris, ou bien à bouts de cuir verni et le reste en coutil simulant la guêtre. On fait aussi à Rome des souliers d'étoffes de couleur; ainsi j'en ai vu de blancs, pareils à l'étoffe des pantalons.

La tournure de ces jeunes Romains du peuple, appelés ici *birboni, birbaccioni*, c'est-à-dire drôles, mauvais sujets, est flasque, molle, en rapport avec leur peu d'énergie intérieure. Les femmes ont de vilaines tailles épaisses; mais leur tête est généralement très belle; ce qui gâte tout cela c'est la voix rude, *canaille*, nasillarde, criarde, même chez les plus jeunes filles. Une fois, je rencontrai dans la rue une grande jeune fille, qui pouvait avoir seize ou dix-sept ans, belle comme une Madone de Raphaël, l'air modeste et doux. Je me disais que cela ferait un bien beau modèle de Vierge; lorsqu'en passant près d'elle, j'entendis sortir de cette jolie bouche, car elle causait avec une amie, une voix affreuse, criarde, perçante, comme je viens de le dire. Je ne pus m'empêcher de rire de ce contraste. Le ramage ne répondait pas au plumage.

J'ai dit combien les Romains et les Romaines de la petite bourgeoisie aimaient à se pavaner en voiture, dépensant là tout le gain d'une semaine, coûte que coûte. Saint Philippe de Néri, né à Rome et, s'il est possible, plus Romain encore de goûts et d'habitudes que de naissance, disait à ce propos un mot aussi spirituel que caractéristique : *Omnia vanitas, præter currum.* (Tout est vanité, excepté la voiture!) A cette seule plaisanterie, on reconnaissait un saint romain. Il faut convenir, à leur excuse, que le climat de Rome casse bras et jambes, et j'ai éprouvé souvent le charme du fiacre, ici plus que partout ailleurs.

L'été n'a pas cependant été très chaud cette année; les plus grandes chaleurs n'ont pas fait monter le thermomètre Réaumur au-dessus de 28 degrés, et ce chiffre a même été assez rare. La moyenne depuis deux mois est 25 ou 26. Les matinées, jusqu'à midi, sont le moment le plus rude de la journée, la brise, qui vient de la mer, ne commençant généralement qu'à midi.

20 août. — Fête de mon cher saint Bernard, sous le patronage de qui je suis retourné dans le sein de Dieu. L'église qui lui est consacrée était superbement décorée.

Elle est voisine de *Sainte-Marie-aux-Anges*, et n'offre d'intérêt qu'au cœur du chrétien ; elle n'a rien pour l'artiste. Un Evêque officiait ; les religieux de l'Ordre de Citeaux chantaient l'office derrière le maître-autel. Comme j'ai prié de bon cœur dans la maison de mon saint !

25 août. — C'est aujourd'hui la Saint-Louis, ma fête ! la fête de l'ambassade et de la colonie française à Rome.

Saint-Louis des Français a cela de particulier qu'il est le centre de réunion de tous les Français catholiques éloignés de leur pays. Dans toutes les villes où il n'y a qu'une église catholique française, on peut être sûr qu'elle est sous le patronage et le vocable de Saint-Louis. A Madrid, à Moscou, en Orient, en Amérique, dans nos colonies, partout, nous nous proclamons les enfants et les protégés de notre grand et saint Roi. Pour moi personnellement il a un double attrait, puisqu'il est en même temps mon patron.

Aujourd'hui, ma pauvre maman pense tristement à ma fête ; elle et mes sœurs me donnaient un petit bouquet ce jour-là. A la place, je suis sûr qu'elles offriront pour moi au Seigneur leurs tendres et ferventes prières, et d'un mal sortira du bien ! Le bon Dieu ne nous place jamais dans aucune position, quelque pénible qu'elle soit, sans une vue de bonté et de miséricorde. Puisant donc des forces dans la connaissance de sa volonté, il faut toujours nous contenter et le remercier de ce qu'il nous envoie. Mieux vaut être séparé de ceux qu'on chérit le plus, par sa divine volonté, que de vivre heureusement et doucement au milieu d'eux, contre cette même volonté.

Notre *Saint-Louis* à Rome s'est passée d'une façon très brillante, et nous avons été presque toute la journée avec notre uniforme et nos galons sur le dos. C'est, en effet, une des fêtes de tradition le plus en honneur dans le haut clergé romain ; à Saint-Pierre, on a placé saint

Louis dans les Litanies des Saints chantées par le chapitre ; or, le nombre des élus étant très limité, c'est une grande marque d'honneur à la fille aînée de l'Eglise et de respect à notre saint Roi, donnée par les Souverains Pontifes.

Le matin, à dix heures, toute l'ambassade, c'est-à-dire M. de Rayneval, chargé d'affaires en l'absence de M. de Maubourg, Charles d'Astorg et moi, s'est rendue en grande cérémonie à l'église de Saint-Louis où une grand'-messe devait être célébrée. Il y avait ce qu'on appelle ici une *Chapelle de Cardinaux*, c'est-à-dire que tous les Cardinaux présents à Rome vinrent assister à la messe. Il y en avait une vingtaine, assis de chaque côté du chœur.

M. de Rayneval avait été les recevoir avant la cérémonie dans une pièce à ce destinée. La messe fut chantée par les chantres de la Chapelle Pontificale, que le Pape avait envoyés pour faire honneur à l'Ambasade et à la France, bien plus, je crois, qu'à saint Louis lui-même.

Le soir, à cinq heures, le Saint-Père en personne est venu à Saint-Louis en grand gala. M. de Rayneval, suivi des officiers de l'Ambassade, Charles et moi, a été recevoir le Pape à sa descente de voiture. Quand le carrosse pontifical est arrivé devant la porte de l'église, tout le monde s'est agenouillé ; puis M. de Rayneval s'est avancé, et aux termes de l'étiquette, a ouvert la portière et a offert son bras au Pape pour descendre de voiture.

J'étais en arrière à la porte de l'église avec d'Astorg et le clergé de Saint-Louis. Au moment où Sa Sainteté entra, en passant devant moi, Elle fit à mon habit brodé un gracieux sourire. Elle était en soutane blanche à queue avec camail rouge, comme toujours, la calotte de soie blanche sur la tête.

Le Pape, à l'entrée de l'église, aspergea avec de l'eau bénite tous les assistants et alla devant l'autel du Saint-Sacrement, où sont aussi les reliques de Saint Louis. Il y fit sa prière sur un riche prie-Dieu disposé à son intention. Nous autres, nous avions pour coussins les dalles de pierre, et comme la prière du Pape fut longue, nous commencions à faire pénitence. J'étais heureux, du reste, de voir le Saint-Père aussi pieusement recueilli et donnant ce grand exemple aux nombreux spectateurs qui ne le quittaient pas des yeux.

Nous l'accompagnâmes ensuite dans une salle attenante à la sacristie. On y avait préparé un trône et on avait tendu les murailles avec du damas de soie rouge. Le Saint-Père s'assit, M. de Rayneval à son côté et causant avec lui. Alors commença le *Sagro Baccio*, le baisement du pied. M. de Rayneval passa le premier, je le suivis; puis vint tout le clergé de Saint-Louis, plusieurs laïques, d'autres ecclésiastiques et cinq ou six religieux. Un de ces derniers, vieillard de quatre-vingts ans, était camaldule (Grégoire XVI l'est aussi). Quand le Pape l'aperçut, il lui dit d'une bonne grosse voix : « Ah! mon père, comment allez-vous? Comment vont tous vos novices? » Le père lui donna de bonnes nouvelles et lui baisa le pied. Mais comme il était bien vieux et avait peine à se baisser, le Pape s'en aperçut et leva en riant son pied de dessus le coussin. Le pauvre père ayant manqué de tomber en se relevant, le Pape lui dit encore en riant : « Eh! attention! eh! mon père, doucement! » Pendant toute la durée du baisement du pied, il causa longuement, tout rondement et gaiement avec M. de Rayneval.

Belle et touchante cérémonie que ce baisement du pied! Tous ces fidèles qui viennent tour à tour, sans distinction d'âge, de rang, de fortune, de naissance, s'humilier devant la Souveraine puissance du Saint-Père, contribuent à donner une haute idée de cette autorité suprême et à la faire respecter davantage. Quel poids effrayant pour un homme que la représentation de Jésus-

Christ lui-même, que le soin de toute l'Eglise, que la conduite non seulement du peuple chrétien, mais encore de tous les pasteurs! Il faut avoir une grande confiance en Dieu pour pouvoir porter un semblable fardeau.

Après la cérémonie, le Pape se leva, retourna dans l'église, s'agenouilla devant le Saint-Sacrement, et partit. Ce que nous fîmes nous-mêmes immédiatement.

10 *septembre*. — Depuis quinze jours, j'ai consacré presque tout mon temps à peindre des études, puis à faire un portrait d'Ernest de Rayneval pour sa mère.

J'ai eu le loisir, pendant les quatre jours qu'ont duré nos séances, de connaître le charmant caractère et la douce piété de mon modèle. Son esprit est déjà mûr malgré sa jeunesse; sa foi vive et pratique, sa douceur et son enjouement, enfin son bon cœur joint à beaucoup d'esprit, rendaient bien agréables les heures que je passais avec lui. Il a surtout une tendre dévotion envers la Sainte-Vierge. Aussi est-il pur et innocent. Son portrait a heureusement réussi, et sa mère est dans la jubilation.

Depuis huit jours, d'Astorg a la fièvre et l'on craint qu'elle ne prenne un mauvais caractère. Aussi le médecin s'est-il décidé à un traitement énergique. Je n'en toucherai que quelques mots.

Avant-hier donc nous avons eu tous les deux, le soir, par ordre de la Faculté, un *tête-à-tête* bien comique... Je lui ai posé douze sangsues... J'ai tenu le verre aux sangsues pendant vingt minutes, et j'ai eu la satisfaction de voir réussir mes nobles efforts. J'étais en veste ronde grise, et j'avais un assez bon air de Purgon, de Fleurant ou de Diafoirus... Je n'entre pas dans d'autres détails sur mes débuts en chirurgie. L'important c'est qu'ils furent bénis de Dieu. Charles se rétablit et tout est pour le mieux.

XXV

Voyage et pèlerinage à Lorette avec M. de Cazalès. — Les diligences romaines. — Narni, Terni, Spolète, Foligno, Tolentino. — Saint-Nicolas de Tolentino. — Lorette; histoire de la *Santa Casa* de Nazareth. — L'église et le trésor de Lorette. — La mer Adriatique. — Porto di Recanati. — Osimo. — Retour à Rome.

17 septembre. — Depuis plusieurs jours j'avais formé un projet, de l'exécution duquel je doutais fort, à cause du personnel fort restreint de l'Ambassade. Cambis étant revenu le 16, l'obstacle principal fut levé et je m'occupai avec joie des petits préparatifs d'un voyage ou plutôt d'un pèlerinage à Assise et à Lorette, et d'une tournée artistique à Ancône, Foligno, Pérouse, etc.

Le soir, à sept heures, je monte en voiture avec M. de Cazalès, mon compagnon de route, dont on sait déjà la piété, la science profonde et le charmant esprit. Il pleuvait. Nous nous mettons en mouvement. Nous étions neuf dans une voiture à peu près bonne pour six. Heureusement M. de Cazalès et moi, nous avions deux coins; mais cette voiture est si singulièrement disposée, que nous ne pouvions pas appuyer nos têtes en arrière.

La nuit se passa tant bien que mal, et l'obscurité ne nous fit rien perdre, à ce que me dit M. de Cazalès, le pays étant très insignifiant. Au point du jour, il n'en fut plus de même; nous approchions des Apennins et la nature prenait un aspect pittoresque et grandiose, qui ne fit que s'accentuer à chaque instant.

A huit heures du matin, nous arrivâmes à Narni, petite ville, d'où l'on a la plus magnifique vue qu'il soit possible d'imaginer. Nous étions dans les Apennins; Narni est sur le versant d'une montagne, et le chemin pour y arriver contourne le flanc de cette montagne. A gauche, nous avions une immense vallée, à droite la charmante ville de Narni, et, au fond, l'horizon bleuâtre des montagnes.

Notre manière de voyager ressemblait assez à celle usitée en Russie : longs relais et train assez rapide; mais quelle différence au point de vue de la dureté, de l'étroitesse, de l'inconfortable de la voiture! Pour la nuit surtout, c'était insupportable! Nos compagnons de voyage étaient tous Italiens; parmi eux était un religieux Carme, dont la tête était superbe d'expression. Son grand capuchon brun rougeâtre faisait ressortir son visage amaigri et pâle. Il avait la fièvre de Rome et retournait à Tolentino, un peu avant Lorette, pour se guérir par le changement d'air.

Le même jour, 18, à midi, nous arrivâmes à Terni, fameux par sa cascade, une des plus belles, sinon la plus belle, qui existent en Europe. Le temps nous manqua pour aller la voir; étant éloignée de cinq milles de Terni, il faut deux heures pour l'aller et le retour.

Les repas dans les auberges sont bons et beaucoup meilleur marché qu'en France; c'est à peine moitié prix.

La cathédrale de Terni est assez jolie et assez propre; de son premier style, qui était gothique, il ne reste plus qu'une porte ayant conservé son ancien caractère.

En sortant de Terni nous entrâmes tout de bon dans la chaîne des Apennins, et nous eûmes pendant un jour et demi les plus admirables points de vue qu'on puisse imaginer. Jamais je n'avais vu de montagnes, de sorte que mon admiration était celle d'un novice. M. de Cazalès et moi, nous montions à pied les côtes le plus possible, dans le double but de nous délasser un peu et de mieux voir le pays. La voiture marchait d'un pas de tortue à cause de la longueur et de la raideur des montées. Il y avait ordinairement six chevaux, deux par deux, avec trois postillons; quelquefois on en attelait huit et jusqu'à dix. Pour les plus rudes côtes, on ajoutait des bœufs, ce qui produisait le plus pittoresque et charmant effet.

Nous avons eu tout le temps une escorte de deux gendarmes à cheval, ce qui nous faisait assez ressembler à un convoi de condamnés conduits à leur triste destination.

Le soir nous étions à Spolète, si fameuse au moyen âge par l'ambition et l'ardeur belliqueuse de ses ducs. C'est une jolie ville, très bien située, sur le versant d'une montagne et à l'entrée des plaines si riches de l'Ombrie. La cathédrale en est fort curieuse.

Nous rencontrâmes dans une rue de la ville l'abbé M... qui avait été jadis l'aumônier de ma pension à Paris. Il était venu à Lorette et se rendait à Rome, en compagnie d'un jeune Français, M. de B... membre de notre conférence de Saint-Vincent de Paul. Ce dernier, atteint d'une affreuse maladie, une paralysie partielle de la tête et du cou, avait été envoyé à Lorette par son médecin, qui nous avait déclaré sans détour que la Sainte-Vierge seule pouvait faire quelque chose à ce triste état.

Jusqu'à Lorette, le mal empira plutôt qu'il ne diminua; mais, depuis qu'il eut prié la Sainte-Vierge, salut des Infirmes, *Salus infirmorum*, il éprouva un mieux très marqué. Les yeux, auparavant fixes et insensibles, se dilatèrent de nouveau, et ne virent plus double ; la sensibilité extérieure revint ainsi que la tranquillité de l'esprit.

Sans oser affirmer le miracle, j'aime cependant à mentionner et à croire à cette intervention miséricordieuse de la Mère de Dieu, protectrice infaillible de tous ceux qui s'adressent elle avec amour et confiance.

Le soir, nous étions complètement dans les plus hautes montagnes des Apennins. Malgré le grand effet que cette magnifique et grandiose nature produisait sur moi, je m'imaginais les montagnes plus hautes encore de beaucoup. La cause principale de ma déception, c'est que je les croyais surtout plus isolées, escarpées et à pic. Au lieu de cela, les sommets les plus élevés sont précédés et entourés de montagnes moins grandes qui y conduisent comme par une pente douce et insensible et en diminuent ainsi l'effet.

J'oublie de dire qu'en dehors de la porte de Spolète, on nous fit voir un pont antique, découvert depuis quelques jours seulement et conservé de la manière la plus complète. Les archéologues affirment que sa construction remonte à plus de mille ans avant l'ère chrétienne, et à l'époque de la guerre de Troie. Ils tirent cette déduction de l'architecture usitée à ces époques reculées. On n'en voit encore que deux arches, pleines de hardiesse, de solidité et d'élégance.

Les montagnes que nous traversions étaient presque toutes formées de roches blanchâtres, et couvertes au sommet d'épaisses touffes de broussailles ou de gazon. La plupart étaient sillonnées dans toute leur longueur par des cavités régulières, ressemblant fort à des sillons de labour, et creusées par l'écoulement des eaux.

Avant Foligno, est un paysage d'une beauté sans pareille. Nous étions dans une descente, sur le flanc gauche d'une haute montagne séparée d'une plus énorme encore par un vrai précipice d'une largeur et d'une profondeur admirables. Au fond, on voyait un gros village, des moulins, des fabriques, alimentées par un torrent tombant en cascades d'une fabrique à l'autre. Cette vallée était gaie et verte, tandis que les deux montagnes étaient grises, nues, sévères, mornes. Ce contraste était saisissant.

La plupart des villes, villages et châteaux-forts que nous voyions, étaient perchés sur des rochers ou des collines ; c'est que presque tous sont fort anciens, et, comme chacun le sait, au moyen âge, et dans les environs des ducs de Spolète surtout, on ne pouvait prendre trop de précautions contres les attaques soudaines des voisins.

Le soleil couchant produisait des effets de lumière dignes des pinceaux de Ruysdaël, de Claude Lorrain ou de Poussin.

Nous couchâmes le soir à Foligno, mais y étant arrivés très tard, nous ne pûmes rien voir de la ville. Elle est surtout célèbre par la belle Madone de Raphaël qui s'y trouvait autrefois. Il y a une trentaine d'années que ce chef-d'œuvre a été transporté au Vatican.

19 septembre. — Au sortir de Foligno, nous eûmes un de ces magnifiques spectacles que je n'ai encore vus qu'en Italie. Les maisons blanches de Foligno, éclairées par le soleil levant, se détachaient sur le bleu azuré et vaporeux des montagnes et occupaient le milieu du tableau. Deux énormes montagnes entièrement dans l'ombre ne laissaient apercevoir que la ville très éclairée et un bout de lointain bleu, à l'endroit juste où elles se croisaient. Au premier plan, entre elles et la route que nous suivions, s'étendait un immense précipice. Leurs flancs étaient couverts de buissons et d'une verdure vigoureuse.

Vers deux heures, nous franchîmes l'arête la plus élevée des Apennins. Inutile de dire que la montée fut longue et raide. Etant descendus, M. de Cazalès et moi, nous prîmes une avance considérable et nous marchâmes plus d'une heure et demie. Quand la voiture nous rejoignit, nous étions presque en face du château en ruines des anciens ducs de Camérino ; point de vue superbe pour le paysagiste.

Je remarquai que les hommes sont beaucoup plus beaux, dans ces régions, que les femmes ; la plupart des jeunes gens que nous vîmes avaient une carnation et une beauté pleine d'énergie ; les femmes, au contraire, ne sont pas belles en général.

A six heures du soir, nous arrivons à Tolentino, célèbre par le traité que le général Bonaparte victorieux imposa en 1797 au Pape Pie VI. C'est une jolie ville, bâtie au pied d'un des contreforts des Apennins. C'était jour de foire, et toute la population endimanchée était en grand mouvement. Nous nous dépêchons, M. de Cazalès et moi, de courir à une petite église située à droite de la place, pour voir le tombeau de saint Nicolas de Tolentino, canonisé en 1839. Le portail byzantino-gothico-lombard est charmant.

Un sacristain nous fit voir les précieux souvenirs de saint Nicolas. Derrière le maître-autel, dans une grande caisse ferrée, se trouve la relique de son bras, celle de ses vêtements, de ses instruments de pénitence, etc... Dans la sacristie, à gauche de la porte, est son corps scellé et caché dans la muraille et entouré d'une grille. Saint Nicolas était un religieux Augustin.

Dans la sacristie on voit aux murs des fresques que le cicerone affirme être de Giotto et qui représentent quelques traits de la vie du saint. Il n'y a qu'une petite difficulté à l'exactitude de cette version, c'est que Giotto vivait bien antérieurement à saint Nicolas. Mais les sacristains n'y regardent pas de si près. De même qu'à Rome tout est de Michel-Ange, de même dans l'Ombrie, tout est de Giotto ou de Pérugin. De quelque peintre qu'elles soient, ces fresques peuvent être qualifiées *croûtes*.

20 *septembre*. — A trois heures du matin notre voiture s'arrête ; je m'éveille et me trouve à Lorette, dans la bonne ville de la Sainte-Vierge. J'éprouve une joyeuse émotion en mettant pied à terre, et je recommandai mon petit séjour ici à la *Maîtresse de la maison*.

Nous étions éreintés, brisés par cette terrible voiture ; nous nous couchâmes au plus vite à l'auberge de *Gemelli*, que l'on nous avait indiquée, et qui, soit dit en passant, est très bonne et pas chère.

Après quelques heures de repos, à neuf heures et demie, nous allâmes vivement au sanctuaire vénéré de la *Santa Casa*.

Lorette me paraît assez jolie, les rues sont pleines de marchandes de chapelets et de médailles de la Madone ; jusqu'à la place de l'Église, nous fûmes poursuivis par cette phrase, la même chez toutes : « *Comanda delle belle Corone, Signor ? — Delle medaglie della Madonna ?* » Monsieur veut-il des beaux chapelets? des médailles de la Madone ?

L'église n'est pas très grande ; et elle le paraît encore moins à l'extérieur qu'à l'intérieur. La place sur laquelle elle se trouve est carrée et assez jolie. Les arcades qui l'entourent sont les galeries du palais pontifical. Quand le Pape va à Lorette, il loge dans ce palais. A côté de la façade de l'église, est le *campanile*, le clocher ; c'est une haute tour de style byzantin finissant en flèche ; c'est là et non au-dessus de l'église même que sont les cloches.

A la porte de l'église, sur les degrés qui y conduisent, s'élève une belle statue en bronze du Pape Sixte-Quint, lequel termina l'église de Lorette en l'honneur de la Sainte-Vierge.

Les portes sont en bronze, admirablement ciselé ; j'en parlerai plus tard ; il s'agit maintenant de bien autre chose que de bronze et de ciselures ; c'est de la Sainte-Madone de Lorette qu'il faut s'occuper, et dont l'image miraculeuse est vénérée dans la *Sainte-Maison* de Nazareth, appelée la *Santa Casa*, transportée à Lorette par les anges en 1270.

Cette pauvre demeure de Notre-Seigneur Jésus-Christ, de la Sainte-Vierge et de saint Joseph avait été vénérée dès les premières années de la prédication des Apôtres. Ce culte des premiers fidèles l'avait préservée de toute altération, et, en 320, sainte Hélène, mère de Constantin, alla la visiter avec grande dévotion dans son fameux voyage en Terre-Sainte. Elle la fit entourer d'une magnifique église qui contribua beaucoup à augmenter la célébrité de ce pèlerinage que, pendant la durée des persécutions, on ne faisait qu'en secret. Saint Louis la visita en 1251, lors de sa première croisade, et fit à la Santa Casa de magnifiques offrandes.

Lorsque la Palestine fut tout à fait au pouvoir des Sarrasins, le bon Dieu ne voulut pas que les murs sacrés, où il avait travaillé vingt-neuf ans à l'œuvre douloureuse de notre Rédemption, fussent profanés par les infidèles. La maison, sanctifiée par la présence et les douleurs de la Sainte-Vierge, par le travail pénible et humble de saint Joseph et par le mystère de la vie cachée de Notre-Seigneur, ne devait pas avoir le sort commun des autres édifices en oubli ou en ruines. Des Anges furent envoyés par Notre-Seigneur pour enlever la Sainte Maison de Nazareth et pour la porter dans des lieux où elle serait à l'abri de toute profanation. Ce fut en Dalmatie qu'elle fut déposée par les Anges, et, durant plusieurs années qu'elle y resta, elle fut le but de tous les pieux pèlerinages, très fréquents, comme on sait, au moyen âge.

Elle disparut de la Dalmatie ; fut-ce pour quelque crime public ou quelque profanation particulière, pour quelque irrévérence commise contre la maison de Dieu ?

Nul ne le sait; on peut le supposer. Ce qui est certain, c'est que la Santa Casa fut trouvée à cette même époque sur une colline d'Italie, près de Porto di Recanati, dans un bois de lauriers, *Laureti*. Les pèlerins y affluèrent, et quelques personnes pieuses ayant bâti des habitations dans les environs du pieux sanctuaire, un petit bourg se forma et reçut le nom de *Laureto*, ville des lauriers, dont on a fait ensuite *Loreto*, ou *Lorette* en français.

Une circonstance merveilleuse de l'existence de la Santa Casa, c'est qu'elle n'a pas de fondements. Elle est simplement posée sur le sol. Maintenant encore, depuis que l'on a glissé des dalles sous les murs pour former le pavé de l'église qui l'enveloppe, ces murs *ne touchent pas* les dalles en plusieurs endroits, et, en mettant une lumière d'un côté, on l'entrevoit de l'autre, par le petit espace laissé entre le pavé et les pierres de la maison. Les fondations sont restées à Nazareth, où on les montre encore aux pèlerins de la Terre-Sainte.

Les Souverains Pontifes ont travaillé à l'envi à orner somptueusement la demeure de la Sainte-Vierge et de Notre-Seigneur. Le dernier qui termina ces pieux travaux fut le fameux Sixte-Quint, tant calomnié par des gens qui ne comprennent pas que, à certaines époques et avec certaines nations, il faut des hommes *terribles*, armés de cette *verge de fer* dont parle l'Ecriture. Sixte-Quint fut l'homme providentiel nécessaire à son temps. Il eut de grandes vertus privées en outre de son profond génie politique, et il montra toujours une tendre piété envers la Sainte-Vierge. Or la dévotion à la bonne Vierge indique toujours dans le cœur quelque chose qui est selon Dieu.

A neuf heures et demie, nous entrons donc dans l'église de Lorette. La Santa Casa est sous le dôme, entourée extérieurement d'une muraille de marbre blanc, décorée de superbes sculptures dont je parlerai aussi plus tard. Elle est sur une élévation formée par quatre ou cinq marches de marbre ; tout autour on a ménagé un parvis de dix à douze pieds de largeur, en marbre blanc également.

On entre dans le sanctuaire par deux petites portes latérales situées en face l'une de l'autre. C'est ce que nous fîmes avec une profonde émotion. Nous adorâmes le bon Dieu dans cette même demeure où il habita jadis corporellement, et nous lui demandâmes, par l'intermédiaire de sa sainte Mère, toutes les grâces nécessaires à nous et aux nôtres.

Les murs nus et pauvres de la Sainte Maison sont usés ou plutôt polis en certains endroits par les baisers des pèlerins. Ils sont construits avec une sorte de pierre grisâtre et brune, et je crois y avoir remarqué des briques. Les pierres sont liées ensemble par un ciment grisâtre. La Santa Casa peut avoir vingt-cinq pieds de long sur douze ou quinze de large. Le plafond m'en a semblé légèrement voûté.

Entrés par une des portes latérales, nous nous sommes agenouillés avec la foule dans l'espace qui s'étend entre le fond de la maison et l'autel. En face de nous, derrière l'autel et au-dessus, était la sainte image de la Madone. Les murs, comme je l'ai dit, sont nus à l'intérieur et contrastent par leur sombre et humble nudité avec l'autel et l'image miraculeuse, que la dévotion des pèlerins a enrichie de magnifiques ornements.

On monte à l'autel par quatre marches. A droite est la crédence pour les burettes. Beaucoup de lampes brûlent nuit et jour devant la Madone et plusieurs sont suspendues le long des murs à une hauteur de dix pieds environ. Celle des murs est de douze à quatorze pieds. Derrière l'autel est un espace de trois ou quatre pieds ; les parois en sont couvertes de lames d'or. On y entre par une petite porte latérale ; à droite est une petite niche carrée et basse, pratiquée dans le mur même de la Santa Casa et qui existait du temps de la Sainte Famille. On y conserve une bien précieuse relique; c'est une écuelle en bois appartenant à la Sainte-Vierge, et dont il est probable que Notre-Seigneur, Elle et Saint Joseph se sont souvent servis pour leurs pauvres repas. La porte de cette niche est, comme tout le mur, couverte de lames d'or.

L'écuelle est recouverte de velours rouge et d'or; on y met les objets de piété apportés par les pèlerins pour être bénis, chapelets, médailles, crucifix, etc... J'y déposai ainsi mon chapelet de Jérusalem, mon crucifix de cuivre et ma médaille de l'Immaculée Conception avec la chaînette d'or que maman m'a envoyée. J'y fis aussi bénir plusieurs petites médailles de la Madone de Lorette, que je destine à *mes plus chers et chères;* car ce sont des choses précieuses qu'il ne faut pas prodiguer. J'ai également fait toucher tous ces objets de piété aux murs de la Sainte Maison de Nazareth.

L'Image miraculeuse de la Sainte-Vierge est une statuette de bronze, la représentant avec l'Enfant Jésus dans ses bras. Selon la mode italienne et ancienne, on a revêtu cette statue d'une sorte de chape blanche et on a placé une couronne sur la tête de Notre-Seigneur et de la Sainte-Vierge. La chape est ornée des pierreries les plus magnifiques, et l'on voit les diamants et autres pierres précieuses étinceler au milieu des cierges allumés. Où peut-on mieux les placer? Ne vaut-il pas mieux en couvrir l'image de Dieu et de sa Mère que d'en tirer vanité en les étalant sur soi-même devant le monde?

La statuette n'est pas grande: elle ne m'a pas paru avoir plus de deux pieds de hauteur. Elle est placée dans un enfoncement de la muraille, qui devait être jadis une petite fenêtre de la Sainte Maison. Sur l'autel s'élève une grande arcade, par laquelle on aperçoit l'Image. Les ornements sont très riches et de bon goût.

Les guérisons subites, les grâces de toutes sortes, obtenues devant cette Image de la Sainte-Vierge et par son intercession, sont sans nombre. Aussi les abords de la Santa Casa sont-ils encombrés de dévots et de pèlerins, en toute saison, à toute époque de l'année. Ce lieu vénérable inspire un profond respect et provoque à la prière.

Dans toute l'histoire de la Santa Casa rien n'est *article de foi :* Je crois cependant qu'il serait bien téméraire et même bien peu catholique d'en révoquer en doute la vérité et l'authenticité, d'abord à cause des Bulles nombreuses des Souverains Pontifes, qui ont autorisé, protégé et encouragé le culte rendu à cette sainte demeure, qui l'ont enrichie d'indulgences, d'ornements coûteux et magnifiques, et l'ont désignée en quelque sorte comme le premier pèlerinage sur la terre après les Lieux-Saints de Jérusalem ; en second lieu, à cause de l'antiquité et de l'universalité de la dévotion du monde catholique ; enfin, et ce qui a le plus de poids, à cause des miracles sans nombre et incontestés que Dieu y a opérés et y opère encore. Il me semble que le bon Dieu nous tendrait un piège, si l'objet de notre dévotion n'était pas en réalité capable de nous attirer des grâces. Pour moi, qui ai ressenti l'influence de ces pauvres murs, qui les ai touchés et baisés, je n'ai aucun doute sur l'authenticité de la Santa Casa. Je remercie Dieu de tout mon cœur de m'avoir permis de les visiter, et j'engage tous ceux qui liront cette petite relation, à y croire, parce que c'est la vérité.

Nous retournâmes, après notre déjeuner, à l'église que nous examinâmes. La plupart des tableaux qui *gâtent*, on ne peut dire qui *ornent*, les différents autels sont de pitoyables *croûtes*, à l'exception d'un *Saint-Christophe*, moins laid que les autres, mais auquel, pour tout compliment, on pourrait appliquer le dicton : « Dans le royaume des aveugles, les borgnes sont rois. »

Ce qui est superbe, c'est l'entour, l'enveloppe, en quelque sorte la croûte de la Santa Casa. Cette enveloppe est toute en marbre blanc, couverte de statues et de bas-reliefs relatifs à la Nativité de Notre-Seigneur et à la Sainte-Vierge. Tous les prophètes y sont, en grandeur naturelle, et tous fort remarquables, tant pour l'expression que pour la beauté de l'exécution. Les bas-reliefs ne sont pas aussi grands; les figures peuvent avoir trois pieds de hauteur.

Extérieurement et faisant face à la porte qui donne accès dans la petite pièce située derrière l'autel, est une fausse porte en bronze, sur laquelle est sculptée en ronde bosse une fort belle chose : la *Flagellation*, composée de trois personnages, Notre-Seigneur et deux bourreaux. Les pèlerins ont tellement baisé l'image de Notre-Seigneur, que toute la figure, la poitrine, les genoux, tous les endroits saillants enfin ont disparu, usés.

Je n'entreprends pas de détailler les sculptures extérieures de la Santa Casa; elles sont plus nombreuses que belles, sauf quelques exceptions.

Un officieux *cicerone*, ennuyeux et impatientant comme tous les *ciceroni* passés, futurs et surtout présents, nous mena voir dans la sacristie le trésor de l'église de Lorette. Ce trésor se compose des dons faits par les personnes pieuses en l'honneur de la Madone et pour l'ornementation de la Santa Casa. On ne garde guère que les présents faits par les rois, reines, princes, princesses; les autres sont vendus pour subvenir aux frais de l'église. On peut penser que ces frais s'élèvent haut; la seule consommation du vin d'autel doit être considérable, vu que près de deux cents messes s'y célèbrent tous les jours.

Un immense sacristain stupide nous débita, comme une leçon, la kyrielle des noms des donateurs et donatrices, et répéta les explications qu'il donne probablement douze ou quinze fois par jour depuis trente ans. C'était si ennuyeux à entendre que j'avais hâte de sortir du guêpier; d'autant plus que ce trésor consiste en une quantité de pierreries, colliers, bracelets, étoiles, épis, broches, tout cela plus ou moins beau, suivant la position des donateurs, et en une certaine quantité de vases sacrés en or ou en argent, donnés pour le service des autels.

Après cela, nous allâmes visiter une autre salle donnant sur la cour et dont la porte est en face de l'église. Elle contient des vases en émail et en faïence peinte; une quinzaine sont de Raphaël, la plupart des autres, de son école. Ceux de Raphaël sont beaux comme tout ce qui est sorti de son admirable pinceau. C'est là qu'est la fameuse collection des douze Apôtres, chacun peint sur un vase, et haut environ de sept pouces. Tout le monde connaît le Saint-Pierre, le Saint-Paul, le Saint-Jean, et le Saint-Barthélemy. Le Saint-Jacques le Majeur, avec son bourdon de pèlerin, est digne des autres. Ils sont malheureusement placés trop haut, on ne les voit pas très bien, et il est défendu de les copier; autrement j'en aurais fait quelques croquis.

Beaucoup des autres vases sont de Jules Romain, qui diffère de son maître du tout au tout. C'est un peintre tout *de chair*, à l'opposé de Raphaël et plus encore du Pérugin, qui sont les peintres *spiritualistes* par excellence, avec Giotto et Fra Angelico da Fiesole.

A quatre heures, nous allâmes faire une promenade aux bords de la mer Adriatique. Cela me semblait tout singulier d'être au bord de l'Adriatique. Qui m'eût dit, dans mon enfance, quand je traçais des cartes de géographie, que je mettrais un jour le pied sur ces pays que je dessinais? Un pays étranger, quand on n'est pas sorti du sien, a l'air d'une théorie, d'une idée, plutôt que d'un fait réel existant. C'est l'impression que j'ai ressentie jusqu'ici dans tous mes voyages, et que je ressens chaque fois que, faisant un retour sur moi-même, je me dis : « Je suis à Rome! Je suis en Italie! Je suis à Lorette! à Ancône! à Assise! etc... »

L'Adriatique était assez belle aujourd'hui ; elle était agitée, cependant, car, dans la journée nous avions eu du vent et de la pluie. L'endroit d'où nous la contemplions et un petit port de mer, appelé Porto di Recanati, qui sert de port à Lorette. Il faut une petite heure pour y aller ; le chemin est uni et charmant. La douceur du climat est telle qu'elle compense et neutralise l'âcreté de l'air marin, au point que jusque sur le rivage des vignes poussent et mûrissent. Ces vignes d'Italie sont charmantes. On ne massacre pas les pauvres ceps comme chez nous ; on laisse pousser librement la vigne, qui grandit et s'allonge tant qu'elle veut, et on la soutient non à l'aide de raides bâtons de bois mort, mais en l'entrelaçant dans des érables ou des peupliers, et en conduisant les plus longues branches, comme des guirlandes, d'un arbre à l'autre.

Les habitants de Porto di Recanati, ainsi que tous ceux des environs de Lorette, ont un simple, mais singulier costume ; par-dessus leur chemise, ils en ont une autre plus longue, sans plis ; et tombant jusqu'aux jambes, sans ceinture. La tête et les pieds sont nus, ce qui ne serait pas mal, s'ils n'étaient dégoûtants de saleté.

La vue de la mer, jointe à un bel effet du ciel, nous offrit un magnifique coup d'œil, surtout au sortir des montagnes. Le ciel était de toutes les couleurs, rose, violet, gris, jaune, blanc, etc. ; les reflets de l'eau étaient également très beaux.

A gauche, nous avions la grosse montagne, appelée le *Promontoire d'Ancône*, qui s'avance seule au milieu de la mer et qui dérobe la vue d'Ancône. Quoique peu éloignée de Recanati, Ancône n'est cependant pas immédiatement derrière cette montagne.

Le soleil couchant, auquel nous tournions le dos en regardant la mer, produisait sur la montagne et sur les vagues des effets de lumière aussi beaux que sur les nuages. Les tons blanchâtres et doux de cette montagne étaient comme glacés de jaune et de rose. Les ombres étaient bleu très clair, à cause du reflet du ciel.

En un jour nous aurions pu être en Illyrie ou en Dalmatie. Je conçois que des oisifs ou des curieux, ce qui parfois revient au même, se laissent entraîner, de pays en pays, à faire le tour du monde ; pour moi, je fais ma profession de foi : tout en étant ravi à la vue de la belle nature, je préfère rester tranquille, menant ma petite vie réglée et remplie de chaque jour ; c'est plus simple, plus économique et plus sûr, pour l'âme et pour le corps.

La vue de Lorette, du côté de Porto di Recanati, est très pittoresque. On n'aperçoit presque que le dôme et le companile de l'église, en quoi consiste, du reste, tout Lorette ; et ces deux grandes masses se détachent, le soir, sur un ciel tout doré par le soleil couchant. Il y aurait une charmante et poétique chose à faire si on en avait le temps ; ce serait de peindre la vue de Lorette, prise de telle sorte que le soleil couchant se trouvât juste derrière l'église. Il serait beau de faire, *d'après nature*, de l'église qui contient la Santa Casa un foyer de lumière, semblable à une sainte avec son auréole. Et quelle auréole ! Le soleil d'Italie !

21 septembre. — Pluie toute la journée ! A trois heures nous retournâmes à l'église, et nous assistâmes à la prière publique, qui se dit tous les jours dans la Santa Casa. J'y recommandai la conversion de deux personnes.

Nous apprîmes, en causant à droite et à gauche, que le peuple de Lorette était très mauvais, et le clergé local, sinon peu régulier, du moins peu zélé. Outre la peine que nous devions en ressentir, nous fûmes bien surpris de cette contradiction. Où doit-on être pur et bon sinon dans la ville de la Sainte-Vierge, au foyer de la pureté et de la bonté?

22 septembre. — Nous allâmes à la messe de très bonne heure. Nous voulions, en effet, être libres à sept heures pour faire une course à Osimo. Le pays est magnifique à parcourir et, de plus, Osimo contient les reliques et les souvenirs d'un saint franciscain, saint Joseph de Cupertino, qui vivait dans le dix-septième et le dix-huitième siècle.

Nous partîmes, le temps était menaçant, mais le bon Dieu eut égard à notre bonne intention et suspendit la pluie jusqu'à notre retour. Osimo est à trois petites lieues de Lorette sur la route d'Ancône, un peu plus avant dans les terres. De Lorette on l'aperçoit très bien, car il est perché sur une hauteur.

La campagne est, comme on nous l'avait annoncé, riante et fertile, le pays gai et amusant à parcourir, les points de vue magnifiques, la route belle et unie. Les Apennins terminaient à l'horizon notre gauche, et prenaient des tons bleus que jamais je ne me lasse d'admirer. Les montagnes les plus éloignées sont d'un bleu si doux, si vaporeux, qu'il se confond presque avec le ciel; celles qui sont plus rapprochées sont d'un ton plus tranché, et ces tons prennent de plus en plus de vigueur jusqu'à ce qu'ils arrivent au bleu pur, puis au bleu ardoisé, puis au bleu brunâtre, puis enfin aux vraies couleurs des arbres et des différents accidents de terrain.

A dix heures nous étions à Osimo ; après un frugal et fort médiocre déjeuner, nous visitâmes la cathédrale et surtout les reliques de saint Joseph de Cupertino, dont la vie toute de miracles est un des faits les plus surprenants de l'histoire religieuse moderne. Notre pèlerinage fini, nous revînmes à Lorette, où nous arrivions au moment même où la pluie commençait à tomber.

23 septembre. — Après une longue et dernière visite à

la Santa Casa, remerciant Dieu de nous avoir protégés dans notre pèlerinage, le cœur tout débordant des saintes joies que la bonne Sainte-Vierge y avait déposées, nous remontons en voiture et nous reprenons le chemin de Rome. . . . .

———

ÉPILOGUE

Ici s'arrête brusquement le *Journal* de mon frère. Je crois en deviner la cause. Bien que nos souvenirs soient trop éloignés pour atteindre un plein degré de certitude, nous avons tout lieu de croire que ce fut dans ce pèlerinage à Lorette et dans la *Santa Casa* de Nazareth que Gaston prononça, devant Dieu et la Sainte-Vierge, le vœu de chasteté qui était le premier pas décisif vers sa future vocation. Dès lors, à partir de ce jour, plus détaché des choses et des distractions mondaines qui jusque-là pouvaient l'attirer encore, il consacra sans doute ses pensées et ses loisirs à des contemplations et à des pratiques plus élevées, qui, en l'absorbant, l'empêchèrent de reprendre la plume pour raconter ses faits et gestes quotidiens. Il avait, d'ailleurs, durant les huit mois qu'il venait de passer à Rome, parcouru presque toute la série des sujets dignes d'être mentionnés, et il ne lui restait plus guère, pour alimenter son *Journal*, que ces incidents et ces petits riens de chaque jour dont le détail et la répétition prolongée finissent par engendrer la monotonie.

Quoi qu'il en soit, sa narration finit avec son pèlerinage à Lorette ; et bien que la péroraison manque au discours; nous ne pensons pas que son absence nuise à l'ensemble de cet intéressant et édifiant récit.

Nous avons jugé cependant que, pour combler cette lacune, il serait précieux d'ajouter un épilogue à ce dernier écrit sorti de sa plume encore laïque. Nous avons eu la bonne fortune de retrouver trois lettres de mon frère, qui sont comme le testament de sa vie du monde et la préface de sa vie ecclésiastique. La première est celle qu'il adressa, des Noüettes même, où il venait de passer trois mois en famille, à ses parents, au jour et à l'heure où il les quittait pour entrer au séminaire. Les deux autres sont celles qui leur écrivit dès son entrée au séminaire d'Issy.

Elles n'ont besoin d'aucun commentaire; qu'il nous suffise d'appeler l'attention sur la dernière phrase de la seconde de ses lettres, où il semble entrevoir et prédire l'avenir qui lui est réservé, quand il console sa mère par l'assurance qu'un jour il sera destiné, lui seul, à remplacer auprès d'elle ses frères et sœurs éloignés du foyer paternel par les circonstances ordinaires de la vie. On sait si sa prévision se réalisa et comment elle se réalisa! Pendant vingt ans, sa cécité qui l'avait fixé à Paris le rendit, jusqu'à la mort de sa mère, en 1874, son fidèle et presque inséparable compagnon.

« On voit ainsi », pour emprunter la phrase d'une de ses lettres, « que *tout* sans exception arrive en cette vie pour notre vrai bien! »

Les Nouëttes, 8 octobre 1843.

(*En partant pour le séminaire d'Issy*).

« Adieu, ma chère maman, mon cher père, mes chères sœurs ; que Dieu vous console et vous encourage ! Appelez la foi à votre aide, et pensez, non pas aux douleurs présentes du sacrifice, mais aux joies éternelles et futures dont Notre-Seigneur daignera le récompenser. Au milieu du pur bonheur que j'éprouve en faisant les premiers pas dans la carrière sainte où je dois marcher, mon cœur est attristé par votre douleur.— Que la Sainte-Vierge vous bénisse tous, et réunisse dans le Ciel ceux que la volonté de Dieu sépare sur la terre !

» Gaston. »

« Séminaire d'Issy, le 16 octobre 1843.

» Voilà deux ou trois jours, ma chère maman, que je veux vous écrire ; hier surtout, devant aller à Paris dans la journée, j'avais l'intention d'y mettre à la poste la lettre que je vous destinais ; mais je suis parti sans l'avoir écrite, et vous voilà condamnée, par ma faute, à deux jours de retard.

» Du reste, ma chère maman, j'ai la consolation de

vous voir plus tranquillisée à mon sujet. Dieu merci, vous commencez à entrevoir ce que bientôt vous verrez avec tant d'évidence, que j'ai été, par ma vocation ecclésiastique, l'enfant gâté du Bon Dieu et le privilégié entre tous vos enfants.

» Je me trouve dans mon élément depuis que je suis au séminaire. Il me semble que j'y suis né et je ne me souviens plus en quelque sorte de mon habit séculier. D'après mon expérience de cinq jours et d'après ce que je vois de tous ceux qui m'environnent, je pense qu'on pourrait mettre au-dessus de la porte de notre communauté ce qui est sur la porte de la Trappe : « *Domus Dei ; beati qui habitant in eâ !* » On pourrait ajouter à : *Maison de Dieu, Maison de la Sainte-Vierge ;* car elle est honorée et aimée ici d'une manière toute spéciale. Le fondateur du séminaire de *Saint-Sulpice* lui a consacré son œuvre. Aussi voit-on les fruits de cette dévotion à la Sainte-Vierge, qui sont toujours la gaieté et la simplicité. C'est comme en Italie, sauf le beau ciel et la vivacité méridionale.

» Ne vous inquiétez pas à mon sujet, ma très chère maman ; je suis avec Notre-Seigneur, c'est-à-dire avec la source inépuisable de toute joie, de toute consolation, de tout bonheur et de tout amour. Si l'on peut être heureux quelque part, dites-moi si ce n'est pas là ?

» Je conçois parfaitement le sentiment de tristesse que vous éprouvez en vous voyant séparée pour un assez long temps de ma présence ; mon affection vive et profonde vous consolait ; vous me confiiez vos petits secrets ; ce qui n'a plus lieu maintenant. Mais avec de la foi et de la raison, vous verrez bien vite que ces consolations de la famille ne sont, dans l'ordre des choses, que des exceptions bien rares, presque des impossibilités.

» Si nous pouvions trouver le bonheur dans cette

union constante avec les êtres qui nous sont chers, nous oublierions qu'une réunion plus durable et plus parfaite nous attend ; et des consolations d'un instant seraient suivies d'une désolation commune et sans mesure.

» Quant on y pense sérieusement, on voit ainsi que *tout* sans exception nous arrive en cette vie pour notre vrai bien ; et c'est le manque de réflexion qui nous empêche de bénir Notre-Seigneur dans *toutes* les circonstances de notre vie.

» Il n'y a qu'un seul bonheur, c'est d'aimer et de servir Dieu ; à ce bonheur il nous est permis de joindre des consolations, telles que l'amour de ses parents, de sa famille, l'amitié, etc...; mais ces consolations ne sont pas le bonheur dont la source est unique ; et elles ne sont dans l'ordre de Notre-Seigneur que quand elles sont subordonnées au dévouement complet qui lui est dû.

» Chère maman, c'est bien là, soyez-en sûre, le seul moyen de conserver la paix du cœur et de remplir la volonté de Dieu. Il faut vivre pour la vie à venir plus que pour la vie présente ; et c'est dans les moments de sacrifice, tels que ceux que vous traversez, que ces grandes pensées de la foi doivent être méditées et adorées sans relâche.

» Je prie pour vous d'une manière toute spéciale. Je demande à la bonne Sainte-Vierge, *Consolatrice des Affligés*, de vous faire comprendre et goûter votre bonheur. Je lègue à mes frères et sœurs le soin de vous faire oublier vos peines par les marques toujours répétées d'une tendresse toujours nouvelle.

» *Je reviendrai à mon tour remplir ce doux et pieux devoir, lorsque, rendu à la société, je remplacerai près de vous mes frères et sœurs que le mariage ou d'autres circonstances en auront peut-être séparés.*

» Adieu, etc...

» Gaston. »

« Séminaire d'Issy, le 17 octobre 1843.

» Voici la réponse à vos aimables lettres, mes chères sœurs. J'étais déjà au séminaire quand je les ai reçues ; j'avais déjà revêtu l'habit du Bon Dieu, et laissé, avec la vie du monde, les habits du monde.

» Il faut vous réjouir de mon changement, mes chères petites ; car il est le prélude d'une des plus grandes grâces que Notre-Seigneur puisse faire à une famille ; et si parfois vous vous sentiez attristées à ce sujet, il faut vous souvenir des obligations immenses que nous avons à Notre-Seigneur et de la nécessité de lui marquer notre reconnaissance par le sacrifice de quelques-unes de nos jouissances.

» La soutane réchauffe le cœur, quoi qu'en disent les pauvres impies, et jamais on n'aime mieux que lorsqu'on aime Jésus-Christ mieux que tout.

» J'ai été bien heureux d'apprendre que notre chère maman n'était pas trop abattue ; le Bon Dieu a eu pitié d'elle et de moi. Il ne faut pas cesser de lui demander du courage pour elle, et surtout cet esprit de foi qui fait envisager les choses avec les yeux de la foi. Dans les peines qui ont Dieu pour objet direct, comme est celle de maman, l'esprit de foi seul peut consoler.

» Je suis de plus en plus heureux dans mon nouvel habit et dans mon nouveau palais. Il me semble que j'ai été toute ma vie ce que je suis. O Dieu ! que ne l'ai-je été toujours !

» .... Adieu, très chères belles des belles, chères des chères, grandes des grandes ! Je vous embrasse tendrement.

» GASTON. »

A notre tour de nous arrêter brusquement ici. La suite appartient aux auteurs qui écriront la vie du prêtre de Jésus-Christ et du Prélat Romain. Nous n'avons pas cru entreprendre sur leur œuvre, en donnant, comme épilogue à ce *Journal* d'un *mondain* quittant le monde, ces trois lettres tracées, au seuil du sacerdoce, par une plume qui n'est plus celle d'un laïque et qui n'est pas encore celle d'un prêtre, mais qui révèle déjà ce que seront sa correspondance et ses écrits pendant sa carrière sacerdotale.

E. S. L.

TABLE DES CHAPITRES

Introduction. 1

CHAPITRE PREMIER
Prologue. — Conversion de M. Ratisbonne 5

CHAPITRE II
Départ pour Rome. — Avignon. — Marseille. — Livourne. — Cività-Vecchia. 12

CHAPITRE III
De Cività-Vecchia à Rome. — Arrivée à Rome. — *Hôtel de Franck* 26

CHAPITRE IV
Premières journées à Rome. — Personnel de l'ambassade. — M. de Cazalès. — Chapelle de la conversion de M. Ratisbonne. — Première excursion au Forum et au Capitole. 31

CHAPITRE V
Premières relations et premières promenades dans Rome. — Arrivée d'Augustin Galitzine. — L'église du Gesù et la maison des pères Jésuites. — L'ambassade d'Autriche. — Le Palais Doria. — Réception à l'ambassade. 35

CHAPITRE VI
M. Schnetz, directeur de l'Académie. — La princesse Borghèse. — M. et madame Odier. — Première promenade artistique. — Première visite à Saint-Pierre. — Le Vatican et les Loges de Raphaël. — Concert chez le prince Torlonia 44

CHAPITRE VII
Exposition de *croûtes* par des artistes vivants. — Promenade aux flambeaux au Vatican. — La sculpture antique. 52

CHAPITRE VIII

Messe dans la chapelle Saint-Ignace au Gesù. — Première séance de la société de Saint-Vincent de Paul. — Procession de la *Mater dolorosa*. — Messe dans la chambre de Saint-Louis de Gonzague. — La Villa Médici. — Les Catacombes de Sainte-Agnès. . . . 57

CHAPITRE IX

Arrivée de Paul de Malaret. — Loterie. — Messe dans la chambre de saint Stanislas Kotska. — Le Pape à Sainte-Marie-Majeure. — Commencement de la Semaine Sainte; le dimanche des Rameaux 67

CHAPITRE X

Visite au R. P. de Géramb. — Cérémonies de la Semaine Sainte. — Chapelle Sixtine. — Carême à Rome. — Communion pascale. — Le jour de Pâques; bénédiction papale. — Illumination de Saint-Pierre. — Saint-Paul *in vià latà*. — Girandole du Château Saint-Ange. 79

CHAPITRE XI

Place Trajane. — Saint-Pierre-ès-Liens. — *Moïse* de Michel-Ange. — Vatican, première visite. — Saint-Pierre. — Caractère et type des Romains. — Mon installation à l'Ambassade. — Messe à la Confession de Saint-Pierre. — Crypte de Saint-Pierre. — Ascension du dôme. — Grand bal à l'ambassade d'Autriche. — Le Musée des Etrusques et M. de Witte. 103

CHAPITRE XII

Visite à Owerbeck. — La galerie Corsini. — La basilique et la statue de Sainte-Cécile. — L'Académie de France, exposition des œuvres des pensionnaires. — Tableau de M. Papety. — Anecdote arrivée à une abbé en administrant l'Extrême-Onction. — Départ d'Augustin Galitzine 127

CHAPITRE XIII

Le palais Farnèse, le comte Ludolf et sa famille. — Le comte de Cambis. — Anecdotes sur Henri Monnier et M. Romieux. — Etudes aux musées du Vatican. L'atelier de M. Odier. — Saint-Clément, la Scala-Santa, Saint-Jean de Latran; la table de la sainte Cène. — Le Colisée et les Romains modernes. — Anecdote sur Mgr de Clermont-Tonnerre 140

CHAPITRE XIV

Frascati, villa Aldobrandini; Tusculum; Grotta-Ferrata, couvent de Saint-Nil. — Basilique de *Saint-Paul hors les Murs*. — Pyramide de Sextus. Temple de Vesta. — Villa Borghèse. — Enterrements et prédication. — Galerie Sciarra, le *joueur de violon*, etc. — Histoire d'un enterrement au Canada. — Un déjeuner champêtre. 155

CHAPITRE XV

Bénédiction Papale à Saint-Jean de Latran. — Mon domestique et celui de Paul de Malaret. — Accident de Charles d'Astorg. — Belvédère de la Villa Médici. — L'album de madame de Menou. — Couvent des Franciscains à l'Ara Cœli. — Départ de mesdames de Maubourg et de Caraman 178

CHAPITRE XVI

Ricevimento du cardinal de Bonald; principaux personnages. — San Pietro in Montorio. — Fontaine de l'*Acqua Paolina*. — La Villa Pamphili. — Les ruines du Forum et du palais des Césars. — Les lauréats des écoles chrétiennes. — Fête et *tombola* à la Villa Borghèse. — Consistoire et remise du Chapeau cardinalice à Mgr de Bonald. 189

CHAPITRE XVII

Le Forum et le Colisée au clair de lune. — Grande Procession de la Fête-Dieu à Saint-Pierre. — Fête de Saint-Philippe de Néri à la Chiesa Nuova. — Le cortège de *gala* du Pape. — Audience accordée par le Saint-Père. — Portrait de Grégoire XVI. — Quelques détails nouveaux sur M. Alphonse Ratisbonne et sa conversion 210

CHAPITRE XVIII

Anecdote du Cardinal de Clermont-Tonnerre à Toulouse. — M. de Bussierre et le protestantisme. — Les offices religieux et le chant à Rome. — Dévotion des Romains à la Sainte-Vierge. — Le *Ponte Molle*, le *Monte-Mario*, Constantin et le *Labarum*. — *Columbarium* de la Villa Pamphili. — Visite avec M. Visconti aux fouilles du Capitole et à la *Porta Maggiore*. — Le tombeau du Boulanger. — La Farnésina et Raphaël 227

CHAPITRE XIX

Une semaine à Albano. — Le lac d'Albano. — Castel Gandolfo. — La villa Barberini. — La Riccia. — Lac de Némi. — Némi. — Gensano. Albe la Longue. — *Via Appia*. — Monument des Horaces et des Curiaces. — Observations physiologiques. — Ruines de Palazzola. — Rocca di Papa. — Le Monte Cavi et les Passionnistes. — Cività-Lavinia. — Nettuno et Porto d'Anzo. — Bains de mer. 255

CHAPITRE XX

Retour à Rome. — Un enterrement d'enfant. — M. l'abbé Ratisbonne et son frère. — Les puces de Charles d'Astorg. Fête de Saint-Pierre et Saint-Paul. — Visite à *Saint-Pierre* et à *Saint-Paul hors les murs*. — Chapelle du *Domine quò vadis*. — Pèlerinage des sept Basiliques, *Saint-Sébastien, Sainte-Croix de Jérusalem, Sainte-Marie Majeure, Saint-Laurent*. — Départ de M. de Maubourg pour la France. — Etudes à l'Académie de France. — La famille de Rayneval. — Visite à M. Visconti. — Ma maladie, charité de M. Véron, de Mgr de Falloux et du père Villefort 295

CHAPITRE XXI

Une exécution capitale à Rome. — Visite à la *prison Mamertine*. — Souvenirs de Saint Pierre et de Saint Paul, et de Jugurtha. — *Saint-Etienne le Rond*, supplices des martyrs. — Visites aux Sanctuaires. — *Santa Maria della Scala, Santa Maria in Trastevere, Santa Maria in Cosmedin* ou *la Bocca della Verita*. — La maison de Rienzi. — *Ponte Rotto*. — *Sancta Maria Egyziana*. — Pont *Sublicius*, origine du mot *Pontifex*. — Singulière conversion d'un condamné par un Patriarche. — Eglise de *Saint-Augustin*. — Trois toiles peintes par Michel-Ange. — Nouvelle de la mort du duc d'Orléans. 318

CHAPITRE XXII

Inscriptions tumulaires des Catacombes. — Procession de Sainte-Anne. — Service funèbre à Saint-Louis pour le duc d'Orléans. — Visite avec l'abbé Véron à *Saint-Côme et Saint-Damien* et à *Sainte-Marie-aux-Anges*. — Saint Bruno, saint Sébastien par le Dominiquin. — *Santa Maria della Vittoria* et le Bernin. — *Sainte Sabine*, la Vierge et Saint-Dominique par Sassoferrato. — Indolence des Romains. 346

CHAPITRE XXIII

San Martino in Monti, Saint Sylvestre. — Le Cardinal Tomasi. — Sainte-Praxède, Saint Charles Borromée, la Colonne de la Flagellation. — Excursion à Frascati et Albano. — Villas Taverna, Piccolomini, Mondragone. — Visite au père de Géramb, son histoire. — Les Thermes de Titus et la *maison dorée* de Néron. — Le Corso et la bourgeoisie romaine. — L'hôpital de *Sainte-Marie-aux-Anges*. — Le cimetière des Capucins, place Barberini. — Catacombes de Saint-Sébastien. — Départ de M. Véron pour Jérusalem . . 366

CHAPITRE XXIV

15 *août*. — Assomption. — Bénédiction Papale à *Sainte-Marie Majeure*. — Types et costumes de la jeunesse romaine. — Fête de Saint Louis. — Visite du Pape à *Saint-Louis des Français*. — Etudes de peinture et portraits. — Ernest de Rayneval. . . 389

CHAPITRE XXV

Voyage et pèlerinage à Lorette avec M. de Cazalès. — Les diligences romaines. — Narni, Terni, Spolète, Foligno, Tolentino. — Saint-Nicolas de Tolentino. — Lorette; histoire de la *Santa Casa* de Nazareth. — L'église et le trésor de Lorette. — La mer Adriatique. — Porto di Recanati. — Osimo. — Retour à Rome. 398

Épilogue. 417

F. Aureau. — Imprimerie de Lagny

www.ingramcontent.com/pod-product-compliance
Lightning Source LLC
Chambersburg PA
CBHW050916230426
43666CB00010B/2195